U0136063

臺灣史研究名家論集

（二編）

尹章義　王見川　吳學明

李乾朗　周翔鶴　林文龍

邱榮裕　徐曉望　康　豹

陳小沖　陳孔立　黃卓權

黃美英　楊彥杰　蔡相輝

蘭臺出版社

作者簡介（依姓氏筆劃排序）

尹章義　社團法人臺灣史研究會理事長、財團法人福祿基金會董事、財團法人兩岸關係文教基金會執行長。中國文化大學民國 106 年退休教授，輔仁大學民國 94 年退休教授，東吳、臺大兼課。出版專書 42 種（含地方志 16 種）論文 358 篇（含英文 54 篇），屢獲佳評凡四百餘則。

赫哲人，世居武昌小東門外營盤（駐防），六歲隨父母自海南島轉進來臺，住臺中水湳，空小肄業，四民國校、省二中、市一中畢業，輔仁大學學士，臺灣大學碩士，住臺北新店。

王見川　1966 生，2003 年 1 月取得國立中正大學歷史所博士學位。2003 年 8 月至南臺科技大學通識教育中心任助理教授至今。研究領域涉及中國民間信仰(關帝、玄天上帝、文昌、媽祖)、預言書、明清以來民間宗教、近代道教、佛教、扶乩與慈善等，是國際知名的明清以來民間宗教與相關文獻專家。著有《從摩尼教到明教》（臺北新文豐出版公司，1992）、《臺灣的齋教與鸞堂》（臺北南天書局，1996）、《漢人宗教、民間信仰與預言書的探索：王見川自選集》（臺北：博揚文化公司，2008 ）、《張天師之研究：以龍虎山一系為考察中心》（臺北：博揚文化公司，2015）等書。另編有《明清民間宗教經卷文獻》、《中國預言救劫書彙編》《臺灣宗教資料彙編：民間信仰、民間文化》、《中國民間信仰、民間文化資料彙編》、《明清以來善書叢編》等套書。

吳學明　國立臺灣師範大學歷史學碩士、博士，現任國立中央大學歷史研究所教授，曾任國立中央大學客家社會文化研究所所長、客家研究中心主任等職。主要研究領域為臺灣開發史、臺灣客家移墾史、臺灣基督教長老教會史與臺灣文化史，關注議題包括移民拓墾、北臺灣隘墾制與地方社會、南臺灣長老教會在地化歷程等。運用自民間發掘的族譜、契約文書等地方文獻，從事區域史研究，也對族群關係、寺廟與社會組織等底層民眾行動力進行探討。著有《金廣福墾隘與新竹東南山區的開發（1835-1895）》、《頭前溪中上游開墾史暨史料彙編》、《金廣福隘墾研究》、《從依賴到自立──臺灣南部基督長老教會研究》、《變與不變：義民爺信仰之擴張與演變》、《臺灣基督長老教會研究》

與學術論文數十篇，並著編《古文書的解讀與研究》（與黃卓權合編著）、《六家林氏古文書》等專書。

李乾朗　中國文化大學建築及都市設計系畢業，現任國立臺灣藝術大學古蹟藝術修護學系客座教授。致力於古建築田野調查研究，培養古蹟維護的專業人才，並積極參與學術研討會發表研究成果。曾出版了《臺灣建築史》、《古蹟入門》、《臺灣古建築圖解事典》、《水彩臺灣近代建築》、《巨匠神工》等八十餘本與傳統建築或近代建築相關之個人著作，同時也主持多項古蹟、歷史建築的調查研究計劃，出席各縣市政府之古蹟評鑑會議或文化資產議題會議，盡其所能地為臺灣古建築的保存與未來發聲。2011 年榮獲第十五屆臺北文化獎，2016 年榮獲第三十五屆行政院文化獎。

周翔鶴　廈門大學臺灣研究院歷史研究所副教授。

林文龍　南投竹山人，現寓彰化和美。1952 年生，臺灣文獻館研究員。喜吟詠，嗜藏書，旁及文房雅玩。近年，以科舉與臺灣書院研究為重點。著《臺灣的書院科舉》、《彰化書院與科舉》、《臺灣科舉家族——新竹鄭氏人物與科名》，以及《掃籜山房詩集》、《陶村夢憶雜詠》等集。別有書話《書卷清談集古歡》，含〈陶村說書〉、〈披卷餘事〉二編。

邱榮裕　臺灣省桃園縣中壢市人，1955 年生，臺灣省立臺北師專、國立臺灣師範大學、日本立命館大學文學碩士、博士。歷任國小、國中教師、臺灣師範大學專任助教、講師、副教授，全球客家文化研究中心主任；兼任中央大學客家學院副教授、臺灣大學客家研究中心特聘副研究員、中華民國斐陶斐榮譽學會榮譽會員等；曾任國立臺灣師範大學校友總會秘書長、臺灣客家研究學會第六屆理事長、考試院命題暨閱卷委員、客家委員會學術暨諮詢委員、臺北市客家事務委員會委員等。

學術專長領域：臺灣史、客家研究、文化資產與社區。專書有：《臺灣客家民間信仰研究》、《臺灣客家風情：移墾、產業、文化》、《臺灣桃園大溪南興庄纘紳公派下弘農楊氏族譜》、《傳承與創新：臺北市政府推展客家事務十週年紀實（民國 88 年至 98 年）》、《臺北市文獻委員會五十週年紀念專輯》等，並發表相關研究領域學術研討會論文數十篇。

徐曉望　生於 1954 年 9 月，上海人。經濟史博士。現為福建社會科學院歷史研究所研究員，閩臺文化中心主任。2000 年獲評國務院特殊津貼專家，2012 年獲評福建省優秀專家，2016 年獲評福建省文史名家。廈門大學宗教研究所兼職教授，福建師範大學歷史系兼職教授，福建省歷史學會副會長。2006 年被聘為福建師範大學社會歷史學院博士導師。主要研究方向為明清經濟史、福建史、海洋史等。發表專著 30 餘部，發表論文 300 餘篇，其中在《中國史研究》等核心刊物上發表論文 100 餘篇，論著共計 1000 多萬字。主要著作有：主編《福建通史》五卷本 186 萬字，《福建思想文化史綱》40 萬字，個人專著有：《福建民間信仰源流》《閩國史》《福建經濟史考證》《早期臺灣海峽史研究》《媽祖信仰史研究》《閩商研究》《明清東南山區經濟的轉型——以閩浙贛邊山區為核心》等；近著有：《福建文明史》《福建與東南：海上絲綢之路發展史》等。獲福建省社會科學優秀著作一等獎一次，二等獎三次，三等獎二次。

　康　豹　1961 年在美國洛杉磯出生，1984 年耶魯大學歷史系學士，1990 年美國普林斯頓大學東亞系博士。曾經在國立中正大學歷史研究所與國立中央大學歷史研究所擔任過副教授和教授。2002 年獲聘為中央研究院近代史研究所副研究員，2005 年升等為研究員，並開始擔任蔣經國國際學術交流基金會研究室主任。2015 年升等為特聘研究員。研究主要集中在近代中國和臺灣的宗教社會史，以跨學科的方法綜合歷史文獻和田野調查，並參酌社會科學的理論。

陳小沖　1962 年生，廈門大學歷史系畢業。現為兩岸關係和平發展協同創新中心文教平臺首席專家，廈門大學臺灣研究院歷史研究所所長、教授，《臺灣研究集刊》常委副主編。出版《日本殖民統治臺灣五十年史》等多部專著及臺灣史學術論文數十篇。主持或參加多項重大科研課題。主要研究方向：海峽兩岸關係史、殖民地時期臺灣歷史。

陳孔立　1930 年生，現任廈門大學臺灣研究院教授、海峽兩岸和平發展協作創新中心學術委員會委員。曾任廈門大學臺灣研究所所長、中國社會科學院臺灣史研究中心副理事長、中國史學會理事。主要著作有：《臺灣歷史綱要》（主編）、《簡明臺灣史》、《臺灣歷史與兩岸關係》、《臺灣史事解讀》,《臺灣學導論》、《走近兩岸》、《心繫兩岸》、《臺灣民意與群體認同》等。

黃卓權　1949 年生於苗栗縣苗栗市，現籍新竹縣關西鎮。現任客委會諮詢委員、新竹縣文獻委員、國立交通大學客家文化學院客座專家、《關西鎮志》副總編纂。專長臺灣內山開墾史、客家族群史、清代地方制度史。發表研究論著約百萬言，主編「新竹研究叢書」及文史專輯等十餘冊。主要著作：《苗栗內山開發之研究》、《跨時代的臺灣貨殖家：黃南球先生年譜 1840-1919》、《進出客鄉：鄉土史田野與研究》、《古文書的解讀與研究》上、下篇（與吳學明合著）等書；出版詩集《人間遊戲：60 回顧詩選》、《笑看江湖詩選》二冊；參與編撰《新竹市誌》、《獅潭鄉志》、《大湖鄉志》、《北埔鄉志》等地方誌書。

黃美英　政治大學宗教研究所博士生、法鼓佛教學院碩士（主修：佛教史、禪學）。清華大學社會人類學研究所碩士（主修：歷史人類學、宗教人類學、族群史）。臺灣大學中國文學系畢業、臺灣大學考古人類學系肄業。中央研究院民族學研究所研究助理、國立暨南國際大學歷史學系兼任講師。相關學術著作《臺灣媽祖的香火與儀式》、《千年媽祖》及論文二十多篇，主編十多冊書籍。

楊彥杰　男，廈門大學歷史系畢業，長期從事臺灣史和客家研究。歷任福建社會科學院研究員兼臺灣研究所副所長、科研組織處處長、客家研究中心主任、中國閩臺緣博物館館長等職，2014 年退休。代表作：《荷據時代臺灣史》、《閩西客家宗族社會研究》。撰著或主編臺灣史專題、客家田野叢書十餘種，發表論文百餘篇。

蔡相煇　中國文化大學史學研究所博士，歷任任國立空中大學人文學系主任、圖書館館長、總務長等職。現任臺北市關渡宮董事、臺南市泰安旌忠公益文教基金會董事、北港朝天宮諮詢委員、中華媽祖交流協會顧問等職。
著有：《臺灣的王爺與媽祖》（1989）、《臺灣的祠祀與宗教》（1989）、《北港朝天宮志》（1989、1994）《臺灣社會文化史》（1998）、《王得祿傳》（與王文裕合著）（1998）、《媽祖信仰研究》（2006）、《關渡宮的歷史沿革》《關渡宮的祀神》（2015）、《天妃顯聖錄與媽祖信仰》（2016）等專書及論文篇多。

《臺灣史研究名家論集》——總序

　　《臺灣史研究名家論集》即將印行，忝為這套叢刊的主編，依出書慣例不得不說幾句應景話兒。

　　這十幾年我個人習慣於每學期末，打完成績上網登錄後，抱著輕鬆心情前往探訪學長杜潔祥兄，一則敘敘舊，問問半年近況，二則聊聊兩岸出版情況，三則學界動態及學思心得。聊著聊著，不覺日沉西下，興盡而歸，期待半年後再見。大約三年前的見面閒聊，偶然談出了一個新企劃。潔祥兄自從離開佛光大學教職後，「我從江湖來，重回江湖去」（潔祥自況），創辦花木蘭出版社，專門將臺灣近六十年的博碩士論文，有計畫的分類出版，洋洋灑灑已有數十套，近年出書量及速度，幾乎平均一日一本，全年高達三百本以上，煞是驚人。而其選書之嚴謹，校對之仔細，書刊之精美，更是博得學界、業界的稱讚，而海峽對岸也稱許他為「出版家」，而不是「出版商」。這一大套叢刊中有一套《臺灣歷史文化叢刊》，是我當初建議提出的構想，不料獲得彼首肯，出版以來，反應不惡。但是出書者均是時下的年輕一輩博、碩士生，而他們的老師，老一輩的名師呢？是否也該蒐集整理編輯出版？

　　看似偶然的想法，卻也是必然要去做的一件出版大事。臺灣史研究的發展過程，套句許雪姬教授的名言「由鮮學經顯學到險學」，她擔心的理由有三：一、大陸學界有關臺灣史的任務性研究，都有步步進逼本地臺灣史研究的趨勢，加上廈大培養一大批三年即可拿到博士學位的臺灣學生，人數眾多，會導致臺灣本土訓練的學生找工作更加雪上加霜；二、學門上歷史系有被社會科學、文學瓜分，入侵之虞；三、在研究上被跨界研究擠壓下，史家最重要的技藝——史料的考訂，最後受到影響，變成以理代証，被跨學科的專史研究壓迫得難以喘氣。另外，中研院臺史所林玉茹也有同樣憂慮，提出五大問題：一、是臺灣史研究受到統獨思想的影響；二、學術成熟度仍不夠，一批缺乏專業性的人可以跨行教授臺灣史，或是隨時轉戰研究臺灣史；三、是研究人力不足，尤其地方文史工作者，大多學術訓練不足，基礎條件有限，甚至有偽造史料或創

造歷史的情形，他們研究成果未受到學術檢驗，卻廣為流通；四、史料收集整理問題，文獻資料躍居成「市場商品」，竟成天價；五、方法問題，研究者對於田野訪查或口述歷史必須心存警覺和批判性。

　　十數年過去了，這些現象與憂慮仍然存在，臺灣史學界仍然充滿「焦慮與自信」，這些焦慮不是上文引用的表面問題，骨子裡頭真正怕的是生存危機、價值危機、信仰危機，除此外，還有一種「高平庸化」的危機。平心而論，臺灣史的研究，不論就主題、架構、觀點、書寫、理論、方法等等。整體而言，已達國際級高水準，整個研究已是爛熟，不免凝固形成一僵硬範式，很難創新突破而造成「高平庸化」的危機現象。而「高平庸化」的結果又導致格局小、瑣碎化、重複化的現象，君不見近十年博碩士論文題目多半類似，其中固然也有因不同學門有所創見者，也不乏有精闢的論述成果，但遺憾的是多數內容雷同，資料重複，學生作品如此；學者的著述也高明不到哪裡，調研案雖多，題材同，資料同，析論也大同小異。於是乎只有盡量挖掘更多史料，出版更多古文書，做為研究創新之新材料，不過似新實舊，對臺灣史學研究的深入化反而轉成格局小、理論重複、結論重疊，只是堆砌層累的套語陳腔，好友臺師大潘朝陽教授，曾諷喻地說：「早晚會出現一本研究羅斯福路水溝蓋的博士論文」，誠哉斯言，其言雖苛，卻是一句對這現象極佳註腳。至於受統獨意識形態影響下的著作，更不值得一提。這種種現狀，實在令人沮喪、悲觀，此即焦慮之由來。

　　職是之故，面對臺灣史這一「高平庸化」的瓶頸，要如何掙脫困境呢？個人的想法有二：一是嚴守學術規範予以審查評價，不必考慮史學之外的政治立場、意識形態、身分認同等；二是返回原點，重尋典範。於是個人動了念頭，很想將老一輩的著作重新整理，出版成套書，此一構想，獲得潔祥兄的支持，兩人初步商談，訂下幾條原則，一、收入此套叢書者以五十歲（含）以上為主；二、是史家、行家、專家，不必限制為學者，或在大專院校、研究機構者；三、論文集由個人自選代表作，求舊作不排除新作；四、此套書為長期計畫，篩選四、五十位名家代表

作，分成數輯分年出版，每輯以二十位為原則；五、每本書字數以二十萬字為原則，書刊排列起來，也整齊美觀。商談一有結論，我迅即初步擬定名單，一一聯絡邀稿，卻不料潔祥兄卻因某些原因而放棄出版，變成我極尷尬之局面，已向人約稿了，卻不出版了。之後拿著企劃書向兩家出版社商談，均被婉拒，在已絕望之下，幸得蘭臺出版社盧瑞琴女史遞出橄欖枝，願意出版，才解決困局。但又因財力、人力、市場的考慮，只能每輯以十人為主，這下又出現新困擾，已約的二十幾位名家如何交代如何篩選？兩人多次商討之下，盧女史不計盈虧，終於同意擴大為十五位，並不篩選，以來稿先後及編排作業為原則，後來者編入續輯。

我個人深信史學畢竟是一門成果和經驗累積的學科，只有不斷累積掌握前賢的著作，溫故知新，才可以引發更新的問題意識，拓展更新的方法、理論，才能使歷史有更寬宏更深入的研究。面對已成書的樣稿，我內心實有感發，充滿欣喜、熟悉、親切、遺憾、失落種種複雜感想。我個人只是斗膽出面邀請同道之師長友朋，共襄盛舉，任憑諸位自行選擇其可傳世、可存者，編輯成書，公諸同好。總之，這套叢書是名家半生著述精華所在，精彩可期，將是臺灣史研究的一座豐功碑及里程碑，可以藏諸名山，垂範後世，開啟門徑，臺灣史的未來新方向即孕育在這套叢書中。展視書稿，披卷流連，略綴數語以說明叢刊的成書經過，及對臺灣史的一些想法、期待與焦慮。

卓克華

2016.2.22 元宵　於三書樓

《臺灣史研究名家論集》——推薦序

陳支平教授在《臺灣史研究名家論集》第一輯之《推薦序》裡精闢地談論海峽兩岸學者共同參與「臺灣史研究」學科建設的情形，並謂「《臺灣史研究名家論集》，在一定程度上體現了當今海峽兩岸臺灣史學術研究的基本現狀和學術水準。這套論集的出版，相信對於推動今後臺灣史研究的進一步開拓和深入，無疑將產生良好積極的作用」。誠哉是言也！

值此《臺灣史研究名家論集》第二輯出版之際，吾人亦有感言焉。

在中國學術史上不乏「良好積極」的示範：一套叢書標誌著一門學科建設的開啟並奠定其「進一步開拓和深入」的基礎。

譬如，1935—1936 年間，由編輯家、出版家趙家璧策劃，蔡元培撰序，胡適、鄭振鐸、茅盾、魯迅、鄭伯奇、阿英（錢杏邨）參與編選和導讀，上海良友圖書公司編輯出版了十卷本《中國新文學大系》。於今視之，《中國新文學大系》之策劃和序論、編選與導言、編輯及出版，在總體上標誌著「中國新文學史研究」學科建設的開啟並為其發展奠定基礎。

「臺灣史研究」的學科建設亦然。1957—1972 年間出版的《臺灣文獻叢刊》具有發動和發展「臺灣史研究」學科建設的指標意義和學術價值。1988 年 1 月 30 日至 2 月 1 日在臺北舉辦的「臺灣史學術研討會」開始有邀請大陸學者、邀請陳孔立教授「共襄盛舉」的計畫。由於政治因素的干擾，陳孔立教授未能到會，他提交了論文《清代臺灣移民社會的特點》，由臺灣學者尹章義教授擔任評論人。陳孔立、尹章義教授的此次合作，值得記取，令人感慨！2005 年，陳支平教授主持策劃的《臺灣文獻彙刊》則是大陸學者對於「臺灣史研究」學科建設的一大貢獻。

在我看來，作為叢書，同《臺灣文獻叢刊》、《臺灣文獻彙刊》一樣，《臺灣史研究名家論集》對於「臺灣史研究」學科建設的意義和價值堪當「至重至要」四字評語。

《臺灣史研究名家論集》第二輯的作者所顯示的學術陣容相當可觀。用大陸學界的習慣用語來說，陳孔立教授、尹章義教授及其他各位教授

均屬於「臺灣史研究」的「學科帶頭人」、「首席學者」一類的人物。

　　臨末，作為學者和讀者，我要對出版《臺灣史研究名家論集》的蘭臺出版社與籌劃總主編卓克華教授表達敬意。為了學術進步自甘賠累，蘭臺出版社嘉惠學林、功德無量也。

汪毅夫

2017 年 7 月 15 日記於北京

《臺灣史研究名家論集》——編後記

　　《臺灣史研究名家論集》〈二編〉就將編校完成，出刊在即，蘭臺出版社編輯沈彥伶小姐，來電囑咐寫篇序，身為整套論集叢書主編，自是不容推辭。當初構想在每編即將出版時，寫篇序，不過（楊）彥杰兄在福州一次聚會中，勸我不必如此麻煩，原因是我在《初編》中已寫過序，將此套書編集成書經過、構想、體制，及對現今研究臺灣史的概況、隱憂都已有完整交待，可作為總序，不必在每編書前再寫篇序，倒不如在書後寫篇〈編後記〉，講講甘苦談，說說些有趣的事兒，這建議非常好，正合我意，欣然同意！

　　當初以為我這主編只要與眾位師長、好友、同道約個稿，眾志成城，共襄盛舉就好了，沒想到事非經過不知難，看似簡單不過的事兒，卻曲折不少。簡言之，有三難，邀稿難，交稿難，成書更難。此話怎說？且聽我一一道來：

　　一、邀稿難：這套論集是個人想在退休前精選兩岸臺灣史名學者約40-50 位左右，將其畢生治學論文，擇精編輯，刊印成書，流傳後世，以顯現我們這一代學人的治學成績。等到真的成形，付諸實踐，頭一關便遇到選擇的標準，選誰？反過來說即是不選誰？雖然我個人對「名家」的標準指的是有「名望」，有「資望」，尤其是有「重望」者，心中雖有些譜，但真的擬定名單時，心中卻忐忑不安，擔心得罪人。一開始考慮兩岸學者比例，以三分之二、三分之一為原則，即每編 15 位學者中，臺灣學者 10 人，大陸學者 5 人，大陸學者倒好處理，以南方學者為主，又集中在廈門大學。較困難的是北方有那些學者是研究臺灣史的？水平如何？不過，幸好有廈大諸師友的推薦過濾，尚不構成困擾。較麻煩的反倒是臺灣本地學者，列入不列入都是麻煩，不列入必定會得罪人，但列入的不一定會答應，一則我個人位卑言輕，不足以擔此重任，二則有些學者謙虛客套，一再推辭，合約無法簽定，三則或已答應交給某出版社出版，不便再交給蘭臺出版社，四則老輩學人已逝，後人難尋，難以

簽約。最遺憾是有些作者欣然同意，更有意趁此機會作一彙編整理，卻不料前此諸多論文已賣斷給某出版社，經商詢該出版社，三番兩次均不答應割愛，徒呼奈何。此邀稿難。

　　二、交稿難：我原先希望作者只要將舊稿彙整擇精交來即可，以15萬字為原則，結果發現有些作者字數不足，必須另寫新稿，但更多的作者都是超過字數，結果守約定的學者只交來15萬字，因此割愛不少篇章，不免向我訴苦，等出版社決定放寬為20萬字時，已來不及編輯作業，成為一大憾事。超過的，一再商討，忍痛割捨才定稿。更有對昔年舊稿感到不滿，重新添補，大費周章，令我又佩服又慚愧。也有幾位作者真的太忙，拖拖拉拉，一再延遲交稿，幸好我記取《初編》經驗，私下有多約幾位作者，以備遞補，遲交的轉成《三編》、《四編》。但最麻煩的是有一、二位作者遲遲不簽合約，搞得出版社不敢出版，以免惹上著作權法的法律問題。

　　三、成書難：由於不少是多年前的舊稿，作者雖交稿前來，不是電子檔，出版社必須找人重新打字，不免延擱時間。而大部份舊稿，因是多年前舊作，參考書目，註釋格式，均已改變，都必須全部重新改正，許多作者都是有年紀的人，我輩習慣又要親自校對，此時已皆老眼昏花，又要翻檢原書，耗費時日，延遲交稿，所在皆是。而蘭臺出版社是一家負責任且嚴謹的公司，任何學術著作都要三校以上才肯出版，更耗費時間。

　　不可思議的在《二編》校對過程，有作者因年老不慎跌倒，顱內出血；或身體有恙，屋漏偏逢連夜雨，居然又逢車禍；或有住家附近興建大廈，整日吵雜，無法專心校對，又堅持一定要親自校對……等等，各種現象都有，凡此都造成二編書延遲耽擱（原本預計九月底出版），而本論集又是以套書形式出版，只要有一本耽誤，便影響全套書出版。

　　邀稿難，交稿難，成書更難，這是我個人主編《臺灣史研究名家論集》最大的切身感受，不過忝在我個人自願擔負此一學術工程的重大責任，這一切曲折、波折都是小事，尤其看到即將成書的樣稿，那心中的

喜樂是無法言宣的，謝謝眾位賜稿的師友作者，也謝謝鼎力支持，不計
盈虧的蘭臺出版社負責人盧瑞琴女士。

卓克華

106 年 12 月 12 日　於三書樓

歷史重新說話時；立刻就會產生立場、角度和處境……等等的問題。」作者在行文之中，能夠深入的反省漢人的「開墾觀」，反思資料詮釋的「主觀性」，提醒我們留意各個開發階段中帶給原住民的滄桑、血淚，以及顯然不平等的族群關係。

4. 結構中有方法論的個體主義：本專輯十篇論文中，與「方法論」有關的最少四篇，事實上把方法論帶入討論的，可能超過一半以上。歷史方法是歷史學者的基本功，不過作者沒有要把自己限定住。他對於歷史研究的方法一直持有反省的清醒意識。特別是，在一個數位資訊與網絡鋪天蓋地而來的時代，田野紀錄、分析、呈現，尤其是作者本身過去親身經歷了影視傳播的實作。我們發現，歷史學的方法，無法滿足作者的好奇了。「這位歷史學者」的腦裡，有紀錄片、人類學田野、地理資訊、傳播科技等跨域整合的趨勢。他那些歷史人類學的考察，具有相當程度的歷史味道，但也重視當代新科技的發展，如空拍、資訊地圖等。在多次的交談中，也清晰的感受其社會學思維的浮現。通過方法、資料分析的硬功夫，具體展現他解讀（例如《淡新檔案》）功夫，有細緻的墾首網路關係之發展，也有漢人與原住民的族群關係，作者也經常把整體的命運放在更大的結構關係上來考量，例如帝國中央的邊疆政策。又如，從隱藏在聖旨背後的「中央與地方政令系統的公務運作及其對臺灣的影響」，不過，在這個有結構性、整體性的宏觀分析中，也常可發現其方法論的個體主義，制度、規則、系統中的運作，最終還是體現在具體的、承載著意義的個體身上。

5. 臺三線上的臺灣史思考：〈淡新檔案的認識與運用〉、〈奉天承運的背後〉（可視為「聖旨的認識與運用」），以及〈廢紙堆裡的先民世界：試論民間文書的解讀與運用〉等幾篇論文，屬於作者解讀「古文書」的本事篇，「任何文書史料都必須下一番功夫整理、解讀，了解它的意義以後，才會成為可用的研究資料」。嚴格來說這幾篇都算是方法論的思考篇，除了分析聖旨、淡新檔案、民間文書的認識與運用外，也討論衙門文書的遊戲規則。這些可視為方法論思考的範疇，屬於解構

那時「古人」的生活脈絡、（不同統治者）所制定的遊戲規則和權力遊戲。作者提到：資訊橫流的時代，知識的真知灼見更發顯得重要，見解來自於資料也來自於想像。讀卓權先生的臺灣史名家研究論集，令人想起黃仁宇先生在紐約的「赫遜河畔的歷史思考」，這本作品亦可視為卓權先生在關西的「臺三線上的臺灣史思考」。

張維安

國立交通大學客家文化學院長

從業餘到專業

自序

　　1983 年前後的 5-6 年間，是我人生中最大的轉折。工作與感情都遭逢困頓，外加貿然投資失敗，沉重的負債讓我差一點就一蹶不振。無奈中在好友協助下，做起雜貨批發生意，沒想到就此改變了我的一生。不但在短短幾年間還清了債務，而且遇到共度一生的俠侶，也開啟了往後絕然不同的人生。

　　在臺灣那個年代，從事商品批發雖然很累，但是如果能夠掌握暢銷貨源（坦白說，很多都是水貨）與行銷通路，利潤卻很驚人。但是以當時的負債之身，現金周轉，真是備極艱難；如果沒有幾分敏銳的眼光，精打細算的本事，一旦管銷失控，卻會讓你墜入更大的深淵而無法自拔。幸好天不絕我，總算讓我順利度過這段慘淡而困頓的日子。

　　由於批發業有淡、旺季的週期，所以在那幾年間，每逢淡季我就抽空從臺北騎著機車，沿著「臺三線」一路南行，到臺灣各地走走看看，在無意中採集了不少鄉土軼聞，也蒐集了不少民間殘存的珍貴文書。於是靠著這些四處採集的奇聞軼事與清、日治時代留下的古文書；憑著青年時期接受的薄弱史學知識，竟然讓我在無意中踏上臺灣史研究的不歸路。這期間又因緣際會，受到法制史前輩戴炎輝教授的指點，得以接觸當時還極少人能夠親眼目睹的清代《淡新檔案》，讓我從此眼界大開；日後又因此結識了中央研究院臺灣史田野研究室的諸多好友與各大學任教的前輩學者；從此深陷臺灣史研究中無法自拔。

　　然而，做為一個業餘研究者，我從來沒有受過學院的史學專業訓練；卻又有幸在恩師傅正先生的指導下，打下史學研究的基礎，也在無意間踏入臺灣史研究的領域。所以我的研究方向，就廣度而言，也就無拘無束，相當寬廣開闊；但是就專業領域而言，卻又相對狹隘，難以施展。由於這種不學無術的工作背景與長年熬夜苦修的研究心得，卻使我從一開始就以不同於學院研究者的視角，來看待那些曾經在臺灣發生的歷史，

以及曾經在這塊土地上活躍的不同族群與人物。因此，我當年發表的一些論文，或多或少也在無意中提出了一些臺灣清代史研究的盲點。

　　我踏入臺灣史研究的時機，由於臺灣政權尚未「解嚴」，因此在這個領域的研究者，難免會遭來一些異樣的眼光與莫名其妙的遭遇。但是隨著政治解嚴與開放黨禁、報禁等一連串的變革，不但臺灣的政治環境與氛圍，開始朝著民主、自由的道路急速前行，一向冷門的臺灣史研究，也漸漸成為顯學。於是，不斷的演講邀約與史蹟導覽解說，令我一時應接不暇；也在平面媒體與影視媒體的推波助瀾下，讓我在虛幻的光環中迷失了好幾年。

　　為了應付這些似虛似幻的的光影，幸好我沒有因此迷失，反而更加努力閱讀，不斷追求新知，讓我的研究範疇日愈寬廣；也讓我從此拋開那些虛名，利用有限的業餘時間，專心研究歷史學的邏輯思考與精準的語意表達能力，沒想到卻讓我的田野研究與文獻解讀，開啟了另一層面的領悟；也在史學方法與史學理論中，逐步建構了自己的觀點。承蒙叢書總編，也是我將近 30 年的老友卓克華教授的再三邀約，讓我這個既無傲人學歷又無專業背景的業餘研究者，得以忝充「名家」之列，真是令我受寵若驚。因此在選編本書之餘，內心總是感到忐忑不安。

　　這本論集把我歷來撰述的作品，蒐入兩篇歷史敘事的嘗試之作，因為其中仍然有著太多的論述和史料的束縛，雖然與歷史敘事的體例仍有一段距離；然而這兩篇嘗試之作，卻比我撰寫一篇學術論文還要困難。蒐入四篇臺灣史研究的專論，雖然卑之無啥大論，卻也足以代表我這 30 餘年來，從業餘到專業的研究成果。蒐入四篇文獻解讀與田野思考的一得之見，提供筆者在業餘與專業之間，踽踽獨行、徘徊激盪的史學觀點。這十篇 20 餘萬字的作品，經我一再增刪修改，有些早已距離原貌甚遠，就算以「新作」視之也不為過。由於我晚近撰寫的作品，大多已經彙集成書，早期的作品則是文白夾敘的鉛印文本，所以選編這本論集，的確遭遇不少難以取捨的困境，而且這樣的編排也難免會有部分的重複，這點還請讀者諒解。

　　在浩瀚的歷史長河中回顧這一生，儘管走得跌跌撞撞，但蒙上天庇佑，祖宗照護，讓我在垂垂老矣的時候，還能留下一點點的成績。按照臺灣習俗，行年業已號稱 70 歲；重新檢視這本反覆挑選的論文集，實在距離名家之作太遠；但是做為一個業餘研究者，我卻衷心希望這些小小的研究成果，可以帶給學院或非學院的同道一些不同的啟發與思考。最後謹以一首 2016 年的舊詞作結。

秋夜（臨江仙）

圳水潺潺流過處，無情最是秋風。
夕陽半落滿天紅。
依山棲白鷺，暮色已朦朧。

笑看江湖人笑我，且聽靜夜鳴蟲。
風吹葉落有無中。
天涼衣要暖，把酒莫稱雄。

黃卓權　　謹識 2017.04.22

謹以這本書

送給

陪我走過悲歡歲月的內人

劉秋娥女士

我的每本著作和每篇文章

處處充滿她校對、潤飾與修改的心血

十七世紀桃、竹、苗地區的史與事[*]

一、荷蘭 VOC 與西班牙

　　十七世紀以前，臺灣本島仍然是原住民各族自治活動的地區，根據目前可以掌握的荷蘭時期文獻記載，可以約略了解當時雖然有少數地方已經開始出現跨區域性的部落領袖，或類似「王」（King）或「王權」的統治型態，但似乎還不曾建立穩定的政權或執行政務的行政組織。[1]

　　1624 年（明天啟 4 年）荷蘭聯合東印度公司（荷文原文為 Vereenigde Oostindische Compagnie，簡稱 VOC）設在澎湖的貿易站受到大明帝國海軍的進逼，在 8 月間，主動拆除了澎湖的堡壘撤退到大員（Taijoan，今臺南附近），並且在大員附近的沙崙（一鯤身）上構築了新的堡壘，後來通稱為熱蘭遮城（今安平古堡），做為對大明帝國和日本的貿易據點。

　　1625 年起由於來自中國沿海的移民日漸增加，又在赤崁一帶建設了普羅民遮城鎮，並且逐步佔領臺灣中、南部地區，開始以統治者的姿態君臨臺灣，成為臺灣歷史上第一個具有政府功能的統治政權。但是這個政權是一個很奇怪的組織，它不完全是荷蘭政府的海外機構，它反而比較接近由一個執行國家經濟意志的公司設在臺灣的分支機構而已；嚴格來說，它並不是完全的殖民政權，卻又具有殖民政權的統治機能。

　　當時的荷蘭是 17 世紀的海上強權，正式名稱為尼德蘭聯省共和國，由貴族代表及各省代表組成的「國家議會」治理。國家重要政務必須由全體議員一致同意。平時則由議會共同推舉的代理議員組成執政團隊，負責一般政務，執行會議的決議。[2]

---

[*]　本文原刊《新竹文獻》第 31 期，新竹：新竹縣文化局，2008，頁 120-132；原題〈十七世紀桃竹苗地區掠影〉。感謝老友翁佳音先生提供珍藏圖版及 VOC 檔案，又撥冗協助校訂。
[1]　翁佳音，〈被遺忘的臺灣原住民史：Quata（大肚番）王初考〉，《異論臺灣史》，臺北，稻鄉出版社，2001。
[2]　據湯錦台，《大航海時代的臺灣》，臺北，貓頭鷹出版社，2001，頁 72-76。

圖 1：聯合東印度公司（VOC）的旗幟

說明：以荷蘭（尼德蘭聯省共和國）國旗加上 VOC 的標幟合成

圖 2：興建中的熱蘭遮城與大員港的荷蘭帆船與中國帆船

說明：主桅掛三色旗為荷蘭船，掛紅色三尾旗為中國船（翁佳音提供）

　　荷蘭聯合東印度公司（VOC）的總部設在阿姆斯特丹，由各省商會代表所組成的 17 人董事會執行最高決策；這個公司不但在國家議會充分授權之下擁有整個印度洋與太平洋海域的貿易壟斷權，而且具有國外行政、外交和軍事權力的特殊經濟機構。[3]所以嚴格來說，臺灣史上的「荷蘭時期」，比較正確的說法應該是「荷蘭東印度公司時期」；而且只是荷蘭 VOC 的巴達維亞東印度公司總部（巴達維亞海外分公司），依據政府授權所建立的商業統治政權；當時的臺灣最高統治者──「臺灣長官（gouveneurvan Taijoan）」，反而比較接近巴達維亞海外分公司派駐在臺灣的「Formosa 分區經理」。

　　荷蘭 VOC 在臺灣中南部的佔領，對西班牙人的貿易構成很大的威脅，為了建立對明、清中國和日本的貿易據點，並且便於天主教道明修會的傳教，於是在 1626 年派遣遠征軍佔領基隆，並在基隆海灣外的小島上（今和平島）構築了聖·薩爾瓦多城堡，並於 1627 年 7 月由西班牙國王正式宣佈臺灣的主權；[4]兩年後，即 1629 年再度派遣艦隊佔領臺灣西北部淡水河口的海岸，建立城堡派兵駐紮，稱為聖·多明哥城（今淡水紅毛城址）。西班牙人從此佔領臺灣北部沿海地區並且次第招撫臺北平原的部落。西班牙人雖然試圖南進桃園、新竹，但是受到當地原住民的抵抗並未成功。VOC 為了獨占臺灣的貿易利益，於 1642 年夏，趁虛派遣艦隊逐退西班牙人，正式佔領臺灣全島。[5]

---

[3]　Christine Vertente、許雪姬、吳密察，《先民的足跡：古地圖話臺灣滄桑史》，臺北，南天書局，1991，頁 46-47。湯錦台，《大航海時代的臺灣》，頁 76-77，106-108。

[4]　Christine Vertente、許雪姬、吳密察，《先民的足跡：古地圖話臺灣滄桑史》，頁 64-67。

[5]　湯錦台，《大航海時代的臺灣》，頁 124-127。

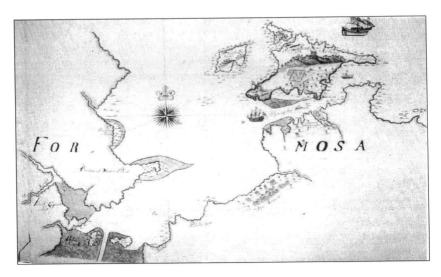

圖 3：荷蘭 VOC 佔領初期的基隆港

來源：江樹生譯註，《熱蘭遮城日記》第 1 冊，圖版頁 26。

二、荷蘭 VOC 的統治

　　荷蘭 VOC 為了避免與原住民發生摩擦，特別起用熱心傳教、學習當地語言的喀爾文教派牧師或宣教師協助政務官，並且透過他們來深植政治勢力。[6]逐步把臺灣全島分為北路（臺南以北、至大甲溪一帶）、南路（臺南以南）、東部（花蓮、臺東）及淡水（臺灣北部）等四個地方集會區來鞏固公司的統治基礎。這種地方集會或稱為地方會議（Landdag），運作方式是透過派駐各地方的政務官或兼任政務官的牧師及宣教師，把原住民各部落的頭目或長老召集到公司指定的地點會合，公司長官或要員則透過通事向他們訓話、裁決、收取貢納等等，並由頭目們分別報告各部落的統治狀況；有實績的則賜給把手上刻有 VOC 銀飾標記的藤杖作為權威象徵的信物，治績不佳則予罷免。根據中村孝志引述 C.E.S.（荷蘭末任長官揆一 Frederik Coyett）所著《被遺誤的臺灣》（'t Verwaerloosde Formosa），對赤崁地方會議的運作有如下記載：

6　中村孝志，〈荷蘭時代得番社戶口表〉，《荷蘭時代臺灣史研究》，下卷，臺北，稻鄉，2002，頁 2。

村落選出一名有能力的長老，由臺灣長官任命為該村落的首長，在公司派遣率領約 25 名士兵的政務員監督下，指揮村民以及報告公司的指令等事。若有違反者，得在士兵的協助下強制其守法。並且所有這些村落的首長，必須每年一次，大抵在四月末頃集會於公司的長官之下，報告有關各地方的政治狀況。此時治績優良者，可獲相當恩賞，越加鞏固其地位；治績不佳者，則被罷免，奪回其象徵首長的藤杖，賜給擬繼其任者。像這般報告的集會，世人稱之為「臺灣地方集會」。[7]

這種命令島內原住民頭人不分路程遠近，從各角落翻山、越嶺、渡溪會集一堂的做法，顯示荷蘭東印度公司治理原住民，並非完全採取間接統治。他們所持的統治觀點，就如同第八任臺灣長官卡隆（François Caron, 1644-1646）所宣稱，命令被統治者出席稱臣，親眼目睹官威，總比耳聞來得好；而且直接溝通優於間接溝通。此外，每次地方會議召開以前，公司派駐在各地的政務官、通事等，通常會負責巡迴各村社，提醒頭目與長老準備參加。由此可以窺見 VOC 治臺時期，統治力雖然鬆散，但是透過「地方會議」，仍然在全島產生一定程度的政治動員力[8]。

西班牙人的勢力撤出臺灣以後，荷蘭東印度公司在臺灣的統治體系也開始日趨完備，臺灣的行政區此時也有了雛形。[9]公司在四個集會區都派駐有政務官、駐防官及士兵等以管理當地的民、刑事務，維持地方次序。就目前的研究可以略知，在北路的虎尾駐有兩位，麻豆、蕭壠、赤崁各有一位；南路則在麻里麻崙駐有一名政務官；北部淡水區及東部卑南方面也分別有公司的指揮官及士兵駐紮。「淡水集會區」約當今日宜蘭、基隆、臺北以及淡水河以南至臺中沙轆與牛罵；也就是大甲溪以北的廣大區域都包括在內。集會地點在臺灣的「最北角」，根據翁佳音

7　引自中村孝志，〈村落戶口調查所見的荷蘭之臺灣原住民族統治〉，《荷蘭時代臺灣史研究》，下卷，頁 42。中村孝志先生並未註明原書頁數，經翁佳音查證後，見：C.E.S., 't Verwaerloosde Formosa, 1675, pp.14-15。

8　翁佳音，〈地方會議.贌社與王田—臺灣近代初期史研究筆記（一）〉，《臺灣文獻》五十一卷三期（2000 年），頁 263-282。

9　翁佳音，〈地方會議.贌社與王田—臺灣近代初期史研究筆記（一）〉。

考訂，最可能的地點應該是淡水紅毛城附近。[10]

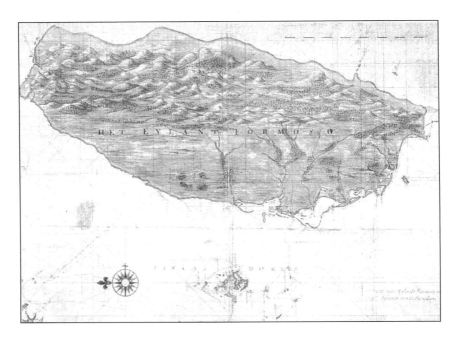

圖 4：繪於 17 世紀的臺灣地圖（1636）

來源：江樹生譯註，《熱蘭遮城日記》第 1 冊，圖版頁 21。

三、荷蘭 VOC 記錄的桃、竹、苗部落

　　根據歷屆地方會議所留下的檔案，例如：出席會議的村社與頭目名稱；公司職員依照各地政務官或與會頭目呈報的戶口資料，所製作的〈全臺臣服番社戶口造冊〉等等；以及日本學者中村孝志終其一生考訂整理的〈臺灣番社戶口表〉等相關記載，已可大略掌握，荷蘭時期登錄的原住民村社數目與清代文獻所載的 300 餘社「生、熟番」相去不遠；可能除了北部深山中的泰雅族外，大部分「高山族」或「生番」幾乎都已在戶口表中出現。[11]

10　翁佳音，〈地方會議．贌社與王田—臺灣近代初期史研究筆記（一）〉。
11　翁佳音，〈地方會議．贌社與王田—臺灣近代初期史研究筆記（一）〉。

　　當時定居桃、竹、苗沿海地區的原住民村社，依據中村孝志整理的〈臺灣番社戶口表〉以及目前的研究成果，可以查知的村社名稱與戶口資料大略如下：

　　桃園地區有 Lamcam（南崁社）、Sousouly（霄裡社）和桃園臺地居住的 Coullonders Dorpen（龜崙人村社）；以及桃園海邊的 Mattatas 社……等。桃園以北與 Lamcam（南崁社）為鄰的村社，則是淡水紅毛城南邊的 Parrigon（八里坌社）。

　　新竹地區有兩支，一支稱為 Pocael（竹塹社），分布在今日的新竹市香山區至新竹市區一帶，在 17 世紀所繪製的海圖上記載，這是「一處四周種有竹圍的村落」；[12]另一支稱為 Gingingh（眩眩社），分布在新竹市北面的樹林頭一帶。

　　苗栗及臺中大甲溪以北沿海地區，則有 Dockudukol（中港社）、Auroura（後龍社？）、新港社，以及分布在後龍溪以南、大甲溪以北，後來稱為「崩（蓬）山八社」的 Warrewarre（苑裡）、Parewan（房裡）、Roetchiout（通霄）、Taggawear（大甲）、Hallabas（貓盂社？）、Warrouwar（大甲日南）、 Tannatanangh（大甲雙寮）……等村社。

　　就目前的研究可知，苗栗丘陵至少還有貓裡、加志閣兩社；但是翁佳音檢索荷蘭 VOC 檔案時，發現加志閣社的名稱至少有：Calikas, Kalican, Kalican, Kalikan, Caikan, Calias 等多種寫法，因此認為「此社稱多少是指苗栗地區的總稱，有如 Tirosen（諸羅山）指嘉義，Poasoa（半線）指彰化地區」。他認為「基本上，戶口表所反映的為課稅的村社單位，與當時的番人聚落不見得一致」。[13]

　　這些「番社戶口表」的製作多少可以說明荷蘭人的統治，已經具有相當成果。但是那些「戶口造冊」或「戶口表」中的村社戶數與人口數，有不少是透過出席地方集會的頭目們口頭報告而得；是否能夠真正反映

---

[12]　Christine Vertente、許雪姬、吳密察，《先民的足跡：古地圖話臺灣滄桑史》，頁 92-93。

[13]　翁佳音特別提醒：「苗栗，一般都說是來自 Vari，但只是推測之詞。如果勉強要用文字證據，我倒是比較建議苗栗是來自 Warre，音近 Bare，在本地的語言意思是指"溪河"。Warre 是廣義苗栗地區常見的社名連詞，如：Warrewarre（苑裡：多條小溪）、Tackawarre（大甲溪）等」。（2007 年 8 月 20 日 01：30 E-mail）

實在的戶口數，顯然需要抱持懷疑的看法。[14]中村孝志認為這與公司「統治力」的強弱有關，「因地域不同，不免有精粗之別」；尤其「淡水以南的桃園、新竹甚至大甲方面，因住民凶暴，荷蘭人在此地域亦似很棘手，即使有村名，由於史料不足，地名之確認也有困難」。[15]這也多少可以說明桃、竹、苗地區的戶口表，至今還無法完全解讀的原因。

表 1：「番社戶口表」記載的桃、竹、苗原住民戶口數

村落名	備考	1647 人口（戶）	1648 人口（戶）	1650 人口（戶）	1654 人口（戶）	1655 人口（戶）
Parrigon	八里坌（臺北）	135（30）	130（30）	122（38）	120（41）	129（30）
Parricutsie	Lamcam 南崁（桃園）	387（111）	376（111）	530（160）	259（78）	157（46）
Sousouly	霄裡（桃園）	77（30）	80（30）	95（32）	81（30）	78（20）
Mattatas	桃園番社（海邊）				172（41）	172（34）
Pocael	竹塹社（新竹）	324（78）	316（78）	520（130）	523（149）	376（112）
Gingingh Gingijn	眩眩社（新竹）				102（44）	99（40）
Dockudukol	Tumel 中港（苗栗）	318（64）	308（64）	401（105）	387（100）	442（106）
Auroura	後壠社？（苗栗）					
Paipeitsie		104（26）	100（26）	221（84）	181（47）	233（64）
Warrewarre	苑裡（苗栗）	354（76）	340（76）	189（46）	209（49）	155（39）
Parewan	房裡（苗栗）	43（13）	40（13）	155（30）	117（29）	100（28）
Routsoudt Roetchiout	Roetchiouttumal 通霄（苗栗）	288（56）	280（56）	420（133）	400（112）	167（54）
Ballebal		148（34）	140（34）	187（36）	123（37）	183（58）
Taggawear	大甲 Tachwar	135（25）	133（25）	173（37）	160（33）	142（34）
Hallabas	貓盂社？（苗栗）	101（27）	100（27）	115（30）	150（43）	269（74）
Warrouwar	大甲日南（臺中）	70（20）	67（21）	394（（90）	264（60）	166（44）
Crauw						66（17）
Tannatanangh	大甲雙寮（臺中）				125（36）	107（34）
Sinanas					42（13）	45（14）
Darridauw？ Darradauw？	查內社？	110（36）	106（36）	200（60）	290（62）	177（59）

14　翁佳音，〈地方會議.贌社與王田─臺灣近代初期史研究筆記（一）〉。

15　中村孝志，〈荷蘭時代的臺灣番社戶口表〉，《荷蘭時代臺灣史研究》下卷，頁 3。

*以下為分布在桃園臺地的龜崙人（Coullonders）村落

村落名	備考	1647 人口（戶）	1648 人口（戶）	1650 人口（戶）	1654 人口（戶）	1655 人口（戶）
Rachuuwan					86（20）	
Kimebouron	Quinesolangh		130（45）	151（30）	68（11）	因部落鬥爭，無法出席會議，以前一年戶口數推定
Kinary				93（20）	88（21）	
Semalan	Sinckalen			209（35）	65（16）	
Sassoulangten				163（32）		
Kinorobourauw				160（30）	92（23）	
Serritsera				220（38）	70（28）	
Gingyn	Gingin			200（45）	95（32）	
Tobonnen	Tibono			160（34）	140（45）	
Silgelibbe				156（36）		
Binorauan				170（40）	90（19）	
Progobas					78（22）	
Raliraliras					70（15）	942（252）

來源：中村孝志，〈荷蘭時代的臺灣番社戶口表〉，《荷蘭時代臺灣史研究》（下卷），臺北，稻鄉，2002，頁1-38。黃卓權重新整理，翁佳音校訂補充。

說明：1.有關龜崙人（Coullonders）的研究目前無人突破，只能轉引中村孝志的整理。

2.在清帝國統治初期所編方志通稱的「崩（蓬）山八社」，依照地理位置分布，由北至南分別是：吞霄社、苑裡社、貓盂社、房裡社、雙寮社、南日社（1760年前後，分支為日北社、日南社）、大甲西社、大甲東社等[16]。目前的行政區畫雖然分屬苗栗、臺中二縣，但在荷蘭VOC時期屬淡水集會區內，在清代也劃入淡水廳（大甲堡、竹南三堡）轄區，以大甲溪（Tackawarre）為界。

---

[16] 洪麗完，《臺灣中部平埔族群古文書研究與導讀》，（上冊），臺中，臺中縣立文化中心，2002。

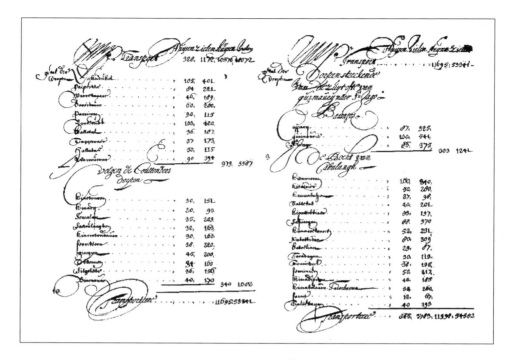

圖 5：荷蘭東印度公司檔案 1650 年的番社戶口造冊

來源：檔案編號：VOC1176, fol.786。（翁佳音提供）

四、荷蘭 VOC 的統治與結束

　　淡水地方集會區因為包含了今日的宜蘭、基隆、淡水河流域及其以南的桃園、新竹、苗栗和臺中大甲溪以北的廣大區域，不像南、北路地方會議正常舉行，只留下 1645 年 10 月、1651 年 11 月、1653 年 11 月、1654 年及 1657 年 12 月的四或五次地方會議資料。第一次的淡水地方會議於 1645 年 10 月 13 日舉行，但是當時負責淡水方面的地方官——上席商務員 Steen 和士兵們都紛紛感染不知名的疾病無法出席，連醫生自己都病死了，後來緊急從雞籠派來支援的醫生，也感染同樣的病去世了，所以這次會議辦得很勉強。[17]

---

[17]　江樹生譯註，《熱蘭遮城日記》第二冊，臺南，臺南市政府，2002，頁 478-479。

　　淡水會議的形式大部分都仿效赤崁地區的南、北路地方會議模式舉行，第一次會議一共分發了四十一支代表 VOC 權威的藤杖給參加會議的長老，其中有五位來自噶瑪蘭（今宜蘭），讓淡水地方官感到相當意外。[18]然而，淡水集會區終因區域太大，而且形勢複雜，尤其「***Tixam***（竹塹、新竹）方面只有幾個獵鹿場而已，沒有較大的產物；加上桃園臺地龜崙人居住地的住民十分兇惡，治安的維持確實相當辛苦」。駐守的公司人員和士兵等，為了確保此地和維持治安等任務，便已經耗盡心力，加上職員、士兵及通譯員，因染病及被殺等原因，使得後來的幾次地方會議都如同第一次一樣，「是在公司人員及通譯嚴重不足的惡劣條件下，伴隨著極大的苦難而召開的」。[19]

圖 6：臺灣地方會議手繪圖（1649 或 1650）

來源：江樹生譯註，《熱蘭遮城日記》第三冊，卷首插圖 2。

---

[18]　江樹生譯註，《熱蘭遮城日記》第二冊，頁 478-479。
[19]　中村孝志，〈村落戶口調查所見的荷蘭之臺灣原住民族統治〉，《荷蘭時代臺灣史研究》下卷，頁 54。

　　1661 年 4 月底，以「反清復明」為終身志業的「國姓爺（Koxinga）」鄭成功親自率領戰船四百多艘，大軍二萬五千人進攻臺灣，於 5 月初迅速佔領普羅民遮城，並且分派軍隊控制全島沿海重要據點；然後繼續從海、陸兩棲圍困如同孤島的熱蘭遮城堡。[20] 當時，鄭軍方面由於糧食嚴重不足，鄭成功一面派員分赴各村社強制徵收民間存糧及糖、麥、輜重等來接濟軍食；一面採取寓兵於農的政策派遣鎮將前往各地駐紮屯墾。當時的桃、竹、苗地區，由左先鋒鎮將楊祖奉令率領官兵前往新港仔（在今苗栗後龍）、竹塹（今新竹）一帶屯駐開墾，這是鄭氏時期在苗栗、新竹地區派駐將領最早的記錄。[21]

　　鄭成功進佔臺灣以後，對待在臺漢人雖然相當寬容示好；但是對待原住民的措施卻極為嚴苛而且手段十分殘酷，根據《裨海紀遊》一書的記載：「鄭氏繼之，立法尤嚴，誅夷不遺赤子，併田疇盧舍廢之[22]」。這種手段加上軍隊徵糧、屯墾的措施，結果激起臺灣中、北部原住民強烈的抵抗。1661 年 7、8 月間，因為管事楊高凌虐原住民，結果被「大肚番」（屬巴瀑拉族）首領阿德狗讓所殺，鎮將楊祖奉令前往鎮壓，中標槍敗回赤崁傷重而死。據說這次的戰況極為慘烈，「楊祖以一鎮之兵，為諸番阻絕於此，無一生還者」。[23]

　　1662 年 2 月（永曆 15 年 12 月），被鄭軍圍困苦撐 9 個多月的熱蘭遮城堡，由於糧食、飲水缺乏，後援不繼，再也無法繼續支撐，經 VOC 臺灣長官與議會一致決議由末代長官揆一與鄭成功簽訂了「公平的降約」光榮投降。[24] 鄭成功從此正式佔領臺灣，建立了臺灣史上第一個漢人政權；「國姓爺（Koxinga）」的名號也因此響遍歐洲各國。大明帝國亡國以後，由遺臣擁立的流亡皇帝──「永曆帝」封給鄭成功的「延平郡王」頭銜，終於靠他自己的力量取得了臺灣這片廣大的領地。這時，

[20]　依據 Christine Vertente、許雪姬、吳密察，《先民的足跡：古地圖話臺灣滄桑史》，頁 84。

[21]　依據楊英，《從征實錄》，臺灣文獻叢刊 32 種，頁 189-190；《臺灣省通志》，卷七人物志，第一冊，臺灣省文獻會，1970，頁 19。

[22]　郁永河，《裨海紀遊》，臺灣文獻叢刊 44 種，頁 23。

[23]　周鐘瑄，《諸羅縣志》，臺灣文獻叢刊 141 種，頁 118。

[24]　C.E.S.（揆一 Frederik Coyett）著，《被遺誤的臺灣》，收入《臺灣經濟史三集》，臺灣研究叢刊 34 種，頁 80-82。

　　其實，傳見的地點並不特別重要。倒是陳禎祥的出現，卻隱然顯示黃南球的對手們正集結在此，準備給予致命的一擊。

　　清代地方官對「橫霸鄉里」的案子，往往因為當事者雙方各執一詞裁斷不易，所以只要不出人命，大都儘量敷衍避免插手。尤其像黃南球這類纏訟多年的互控官司，或地方勢力衝突等積壓未決的棘手案件，無論原告、被告，兩造都非易與之輩，不但各擁勢力而且背景複雜，還牽涉到「漢、番」之間的糾葛。這對一個處處需要倚賴地方勢力來協助維持治安的基層「知縣」而言，要想公正調解或明快審決，確實有許多實際上的困難。[30]所以歷任新竹知縣如劉元陛、李郁階、施錫衛等，都無法斷然處置，坐使此案拖延多年，難以定案。

　　不過命案既然發生了，並且又是多條人命的案子，那麼再想置之不理已經勢不可能，這時接手此案的就是剛剛調任新竹知縣的徐錫祉。[31]如今翻閱徐知縣當年所批閱的公文和民、刑事案件的裁決處置，在在都可看出他的精明幹練，老於官場；[32]細看他對相關案情所做的種種考量與批示，我們甚至可以很武斷的假設：岑撫臺這次會親理此案傳訊黃南球，乃是出於這位徐知縣巧妙的安排。不管這個假設是否接近事實，但由今日看來，當年藉由巡撫大人出面處置的方式，的確是突破懸案僵局最高明的捷徑。

　　黃南球到案後的審訊過程已無線索可尋。然而比較耐人尋味的是，審訊的結果不但出現了意外的轉機，黃南球反而因禍得福獲得巡撫大人改顏相待。據說當岑毓英把詢問的話題，轉向黃南球最擅長的「平番、撫番、開闢後山」等事時，他「侃侃而談」陳對各種有關策略，似乎處處都能擊中這位深通邊防事務的巡撫心坎。「哀啟文」這樣寫道：

30　關於清代地方制度與廳、縣衙門的運作概況，可參考戴炎輝，《清代臺灣之鄉治》，第一編及第八編的內容。

31　黃卓權，《跨時代的臺灣貨殖家：黃南球先生年譜1840-1919》，表4-1，「清代新竹歷任知縣任期表」，頁118-119。

32　關於徐錫祉的裁示可參閱《淡新檔案》：17322、17326各案。

　　　　先嚴陳對平番、撫番、開闢後山諸策略，侃侃而談，語多中肯。
　　　　岑公大加賞識，嘆為海外奇才。即委以撫番重任兼辦總墾戶事[33]。

　　在事隔數十年後，他的兒子們提到此事時，還在字裡行間隱然流露
得意之情；足見黃南球對當年的膽識與奇遇應該是多麼志得意滿了。
　　整個事件的過程與結果雖然頗富戲劇性，但我們根據岑毓英在光緒
8 年間呈給皇帝的「奏片」，可以間接證明「哀啟文」的敘述並非憑空
虛構。[34]這件「奏片」中，岑毓英言簡意賅的陳述了他在駐臺期間，發
現中、北兩路「番社」尚未招撫，便指派黃南球、姜紹基「分投招安」，
而且他們不負使命順利達成任務的過程。他在「奏片」中寫道：

　　　　查前、後山番社，臣前次渡臺，查知中、北兩路尚多梗化，即派
　　　　墾戶黃南球、姜紹基分投招安。現據帶來二十六社番目禾乃阿鹿
　　　　等，共兩百一十七戶，俱願薙髮歸順。[35]

　　這次岑毓英在臺灣留駐了一個多月，到 9 月初才回到福建省署（在
福州）辦公；到了 11 月中旬再度來臺。黃南球和姜紹基便率領了「歸
化番民二千餘名」，前往巡撫行轅覆命。我們根據事件前後的細節加以
分析，這才是使得「岑公大悅，降階相接」的主要原因。事後黃南球與
姜紹基都因為這次「軍功」，獲得岑毓英保奏「五品職銜」，[36]又分別札
發「新竹總墾戶」的戳記委派他們專辦新竹內山墾務。[37]

33　引自「哀啟文」。
34　岑毓英，「到臺籌辦開山撫番等事片」，文叢 309，頁 123-125。
35　岑毓英，「到臺籌辦開山撫番等事片」，文叢 309，頁 123-125。
36　據遠藤克己，《人文薈萃》，「新竹州苗栗郡苗栗街，黃南球君」，臺北，遠藤寫真館，
　　1921，無頁碼。「哀啟文」、「墓誌銘」及連橫，《臺灣通史》，〈貨殖列傳〉，對於黃
　　南球的五品職銜，皆記為光緒十二年（1886)大嵙崁從征時保授，實為大誤；因為黃南球於
　　光緒十年（1884)九月新竹知縣徐錫祉贈「保衛梓鄉」匾時，已擁有五品職銜。
37　岑毓英，「到臺籌辦開山撫番等事片」，文叢 309，頁 123-125。

圖 2：黃南球的「新竹總墾戶」戳記

資料來源：《淡新檔案》：17324-1；戴炎輝先生提供影本複製；原戳印面高 6
　　　　公分，寬 4 公分。

三、南庄勢力的消長

　　黃南球在岑撫臺傳訊後，反而因禍得福獲得巡撫大人的賞識並且奉
派擔任「撫番」任務。這種情勢就黃姓的對手們來說，自然造成不利的
威脅；另一方面，閩籍頭人之一的陳禎祥在光緒 7 年閏 7 月 25 日，岑
毓英巡抵中港期間，雖然前往「迎途稟明」，卻「未蒙批示」，更令他深
感「枉費資本，情深憂屈」。[38]陳禎祥為恐「勞而無功」，只好轉向新竹
縣衙，向新任知縣徐錫祉再度「瀝情稟叩」，文辭顯得有點心焦而情切。
他說：

> 祥等一片忠心，欲效忠而無路；而番民內生猜忌，縱欲歸化而無
> 由。茲幸逢仁憲下車蒞治，兆姓懷新，化及萬方，仁聲素著。正
> 祥等盡效愚忠，入山招化之日。但未得示諭，竊恐祥等勞而無功；
> 番民欲歸而不決。勢得瀝情稟叩大老爺臺前，一筆陽春，德及番
> 民，恩准出示曉諭。

---

[38] 《淡新檔案》：17322-1，陳禎祥〈催稟〉。

　　稟文雖然寫得可圈可點，言詞幾近哀懇；然而陳禎祥的做法卻犯了越級「控奉撫憲（巡撫大人），發下原呈」的官場大忌，所以徐錫祉便斷然給了一道「毋庸妄瀆」的批飭，明白告訴他：「別再妄想搞鬼了」[39]。這個批飭使得陳禎祥一時「不敢再行稟懇」。[40]

　　其實，陳禎祥也確有不得已的苦衷。他在稟文提到的「番民內生猜忌」應該就是主要原因。因為他在光緒 6 年（1880）四月間與獅里興、獅頭驛等社土目簽訂的給墾字約已經隔了一年多，卻遲遲無法得到官府「諭示」，正式核准，反而事端叢生，顯然已使各社土目對他漸漸失去信心。當時代表畫押的土目多達七人，但因字約內的「番名」都採用漢字音譯，如今很難重建他們的實際關係。[41]但是依據東西南北「四至界址」再參考近人的研究，陳禎祥與南、北獅里興社土目日阿拐、絲有眉（或絲大尾）二人關係似乎相當良好，[42]很可能還包括了南庄大東河以南，加里山以西的主要社群。這些土目們也同樣各擁勢力，各有地盤，而且在「社地共有」的習慣下，土目的決定必須得到社眾的同意並且對社眾負責。[43]

　　就黃姓勢力來說，以田尾為中心的黃祈英後裔，如：允明、允連和龍章、錦章……等，都與原住民結有姻親關係，這一層「可傳番語」、「兼有番親」的身分，顯然成為黃姓一方最有利的交涉條件。[44]黃南球入墾獅潭時，雖與日阿拐、絲大尾所領導的南、北獅里興社群結下深仇，但

---

[39]　《淡新檔案》：17322-2，陳禎祥稟及徐錫祉稟批。

[40]　《淡新檔案》：17322-3，典史馮廷桂呈內所引陳禎祥原稟。

[41]　《淡新檔案》：17322-5，〈立給山埔字〉。

[42]　《淡新檔案》：17322-5，〈立給山埔字〉；艾馬克（*Mark A.Allee*)著、王興安譯，《十九世紀的北部臺灣：晚清中國的法律與地方社會》，（臺北：播種者文化公司，2003），頁 128-139。

[43]　《淡新檔案》：17322-3，馮廷桂呈稱：「查得獅里興等社之荒埔，曾經該番踏尾等給交陳禎祥開墾，而各番丁委係均已樂從」，可以證明土目們的決定，必須得到社眾的同意。另據張瑞恭，〈賽夏族社會文化變遷的研究—紙湖、向天湖社群的探討〉，指稱：賽夏族的「土地所有權：社地、獵場、漁場，皆屬公有；休耕地屬父系群，耕地屬家族私有」，文化大學，民族與華僑研究所碩論，1988，頁 31。

[44]　參見三田裕次、張炎憲，《臺灣古文書集》，臺北，南天，1988，頁 54，〈立永給墾批字〉內，三灣屯把總向仁鑑，招募黃允明、黃允連為社丁的條件是：「可傳番語，協同通事安撫生番」；頁 61，〈立給交隘務山場埔地永約字〉內，則因黃錦章「善于和番，兼有番親」。

只要能夠獲得田尾黃家的支持，要達成岑毓英交付的「撫番」任務並非困難。[45]更何況黃南球又得到岑毓英的信任，無形中愈加助長了黃姓一方的聲勢。在這種情勢下，只要在原住民各社之間從中稍加撥弄，那麼產生「內生猜忌」的現象便不足為奇了。陳禎祥此刻的處境也就可以想見。

　　光緒7年底，岑毓英再度巡臺，陳禎祥又把握這個機會，親往巡撫行轅稟控前情，並附呈各社土目所立的給墾字約懇請巡撫大人批准，然而岑毓英卻不置可否批道：「仰各領示諭回社，安業為良，毋再逞兇滋事。切切！」[46]這分明是給各社土目的批示，但陳禎祥卻如獲至寶，當即迂迴稟請新竹縣典史馮廷桂，請他委婉而巧妙的轉呈知縣徐錫祉，儘快核給墾戳、執照。[47]

　　典史，雖然是個「流外」（九品之外）的芝麻小官，卻是縣級編制內的正官，而且有自己的衙署，稱為「捕衙」或「捕廳」，掌管縣內治安、巡察、捕逃和司獄各事。縣內一般尋常小事，還可代理知縣下鄉公辦，受理呈狀。其地位大約相當於現在的縣府主任秘書兼警察局長。在清代官位雖小，卻是縣級機構內，僅次於知縣和縣丞的地方官。[48]馮典史對陳禎祥似乎相當支持，不但為他轉呈徐知縣「俯賜給領施行」，並且自願擔負督責的任務；又替他保證：

> 獅里興等社之荒埔，曾經該番踏尾（疑係絲大尾）等，給交陳禎祥開墾，而各番丁委係均已樂從，尚無希圖爭佔之弊。[49]

　　然而徐錫祉認為此地曾因爭墾「番地」發生命案，如果按照馮典史所請施行，「誠恐一波未平，又起一波」，於是札飭馮廷桂「從緩再辦」。[50]此後無論陳禎祥如何稟懇，甚至搬出「宮保大人」岑毓英的批示「瀝情

45　依據《淡新檔案》：17322-8，黃龍章呈狀可知，黃南球、姜紹基奉派撫番之事，黃龍章也奉命參與。

46　《淡新檔案》：17322-7，陳禎祥稟文。

47　《淡新檔案》：17322-3，馮廷桂呈文。

48　參考王世慶，《新竹市志》〈政事志.行政篇〉（新竹市政府，1997），頁386。

49　《淡新檔案》：17322-3，馮廷桂呈文。

50　《淡新檔案》：17322-3，徐錫祉批示。

冒乞」，徐知縣始終都以嚴厲的語氣斷然否決。[51]

　　這段期間，另一股由張姓人士合股的「三灣墾戶金東和」，也和竹塹城紳林汝梅聯手積極請墾此地，而且得到其他土目和三灣屯屯官的支持，遂使「南庄」地區的情勢變得更為複雜。[52]由於竹塹林家與官方的淵源甚深，家世顯赫，因此給予陳禎祥乃至黃姓宗族的威脅，也都大為提高。

　　林汝梅為秀才出身，是「布政使銜」林占梅的五弟。光緒 7 年（1881）興修大甲溪橋堤工程時，據說「贊襄最力」頗受岑毓英的賞識。岑毓英推動臺北府建城工事時，還出任新竹捐辦總局紳董。[53]他與黃南球應該早已結識。根據《新竹廳志》記載，林汝梅請墾「南庄」荒埔曾得有岑毓英的墾批，但從各種跡象分析，他似乎無意與黃姓勢力競爭；他的意圖顯然只想在黃姓勢力範圍之外取得一片「番地」而已。所以他在「南庄」的墾業並未受到黃姓勢力太大的阻撓。[54]陳禎祥當時的做法則想一體通吃，這是他最大的錯誤。

　　前述這些複雜的問題都發生在三灣屯的管區，那麼屯官們的態度又是如何呢？就現存的文獻與相關記載加以分析，便可發現當時負責屯務的「把總」錢登雲，始終支持黃姓；錢登雲的上司竹塹大屯「千總」蕭聯芳，則與林汝梅合作已久；職位較低的「外委」胡新發，既支持田尾黃家而且曾協助黃南球在北獅潭和上北灣的墾業，又對林汝梅多方示好。[55]這種糾纏不清的狀況簡直難以想像。如今時隔百餘年，我們無妨暫且擱下這些複雜的演變，直接從各方爭墾勢力的興衰，來回顧「南庄」這片土地最後的歷程。

　　光緒 8 年 2 月底或 3 月初，大甲溪橋堤工程完工後，岑毓英結束臺

---

[51]　《淡新檔案》：17322-6、7，新竹縣札飭及徐錫祉批示。

[52]　里見義正，《新竹廳志》，新竹廳總務課，1907，頁 171-174。

[53]　連橫，《臺灣通史》，臺北，眾文，1976；黃朝進《清代竹塹地區的家族與地域社會：以鄭、林兩家為中心》，頁 46。

[54]　里見義正，《新竹廳志》，頁 171-174。

[55]　里見義正，《新竹廳志》，頁 171-174。

灣的公事回返福州撫衙；5 月間便調升雲貴總督。[56]他在離臺以前，把「南庄」問題交代徐錫祉協調解決。徐錫祉的調解進行得還算順利。到了這年 10 月，林汝梅和黃允明，便各自代表雙方立約定界，並由雙方各聘公親、證人，三面言定界址，共同協議畫出：

> 南庄對面大曆坑北畔凸，透下大河，透過南庄老伯公前崁眉，透至南庄面大凸分水為界。自水尾以下，歸明（黃允明）老墾掌管；自水頭以上，歸梅（林汝梅）新墾掌管。

依據所約定的界址，林汝梅的墾區大約是在獅頭驛社土目張有淮的界內。合約同時加註，所謂「南庄」，便是原來稱為「田寮」的地方。於是「南庄」的地名由此確定。黃南球則以「在場見」（見證人）身分列名畫押。至於爭墾最為激烈的陳禎祥，也似乎在林汝梅代表下，默認了他在獅里興社地內的墾權。各方勢力，終於如同合約所稱「誠為和好」。[57]

不過，陳禎祥的下場卻沒有那樣幸運，他的墾業既無官方支持，山場又在光緒 9 年（1883）間，突然遭受來源不明的南庄原住民襲擊而一蹶不振。[58]另一方面，他因為走私漏稅樟腦，在本年間為後壠釐金局司事魏啟陞查獲沒收，陳禎祥為此具狀控告魏啟陞等人劫奪樟腦；但是時隔不久，釐金局又在中港口船內，再度查獲漏稅走私樟腦十九擔，經新竹知縣派員調查屬實，於是下令拘傳到案，陳禎祥卻早已逃匿無蹤，多方拘捕不獲。5 年後（光緒 14 年 10 月），陳禎祥又因為被控綁架魏啟陞勒贖未遂，終於在淡水縣被捕，解返新竹縣歸案收押。由於前科不少，本應從重量刑；但因陳禎祥擁有「軍功」頭銜，一直藉故推託，不肯把軍功執照呈堂報部撤銷，因此無法審決判刑；歷任知縣只好以種種理由藉故管押，前後將近 6 年之久。直到光緒 21 年（1895）3 月 30 日才獲准以「老病」為由，具保出獄就醫；這時他已經 62 歲，清廷業已簽下馬關條約，把臺灣割讓給日本了。[59]

56　岑毓英，「謝署雲貴總督恩摺」，文叢 309，頁 130。

57　〈立分墾定界合約字〉，收入三田裕次、張炎憲，《臺灣古文書集》，頁 60。

58　新竹廳總務課編，《新竹廳志》，頁 172。

59　艾馬克（Mark A.Allee）著、王興安譯，《十九世紀的北部臺灣：晚清中國的法律與地方社會》，頁 128-139。

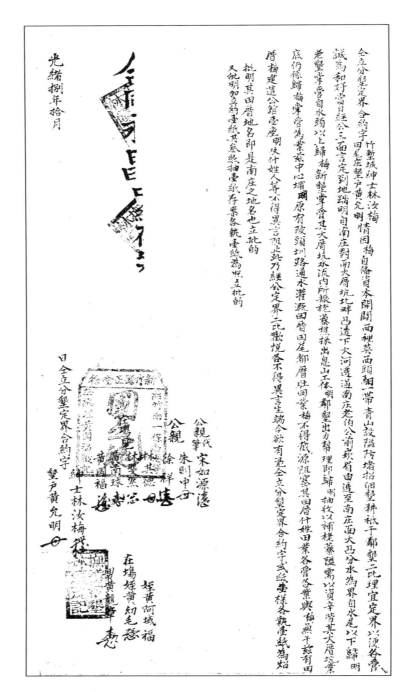

圖 3：南庄分墾定界合約字

來源：三田裕次、張炎憲，《臺灣古文書集》，臺北，南天，1988，頁 60。

　　光緒 10 年（1884）3 月間，原住民突然大舉進襲林汝梅的田厝公館，切斷水源，堵塞通路，包圍各處隘寮、佃舍。當時公館內有丁佃老弱 80 餘人被圍情況危急。當時的新竹知縣（朱承烈或徐錫祉）立即委派黃南球會合黃龍章及屯把總錢登雲前往制止無效。黃南球等人便緊急召募隘丁、佃民 300 餘人，乘夜襲擊原住民的後路，總算解救了林家丁佃的危機。但是林汝梅的南庄墾業從此深受打擊，幾年後也漸次退出南庄。[60]

　　南庄地區的原住民，從此大量接受漢民的生活方式，自行招募「漢、番佃人」合作開墾，也開始從事樟腦製造。南獅里興各社由日阿拐領導；北獅里興各社由絲大尾領導；他們分別據有南河流域的南北段，以大崎（在今南庄鄉蓬萊村）為界。獅頭驛各社則由張有准領導，據有大東河流域。[61]此地的客家人漸居優勢，漳、泉兩籍人士則漸次退出南庄或融入客家社會。南庄地區就在各族群的交互影響下，呈現出多元性的風貌。田尾黃家歷經兩代的努力，終於成為此地的最大勢力，第三代的黃龍章、黃錦章也繼之而起。

　　黃南球因為得到岑撫臺的提拔，已經儼然躍升為新竹內山墾務的名義領袖。「新竹總墾戶」的頭銜，雖因岑毓英調升總督，未能賦予進一步的權責和任務，但是連地方官府都無法否定他在內山擁有的地位。[62]根據當地父老的傳說，黃南球因為和「番拐王」（指日阿拐）結有深仇，所以一輩子都不敢踏入虎頭山以南地區（今南河流域）。[63]但黃錦章的孫女姜黃金妹則說，黃南球曾與田尾黃家合作，在南庄經營樟腦業獲利不少。[64]

---

[60]　里見義正，《新竹廳志》，頁 172。

[61]　里見義正，《新竹廳志》，頁 174。

[62]　據《淡新檔案》：17324、17326、17327、17329 各案，可以發現黃南球自光緒九年（1883）以後，便常以「總墾戶」名義，受新竹知縣委派查報縣內的墾隘糾紛，隘租收納，乃至全縣隘租的清查、造報事宜，儼然是官方認定的名義領袖。黃南球本身對官方稟事，也大都自稱「總墾戶」，並且使用「新竹總墾戶」戳記。

[63]　獅潭黃慶祥先生口述，1986 年訪問；日阿拐裔孫日進財先生口述，1994 年訪問。

[64]　姜黃金妹女士，為黃錦章的長男黃煉石之女，嫁給北埔抗日烈士姜紹祖的遺腹子姜振驤為妻。姜氏十餘歲時，因母病在苗栗就醫，曾借住黃南球家半年餘，與黃南球的子姪輩極為熟悉。於 1996 年去世，享壽 103 歲。筆者於 1989 年訪問時，時年 96 歲。

圖 4：黃南球與長子運添畫像，時年約 45-50 歲。

　　綜合本文的敘述加以推測，足可相信黃南球在南庄地區，也應該分到不少經濟上的利益。[65]他當時的勢力範圍仍以獅潭溪流域為主，與日阿拐和絲大尾所領導的獅里興社隔山對峙，他們之間所結下的仇怨，仍然有待時間化解。

---

[65]　據王世慶，〈日治初期臺灣撫墾署始末〉，收入《清代臺灣社會經濟》，臺北，聯經，1994，頁 530-540。筆者頗為懷疑，日本明治 29 至 32 年間（1895-1898），在日阿拐、絲大尾和張有淮界內，投資樟腦業的黃爾卿、黃敬堂二人，乃是黃南球的合夥人或代理人；另據〈臺灣日日新報〉（明治 31 年 10 月 29 日漢文版）載：「苗粟邇来，米價騰貴……聞近日黃紳南球，急公好義，已派人到臺北裕利行，飭令行長黃敬堂采買米石。」可見其關係頗深。

四、大甲溪留名

　　大甲溪為臺灣的第五大溪，發源於中央山脈，向西流入臺灣海峽，在臺中大甲附近出海；主流全長 124 公里。由於此溪上游，海拔高達 3500 多公尺，因此每到洪水期，往往水勢急湍，每秒鐘的洪流量約達 10,600 立方公尺。[66]每逢春、夏之交的雨季期間，往往山水漲漫，交通阻絕，行人旅客到此，莫不視為畏途。尤其是此溪下游地勢平坦，一遇溪水暴漲時，不僅氾濫成災衝沒田園，每年不幸溺斃的百姓更是為數不少。實為清代臺灣南、北交通的一大障礙也是地方上的一大禍患[67]。

　　光緒 7 年閏 7 月，岑毓英初次巡閱臺灣時，剛好碰上颱風豪雨肆虐過後，他親眼目睹了大甲溪一帶的災情，深覺此處地當彰化、新竹兩縣的交通要衝，這種大患若不徹底整治，無論民生或防務都難保周全。當即決定整治大甲溪水患。[68]因為岑毓英籌畫防務的觀點，首重交通，認為要先使臺灣南北聲氣相通，「中途無阻，文報暢行，遇征調等事，庶免遲誤」。[69]他甚至決定要把全臺行政中樞的臺灣道署，從偏處南部的臺南府城，遷往彰化縣，建城於東大墩（今豐原），以便於「居中調度」，兼顧南北。[70]

　　因為整治大甲溪的計畫，正好與岑毓英的臺防觀點不謀而合。而且計畫完成後，又可以將大甲溪「兩岸荒地，招佃開墾，於民生實有裨益」。於是在大甲溪親自沿溪踏勘，發現此溪「下游寬有六百二十餘丈，地段過闊，既不能建橋樑；盈涸無定，又不能行舟楫」。他與官紳、耆老，幾經研究討論後，決定以開挖河道的方式，利用溪中亂石，以篾籠（竹籠）間雜鐵籠，在大甲溪兩岸，裝石築造長堤，並把各股溪流匯集入海，

66　依據洪敏麟，《臺中縣大甲溪流域開發史》，第二章，〈自然環境〉，臺中縣立文化中心，1989，頁 13。

67　岑毓英，「興修大甲溪河堤片」，文叢 309，頁 116-117。

68　岑毓英，「臺灣等處颶風大雨片」，文叢 309，頁 112-113。

69　岑毓英，「興修大甲溪河堤片」，文叢 309，頁 116-117。

70　據劉璈，〈稟覆籌議移駐各情由〉，《巡臺退思錄》（第一冊），（文叢 21），頁 5-9。

以利行舟過渡。[71]

　　計畫中的經費來源，擬從「臺灣、臺北兩府舊存海防經費開支」；[72] 至於工務勞力，則有地方仕紳「情願於冬季農隙之時，捐助夫役，聽候分派」，[73]另由每縣「派夫二千五百名」，[74]「並派附近防軍，協力相助」，[75] 以為支應。築堤計畫經岑毓英向朝廷奏准後，便決議如期進行，與基隆砲臺和臺北府城工等重大工程，同時成為岑毓英巡撫任內的三大治臺要政。

　　岑毓英又鑒於臺灣孤懸海外，如果僅靠外國汽輪和舊式船舶往來，對福建、臺灣兩地的交通運輸，極為不便。於是，特別商請船政大臣奏准遣派「琛航」、「永保」二號輪船，定期航駛閩、臺兩地，使「往來官兵及省、臺文報」的輸送，不致遲誤，而且「遇有民人渡臺暨商民販運貨物，均准隨時搭船」。他的這項措施，不但方便了往後各項工程材料的運送，也使得閩、臺水路交通邁進一個嶄新的時代[76]。

　　光緒 7 年 11 月，岑毓英再度來臺時，從各縣徵調以及地方仕紳捐派的築堤民夫上萬人，都已齊集大甲溪畔聽候分派，於是立即下令開工，並且在當地暫行駐紮。岑毓英不但親自督建工程，還在此地度過了一個應該備極榮耀而且十分溫馨臺灣年。[77]

　　初期計畫似乎並無建橋的打算，後來指派臺灣道臺劉璈前往勘查結果，發現後里庄（今臺中后里）與葫蘆墩（今臺中豐原）之間的翁仔社（今豐原豐社里）附近，兩岸都有石腳（岩石層），從來未被溪水沖塌，可以作為建橋的基礎。於是決定橋、堤同時動工。[78]

　　當時捐助人工，出錢出力的地方仕紳，如今已無法逐一查知姓名，但人數似乎不少，而且包含了漳、泉、粵三籍人士，就其涵蓋面與普遍

71　岑毓英，「興修大甲溪河堤片」，文叢 309，頁 116-117。
72　岑毓英，「興修大甲溪河堤片」，文叢 309，頁 116-117。
73　岑毓英，「興修大甲溪河堤片」，文叢 309，頁 116-117。
74　林文龍，〈清末大甲溪架橋築堤考略〉，《臺灣風物》，34 卷第 1 期，1984，頁 30。
75　岑毓英，「興修大甲溪河堤片」，文叢 309，頁 116-117。
76　岑毓英，「請將琛航、永保輪船二號輪流渡臺片」，文叢 309，頁 117-118。
77　岑毓英，「再行渡臺片」、「到臺籌辦開山撫番等事片」，文叢 309，頁 112-115。
78　劉璈，〈稟奉查勘彰化撲仔口等處地形由〉，文叢 21，頁 6-7。

性而言，這項工程的動員力量實為臺灣空前之舉。這些人都是當時在地方上舉足輕重的人物，例如：板橋的臺灣首富林維源（漳籍）、竹塹的林汝梅（泉籍）、中港的陳汝厚（泉籍）、苗栗的黃南球（粵籍）、社口庄林振芳（粵籍）、潭仔墘庄林其中、霧峰的林朝棟和其族長輩林五香（漳籍）等，都一致出錢出力為工程效力。[79]剛在岑毓英面前初露頭角的黃南球，不但奉派督工而且捐助了築堤工役三百人。「哀啟文」和「墓誌銘」也都分別記載此事：

> 岑公興築大甲溪橋，復委督辦橋工；先嚴親率人夫三百名，不支公費，前往助工。[80]
> 岑公興築大甲溪鐵橋，復委董橋工，君助役三百人不領工費。[81]

這時，黃南球無論社會聲望、家世背景和財力等各方面，都與前述人士相距甚遠。但他似乎頗有報答知遇的豪情，當然更有藉機結交官府的目的，所以才有這樣的大手筆。他雖然為此付出了不少金錢、時間和精力，但也顯然獲得更大的收穫，遠超過他在苗栗內山二十年的辛苦打拚。

橋、堤工程，從 11 月底開工，到次年 2 月間完工，前後歷時兩個多月。[82]這段其間，黃南球自然能與岑毓英有了更多的接觸機會，從而建立了官場上的私交。更大的收穫應該是在工程期間，結交了許多地方官吏和各地菁英，打通了官紳交流的管道，不僅令他眼界大開，而且從此踏上全臺性的歷史舞臺。黃南球與林維源、林朝棟和林振芳等人，後來都有公務、私誼和事業上的合作關係；與新竹歷任知縣徐錫祉、方祖蔭……等，也維持了良好的公、私交誼。我們以後見之明，足可確信他們的結識便從此地開始。甚至他與林汝梅同時在此地助修堤工，也顯然

---

[79] 鄭喜夫，〈林朝棟傳〉，《臺灣先賢先烈專輯》（第四輯），臺灣省文獻會，1979，頁 20；另據許雪姬，〈臺灣近代化的幕後功臣：林維源〉，收入《臺灣近代名人誌》，第一冊，臺北，自立晚報，1987，頁 11-25。

[80] 引自「哀啟文」。

[81] 引自陳衍，「墓誌銘」。

[82] 林文龍，〈清末大甲溪架橋築堤考略〉，頁 30。

為南庄地區的勢力衝突，開啟了和解的契機；才得以在光緒 8 年 10 月間，促成黃允明和林汝梅分別代表閩、粵雙方在南庄定約畫界。

全部工程，「橋長百五十丈」[83]、「寬約五、六尺」[84]；河堤「南、北兩岸共計二千餘丈，高一丈至一丈二、三尺，厚四、五丈至七、八丈不等；外築各小堤，以殺水勢」。[85]總經費一共花去洋銀二十餘萬元，[86]後來擔任臺灣巡撫的劉銘傳，則說是三十餘萬元。[87]至於政府的實際支出，根據岑毓英的奏報，「共由海防經費項下，動支工料等款銀七萬一千九百八十餘兩」，[88]折合當時的通用洋銀，約為十萬元左右。可見民間的捐款和勞力支出，便超過了總經費的一半以上。這些民間的捐助，不管是出於「勒派」，還是出於自願，岑毓英當年的魄力也真是夠大了。

黃南球捐助的三百名人工，如果按照時人所撰的〈治大甲溪議〉一文所稱：「臺工值最昂，每工月需費十金」計算，每個月就須花費三千元，以兩個半月計，便高達洋銀七千五百元以上。[89]黃南球的實際支出如何？現在已經很難查知。雖然比起林維源在光緒 3 年（1877）的「豫賑」（河南賑災）款，一捐五十萬元的大手筆，[90]也許是微不足道；但衡量當時的生活水準和黃南球本身的財力，他的捐助也的確足當「豪舉」兩字。遺憾的是，這一個清代治臺以來最浩大的工程建設，卻在完工後的 4 至 7 月間遭到一連串的狂風豪雨肆虐，以致山洪爆發，溪水遽漲，新建的橋、堤全告沖毀。洪水過後依舊兩岸平沙；官民合作的心血全部付之流水。[91]

當時有一位目睹橋、堤沖毀景象的官員黃逢昶，有感而發的留了一

83　連橫，《臺灣通史》〈卷十九，郵傳志〉（眾文，臺北，1976），頁 593。
84　諸家，《新竹縣志初稿》，（文叢 61），頁 34。
85　岑毓英，「修理大甲溪及基隆營碼報銷片」，文叢 309，頁 132-133。
86　連橫，《臺灣通史》〈卷十九，郵傳志〉，（眾文），頁 593。
87　劉銘傳，〈擬修鐵路創辦商務摺〉，《劉壯肅公奏議》，文叢 27，頁 269。
88　岑毓英，「修理大甲溪及基隆營碼報銷片」，文叢 309，頁 132-133。
89　林文龍，〈清末大甲溪架橋築堤考略〉，頁 28-40，轉引自吳子光，《經餘雜錄》，卷十附錄，該文作者佚名。
90　許雪姬，〈臺灣近代化的幕後功臣：林維源〉，《臺灣近代名人誌》，第一冊，1987，頁 14-16。
91　林文龍，〈清末大甲溪架橋築堤考略〉，頁 28-40。

首「臺灣竹枝詞」詠嘆此事：

> 南北衢通大甲溪，
> 洪濤巨浪湧前堤；
> 行人到此愁無奈，
> 喚救聲聲共鳥啼。[92]

彷彿正為這個浩大的治水工程，刻意留下了最直接的見證。

這時，岑毓英已於 5 月間調升雲貴總督，不在任內，加上清、法越南糾紛日愈吃緊，所以並未受到清廷的處分。其實平心而論，他在工程中結合了臺灣中、北部各籍地方菁英的力量，在此互相結識、觀摩，並且動員了各籍民夫萬人以上，共同為全臺性的公共工程而努力，其深遠的意義仍是值得肯定的。因為各籍地方菁英的結識，可以化解不少異籍之間的摩擦；他們的合作，則可培養出整體性的共識。

這次「捐資出力」的員紳，岑毓英在「奏摺附片」中提到另有「存記請獎」，但其獎敘情形無法查知。[93]根據《淡新檔案》的記錄，黃南球後來擁有「例貢生」的頭銜，[94]這是一種「援用捐例」授給的功名；其社會地位介於舉人與秀才之間。其捐納的年份欠詳，但依照現存文獻推測，極有可能是因為這次助修大甲溪橋、堤，經由岑毓英的保舉，援用「臺灣海防捐例」而獲得的。

從岑毓英駐臺期間留下的相關檔案，可以發現他對黃南球的賞識與信任的確非比尋常，不但指派黃南球隨軍捕盜、率軍稽查香山鹽館搶案、處理撫番事務，甚至還以密札交辦公務，儼然是岑毓英在新竹縣境的民間得力助手。[95]這種破格禮遇，對一個草莽爭雄的內山墾戶來說，確屬一生難逢的際遇與殊榮。黃南球也因此獲得景慕已久的頭銜和身分，開始在臺灣風雲際會的歷史上，漸漸嶄露頭角。

---

[92]　林文龍，〈清末大甲溪架橋築堤考略〉，《臺灣風物》，三十四卷一期（1984），頁 28-40。

[93]　岑毓英，「修理大甲溪及基隆營碉報銷片」，文叢 309，頁 132-133。

[94]　據《淡新檔案》全文檢索，黃南球………………

[95]　據《淡新檔案》：14408-41~53 各件。

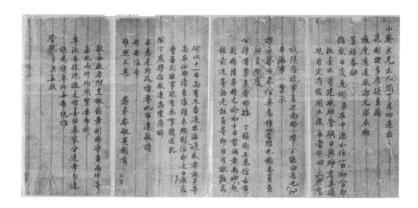

圖 5：巡撫岑毓英給新竹知縣徐錫祉的私函

來源：《淡新檔案》：14408-45；臺灣大學圖書館數位網下載。

　　光緒 8 年 5 月間，清廷因為與法國的越南爭端逐日吃緊，調升岑毓英署理雲貴總督，前往籌防備戰。赴任前，黃南球專程前往福州送行。「哀啟文」說：

> 迨岑公由閩撫升任滇督時，先嚴赴閩送行；岑公乃為引見閩督何公（何璟）；且云，將來臺地剿撫番界，非先嚴莫屬。其嘉重如此；嗚呼！岑公可謂先嚴知己也。[96]

　　從字裡行間可以看出岑毓英在黃南球家族心目中的份量！事實上，從本文的敘述中，也的確可以看出，黃南球能在臺灣中、上層社會中迅速崛起，岑毓英駐臺期間的賞識和提拔，實居重要的關鍵。

　　黃南球在大甲溪的事蹟，當年似乎頗富傳奇性而膾炙人口，因此他去世時，曾有臺中的一位青年詩人林耀亭，便以大甲溪為題，寫了一首輓詩哀悼他：

> 甲溪流水作雷鳴，
> 恍惚當年督勵聲；
> 三百鄉團人在否？
> 也應垂淚說平生。[97]

---

[96]　引自「哀啟文」。

[97]　林耀亭，〈黃南球先生訃至，賦此以弔〉，《櫟社沿革志略》，文叢 170。

參考文獻

〈先嚴韞軒府君哀啟文〉，收入黃卓權，《跨時代的臺灣貨殖家：黃南球先生年譜 1840-1919》，附錄壹。

〈新竹廳竹南一堡東興庄 388 番地，戶籍謄本〉。

〈新竹廳苗栗俊苗栗街維祥字內麻 96 番地，戶籍謄本〉。

《臺灣日日新報》。

《臺灣兵備手抄》，文叢 222，臺灣銀行經濟研究室。

《淡新檔案》：14408-41~53 各件。

《淡新檔案》：17322-1~8 全案。

《淡新檔案》：17324、17326、17327、17329 各案。

《清史列傳選》，文叢 274，臺灣銀行經濟研究室。

《新竹縣采訪冊》，文叢 145，臺灣銀行經濟研究室。

三田裕次、張炎憲，《臺灣古文書集》，臺北，南天，1988。

王世慶，《清代臺灣社會經濟》，臺北，聯經，1994。

王世慶，《新竹市志》，〈政事志・行政篇〉，新竹市政府，1997。

艾馬克（Mark A.Allee）著、王興安譯，《十九世紀的北部臺灣：晚清中國的法律與地方社會》，臺北：播種者文化公司，2003。

岑毓英，〈岑襄勤公奏稿選錄〉，《臺灣關係文獻集零》，文叢 309，臺灣銀行經濟研究室。

里見義正，《新竹廳志》，新竹廳總務課，1907。

林文龍，〈清末大甲溪架橋築堤考略〉，《臺灣風物》，34 卷第 1 期，1984。

林耀亭，〈黃南球先生訃至，賦此以弔〉，《櫟社沿革志略》，文叢 170，臺灣銀行經濟研究室。

洪敏麟，《臺中縣大甲溪流域開發史》，臺中縣立文化中心，1989。

張瑞恭，〈賽夏族社會文化變遷的研究─紙湖、向天湖社群的探討〉，文化大學，民族與華僑研究所碩論，1988。

許雪姬，〈臺灣近代化的幕後功臣：林維源〉，《臺灣近代名人誌》，第一

　　　　冊，臺北，自立晚報，1987。

連橫，《臺灣通史》，臺北，眾文，1976。

陳衍，〈清賞戴藍翎同知銜苗栗黃君墓誌銘〉，《臺北文獻》，第 13-16 期
　　　　合刊本，臺北市文獻委員會，1966。

陳恭祿，《中國近代史》，臺北，臺灣商務， 1967。

陳培桂，《淡水廳誌》，臺北，臺灣經世新報社，1922。

陳運棟，《頭份鎮誌》，苗栗縣頭份鎮公所，1890。

黃卓權，〈拓墾家：黃南球傳〉（六），《三台雜誌/雙月刊》，14-15 期，
　　　　苗栗，三台雜誌社，1987。

黃卓權，〈從獅潭山區的招墾看晚清臺灣內山拓墾務的演變〉，《臺灣史
　　　　研究論文集》，臺北，臺灣史蹟研究中心，1988。

黃卓權，《跨時代的臺灣貨殖家：黃南球先生年譜 1840-1919》，臺北，
　　　　中央圖書館臺灣分館，2004。

黃朝棟，《黃氏族譜》，〈十八世東光公〉記事，手稿本，黃文新先生影
　　　　贈。

黃朝進《清代竹塹地區的家族與地域社會：以鄭、林兩家為中心》，臺
　　　　北，國史館，1995。

廖風德，〈海盜與海難：清代閩臺交通問題初探〉，《中國海洋發展史論
　　　　文集》（三），中研院三民主義研究所，1988。

遠藤克己，《人文薈萃》，臺北，遠藤寫真館，1921。

劉銘傳，《劉壯肅公奏議》，文叢 27，臺灣銀行經濟研究室。

劉璈，《巡臺退思錄》（第一冊），文叢 21，臺灣銀行經濟研究室。

諸家，《新竹縣志初稿》，文叢 61，臺灣銀行經濟研究室。

鄭喜夫，〈林朝棟傳〉，《臺灣先賢先烈專輯》（第四輯），臺灣省文獻會，
　　　　1979。

戴炎輝，《清代臺灣之鄉治》，臺北，聯經，1979。

從版圖之外到納入版圖
—清代臺灣北部內山開墾史的族群關係[*]

摘要

　　本文透過清政府在乾隆 26 年（1761）所構築的「土牛溝」，試圖探討臺灣內山開墾史的區域範圍，在不同時期隨著清帝國對「版圖」觀念的改變，以及內、外在因素的影響所產生的變化。另一方面，則經由這種統治權的逐步擴張，來暸解漢移民在版圖界外的族群互動過程，從區域取向的角度，解析客家人在臺灣北部地區的族群關係。

　　由於桃園、新竹、苗栗三縣，是臺灣北部客家人的優勢區；因此，臺灣北部地區的內山開墾史，客家人佔有相當重要的地位；不但從中主導了墾務的發展，改變了本地區的人口結構，也為當地的族群關係，留下深遠的影響。所以筆者將本文的討論範圍，界定在漢民開墾較晚而族群互動最為頻繁的桃、竹、苗內山地區。

關鍵詞：版圖、土牛溝、內山、生番、熟番、福老、客家。

---

[*] 本文依據 2002 年 5 月 25 日，在國立臺灣師範大學文學院所舉辦之「第六屆臺灣地理學術研討會」論文修訂而成，原題目為：〈清代北臺內山開墾與客家優佔區的族群關係〉。由於會後一直未能仔細修訂發表，鑑於該文引用頗多，特依據近年研究大幅修訂，刊於《臺灣原住民族學報》（3：3），臺灣原住民族研究學會，2013/秋季號。

一、前言

　　土地開墾是臺灣史研究的主要課題，尤其是漢民在土地開墾過程中，所涉及的族群互動關係，對臺灣社會結構的變動，更有明顯的影響。隨著漢民的開墾活動逐步進入「內山」，異族群之間的互動也愈為頻繁。漢民與原住民之間的衝突，也因為生存空間的需求張力與土地持有觀念的差異而與日俱增。

　　清政府治臺前期，為了解決這些衝突，對原住民也曾實施多次的「番政變革」；例如：設置理番機構、開挖土牛溝、立石定界、禁墾番地、設置番屯……等種種設施；企圖藉此保護原住民的生存空間，同時藉此限制漢民任意越界侵墾「番地」。然而，這些措施根本無法有效抵擋漢民的現實需要，以致原住民的生存空間，也就隨著漢民的源源湧入而日趨侷促。

　　清代道光中期（1840～）以後，清帝國更因內亂外患頻傳，使得政府的財稅需求日增，原先對原住民的各種保護措施，便逐漸鬆弛而形同虛設──事實上這些政策從未受到地方政府認真而嚴格的執行；甚至變相的鼓勵漢民假藉各種名目，公然越界侵墾內山「番地」、奪取山林資源。

　　到了清代晚期（1874～），由於與日本發生嚴重的臺灣番地領有權之爭，愈發迫使清政府急於將番地「納入版圖」，[1]於是由政府所主導的「開山撫番」政策，從光緒元年（1875）起，再度帶動了另一波的內山開墾潮。這次的行動，不但政府以「撫番招墾」為名，討伐「兇番」，入侵番地；民間墾戶更以武裝力量公然進行佔墾；遂使漢民與原住民之間的衝突，進入尖銳對峙的狀態，直到日本帝國統治臺灣（1895）以後

1　依據《正中形音義綜合大字典》：「版謂戶籍；圖謂地圖。」所以「納入版圖」，意指將戶口、土地列冊管理。由於清帝國在 18 世紀中葉以前，尚未產生近代的國界觀念，所以「納入版圖」，只是設置地方政府，派遣官吏駐守管轄，把新增的丁口（戶口）與田賦（土地）加以列冊管理，成為帝國（皇家）的財產；所以嚴格而論，頂多只是政府的行政權能夠有效控制的地區而已，與國界仍有很大的距離。比較接近的名稱，應該是「領土」或「領域」（a domain）。

仍未息止。

　　由於臺灣北部地區的內山開墾，北自新店溪中、上游起，南至大甲溪中、上游止，整個沿山漢、番交界地區，都可發現客家移民參與的記錄；尤其是桃園、新竹、苗栗地區，從沿海到內山都與客家移民息息相關，無論是人口分布、族群互動與政、經發展等，都因為人口優勢而取得主導性的力量。因此，要瞭解臺灣北部地區的內山開墾史，便不能忽略客家移民在開墾過程中與異族群的互動關係。

　　本文擬就清帝國的邊區控制，來瞭解漢移民在臺灣北部內山開墾史中的族群互動過程，並從區域取向的角度，來探討客家人在本地區的族群關係。

二、　內山開墾史的界定

　　「內山」一詞，是臺灣在清代以後所修方志和現存文獻上，經常可以見到的名稱，研究者如果未加留意，很容易略而不察，把它誤作自然地理的界限；然而如果細加探討，便可以立即發現，此詞的使用與一般所認知的「深山」或「深山內部」，有很大的差別；它顯然已從日常性的泛稱，演變為一個特定的用詞，卻又經常會因時、因地、因人，而有不同的指認，不但缺乏明確而穩定的範圍，也可以相當明顯的看出它所指涉的地區，一直隨著漢民的開墾與清政府政治力的介入，呈現逐步減縮的現象。分析這種不同時段、不同地區的「減縮」現象，又隱然與漢民所稱的「生番」所居之地，具有相當程度的吻合。然而，這一個在清代與日治時代所編修的方志、文獻上，經常出現的「內山」，究竟是指那一些地區呢？這些地區，能不能有一個可供界定的範圍？如果要解答這個問題，就必須根據現存文獻和方志的記載加以探討。檢視現存的各種相關記載，可以很明確的指出：「內山」一詞的廣泛使用，應該是清帝國統治臺灣（1684）以後的事。

　　在康熙 24 年（1685）以及康熙 35 年（1696），先後擔任臺灣知府的蔣毓英、高拱乾，他們在任內分別編修的兩部《臺灣府志》對於「內

山」一詞，並無任何說明，只不過是泛指轄境以東的地區而已：

> 阿里山社東界至此山止，自此山（酱米基山）以東，皆係內山[2]。

到了康熙 56 年（1717），《諸羅縣志》刊行，才對「內山」一詞有了比較明確的說法：「凡山之綿渺阻絕，人跡不到者，統稱內山」；[3]又說：「內山峻深幽邃，生番之所居」。[4]明白指出所謂「內山」乃是（1）人跡不到之處，（2）生番所居之地；而且這裡所謂「人跡不到」的「人」，乃是僅指漢民而言，生番並未包含在內。對於這種區別，康熙 60 年至 61 年間，在臺鎮壓朱一貴反清事件的藍廷珍、藍鼎元所著《東征集》一書，就有兩段很傳神的敘述：

> 生番殺人，臺中常事．此輩雖有人形、全無人理，穿林飛箐如鳥獸猿猴．撫之不能、勦之不忍，則亦末如之何矣。[5]
> 國家初設郡縣，管轄不過百里；距今未四十年，而開墾流移之眾，延袤二千餘里，糖穀之利甲天下。過此再四、五十年，連內山山後野番不到之境，皆將為良田美宅，萬萬不可遏抑。[6]

此外，《諸羅縣志》另有幾處重要的記載，值得我們特別留意：

1. 康熙 32 年（1693）的「新附生番」，計有水沙連思麻丹社、麻木靠社、挽鱗倒咯社……等六社，[7]其中：「水沙連（在今日月潭一帶）雖內附，而各社多在內山。」[8]
2. 康熙 54 年（1715）的「新附生番」，有岸裡、掃捒、烏牛難、阿里史、樸仔籬等五社，[9]而「岸裡、內幽、噍吧哖、茅匏、阿里

2　蔣毓英，《臺灣府志》，見高賢治主編，臺灣方志集成，清代篇 1，頁 19，（臺北，1995）；高拱乾，《臺灣府志》，臺灣文獻叢刊（以下稱：文叢）65，頁 15。清初所指的酱米基山，承蒙楊貴榮老師指稱： 此山是紗米基（saviki）社，即今阿里山鄉山美部落的山嶺。

3　周鍾瑄，《諸羅縣志》，文叢 141，卷一，頁 6。

4　《諸羅縣志》，卷首〈地圖、番俗圖〉，頁 36，圖說。

5　藍廷珍、藍鼎元，〈復呂撫軍論生番書〉，《東征集》卷四，文叢 12，頁 59-60。

6　藍廷珍、藍鼎元，〈復制軍臺疆經理疏〉，《東征集》卷三，文叢 12，頁 34。

7　《諸羅縣志》，卷二，頁 31 及卷六，頁 99-100。

8　《諸羅縣志》，卷八，頁 173。

9　《諸羅縣志》，卷二，頁 31 及卷六，頁 99-100。

史諸社，磴道峻折，谿澗深阻，番矬健嗜殺。雖內附，罕與諸番接。種山、射生以食。……茹毛飲血，登山如飛……」[10]。

由此可見，清政府治臺初期所稱的「內山」，乃是泛指漢民與官吏，平日幾乎未嘗涉足的「人跡不到」之地，乃是屬於生番居住的地區，也是他們所擁有的勢力範圍；後來隨著漢民入侵番地，以及生番內附日多等諸多因素；「內山」的範圍便因逐步納入帝國版圖而隨之縮小。這由下列的記載，更可以明顯的看出這種變化。

雍正 2 年（1724），黃叔璥的〈番俗雜記〉說：

內山生番，野性難馴，焚廬殺人，視為故常。[11]

〈赤崁筆談〉也說：

昔年近山皆土番鹿場，今則漢人墾種，極目良田，遂多於內山捕獵。[12]

乾隆 53 年（1788），閩浙總督福康安〈議臺灣屯丁疏〉則奏稱：

所過近山地方，良田彌望，村落相連，多在輿圖定界之外，舊設土牛，並無遺跡可尋。[13]

往後，直到道光 13 年（1833），陳盛韶在鹿港理番同知任內所撰的《問俗錄》一書刊行問世以後，才對「內山」的範圍與變遷，有了比較直接而明白的交代：

內山生番嗜殺，舊曾擁出為亂。朝廷命就交界處，築土牛為界；丈給隘租數千石，建隘寮，選隘丁防守，著通事、隘丁首統管。厥後，閩廣人越界墾荒，漸漸侵迫番境，被其刺殺者無算。[14]

---

10 《諸羅縣志》，卷八，頁 173-174；本文標點與原書略有不同，為筆者依據考訂後修訂。岸裡社在雍正初年（1725），張達京任通事以後，便逐漸成為臺灣中部地區的重要熟番；直到雍正十年（1732）清廷平定大肚番亂以後，岸裡社才與張達京合力掌握了臺中平原的開墾。

11 黃叔璥，《臺海使槎錄》，文叢 4，頁 167。

12 黃叔璥，《臺海使槎錄》，文叢 4，頁 65。

13 《清奏疏選彙》，文叢 256，頁 53。

14 陳盛韶，《問俗錄》，卷六〈鹿港廳〉，「番隘」條，無頁碼。本書為原刻本影印，中研院臺史所翁佳音先生提供。

　　這段敘述不但進一步指出：內山係與生番「交界處」的土牛界外之地，也是福康安在奏疏內所謂「輿圖定界之外」的地區；直言之，這乃是清政府治臺初期，畫給生番的界外自治區或保護區；甚至在某種程度上，這也等於是清政府間接承認的生番固有的生活領域。

> 可是這一片生番固有的生活領域，在乾隆 53 年福康安議設「番屯」時，已經是「所過近山地方，良田彌望，村落相連」了。所以清政府乃於乾隆 55 年（1790），採納福康安的建議，開始設置「番屯」管理，又下令重立界石，禁止漢民與熟番越界私墾。

　　綜合上述的相關記載，我們對於「內山」一詞，便可以比較清楚的理出下列幾點解答：

1. 「內山」是指清政府治臺初期，對於版圖界外的「生番」所居之地；也就是政府行政權能夠有效控制的轄屬地區以東或以外山區的泛稱，並無特定的區域範圍或明顯的行政區畫。其中雖有少數「歸化生番」已經「附入版圖」，但是基本上仍然屬於版圖界外「政教所不及」的地區。

2. 清政府曾在乾隆年間，設置土牛紅線，定界區隔漢、番。後因漢人越界開墾，土地日闢以後，才促使「熟番」的獵場往近山地方推進，加上「生番」內附為「熟番」等緣故，「內山」的界限也逐步向東部深山內移，於是「內山」的範圍也就逐漸縮小。臺灣東部開墾設治以後，則泛指橫亙臺灣南北的中部山區，也就是今日所稱的中央山脈為「內山」；這也是生番最後的生活領域。

　　前述所謂「生番」和「熟番」的區別，並非以原住民的族屬或是聚居地區來畫分，而是以他們是否「內附」於清帝國並且「服教化」作為分類的依據，很明顯的「是以『漢文化』為中心的人群區隔」，[15]與人類學上的分類無關。《諸羅縣志》就明白指出：

15　潘英海，〈傳統文化？文化傳統？—關於「平埔族群傳統文化」的迷失〉，《平埔族群與臺灣歷史文化論文集》，頁 212-214，（中研院臺史所籌備處，2001）。

內附輸餉者曰熟番；未服教化者曰生番，或曰野番。[16]

臺灣知府鄧傳安的〈番社紀略〉說得更清楚：

界內番或在平地、或在近山，皆熟番也；界外番或歸化、或未歸化，皆生番也。[17]

所以界外生番即使已經「內附輸餉」，但是如果「未服教化」的話，仍然還是生番，頂多只能稱為「歸化生番」，或者簡稱「化番」。[18]譬如：「水沙連社」原來屬於「生番」，但是內附輸餉後，先成為「歸化生番」，開始「服教化」以後，才被視同「熟番」；而一般所熟知的「岸裡社」熟番，在「未服教化」以前，仍然屬於「歸化生番」。[19]由此可見，向來習以「熟番」為平埔族，以「生番」為高山族的簡單歸類方式，是很值得商榷的。

嚴格來說，「內山」一詞，應該是個形容詞，而不是名詞；應該是歷史演變過程中，一個概括性的區域界定，而非地理的界限。由於「內山」的範圍，受到漢人與熟番的步步進逼，使得「生番」的生活空間日趨侷促，以致雙方的衝突加遽，所以內山開墾，必須靠設隘來防患「生番」出擾。「圖1」而這一段設隘防番，以隘做為前鋒，向「生番」爭地的過程，便是內山開墾史所研究的範疇。由於它的範圍，隨著區域發展，而有其時間性與階段性；如果不能釐清這一點，那麼內山開墾史的區域發展特色便無法清楚的呈現出來。

---

[16] 周鍾瑄，《諸羅縣志》，文叢141，卷八，頁154。

[17] 鄧傳安，〈番社紀略〉，《淡水廳志》文叢172，頁376-379。

[18] 鄧傳安，〈番社紀略〉，《淡水廳志》文叢172，頁376-379；並參見《清一統志臺灣府》，文叢68，頁45-47。

[19] 據《諸羅縣志》，卷六〈賦役志〉，頁100所載，水沙連和岸裡等社，雖然都於內附後，向清政府繳納陸餉，但仍被視為生番，其原因參照本卷按文（頁102-104）的敘述，熟番至少必須「習見長官，稍有知覺」，而且能「自舉通事，自輸於官」。另外根據鄧傳安前引文，說得更直接：「所謂歸化，特輸餉耳；而不薙髮，不衣冠，依然狉狉榛榛。」明白指出，除了輸餉外，還必須薙髮、衣冠，也就是「服教化」，才是主要依據。

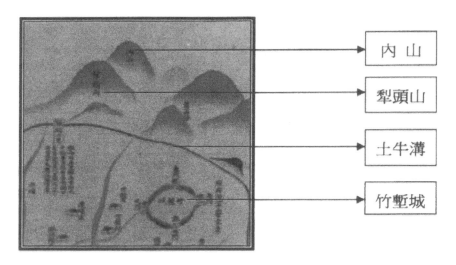

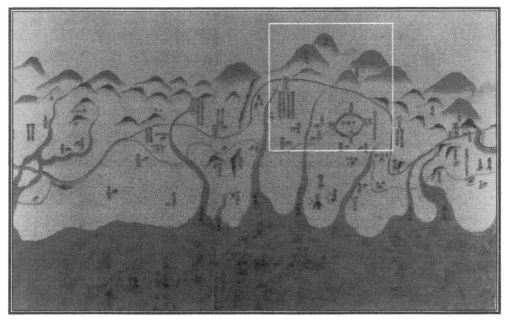

圖 1：清乾隆中葉臺灣番界圖（今新竹、桃園一帶）所示的內山

說明：圖中藍線即為乾隆 26 年（1761）所開挖的土牛溝；放大圖為新竹犁頭
　　　山段，可以清楚的看出土牛溝與內山的關係。（本圖現藏中央研究院歷
　　　史語言研究所，引自施添福，2001）

三、從土牛溝到設隘開墾

3.1 隘墾區的形成背景

前述的「土牛」、「土牛紅線」，有時也稱為「土牛溝」；這是清帝國統治臺灣以後，自南而北，陸續完成的一條有形的人文界線。伊能嘉矩《臺灣文化志》說：「臺灣初創的防蕃設備，即為隘之起源，明末鄭氏創屯田制之時，早已有土牛及紅線之稱。」[20]清楚指出，這是仿自鄭氏王國時期的措施，而非清政府自創的制度。筆者認為這與荷蘭東印度公司（VOC）召集地方集會（Landdag）的「集會區」應有極大的關聯，鄭氏王朝接收後，再移交清政府而納入「版圖」；因此清初才會把版圖之外，籠統的劃為「內山」。後來的土牛溝界，至少應與 VOC 的集會區管界有相當程度的吻合。這一點有待另文探討。至於有關清代土牛溝的形成、演變，及其對臺灣區域發展的影響；在晚近施添福的研究中，已有深入的討論，所以筆者在此僅作擇要說明，並以研究所得略作重點的引伸。[21]

依據施添福的研究，這一條人文界線，是採取「挑土開溝」的方式，陸續構築，而在乾隆 26 年（1761）才全面完成的漢、番界限。這一條「深溝高壘，疆界井然」的有形障礙，其目的在於區隔漢、番，企圖達成「使生番在內，漢民在外，熟番間隔於其中」的構想，讓漢民、熟番與生番各族群，能夠「各管各地，不得混行出入，相尋釁端」。[22]

換言之，企圖以這條有形的疆界，來永禁漢民越界私墾，而把界線以東的近山丘陵地區保留給熟番，作為他們的墾獵維生之地；一方面既把生番隔離在內山之中，不致與居住在外庄的漢人直接面對；一方面又可藉助熟番，來間接抵拒生番。這種「三層制族群分布制度」，經柯

[20] 伊能嘉矩，《臺灣文化志》（中譯本），下卷，頁 389，臺灣省文獻會，1991，臺中。
[21] 施添福，〈清代臺灣竹塹地區的土牛溝和區域發展：一個歷史地理學的研究〉，《臺灣風物》，卷 40（4），頁 1-68，（臺北，1990/12）；收入施添福，《清代臺灣的地域社會：竹塹地區的歷史地理研究》，研究叢書 8／綜論 1，頁 65-116，（新竹縣文化局，2001）。
[22] 高山，〈陳臺灣事宜疏〉，《清奏疏選彙》，文叢 256，頁 41。

志明的研究進一步指出：「上述作法是以生番、漢人相互敵視，及政府強制力的消極介入，來防治邊界地區變成聚集漢人『奸匪』的不管地帶。」[23]

　　然而，這一片為了顧及熟番的生計，而特別保留的地區，並不能阻止源源擁入的漢移民對土地的需求；加上熟番深受官方傜役之苦，又不斷的被派往生番出入的重要隘口守隘，無暇兼顧農獵，以致造成農政失時……等各種因素的影響；這一片特別保留給熟番的生活領域，最後不得不在通事與土目的「專政」下，假藉各種合法掩護的手段，把「社中公田，始而胎借，繼而典贌，終而典賣」[24]，終於直接或間接的流入漢移民的手中。

　　清政府為了保護熟番的生計，同時又能防範生番湧出為亂，限制漢民入侵番界的構想，乃於乾隆 55 年（1790）再度改變政策，正式設置「番屯」管理；從林爽文事變時，曾協助清軍平亂的熟番中，挑募屯丁，又從屯丁之中，選拔千總、把總及外委等屯弁（屯官）來主持屯務。一方面把熟番保留區內，所有漢民偷越土牛溝違法私墾的田園，收歸為屯有地，要求漢墾民一律按照地則，定期繳納屯租，以供屯番糧餉；一方面則將清查出來的未墾埔地，全部撥給屯番作為養贍地，又准許屯番自行招募漢、番佃戶或佃人開墾，收取養贍租作為屯番養家活口的基本收入；並且下令重立界石，永禁偷越。[25]

　　這次立石重劃的界址，明確的位置已無文獻可考。但毫無疑問是因為這一次的重新劃界，才在政策上使原先設定的熟番保留區東側，有了一條「新番界」。界限以東的山區地帶，從此成為清政府以行政干預的手段，「以生番『嗜殺』的習性，防制不法漢人逃匿生番界內」，企圖利用生番作為「臺地之外衛」而劃定的生番保護區。[26]這片地區也就是乾隆 55 年以後，清代的官修方志以及相關文獻上，所指稱的「內山」地區——「番地」。

23　柯志明，《番頭家：清代族群政治與熟番地權》，頁 47，（臺北，中研院社研所，2001）。

24　陳盛韶，《問俗錄》，卷六〈鹿港廳〉，「通事」條。

25　施添福，〈清代臺灣竹塹地區的土牛溝和區域發展：一個歷史地理學的研究〉，頁 72。

26　柯志明，《番頭家：清代族群政治與熟番地權》，頁 237。

　　由於新劃的界址,「處處迫近生番」,常遭「生番出擾焚殺」,而且墾成的田園,又常被洪水沖毀,使得所招募的墾佃,往往聚散無常,有礙屯租和養贍租的正常收入。於是,為了防患「生番出擾」,保護墾佃的安全;以及為了彌補屯租的缺額,和屯番的養贍生計;地方政府乃透過各種方式,核准或默認「有力之家」擔任墾戶,在界線外緣的山區地帶,出資設隘防番,招佃開墾,並允許墾戶向開墾區內的墾佃,征收隘糧,以供防守之資。

　　結果,界線以東的內山生番地區,終於因為現實所迫,不但無法依照原先的構想,來約束漢民「永禁偷越」,反而是那些「有力之家」的漢墾戶,藉著政府核發的墾照、諭戳為護符,公然越界佔墾。採取「強力方式」,公然以「集體性的武力奪取番地」或「個別性的侵佔番地[27]」。這一片越界佔墾的地區,約略相當於施添福所稱的「隘墾戶拓墾區」(簡稱隘墾區)。

　　因此就廣義來說,臺灣北部地區內山開墾史的範圍,在清政府治臺初期,是泛指版圖界外「生番自治區」內的偷墾或盜墾;乾隆 26 年(1761)以後,則泛指土牛溝外的東面山區,約略相當於施添福所指稱的「平埔族保留區」(簡稱保留區)與小部份的「隘墾區」;乾隆 55 年立石定界設置番屯以後的北臺內山開墾史,便幾乎是發生在「隘墾區」的武裝拓墾史,也等於是「生番保護區」的佔墾史。而且對於臺灣的地理分布,也漸漸地依照地形,從西到東,把臺灣概略的分為前山、近山、內山與後山四部分。到了光緒元年(1875)清政府採納沈葆楨的建議,全面實行「開山撫番」以後,等於把臺灣全島都正式「納入版圖」,成為清帝國的皇家財產,根本上連「生番保護區」的形式都不予承認了。

3.2 隘與內山開墾

　　「隘」是研究臺灣的土地開墾,尤其是內山開墾,無法避免的問題,

---

[27]　黃富三,〈清代臺灣之移民的耕地取得問題及其對土著的影響〉(上)、(下),《食貨月刊》復刊號 11(1、2),頁 19-36、72-92,1981。

但是「隘」究竟是什麼？一般人卻不易了解。前人關於隘的研究，如戴炎輝、[28]王世慶[29]都曾就不同的研究領域與面向，分別加以深入探討。為了對「隘」的一些基本問題能有進一步的瞭解；茲根據王氏與戴氏的研究成果，以及筆者對隘防問題的持續關注與研究，並根據十餘年來我在新竹、苗栗內山地區，親自踏查過八座隘寮遺址的經驗，[30]藉此做一綜合性的整理。

臺灣早期的丘陵地與山區開墾，有四個基本要件，就是土地、人力、資金和隘防。這些要件，環環相扣，缺一不可。前三項，幾乎是任何地區的開墾者缺一不可的能力。然而，內山開墾除了這三個要件之外，其實最為重要，也最為困難的就是隘防。隘防的意義，對內是負責警察性質的工作；對外則是軍事性的防衛功能。其主要任務有三：

1. 擔負墾區內的民防保安。
2. 阻止漢民越界私墾、私採、私獵。
3. 隨時巡邏並監視「番地與番社」的動靜；防禦生番的侵襲與出草。[31]

進一步說，所謂「隘」，就是以圍牆或障礙物所構成的防禦設施。這種防禦設施，通常是由隘寮、隘丁、隘首和隘租所組成；近似一種自治性質的鄉庄民防保安團體。

每座隘寮，根據它的大小和位置的險要與否，分派一至數名壯丁駐守，這些壯丁，便是負責守隘的基本防兵，一般都稱為「隘丁」，有時稱為「民壯」或「民伕（夫）」；如果是比較大或是位置重要的隘寮，由於隘丁人數比較多，大都會指定其中一人為寮頭（寮長），來負責隘寮的維護管理並就近約束隘丁。

至於隘寮的配置，往往依照「隘」的防區大小和地形的險要來建構，

---

[28] 戴炎輝，《清代臺灣之鄉治》〈第七篇隘制與隘租〉，頁533-613，聯經出版社，1979，臺北；本編由戴氏〈清代臺灣之隘制與隘租〉一文改編，（臺灣銀行季刊，1958）。

[29] 王世慶，《清代臺灣社會經濟》，頁373-414，聯經出版社，1994，臺北；本文原刊《臺灣文獻》，第七卷，三、四期合刊，頁7-25，臺灣省文獻會，1956。

[30] 這八座隘寮遺址分別是：1.三灣接隘仔（當地新竹客運站牌寫作：錫隘），2.獅潭崩山下、3.柏色樹下、4.圳頭窩口、5.十九份崠、6.大湖拖沙尾，7.橫山苦蕉湖、8.大寮等。

[31] 參考戴炎輝，《清代臺灣之鄉治》，頁556-561。

從一座、數座、至數十座不等，約略相當於隘的派出機關或分支單位。隘寮與隘寮之間，建有隘路相通，其距離一般都以能夠互相聯絡、呼應為準，把一座座隘寮連成一條不規則的隘防線。因此，所謂「隘寮」，便是設在隘防線上的碉堡，有時稱為「碉樓」、「銃櫃」或「銃庫」；如果設有土砲，則稱為「砲櫃」或「大銃櫃」。[32]每條隘防線通常都聘有經驗豐富、熟悉隘務，而且通曉番情、能操番語的人，來負責督率隘丁，經理隘務，也就是「隘首」。

　　按照清代臺灣通行的慣例，隘丁的酬勞是以民間主糧——稻穀來計算，一般稱為「隘糧」或「隘租」。原則上每名隘丁，每年給予隘糧穀三十石，或是依照當年的穀價折算洋銀，每年分為春、秋兩季發給；由隘首統籌執單，向防區內的民佃按甲抽收；隘首的酬勞，則從他所管轄的隘丁糧額中抽取。

　　然而在實際的運作上，則往往因為隘防的安危難易不同，隘租常視各隘的實際狀況有所增減。至於舊新竹縣轄境內（今竹、苗二縣），沿山重要墾隘的作法，一般大都以佃人兼充隘丁，不另外發給兼充隘丁的酬勞。[33]但是儘管隘糧的發給方式各異，數額不一，但通常的計算標準仍以每年給穀三十石，或是按照當時的穀價折算洋銀為原則。[34]

　　這種隘防組織與設施，乃是先民為了因應防番的需要，由政府或民間團體，在生番出入的山區險要地點所設置的民防保安機構；也可以說是介於今日的民兵與警察兩種事務的混合體。如果是由政府出資興建，並負擔全部或一部分維持經費的，稱為「官隘」；若由民間自行負擔全部經費的，便稱為「民隘」。然而，不管是官隘或是民隘，都必須經過官方的諭准，並發給執照和戳記，才能正式設置；在名義上或形式上，都必須接受地方政府的節制，屬於代表官方執行公務的地方鄉治團體。

　　平原地區或村落密集的小型集村，所設置的隘防，比較接近鄉城或

---

[32]　銃，是老式的土槍；大銃，則是臺灣先民對土砲的稱法。

[33]　參見《淡新檔案》：17329-13、14，都司鄭有勤稟內，對於「金廣福、獅潭各墾界內」的民番守隘情形，及隘丁薪工狀況，有詳細的敘述。

[34]　臺灣的穀價，自道光中期以後，價格一直還算平穩，波動不算太大，所以大都以稻穀一石，折算洋銀一元（指七二番銀）為標準。

庄城的規模，例如：老地名中的木柵、竹圍、土城、石圍牆、……等，都是由這類小型的集村所設的庄隘演變而來。乾隆 40 年（1775）前後，臺灣知府蔣元樞在〈鼎建傀儡生番隘寮圖說〉，提到他在臺灣南路所籌建的隘寮，其規模則更接近於一座小城：【圖 2】

> 外則砌築石牆，闊五尺，高八、九尺及一丈不等，周圍約計一百二十丈及一百四、五十丈不等。中蓋住屋五、六十間，亦有八、九十間者，俱照社番居屋建蓋。……隘寮之後，另建寮房六所；周圍以木為柵，柵內蓋屋四、五、六十間不等。令生番通事攜帶壯丁守禦，與熟番互為聲援。[35]

即使已經進入近山丘陵，如果地近生番之處，隘寮還是維持一定的規模，如「墾戶郭陳蘇」在新竹城郊所建的金山面、大崎及雙溪等隘，就是平均駐有隘丁二十名的三座「土城」【圖 3】：

> 於嘉慶二十年，給予竹塹南勢山、金山面一帶官地山埔，……邀出墾戶郭陳蘇，建三大隘，圍三土城，立三望樓，募番丁六十名，分鎮各隘，歸第（隘首廖科第）約束，巡禦生番，免民受害。[36]

進入近山丘陵和內山地區以後，所建的隘寮由於受到地形的限制，規模雖然較小，但仍然具備相當完備的監視與防禦功能，也更接近前方防衛線上的碉堡。而且就隘防線的軍事功能而言，也類似一座小形的鄉庄城防體系。據清末舉人吳子光《一肚皮集》的記述：

> 隘寮不過一斗室，闢其半為樓居，寢食未嘗出門戶，土人號曰銃櫃；即吳道子所繪地獄變相也。惟極危極險處，始置壯丁二名至三名而止；否則，一匹夫耳。[37]

這恐怕是以偏概全的說法，與筆者的踏查研究，有極大的差距，由

---

[35]　蔣元樞，《重修臺灣各建築圖說》，（圖十八），文叢 283，頁 35-36。

[36]　《淡新檔案》：17301-14，道光四年隘首廖科第等稟敘。

[37]　吳子光，《臺灣紀事》，〈附錄三淡水廳志擬稿/設隘〉，文叢 36，頁 87-87。《一肚皮集》為作者原書的名稱。

於不在本文的討論範圍，留待以後另文探討。[38]

　　北臺灣墾闢青山荒埔，主要是採建隘開墾的方式進行；隘設墾隨，逐步向內山推進，所以「隘」也就成為漢人與「熟番」合作開拓內山土地的先鋒。因此，設隘的所在，不僅是墾的指標，也是漢移民與原住民交互影響、衝突、對峙的明顯界限。隨著漢移民的大量擁入，人口遽增，生齒日繁，土牛溝外的沿海地區，已不能滿足漢移民對土地的需求，於是逐漸偷越土牛溝，向熟番保留區內的近山地區設隘開墾；結果墾區也就逐步向東擴張，而愈墾愈深，隘防線也逐步東移，漸漸進入生番賴以生存的內山地區設隘開墾，這種現象稱為移隘；一時一地的移隘，也同時激起生番的激烈抗拒，愈進入內山，雙方的對峙也愈為慘烈。

　　乾隆 55 年（1790），清政府設「屯」以後，熟番有了屯政的保護，也有了政府賦予的武裝力量；加上經過百餘年的相處、通婚，熟番大量接受了漢人的墾耕技能與維生方式；因此，也開始效法漢移民，投入了內山拓墾的行列，更以長期接受政府派撥守隘的豐富經驗，而與漢人攜手合作；或以有力之家的姿態，自行充任墾戶、隘首；或以抱隘的方式，向大墾戶承包部份隘務，然後再向官方申請移隘進山，成為一個獨立的小墾戶。

　　於是，從乾隆晚期到乙未割讓臺灣（1790-1895），這一百餘年間的臺灣北部內山開墾史，就在漢墾民與熟番的合作與競爭中，以隘為前導，以武力為後盾，逐步蠶食鯨吞了原來屬於生番居住維生的土地。由於生番的生存空間愈加侷促，所以抗拒和報復的行動也愈為激烈；相對的，隘防的投資也就日愈提高，連帶造成墾民和隘丁所面對的死亡威脅也愈大；雙方的關係，在這場生存競爭中，便一直處在尖銳對峙的狀態。

---

[38] 筆者於 1997 年 8 月 24 日，與吳學明、范明煥及懷寧傳播公司製作群彭啟原等，特請當地葉雲燭老村長帶路，勘查新竹橫山地區的「芎蕉湖隘」隘寮遺址。經僱工清理雜木雜草後，發現隘寮的外牆腳還保存得相當完整，經于 8 月 31 日，實地測量結果，外圍略呈橢圓形（週長約一百多公尺）；其直徑，南北長約 42 公尺；東西長約 23 公尺；由於西北面有部分區域未能清理，無法測量；但經初步估算結果，這座隘寮的面積，至少在 800-1000 平方公尺之間。據《樹杞林志》記載，「芎蕉湖隘」為劉子謙墾戶所設六隘之一，駐隘丁四名。

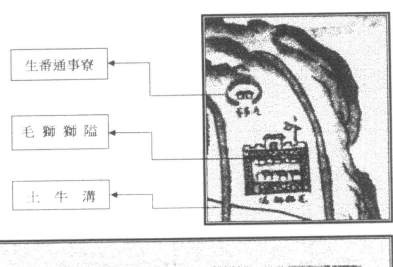

生番通事寮

毛獅獅隘

土 牛 溝

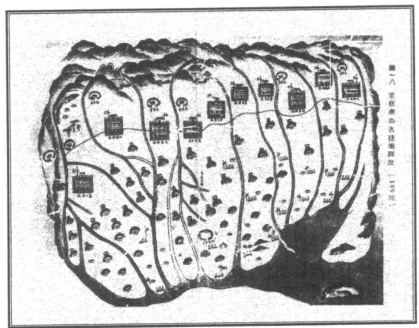

圖 2：臺灣南路的隘寮，規模接近於一座鄉庄小城

引自：蔣元樞，《重修臺灣各建築圖說》，（圖十八），文叢 283，頁 35-36。

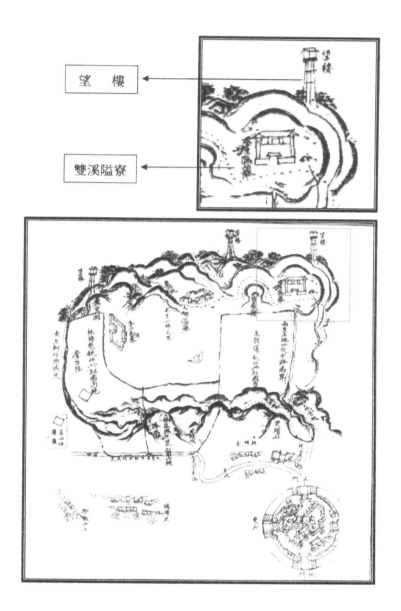

圖3：新竹城郊的金山面、大崎及雙溪等隘寮

說明：近山丘陵地區，由於受到地形的限制，隘寮規模雖然較小，但還是維持
　　　一定的規模；從雙溪隘的放大圖，可以看出隘寮仍然具備相當完備的監
　　　視與防禦功能。
引自：淡新檔案，17301-66。

四、客家人在內山地區的族群關係

4.1 客家人與熟番

乾隆 55 年（1790）以後的內山開墾，其實是近山開墾的延伸。如同前述各節所論，桃、竹、苗三縣是臺灣北部客家人的優勢區；因此，臺灣北部內山開墾史中的漢移民，也自然是以分布在近山地區的客家移民為主，只有少數的閩籍移民插足其間。換言之，臺灣北部地區的內山開墾史，客家人實居主要的地位。

就今日的行政區劃而言，桃、竹、苗內山開墾史的範圍，大致相當於桃園縣的大溪、龍潭，新竹縣的關西、橫山、竹東、北埔、峨眉、寶山，以及苗栗縣的三灣、南庄、獅潭、大湖、卓蘭等地。

依據近人的研究，桃、竹、苗地區的客家人，大都來自粵東嘉應州一州四縣，和惠州的海豐、陸豐，以及潮州的饒平、大埔等山區地帶；也有少部份來自閩西汀州一帶，及閩南詔安一帶。他們不但原籍各異，而且所操語言也未必相通，甚至還有「彼此間若非已相互習慣，否則幾乎不能通話」的情形。[39]但因下述種種內在及外在因素的影響之下，因勢所趨而逐漸融為一體。

1.他們在移民來臺以前，便在原鄉擁有山區生活的共同經驗，而且大都過著純粹的農耕生活，所以他們來到這一片，以丘陵、臺地為主的沿山地區以後，很快的便能掌握土地資源，發揮所長。[40]

2.儘管他們所操的語音略有差異，但基本上相處一段時間以後，溝通上尚不困難。而且這種語音差異，對人口佔絕對優勢的漳、泉籍「學老人」而言，根本無從分辨，一旦發生爭執，往往被歸類為同一群體，

---

39 吳中杰，〈客語次方言與客語教學〉，《臺灣客家。語論文集》，頁 302，（1995.臺北）。根據作者的調查研究，目前在臺灣「方言島型次方言」有饒平客語、長樂（五華）客語及詔安客語等。其中的詔安客語因為「它長期獨特之發展蛻變，使它對於使用四縣客家語或漳泉福佬語的人來說，都是可懂度極低的一種語言。彼此間若非已相互習慣，否則幾乎不能通話。」

40 施添福，《清代在臺漢人的祖籍分布和原鄉生活方式》，臺灣師範大學地理學系，地理研究叢書第十五號，頁 175-176。

如方志、文獻中，隨處可見的「客人」、「客仔」，或是福老人一般所稱的「客人仔」；這種禍福與共的命運，也在無形中驅使他們產生命運共同體的感情。

3.他們移入桃、竹、苗地區以前，有許多家族，都是經歷了種種因素，先在閩籍優佔區生活一段時間之後，才輾轉遷入此地，而在祖籍、地緣和血緣相近，或相同的先墾者照護下，找到了歸屬感。

居於上述的原因，這些原籍各異的客家移民，也就自然的進入近山丘陵地區，或受雇於熟番，或向熟番佃地墾耕，或與熟番合作開墾，漸漸地在熟番保留區內定居下來；而且相處日久之後，也與熟番建立了尚稱良好的互動關係。至於熟番保留區內的土地，雖然因為上述各節所敘述的種種因素交互影響下，逐漸轉入客家移民的手中，其過程雖然未必合法，但至少大多數還算維持了尚稱「和平方式」的土地交易行為。[41]熟番雖然因此喪失了土地的實際支配權，但是因為有「屯」的保護，所以「屯的功能，雖然早已喪失；屯的利益，則能賴以維持」，仍然能夠保有「屯租抽收」與「養瞻租」的收入，大致上還可以維持基本的生活[42]。

另一方面，熟番漸漸接受了漢移民的墾耕維生技能以後，也迅速融入客家社會，或墾耕、或受僱、或擔任隘丁、通事，來增加收入，改善生活。比較傑出的，更進而與客家人共同參與內山開墾的行列，甚至自行擔任墾戶或隘首。如霄裡社的蕭東盛、蕭鳴皋家族，自備資本在龍潭銅鑼圈、十股寮一帶，設隘開墾；[43]竹塹社的衛阿貴家族，沿著鳳山溪開闢新埔、關西，建立街庄；[44]「砒子墾戶」錢朝拔開墾橫山田寮坑一帶地方；[45]以及擔任三灣屯弁的中港社土目胡新發，在苗栗三灣、南庄、

---

[41]　黃富三，〈清代臺灣之移民的耕地取得問題及其對土著的影響〉（下），《食貨月刊》復刊號11（2），頁74-78。

[42]　黃卓權，〈黃南球先生年譜初稿（三）〉，《臺灣風物》，38（2），頁80，1988。

[43]　張素玢，〈龍潭十股寮蕭家：一個霄裡社家族的研究〉，《平埔研究論文集》，頁99-125，中央研究院臺灣史研究所籌備處，1995。

[44]　張炎憲、李季樺〈竹塹社勢力衰退之探討：以衛姓和錢姓為例〉，《平埔研究論文集》，頁174-217，中央研究院臺灣史研究所籌備處，1995。

[45]　張炎憲、李季樺〈竹塹社勢力衰退之探討：以衛姓和錢姓為例〉，《平埔研究論文集》，頁186。

獅潭的「開山撫番」，也具有重要的影響力；[46]有些則經由理番衙門的考選而拔補擔任屯弁，如蕭鳴皋、蕭聯芳、錢茂祖、錢登雲、胡新發等，都先後擔任過竹塹大屯的千總或把總；他們不僅表現傑出，而且展現了出色的領導才能，帶領族人與漢佃（包括客家人、福老人）進入內山從事第一線的開墾，不但另行開闢了一片新天地，也逐漸接納了漢人的生活形式，成為客家或福佬社會的新成員。所以，雙方的關係，雖然談不上水乳交融，但是基本上堪稱和諧。

施添福指出：「客籍移民之所以能夠立足於保留區和隘墾區，並進而將這兩個地區塑造成純客的移墾社會，實得力於跟熟番保持良好的族群關係，而能獲得他們的接納和協助。」[47]這個說法，放在清代桃、竹、苗地區的客家與熟番關係中來探討，對長期處於相對弱勢的熟番而言或許未盡公平；但是在經過長達 130 餘年（1761-1895）的相處之後，這兩個患難與共的族群，事實上到了日治時代便已經漸漸地難分彼此了。[48]

不管是照施添福的說法，「保留區」是清政府「以熟番的生活空間，作為緩和漢民和生番緊張關係的緩衝地帶」[49]，或者是照柯志明的說法，「是以生番、漢人相互敵視，及政府強制力的消極介入，來防治邊界地區變成聚集漢人『奸匪』的不管地帶」[50]；然而，我們卻明顯的看到，桃、竹、苗地區，這一片經由政治力的介入而刻意設計的熟番保留區，由於受到生番日愈強烈的抗拒，反而在無意間替山區生活經驗豐富而且普遍具有練武傳統的客家先民，[51]在臺灣北部地區營造了一個與熟番共利共存的合作良機；也讓熟番族群在清政府的歷次變革中，獲得喘息的機會得以另創生機。

46　黃卓權，〈黃南球先生年譜初稿（三）〉，《臺灣風物》，38（2），頁 62-71，1988。
47　施添福，〈清代臺灣竹塹地區的土牛溝和區域發展：一個歷史地理學的研究〉，頁 105。
48　張炎憲、李季樺〈竹塹社勢力衰退之探討：以衛姓和錢姓為例〉，《平埔研究論文集》，頁 189-193。
49　柯志明，《番頭家：清代族群政治與熟番地權》，頁 85。
50　施添福，〈清代臺灣竹塹地區的土牛溝和區域發展：一個歷史地理學的研究〉，頁 105。
51　施添福，《清代在臺漢人的祖籍分布和原鄉生活方式》，頁 171-174。

4.2　客家人與福老人

　　許多研究者對於客家人與福老人（客家地區常寫作：學老人）清代以前的族群關係，往往侷限在「閩、粵（客）械鬥」的刻板印象，但是檢視清代大甲溪以北地區的內山開墾過程，由於天然經濟資源所帶來的共同利益，以及產業經濟，如樟腦業、茶業、造紙業……等營運和產銷上的互利關係，不僅閩、粵（客）兩籍間的衝突極少發生，反而是合作的例子不少，也相當成功。

　　由於乾隆 55 年以後的內山開墾，愈發壓縮了生番的生存空間，而受到生番的強力抵抗，因此造成「隘墾區」的沿山墾戶，隘防資金的沈重負擔；正如上文所敘，由於內山開墾，必須設隘防番，無論人力和財力的投資都相當鉅重，客家與熟番墾戶為了減輕資金的壓力，對於在城內的福老富商與豪紳的資金投注，便產生了迫切的需求，那些平時就與內山墾戶素有往來的福老紳商，也因此有了投資內山的合作機會。

　　例如：乾隆 50 年（1785）前後，美里庄墾戶陳智仁（泉籍）與隘首衛阿貴（竹塹社頭目）合作開墾咸菜甕（今關西）；嘉慶 25 年（1820）猴洞墾戶劉引源（客籍）、咸菜甕墾戶衛壽宗（竹塹社熟番）等，聯名稟舉塹城股戶陳長順（泉籍），開墾橫山南河、大平地、沙坑……等一帶地方，「三萬餘金傾盡，……至光緒初年始得墾成」；[52]道光 8 年（1828）前後，竹塹城的「利源號郊行」舖戶鄭武略、鄭如磻家族（泉籍），與客籍林春秀等六股，組成「金全興」墾號，合夥墾闢橫山地區，「遂謀栳務，頗獲利益」；[53]至於嘉慶 11 年（1806）合夥墾闢樹杞林（竹東）的「金惠成」墾號，[54]以及道光 14 年（1834）開闢大隘地區（北埔、寶山、峨眉）的「金廣福」墾號，都是客家與熟番墾戶，結合福老在城富商，共同合作、出錢出力，相當顯著的例子。

　　甚至如清政府所發動的幾次討番之役，如光緒 12 年（1886）和 17

---

[52]　吳學明，《頭前溪中上游開墾史暨史料彙編》，頁 83-88，新竹縣立文化中心，1998。

[53]　《新竹文獻會通訊》，第 11 號，頁 12，1954；日治時代明治 33 年 8 月，鄭武略孫：坤生、杞生「仝立合約字」，新竹林廷武先生影本提供。

[54]　吳學明，《頭前溪中上游開墾史暨史料彙編》，頁 61-69。

年（1891）間，發生的兩次大嵙崁（大溪）「番亂」，在漳籍的林維源和林朝棟號召下，桃、竹、苗地區參與「平亂」的客家臺勇，至少都在兩營（每營五百人）以上。此外，當時的「有力之家」，如板橋的林本源家族，北埔的姜家，苗栗的黃南球家族，和霧峰的林家等豪紳巨富，更進一步，結合了政府的力量，不但官、商合作，而且是閩、粵（客）合作，共同瓜分了桃、竹、苗內山的經濟產業。這種合作的例子，可以說比比皆是。尤其在新竹內山墾戶的組成中，更為明顯。

　　所以換個角度來說，如果熟番保留區的設計，因為防範生番和設隘開墾的需要，而在無意間替客家先民提供了「在臺灣北部與熟番共利共存的合作良機」。那麼我們未嘗不能進一步指稱，由於內山設隘開墾，投資鉅重，客家人與熟番為了減輕資金的壓力，對於在城內的福老富商與豪紳的資金投注，遂有了迫切的需求；這種因為「互利」而產生的拉力，也同樣在無意中，替本地區的客家人與福老人打開了合作之門。

4.3　客家人與生番

　　如同前述漢墾民與熟番在合作與競爭中，以隘為前導，以武力為後盾的開墾過程，逐步蠶食鯨吞了原來屬於生番居住維生的土地。其實就生番的立場而論，不管是客家人、福老人、還是熟番，只要是領土的侵犯者，便是勢不兩立的仇敵（paris）。[55]這從苗栗名舉人吳子光，記載他與某「番酋」的一段對話可為明證：

> 余復詰生番所以嗜殺之故……彼之言曰：全臺皆番地，乃被漢人割據，偏置吾輩於深崖峭壁之間，而不得一安身所，是世讎也。不殺何為？[56]

　　日治時代的《番族慣習調查報告書》也明白指出：「'tayal（泰雅）族一向對支那人（漢人）抱有很大的恐懼心，常以猜疑的眼光去看支那

55　臺灣總督府臨時臺灣舊慣調查會，《番族慣習調查報告書》「第一卷」，〈泰雅族〉，頁266-268，中央研究院民族學研究所編譯，1996，臺北。

56　吳子光，《臺灣紀事》，文叢36，頁87。

人。」報告中引述了一段 'tayal 人的對話，更是一個最直接的佐證：

> 他們 plmukan（漢人）侵略我們自祖先以來就領有的土地，我們
> 以後一定會變成要耕種卻無土地，要狩獵卻無森林的地步。他們
> 虐待、驅使我們，姦淫婦女，我們最後必將難免於滅亡之命運。
> 何況痘瘡、赤痢等惡疫，又因與他們往來而發生。若受他們的美
> 言所騙，而准許其來此居住，將來無法對抗其力時，後悔就來不
> 及。殷鑑不遠，故我們不可不盡力抵抗，以防禦其入侵。[57]

所以要探討客家人與「生番」的關係，便應該擺在整個「漢、番關係」中來檢視，才能釐清這層糾葛不清的問題。由於雙方長期處於生存競爭的緣故，直到日本統治期間，雙方仍處在尖銳對峙、衝突的狀態。當時分布在臺灣北部的內山生番，是指今日的泰雅族和少數居住在新竹、苗栗交界的賽夏族先民。由於兩族先民都有紋面與出草馘首的習俗，因此在漢移民的眼中，一直是內山開墾生活的最大威脅；而且泰雅族先民對漢移民的武裝拓墾，又視同交戰中的仇敵關係，所以出草馘首乃成為「保衛生存空間」必要的「武裝策略」。[58]結果，雙方的衝突與互鬥，在歷來的方志和文獻上，便屢見不鮮。

我們從光緒年間的《淡新檔案》「撫墾」案卷中，整理的「新竹、苗栗內山番害簡表」（表 1）與墾戶的稟文，便可略微對照雙方在尖銳對峙中，生命朝不夕保的歷程。

根據大湖墾戶吳定連於光緒 14 年（1888）給官府的稟報，其受害人數更是駭人聽聞：

> 先兄吳定新於咸豐十一年……，斯時一帶地方，生番猖獗；先兄
> 變業備本，造櫃請丁，扼要堵禦，險阻艱難，莫不被嘗；自始至
> 今，隘佃而遭番害者，屈指千人矣！[59]

---

[57] 臺灣總督府臨時臺灣舊慣調查會，《番族慣習調查報告書》「第一卷」，〈泰雅族〉，頁
265。

[58] 參考陳秋坤，〈清代前期對臺少數民族政策與臺灣土著的傳統土地權利，1690-1766〉，註
71，《近代中國初期歷史研討會論文集》下冊，頁 1023-1038，中研院近史所，1989。

[59] 《淡新檔案》（17339-4）。清光緒 14 年（1888）二月，大湖墾戶吳定連稟敘。

　　此外，根據日本明治 30 年（1897）大湖撫墾署的調查報告，從 1894 至 1896 三年間，此地區因「番害」死亡的漢民，便高達 160 餘人。足見「番害」確為內山開墾最大的問題。

表 1：新竹、苗栗內山番害簡表

新興庄（咸菜甕）						新竹沿山主要墾隘		
光緒四年（1878）			光緒五年（1879）			光緒十二年（1886）		
月日	地點	人數	月日	地點	人數	月日	地點	人數
2/9	石浪壙軟陂圳面	2	3/3	湖肚庄	12	3/1	獅潭、金廣福	2
2/20	暗潭對面庄	1	8/16	八股庄	1	3/5	金廣福	1
4/12	高坪庄	1	9/1	高坪	1	3/18	獅潭	3
6/10	石浪壙	2	10/12	軟陂	2	3/23	獅潭	3
6/22	湳湖庄	1	10/15	干輋	1	3/24	南河	1
6/23	褲腳埔庄	2	11/3	八股庄	2	4/17	南河	1
8/1	十股庄	1	11/20	水礦庄、石浪亢	2	5/25	獅潭	1
						6/4	獅潭、四灣仔	2
						3-8月	新竹沿山墾隘	若干人
合計		10	合計		21	合計		10餘人

資料來源：《淡新檔案》17318-13，17321-6，17339-34

表 2：大湖撫墾署轄內三年間「蕃害」表

年別＼村別	1894	1895	1896	各村合計
新開庄	-	8	7	15
南湖壢底寮	5	57	17	79
大湖	4	14	8	26
桂竹林	-	8	13	21
八角林	1	6	5	12
獅潭底	1	5	4	10
合計	11	98	54	163

資料來源：臺灣總督府公文類纂 V00163/A037，大湖撫墾署明治 30 年 1 月份報告。

明治 30 年（1897）7 月 11 日，日本人類學者伊能嘉矩在大湖西南方的南湖坑做調查時，獲悉一樁漢人冒險深入番地，從事製腦的慘烈事蹟：

> 吳新福的腦寮，位於距離大湖南方二日里處的南湖及吊橋山區西北面，……吳新福的的父親和兩個叔叔都遭受生番的毒手而死，他的哥哥也被殺，吳家所雇用的佃農、隘丁中，被殺的人數竟達二八○多名。……[60]

這些發生在苗栗內山地區的慘烈事蹟，加上翻閱地方文獻、史料時，隨手可得的番害記錄，在在說明了雙方視同寇仇的尖銳關係。這些層出不窮的番害，無時無刻都為漢移民帶來不可預測的危機，有一首客家先民所留下的《渡臺悲歌》，對於防衛疏失所造成的不幸，有如下的描寫：

> 放此臺灣百物貴，惟有人頭不值錢；一日人工錢兩百，明知死路都敢行；抽藤做料當民壯，自己頭顱送入山；遇著生番銃一響，登時死在樹林邊；走前來到頭斬去，變無頭鬼落陰間。[61]

根據筆者在內山地區多年來的調查：「這無頭鬼是很可憐的！不能入族譜，不能入家神牌，甚至子孫都不敢為他立墓碑；屍體大都就地埋葬，頂多放個石頭做記號，連子孫都不敢來拜。為什麼呢？因為怕無頭鬼認不出親人，又怕『番仔』會施用巫術，害怕這位無頭鬼會妨害親人，結果竟然落得有家歸不得，變成一個永遠的孤魂野鬼。以現在的觀點來說，等於是把他在這個世界上徹底消失掉了。」[62]

然而，這些生命朝不夕保的漢墾民，固然是處境堪憐；可是相對於

---

[60]　伊能嘉矩著、楊南郡譯註，《臺灣踏查日記》（上），頁 126，遠流出版公司，1996，臺北。

[61]　引自黃榮洛，〈渡臺悲歌之發現〉，《臺灣史研究暨史料發掘研討會論文集》，頁 204，（中華民國臺灣史蹟研究中心，1986）。

[62]　彭啟原等，〈橫山的隘寮業〉，《小客庄的故事：行業篇》影集，「芎蕉湖隘寮遺址，黃卓權現場解說」，懷寧傳播公司製作，廣電基金委製，1998；這段敘述，是根據筆者在桃、竹、苗內山鄉鎮的訪問所得。本集片中受訪的芎林中坑楊鼎河老先生，敘述其父楊德新被馘首的故事，只是其中一例而已。

那些讓漢墾民聞聲色變的「生番」，他們的處境又是如何呢？根據胡傳的《臺灣日記與稟啟》，他在光緒 18 年（1892）5 月 24 日的日記中，便記載了一段血淋淋的歷史見證：

> 埔里所屬有南番，有北番。南番歸化久，出亦不滋事。北番出，則軍民爭殺之；即官欲招撫，民亦不從，蓋恐既撫之後，不能禁其出入，道路為所熟悉，不能復制也。民殺番，即屠而賣其肉；每肉一兩值錢二十文，買者爭先恐後，頃刻而盡；煎熬其骨為膏，謂之『番膏』，價極貴。官示禁，而民亦不從也。[63]

胡傳所記載的「屠而賣其肉」，這種駭人聽聞的記錄，在筆者十餘年的的田野經驗中，雖然不曾採訪到直接的佐證，但是把活捉的「山禽」（生番），屠而烹煮，全庄奔告搶食，希望食後可以避免馘首之禍的敘述，卻根本不算稀奇的鄉間軼事；而且用「番膏」（番膠）做藥的例子，也是內山耆老們記憶猶新的殘存往事。可見胡傳的記載，在當年的臺灣北部地區早就不是新聞了。或許這只能把他歸於「文化衝突」的悲哀吧！

加上臺灣在咸豐 10 年（1860）與同治 2 年（1863），陸續開放安平、淡水、打狗（今高雄）、雞籠（今基隆）等四個國際商港以後，桃、竹、苗內山的樟腦和茶葉，成為主要的國際貿易商品，因此吸引了更多的客家先民源源擁入番地，採樟製腦，種植茶葉，愈發壓縮了泰雅族和賽夏族先民的生活空間，更增加了雙方的敵對與仇視。光緒元年（1875）清政府將全臺「納入版圖」，全面進行「開山撫番」以後，此地的衝突更是日愈嚴重，從小規模的報復性番害，往往演變成大規模的番禍與番亂。清政府為了鎮壓生番，甚至勞師動眾，在桃、竹、苗內山地區，發動過幾次大規模的討番之役，造成重大的傷亡。

以光緒 12 年（1886）的「東勢角方面番社之討伐」為例，巡撫劉銘傳親自督率大軍鎮壓罩蘭、大湖一帶的內山番亂，其結果：

> 清軍死傷（含病歿）合計達一千餘人；番人死傷情形雖不清楚，

63　胡傳，《臺灣日記與稟啟》（第一冊），頁 31-32，文叢 71，1960。

但清軍所斬獲的首級，僅有二顆而已。[64]

再以光緒 17 年（1891）的「剿平大嵙崁內山番社」為例，根據巡撫邵友濂的奏摺所稱：

> 查水流東淺社各番，歸化數年，頗安生業；特因莠民侵欺侮玩，積成仇釁；奸匪從中煽惑，重以勾結。致勞師數月，甫獲敉平。……陣前傷亡，不下三數百人。[65]

前面那些血跡斑斑的史例，雖然無法涵蓋整個臺灣北部內山開墾史的全貌，但我們如果重新檢視桃、竹、苗地區的開墾個案，我們卻不得不說，這些例證只不過是層出不窮的個案中，比較明顯的衝突案例而已。由於「雙方尖銳對峙的結果，不僅造成隘防人力、財力的浪費，同時使得社會安全深受威脅；財務的損失、人命的傷亡，也不計其數；更連帶的影響了墾務的發展。」[66]

五、結語

透過本文的探討，我們可以發現，所謂「設隘開墾」，只不過是「民無官守」的邊區社會，也就是政府的行政權難以有效執行的地方，所產生的民間自衛組織。黃寬重研究「地方自衛武力」的形成，便認為這是「在開發的過程中，群體為了維護其在既墾土地的利益，保衛開墾者自身的安全，抵禦原住民族或外來的侵犯，或者向外開拓新領地，都必須組成一股武裝團體為後盾。」[67]其實，這個現象正好也是漢移民在臺灣北部內山開墾史中，最為顯著的特徵。

同時，我們也可以清楚看出，清帝國佔有臺灣以後，便一直主動或

---

[64] 伊能嘉矩，《臺灣蕃政志》，頁 579-581，（臺灣總督府民政部殖產局，1903）。

[65] 《光緒朝月摺檔》，清光緒十八年四月十三日抄存。

[66] 黃卓權，〈從獅潭山區的拓墾看晚清臺灣內山墾務的演變〉，《臺灣史研究論文集》，頁118，臺灣史蹟研究中心，1988，臺北。

[67] 黃寬重，〈從塢堡到山水寨－地方自衛武力〉，《吾土與吾民》，頁 265-272，中國文化新論，社會篇，聯經，1982，臺北。

被動的藉著這種「地方自衛武力」，來擴張帝國的版圖；而且也在有意或無意中，利用敵對雙方的競爭與內耗，來鞏固這個新納入的版圖。筆者在 1988 年間，研究晚清臺灣內山墾務的演變時，便發現「清政府對臺灣的撫墾政策，無論是放任或緊縮，消極或積極，只是根據整體需要來設定；而民間自主性的移隘拓墾，乃至政府主導的開山撫番，便只有形式上的區別，其結果則是一致的。一旦中央的需要，超過地方的需要，那麼地方性的利益便可以被抹殺。」[68]這句話，用來詮釋臺灣北部地區的內山開墾史，是十分貼切的。

內山開墾，其實是土牛溝外近山開墾的延伸。如同本文所論，桃園、新竹、苗栗三縣，是臺灣北部客家族群的優勢區；雖然客家人在臺灣，由於人口上的弱勢而顯現出「隱性」的表相，但是在桃、竹、苗地區，卻因為人口上的優勢，而呈現了截然不同的「顯性」面貌。因此，臺灣北部地區的內山開墾史，客家族群實居主要的地位；不但從中主導了墾務的發展，也在無形中改變了本地區的人口結構，更為當地的族群關係，留下了深遠的影響。

我們如果把上述的區域特色，放在本文所探討的歷史脈絡中來探討；那麼客家人似乎也應該重新思索，在這一段從土牛溝到武裝拓墾的過程中，先民與「熟番」互欺互助，血淚交織的歷史；同時也應該敞開胸懷，平心面對先民曾經帶給「生番」的滄桑和血淚，以及蘊涵在每一個開發階段中，顯然並不平等的族群關係。如果透過這樣的省思，或許才能為客家人——包括客家移民的後裔，和已經客家化的「熟番」後裔，開啟一片族群相處的空間！

---

[68] 黃卓權，〈從獅潭山區的拓墾看晚清臺灣內山墾務的演變〉，《臺灣史研究論文集》，頁123。

參考文獻

《正中形音義綜合大字典》。

《光緒朝月摺檔》，清光緒 18 年 4 月 13 日錄副。

《淡新檔案》：17301、17329、17339 各卷。

《清一統志臺灣府》，臺灣文獻叢刊 68，。

《清奏疏選彙》，臺灣文獻叢刊 256。

《新竹文獻會通訊》，第 11 號，頁 12，1954。

王世慶，《清代臺灣社會經濟》，聯經出版社，1994，臺北。

伊能嘉矩，《臺灣文化志》，下卷，臺灣省文獻會，1991，臺中。

伊能嘉矩，《臺灣蕃政志》，臺灣總督府民政部殖產局，1903。

伊能嘉矩著、楊南郡譯註，《臺灣踏查日記》，遠流出版公司，1996，臺北。

吳子光，《臺灣紀事》，臺灣文獻叢刊 36。

吳中杰，〈客語次方言與客語教學〉，《臺灣客家。語論文集》，頁 302，
　　　（1995.臺北）。

吳學明，《頭前溪中上游開墾史暨史料彙編》，新竹縣立文化中心，1998。

周鍾瑄，《諸羅縣志》，臺灣文獻叢刊 141。

施添福，《清代臺灣的地域社會：竹塹地區的歷史地理研究》，研究叢書
　　　8/綜論 1，新竹縣文化局，2001。

施添福，《清代在臺漢人的祖籍分布和原鄉生活方式》，臺灣師範大學地
　　　理學系，地理研究叢書第十五號。

柯志明，《番頭家：清代族群政治與熟番地權》臺北，中研院社研所，2001。

胡傳，《臺灣日記與稟啟》，臺灣文獻叢刊 71，1960。

高山，〈陳臺灣事宜疏〉，《清奏疏選彙》，臺灣文獻叢刊 256。

高拱乾，《臺灣府志》，臺灣文獻叢刊 65。

張炎憲、李季樺，《平埔研究論文集》，中央研究院臺灣史研究所籌備處，1995。

張素玢，〈龍潭十股寮蕭家：一個霄裡社家族的研究〉，《平埔研究論文
　　　集》，頁 99-125，中央研究院臺灣史研究所籌備處，1995。

陳秋坤，〈清代前期對臺少數民族政策與臺灣土著的傳統土地權利，
　　　1690-1766〉，收入《近代中國初期歷史研討會論文集》下冊，頁

1023-1038，中研院近史所，1989。

陳盛韶，《問俗錄》，無頁碼。本書為原刻本影印，中央研究院臺灣史研究所翁佳音先生提供。

彭啟原等，〈橫山的隘寮業〉，《小客庄的故事：行業篇》影集，懷寧傳播公司製作，廣電基金委製，1998。

黃卓權，〈從獅潭山區的拓墾看晚清臺灣內山墾務的演變〉，《臺灣史研究論文集》，頁118，臺灣史蹟研究中心，1988，臺北。

黃卓權，〈黃南球先生年譜初稿（三）〉，《臺灣風物》，38（2），頁62-71，1988。

黃卓權，《跨時代的臺灣貨殖家：黃南球先生年譜1840-1919》（臺北，國立中央圖書館臺灣分館），2004。

黃叔璥，《臺海使槎錄》，臺灣文獻叢刊4。

黃富三，〈清代臺灣之移民的耕地取得問題及其對土著的影響〉（上）、（下），《食貨月刊》復刊號11（1、2），頁19-36、72-92，1981。

黃榮洛，〈渡臺悲歌之發現〉，《臺灣史研究暨史料發掘研討會論文集》，中華民國臺灣史蹟研究中心，1986。

黃寬重，〈從塢堡到山水寨－地方自衛武力〉，《吾土與吾民》，頁265-272，中國文化新論，社會篇，聯經，1982，臺北。

臺灣總督府臨時臺灣舊慣調查會，《番族慣習調查報告書》「第一卷」，〈泰雅族〉，中央研究院民族學研究所編譯，1996，臺北。

潘英海，〈傳統文化？文化傳統？－關於「平埔族群傳統文化」的迷失〉，《平埔族群與臺灣歷史文化論文集》，頁212-214，中研院臺史所籌備處，2001。

蔣元樞，《重修臺灣各建築圖說》，臺灣文獻叢刊283。

蔣毓英，《臺灣府志》，見高賢治主編，臺灣方志集成，臺北，1995。

鄭武略孫：坤生、杞生「仝立合約字」，明治33年8月，新竹林廷武先生影本提供。

鄧傳安，〈番社紀略〉，《淡水聽志》，臺灣文獻叢刊172，頁376-379。

戴炎輝，《清代臺灣之鄉治》，聯經出版社，1979，臺北；

藍廷珍、藍鼎元，《東征集》，臺灣文獻叢刊12。

晚清臺灣內山開墾型態的演變
—以苗栗獅潭山區為例[*]

摘要

　　本文希望透過臺灣漢移民在「獅潭山區」的開發過程，從小區域的開墾，朝向大墾隘發展的差異，探討清末臺灣內山開墾型態的演變。

　　本文所欲探討的「獅潭山區」，基本上也是屬於移隘以後，結合十餘處外庄墾隘，朝向大墾隘發展的案例；其設隘開墾的時間與地理位置，正好介於「金廣福」和「廣泰成」兩大墾隘之間，充分佔有時間和地理上的關鍵位置，上承「金廣福」的開墾背景，下啟「廣泰成」的組成淵源，遂使本地區的時空環境，正好可以涵蓋本文所欲處理的問題。

　　本文將晚清臺灣內山墾務的演變過程，歸納成三點特徵，並透過獅潭山區的拓墾個案，來探討其形成的原因、經過與影響。我們從中發現：這些特徵雖然不足以解釋晚清臺灣內山開墾史的整體現象，但在墾隘朝向大型化發展的過程中，卻如同一個等邊三角型，互相緊扣著整個演變的環結。

關鍵詞：金廣福、廣泰成、漢番關係、獅潭底、北獅潭、南獅潭。

* 本文原題：〈從獅潭山區的拓墾看晚清臺灣內山墾務的演變〉，收入《臺灣史研究論文集》，臺北，臺灣史蹟研究中心，1988，頁105-132。後依據新發現史料修訂補充；收入林修徹主編，《賽夏學概論》，苗栗縣文化局、財團法人苗栗縣文化基金會，2006，頁603-627。

一、前言

　　建隘開墾，是臺灣北部墾闢青山、荒埔的主要方法；隘設墾隨，隘成為漢人開拓土地的先鋒。因此，隘的所在，不僅成為墾的指標；同時也是漢移民和原住民，交互影響、衝突與對峙的明顯界線。隨著漢移民的大量湧入，人口遽增、生齒日繁，而愈墾愈深，逐漸進入近山設隘開墾，於是產生「移隘」的現象。[1]這種移隘的現象，愈進內山，愈見顯著。一時一地的移隘，無不顯示了移臺先民蓽路藍縷、以啟山林的開發歷程；也顯示著原住民護土抗爭、失地遷徙的無奈與滄桑。

　　清代嘉慶至道光年間（1796～1850）為臺灣設隘最盛的時期，雖然也有光緒年間（1875 以後）才設立者，但情形極少。設隘最盛的地方，以淡水廳（今臺北、桃園、新竹、苗栗各縣）轄境為數最多，而以彰化縣（今臺中、彰化、南投各縣）、宜蘭縣次之。[2]

　　根據光緒 12 年（1886）劉銘傳裁隘時，所留下的隘租查報相關清冊顯示，新竹縣屬（含今新竹、苗栗二縣）的墾隘數，為彰化縣的兩倍多，但是隘租額卻接近彰化縣的三倍。其中，新竹縣屬的 45 處墾隘中，開發較早的竹北各堡（今新竹縣）僅佔七處，而且都集中於少數豪強之手；但開發較晚的竹南各堡（今苗栗縣）卻墾隘林立，高達 38 處，而且各擁勢力，互不相讓。就墾隘數而言，竹南為竹北的五倍多，但其隘租額卻不到竹北的 60%。[3]

　　這一現象又明顯指出：開發較早的地區，由於深入內山開墾，歷經多次移隘以後，前山丘陵等外庄地區已不需設隘防守；況且內山開墾，人力和財力的投資巨重，若非實力雄厚者無法負擔，而有逐漸朝向大墾隘集中的趨勢。這以設於道光 14 年的「金廣福總墾戶」最具典型。[4]

1　戴炎輝，《清代臺灣之鄉治，第七編》，聯經，1979，頁 536-537。
2　戴炎輝，《清代臺灣之鄉治，第七編》，頁 536。
3　參見【表 1】；另據《淡新檔案》17333-1、2 各件。
4　參考 a.吳學明《金廣福墾隘與新竹東南山區的開發，1834～1895》，臺師大史研所，1986；
　　b.莊英章、陳運棟，〈晚清臺灣北部漢人拓墾型態的演變─以北埔姜家的墾闢事業為例〉，
　　收入中研院民族所專刊乙種 16 號，《臺灣社會與文化變遷，上冊》，1986。

筆者從事苗栗內山拓墾史研究時，發現在這個開發較晚的竹南各堡（今苗栗縣）地區，也有朝此趨勢發展的情形，其墾隘的組成方式、組織型態和墾隘規模，不僅與竹北地區的發展極相類似，而且深具淵源。「獅潭山區」的拓墾，以及稍晚設於光緒 15 年，在「大湖、罩蘭等處」的「廣泰成總墾戶」，都是極為典型的個案。[5]

本文所欲探討的「獅潭山區」，其開發過程在基本上也是屬於移隘後，結合十餘處外庄墾隘，朝向大墾隘發展的案例，其設隘開墾的時間與地理位置，都正好介於前述「金廣福」和「廣泰成」兩大墾隘之間，且其主要的墾首黃南球和劉緝光，後來與「金廣福」的墾首姜紹基，都同時成為「廣泰成」的創始股東，這種演變，絕非用「巧合」二字所能解說；實以清末臺灣內山的撫墾政策息息相關。[6]

就獅潭山區的拓墾而論，雖然遠不及「金廣福」和「廣泰成」的規模，也無兩者在官府強力支持下，合併舊墾隘，總墾經營的有力條件；但本地區的拓墾歷經多次移隘後，所涵蓋的內、外庄墾隘數，卻也高達十四處之多。且其含蓋的範圍，足可作為探討內山拓墾史的一個特殊範例。[7]另一方面，本地區所面對的原住民為賽夏、泰雅兩族，不但可作為「漢、番關係」的比較研究，也可觀察這兩個族群之間的互動與面對外族入侵時，雙方態度上的差異。

由於日治時期的內山政策與清代有別，因此本文所探討的年代，主要是以 1895 年臺灣割讓日本前後為斷，間有提及日治時期者，只供舉證的參考。

---

[5] 參考黃卓權，〈臺灣裁隘後的著名墾隘—廣泰成墾號初探〉，收入臺灣史蹟研究中心，《臺灣史研究暨史料發掘研討會論文集》，1987，頁 105-140。

[6] 黃卓權，〈臺灣裁隘後的著名墾隘—廣泰成墾號初探〉，頁 105-140。

[7] 據《淡新檔案》：17333-1、2 各件。

表1：新竹、彰化兩縣墾隘數及隘租額比較表（1886）

原縣界	今 縣 界	墾隘數	隘 租 穀 （石）		隘 銀 數 （元）		合　　計 （每石折銀一元）	
新竹縣	新 竹 縣	7	14,434	865	0	000	14,434	860
	苗 栗 縣	38	8,334	700	259	900	8,594	600
小　計		45	22,769	565	259	900	23,029	460
彰化縣	台中、南投、彰化各縣	21	7,904	000	0	000	7,904	000
合　計		66	30,673	565	259	900	30,933	460

資料來源：新竹縣部份，據；《淡新檔案》編號 17333-1，委收隘租貢生黃南
　　　　　球造報清冊及編號 17333-2，新竹縣造報四柱清冊統計；彰化縣部
　　　　　份，據《臺灣私法：附錄參考書》第一卷上，頁 451－455，林汝
　　　　　梅造報清冊統計。

二、漢人在獅潭山區的拓墾背景

　　獅潭山區在地理上屬於雪山山脈的餘脈地帶，位於後龍溪流域的老
田寮溪上源。東以八卦力山脈為界，西以八角崠山脈為界，北接「三灣」，
南連「大湖」。中央部分為獅潭溪與桂竹林溪，分向南北，貫穿其間，
形成一處南、北狹長走向的縱谷地形。本區的大部分，現劃歸苗栗縣獅
潭鄉所轄。

　　獅潭鄉東鄰南庄、泰安二鄉；西鄰造橋、頭屋、公館三鄉；北為三
灣鄉；南為大湖鄉；全鄉分為七個村。獅潭溪由南至北，流經和興、新
店、永興、百壽四村，在百壽附近折向西行，切穿八角崠山脈後，改稱
老田寮溪，為後龍溪的主要支流。桂竹林溪則以反方向自北而南，流經
豐林、新豐、竹木三村，在汶水附近與汶水溪匯流後流入後龍溪。在獅
潭溪與桂竹林溪兩溪南、北分流之處，當地稱為「分水崀」，[8]這是兩個

8　崀，為客家地區的俗字，讀作 gan，係指走向平緩的山脊或山稜線。「分水崀」位於苗栗縣
　獅潭鄉和興、豐林二村交界處。

水系的天然界限，不僅在地理上將本地區分為南、北兩部；南、北兩地的人文發展，也有明顯的影響。

　　漢人在本地區的拓墾行動，大略可分為兩個階段進行。第一個階段，始於光緒 2 年（1876），時當清政府「開山撫番」的初期；另一個階段則遲至光緒 10 年（1884）才積極展開，正當開山撫番銳意進行的蓬勃期。在臺灣開發史上，既是民間自行設隘開墾的最後階段，又是政府全面主導墾務的開展階段。

　　這個時期有幾點值得注意的問題，實為影響本區拓墾形態的主要背景。

　　1.清政府的治臺政策，因外患頻仍，而有明顯的轉變，其態度由消極轉趨積極。尤以同治 13 年（1874）的牡丹社事件，釀成外交重大危機以後最為顯著；此後由來臺處理危機的欽差大臣沈葆楨奏准施行「開山撫番」政策，開放內山及解除漢人渡臺之禁，打通南、北、中三路，開築通往後山道路，並積極獎勵招徠墾民等一連串的措施，給予民間極大的鼓勵。

　　2.十九世紀中葉以後，正逢臺灣最重要的經濟轉型期，茶、糖、樟腦取代稻米，成為臺灣出口貿易的三大產業。使得樟林分布的山區，成為財富的來源，而林木伐盡之地，或栽茶、或種蔗，又可再度帶來財富。這種經濟誘因，直接促成內山拓墾事業的發展。[9]

　　3.內山拓墾大都藉助武力強佔原住民的土地，因此往往激起原住民的強烈抵抗，使得「漢、番衝突」加深，土地開墾的危險性也隨之提高；攻防經費的開銷鉅重，並非一般墾戶所能負擔，遂使資金充裕並且擁有私人武力和組織能力的豪傑之士，有了最佳的發展機會。[10]

---

[9]　林滿紅，《茶、糖、樟腦業與晚清臺灣》，（臺銀經濟研究室，研叢 115 種，1978），頁 28-44。

[10]　如本文所提到的「金廣福」、「廣泰成」及黃南球、劉緝光等，都是明顯的例子。

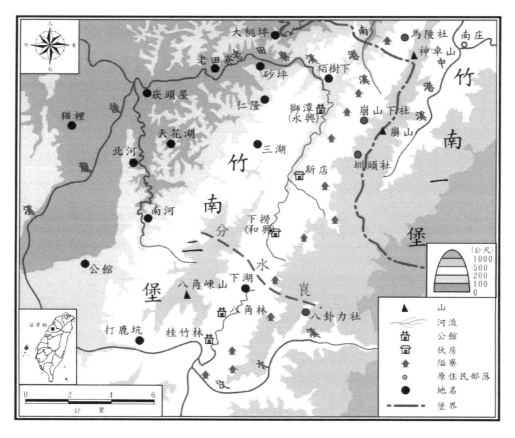

圖 1：獅潭山區形勢圖（陳國川繪）

資料來源：內政部〈中華民國臺灣地區二萬五千分之一地形圖〉第一版「苗栗市」、
　　　　　「南庄」、「大湖」、「虎山」各圖，並配合田野調查繪製。

三、北獅潭的拓墾過程──獅潭、下撈地區

　　「獅潭」之名，歷來的相關記載與民間口傳，都就字面上望文生義，
認為係因獅形之山、山前有潭，而以形狀相似得名。[11]這一說法，即使
確有此山、此潭，也是漢人入墾以後，遷強附會的結果。根據《淡新檔
案》的相關記載，以及「金福成」股夥：徐讚華、楊元英、黃允明、徐

---

[11]　安倍明義，《臺灣地名研究》，臺北，武陵，1987 再版，頁 143。迄今「苗栗縣獅潭鄉概
　　　況」，1986，有關獅潭鄉的簡介，皆持此說，似已成為民間公認的說法。

捷旺等四大股夥所簽訂的「召墾字」，[12]伊能嘉矩《臺灣蕃政志》所蒐錄的〈給墾青山荒埔契字〉，[13]以及《臺灣總督府檔案》所保留的相關文書足可證明，此地早在漢人入墾之前，便已得名。前者或稱「西潭」、[14]「西潭底」，[15]或稱「獅潭、下撈一帶地方」；[16]後者則明白指出此地為原住民「下樓社、西潭社」領有之地。伊能嘉矩對這兩社的族屬已經明白註明為「サィセット部族」，亦即賽夏族。因此「獅潭」之名，應該是由賽夏語轉換而來。

　　漢民覬覦獅潭山區最早的記錄是同治 8 年（1869）間，串號「金福成」之股東：徐讚華、楊元英、黃允明、徐捷旺四夥等，向貓閣社番土目潘和泉、業戶（潘）和成、差（潘）金安、甲首潘丹桂等手內給墾山場一處，坐落於：「竹南二堡后壠東片，六成安山內下撈、獅潭等處地方」。其四至界址如後：

> 東至青山倒水為界；西至反水大橫崗、直透牛鬮口、插落大河為界；南至反水橫崗倒水流落大河為界；北至獅潭尾與大河底併八股毗連大崀、直透牛鬮口橫崗倒水流落大河為界。[17]

　　但至同治 11 年（1872）9 月間，「金福成」四股夥因為「缺乏貲費，獨立難為」，另行召募黃南球籌組「金捷成」公號出面接辦。從契內四至界址的北界：「獅潭尾與大河底併八股毗連大崀、直透牛鬮口橫崗倒水」，可以明顯看出是以今日獅潭、三灣、造橋交界之處為界；至於「牛鬮口橫崗」，則是獅潭溪下游切穿八角崠山脈處，由於狀如牛嘴相觸，故其土名便稱為「牛鬥口」，獅潭溪由此流入頭屋鄉以後稱為老田寮溪；[18]至

12　臺灣總督府檔案 1822-0010[274、275]，收入劉澤民編，《臺灣總督府檔案平埔族關係文獻選輯續編》〔下冊〕，（國史館臺灣文獻館，2004），頁 504~505。

13　臺灣總督民政部殖產局，《臺灣番政志》，〈卷下，第四篇.第一章.第四節〉，1904；契字全文收入該書頁 310-311。

14　據《淡新檔案》17324 案由。

15　據《淡新檔案》17322－3，稟批；及 17322－6，札飭。

16　據《淡新檔案》17324－1，新竹總墾戶黃南球等稟敘。

17　臺灣總督府檔案 1822-0010[274、275]，收入劉澤民編，《臺灣總督府檔案平埔族關係文獻選輯續編》〔下冊〕，（國史館臺灣文獻館，2004），頁 504~505。

18　位於今獅潭鄉百壽村紙湖附近，為早時仁隆庄（今頭屋鄉明德村）進入獅潭鄉的重要隘口。

於其南界：「反水橫崗倒水」之地，依據地形地勢分析，應該是以獅潭溪和桂竹林溪分流之處的「分水崀」為界。[19]故其四界都屬地形標示，顯然是以獅潭溪所流經的地區為範圍。即今獅潭鄉北四村全境。

這時候又有平埔族新港社頭人鍾合歡、鍾阿祿，招得六股劉乞清、劉清遠、李阿苟、潘和盛、劉阿來、蟹老梅等，於同治 11 年 10 月間向賽夏族 Hārō（下樓）、Saitam（西潭）二社總大土官賈索阿斗、吧掃加禮、打落阿歪、罵打打宇、吧乳汝、也委等「付與佛銀二百一十元，大豬二十八隻和酒儀之資等」，訂立「給墾青山荒埔契字」一份，其給墾範圍如後：

> 坐落土名：下樓社、西潭社；東至大龍崗倒水為界，西至山龍崗為界，南至山橫分崗分水為界，北至牛嘴口水尾為界。

這份給墾契字內的北界：「牛嘴口水尾」，土名稱為「牛嘴口」或稱為「牛鬥口」；[20]至於南界：「山橫分崗分水」之地，顯然也是以獅潭溪和桂竹林溪分流之處的「分水崀」為界。故其四至界址除獅潭尾之外，幾乎與黃南球正在籌設的「金捷成」號墾界相重疊。

可見漢人準備入墾北獅潭時，也有來自後龍的新港社原住民（タオカス部族，即道卡斯族），正以「和平手段」向下樓、西潭二社總頭目訂立合同「給墾」此地。由於契內註明，給墾以後歸新港社人「永遠子孫掌管為己業」，可證這是一份十足的杜賣合同，因此，日本人類學者伊能嘉矩便認為這是「在給墾名義之下，而進行全然佔有之實例」。[21]

從前面的敘述中可以明顯看出，兩股勢力都與平埔族的介入有關，兩者不同之處在於新港社人是「以和平手段」佔有；而貓閣社人則是企圖透過漢人的力量以武力佔有而已。[22]

---

[19]　此一推測，如果參照「八角林、下湖仔」的北界，當可更加確定。

[20]　位於今獅潭鄉百壽村紙湖附近。

[21]　以上依據：伊能嘉矩，《臺灣蕃政志》，卷下，（臺北：臺灣總督府民政部殖產局，1904），頁 310-311。

[22]　黃卓權，《跨時代的臺灣貨殖家：黃南球先生年譜 1840-1919》（臺北，國立中央圖書館臺灣分館，2004），頁 86-87。

由下樓、西潭二社頭目給墾條件的「不利」傾向和他們所用的「番名」，以及當年（1872/9~1873/7）曾前往北獅潭傳教的長老教會牧師馬偕（*George Leslie Mackay*）博士和隨同前往的巴克斯（*B. W. Bax*）船長所留下的記錄可知，漢人入墾獅潭以前，賽夏族人的漢化程度尚淺，而且尚未革除出草馘首之習。[23]

光緒 2 年（1876）漢人在北獅潭的土地競爭正式展開。入墾者即為「金捷成」的墾首黃南球。入墾方式，則是依賴武裝力量驅逐原住民，佔領此地；據《苗栗縣誌》記載，這次入墾的隘丁武力有百餘人之眾，實為一次大規模的武力佔墾，造成賽夏族原住民的大舉遷移。[24]

光緒年間與獅潭溪流域相鄰的有兩大社群，一為土目絲大尾領導的北獅里興，一為土目日阿拐領導的南獅里興。這兩大社群的勢力範圍，大致上是以大崎和盧鰻窟（今南庄鄉蓬萊村長崎下一帶）為界。[25]此地的原住民，以賽夏族為主，但也有道卡斯族後壟、新港等社移住的痕跡；但已不易查證。[26]黃南球於光緒 2 年，率眾入墾北獅潭後，當地的原住民「除馬陵、圳頭兩社外，餘均陸續遷往南莊（庄）紅毛館及泰安八卦力等地，時而狙擊漢人。」[27]但是依據近人研究，當時不肯屈服他遷的，至少還有崩山下一社；因為馬陵社大部分為豆姓，一向比較孤立。然而，圳頭、崩山下二社，大多為藩姓，相處較為密切，其勢力圈也大部分重疊。因此外人往往以一社視之。[28]這三社按照南、北獅里興社群的分布推測，應該都屬絲大尾管下的社群之一。

由於賽夏族南、北獅里興社早在黃南球入墾北獅潭之初，雙方便已結下很深的仇怨；所以在光緒 7、8 年間，曾與閩籍墾戶合作，而與黃

[23] 參見馬偕著、陳宏文譯，《馬偕博士日記》（臺南，人光出版社，1996），頁 69-72。巴克斯，〈被遺忘的道卡斯　1872 年：前往雪山－馬偕醫師和巴克斯船長的西北海岸紀行〉，轉引至《苗栗縣文獻第 21 期，改版季刊第 7 期》，（苗栗縣文化局，2002/10），頁 9-10。

[24] 苗栗縣文獻會，《臺灣省苗栗縣誌》，「大事記」1876 年記事；另見該書卷四經濟志農業篇，頁 120。

[25] 《新竹廳誌》，1905，頁 187。

[26] 參見伊能嘉矩，《臺灣蕃政志》，卷下，頁 310-311，另見《新竹廳誌》，頁 159。

[27] 《苗栗縣誌》，卷首，苗栗縣文獻會，頁 53。

[28] 張瑞恭，《賽夏族社會文化變遷的研究》，文化大學，華僑與民族研究所碩論，1990。

南球為首的勢力發生激烈的墾界衝突。[29]這應該也是馬陵、圳頭、崩山下三社原住民始終不肯退出獅潭山區，「常出而狙擊漢人」的主要原因。[30]

日阿拐是賽夏族傳奇性的英雄，也是日治時期南庄事件的領導人。他在南庄、獅潭一帶留下不少傳說，當地耆老都以「番拐王」稱呼他。有關日阿拐的記錄，都認為他是由沙坪一帶（在今明德水庫淹沒區內），經獅潭，再遷至獅里興。民間也盛傳：黃南球入墾獅潭溪流域時，雙方曾有激戰，後因日阿拐戰敗降服，才退出獅潭。[31]

究竟絲大尾、日阿拐兩人，與「西潭、下樓二社」的關係如何？二社土目立給新港社的「給青山荒埔契字」內，是否也有他們的「番名」？要想重建這段史實，有待進一步的研究。

這次的武裝拓墾，就漢人的私法行為和開墾慣例而論，屬於「移隘」的另一種類型，民間私法稱為「移防抱隘」。[32]其唯一的理由是「生番猖獗，肆擾莫堪」，於是經由沿山一帶，以「嘉志閣等處隘首陸成安」為首的「沿山各墾隘首同眾佃等籌議」，一致同意「由眾佃立帖，配十二名隘丁糧額（當時的慣例為每名 30 石穀，12 名則為 360 石）」，向官府推舉黃南球自備資斧，移隘開墾。由於這種大規模的移隘，既使外庄一帶「免以防隘」，又使「農耕樵牧，可保無虞」，因此獲得外庄隘首和墾佃的支持。[33]

然而，黃南球這次入墾獅潭、下撈，移隘進山，似乎因為正逢淡水廳裁廢，分設淡水、新竹兩縣的青黃不接時期，加上此地先有猫閣社「給墾」，後有新港社「和平佔有」；無論就官府與民間慣習而論，都屬於是非紛擾之地，因此並未獲得官府的諭准，以致成為他與「陸成安」之間，私相授受的私墾行為。

---

[29]　參見黃卓權，〈黃南球先生年譜初稿（三）〉1881-1882 年記事，《臺灣風物》38 卷 2 期，1988，頁 62-71。

[30]　新修《苗栗縣誌》，大事記，苗栗縣文獻會，頁 50-51。

[31]　有關日阿拐事蹟，參見三臺雜誌叢刊《賽夏族，矮靈祭》，1986；另參見拙著，〈黃南球年譜（三）〉，1877 年記事，刊於臺灣風物 38 卷 2 期。

[32]　參見戴炎輝，《清代臺灣之鄉治》，頁 592。

[33]　以上據黃卓權，〈黃南球先生年譜初稿（二）〉，1876 年紀事；刊於臺灣風物第 38 卷第 1 期。

　　直到光緒 9 年 2 月間，才由「金廣福」總墾戶姜紹基、竹南一、二保隘首「金萬成」、「陸成安」、佃戶劉日新、葉阿萬、蔡承長、劉安邦等聯名具稟保舉；獲得新竹知縣徐錫祉「分別批示、曉諭」，並隨文給發墾戶、隘首戳記共兩顆。正式取得獅潭、下撈墾戶、隘首的合法名分。[34]

　　黃南球的武裝拓墾行動，在時機上雖與清政府「開山撫番」的態度轉趨積極有關。然而，這次的武裝拓墾卻與原住民結下深仇，所以從入墾初期便極為艱苦，必須「多雇隘丁，加意密防」。這種狀態，一直持續到光緒 12 年（1886）劉銘傳裁隘時仍未解除，「平日防堵，未能稍懈」，不但增加了隘防人力的負擔，也對墾務的發展造成極大的阻礙。[35]

四、南獅潭的拓墾過程——八角林、桂竹林地區

　　此地東與泰雅族汶水群（分布於苗栗縣泰安鄉汶水水溪和八卦力溪上游）的勢力相接，且因地勢南傾，桂竹林溪自北南流，在汶水（客家舊名「滾水仔」，屬竹木村）附近與汶水溪交會後流入後龍溪，故其對外關係與蛤仔市（公館鄉）、大湖兩地較為密切。

　　入墾此地的主要墾首有二，其一即為拓墾獅潭、下撈地區的黃南球；另一為蛤仔市的劉緝光。[36]而且他們入墾的年代都在光緒 10 年（1884）。雖然他們都採移隘拓墾的形態進行，但因墾地取得的方式有別，規模也不盡相同，因此必須分別探討。

4.1 八角林、下湖仔地區

　　漢民入墾此地的時間欠詳，但可確定是因始墾者失敗後，才由黃南球出面接辦。墾地取得的方式，則同樣屬於移防抱隘性質。抱隘的時間是光緒 10 年 10 月。當時外庄各墾隘願將隘務出抱給黃南球的原因如下：

34　臺灣總督府檔案 01822-001[556、557]。

35　據《淡新檔案》，編號 17329-14。

36　劉緝光，名宏才，號牧亭（亦寫作：穆亭），緝光為其字。民間大多以「劉牧亭」稱之。

安（隘首張益安）等承墾大坑口、中隘隘務，最難保守。今將八
角林、下湖仔一帶青山，集眾商議，另舉墾戶黃南球辦理。[37]
從前將該地抱與劉秉先等設隘防番，立有合約；因劉秉先無力把
守，致生番肆擾，耕民塗炭，慘不忍言。故去年劉秉先願將合約
當堂繳銷，有案可據。[38]

可見此地在光緒 9 年（1883）以前，已有漢人入墾，但因「番害」
嚴重，把守不易，使前抱人不得已自願退辦。據出抱隘務的大坑口隘首
張益安，中隘隘首黃福安的稟敘可知，他們集眾商議，保舉黃南球出首
接辦的理由有二，一因黃南球守隘得力，為山面所倚賴；一因此地與黃
南球的北獅潭墾區相連，移隘方便。這兩點顯示了黃南球的墾地取得，
仍以擁有強大的隘防武力為基礎，經驗豐富且深具威望。

另一方面，黃南球在抱隘時，曾向新竹縣呈敘移隘進山之事，自稱：

所有顯要，球親自督率隘丁，添築炮櫃，加選精壯把守，務使星
羅棋佈，以禦生番，俾耕佃安業。其隘糧即在大坑口、中隘兩處
收給；仍有不敷，係球自備資本。[39]

這裡值得留意的是，黃南球在獅潭山區的兩次抱隘過程中，都提到
「自備資斧」、「自備資本」的問題，而且張益安等，向知縣稟舉黃南球
抱隘時，也提及「責成黃南球招股津資……」之事，顯見資金募集能力
與隘防力量，實為內山拓墾是否成功的兩大先決要件。

依據同治 9 年（1870）刊行的《淡水廳志》隘寮簡介：

大坑口隘：官隘，本係中隘，移入後壠堡內山橫崗，距城南五十
五里，……大坑口隘原設隘丁三十名，中隘原設隘丁十名，今仍
設四十名。[40]

由於大坑口隘和中隘都是「官四民六」隘，並非全官隘，所以官方

[37]《淡新檔案》，編號 17326-3、5。
[38]《淡新檔案》，編號 17326-1。
[39]《淡新檔案》，編號 17326-6。
[40]《淡水廳志》，〈卷三：建置志〉「隘寮」，（臺北：臺灣經世新報社，1922），頁 104。

只由屯租補貼隘糧的四成，其餘六成必須向隘內民佃抽收。這兩處須向民佃抽收的隘丁糧額如下：

> 大坑口隘：年收隘租穀　867 石 1 斗。
> 中隘：年收隘租穀　170 石 4 斗。
> 合計：年收隘租穀　1,037 石 5 斗。[41]

兩處的實收隘租穀數，與同治年間的隘丁額四十名（每名三十石），相當接近，可見十餘年來隘丁額數的變化不大。

八角林、下湖仔地區的墾界四至如下：

> 東至墾闢青山為界；西至張益安等，原墾石門凸大崗，透至檜枝凸「劉彭昌」為界；南至桂竹林為界；北自黃南球自墾的下撈仔毗連為界。[42]

這一墾界，約當今日豐林、新豐二村的行政區域。抱隘的條件，顯然比入墾北獅潭優厚，也得到原墾隘的全力支持，從黃南球的前呈可知，此地的隘糧，是由原墾隘全額支給，屬於全額幫貼的移防抱隘。黃南球經由這次的抱隘，從此躋身大墾戶之林，他的新墾區連同北獅潭墾區，約當今日獅潭鄉六個村的行政區域。[43]

由於此地已先有劉秉先等入墾在前，因此與內獅潭地區有明顯的區別，類似光緒 2 年間大規模的武裝入墾並未發生，而以防衛性的「防番」、「禦番」為主。[44]但因此地與泰雅族汶水群的勢力相接，因此「番害」的來源，顯然是來自泰雅族而非賽夏族。依據筆者的田野記錄，獅潭山區的「番害」傳聞，在桂竹林溪都稱為「汶水番」；在獅潭溪則稱為「南庄番」，這與此地的原住民分布相合。

因為泰雅族先民與漢民接觸不深，民性也比較強悍，因此報復性的

---

[41]　《淡新檔案》，編號 17333-1、2，光緒 12 年新竹縣隘租清冊。
[42]　《淡新檔案》，編號 17326-1。
[43]　此地的入墾詳情，另見黃卓權，〈黃南球先生年譜初稿（四）〉，1884 年記事；刊臺灣風物第 38 卷第 3 期，頁 79-87。
[44]　依據著者田野訪查所得。

行動比賽夏族人更為強烈。所以在黃南球入墾次年（1885）11 月中旬，新墾的八角林、新公館等處便連續多日遭受原住民「百十成群」大舉圍攻，以致墾內隘丁佃民有二人被殺，三人受到銃傷。[45]因此八角林地區的開墾，從一開始便極為艱苦。

4.2 桂竹林地區

此地的拓墾，是以「金永昌」公號的名義，合股經營。墾地「坐落土名：桂竹林、東坑仔、心、老北寮、打鹿坑等處」，其四至界址如下：

> 東至桂竹林大橫崗頂大水流內為界；西至楓仔坑崗頂水倒東為界；南至汶水河直透出西大河底為界；北至社寮坑，橫過檜枝崠、東坑、新老北寮、打鹿坑盡北尾，從崗頂直透水倒南為界。[46]

此地約當今日獅潭鄉竹木村和公館鄉福德村的行政區域。是「金永昌」於光緒 10 年間，向楓仔坑墾戶「劉彭昌」承給開墾之地，就傳統的開墾組織而論，乃是楓仔坑墾戶的佃戶，唯因此地逼鄰「番界」，「前承墾各戶，先後疊遭兇番擾害，以致屢闢不成」，所以承墾後必須設隘把守，而具有移防抱隘的型態。

「金永昌」的墾地取得方式，就國課的立場而言，他對楓仔坑墾戶仍有租稅上的主佃關係；這由光緒 12 年（1886）的隘租額數清冊內，只列有楓仔坑墾戶之號，而無「金永昌」在內，便足可證明。[47]但是這層關係，在劉銘傳實施裁隘、清丈後，似有變化；「金永昌」股夥人於光緒 16 年（1890）10 月間，重訂的合約，已寫明「並奉林統憲給墾」及「陸續開成有田園，經憲清丈，升科納課」等事，[48]可見「金永昌」在清丈後，已經成為官方正式給墾的業主。「林統憲」即當時奉派辦理中路撫墾事務的林朝棟。所以林統憲的給墾，便等於撫墾局的給墾，時

45　《淡新檔案》，編號 17107-1。

46　據《臺灣私法：附錄參考書》，第一卷下，頁 413-414。

47　《淡新檔案》，編號 17333-1。

48　《臺灣私法：附錄參考書》，第一卷下，頁 413-414。

間大約是光緒 13 年前後。

　　此地的拓墾經營，完全以墾首劉緝光為主，是「金永昌」實際倡首出力之人。初期的股權分配，由於「有半途荒廢者」，所以實際情形難以瞭解。依據光緒 16 年的合約，可以瞭解「金永昌」的股權分配，是「按一十六小股作為四大股墾闢」，亦即每一大股內含有四小股。其分配情形如下：

> 當日公同議定：按一十六小股作為四大股墾闢。劉緝光應得一大股；林際春應得兩小股，林際興應得一小股，林際安應得一小股，伊兄弟三人共應得一大股；劉育英應得一大股；劉新傳應得一大股。各自照股津派本銀開闢。[49]

　　由於合約內訂有「倘後有不照股津派者，無論前所津本銀多寡，概行抹銷，不入股份」的定款，所以後來的股權變化頗大。光緒 17 年（1891）劉育英將股內兩小股頂讓給劉慶梅；[50]明治 29 年（1896），劉新傳的一大股又轉讓給劉緝光；[51]明治 31 年（1898），劉慶梅再將頂來的兩小股轉讓給劉緝光。[52]這個結果，遂使劉緝光成為「金永昌」的最大股東，擁有總股權的 62.5 ％。

　　造成「金永昌」股權集中的現象的主要原因，在劉新傳與劉慶梅所立的「盡歸管墾業股份字」內，寫明是因「生番猖獗」、「用費浩繁」所致。[53]筆者曾就各股東之間的交往情形做過調查，他們相互之間都有數代交誼，而且始終並無特殊的失和現象；可見「番害」確係主要原因。

---

[49] 《臺灣私法：附錄參考書》，第一卷下，頁 413-414。

[50] 《臺灣私法：附錄參考書》，第一卷下，頁 421；劉慶梅「盡歸管墾業股份字」。

[51] 《臺灣私法：附錄參考書》，第一卷下，頁 420；劉新傳「盡歸管墾業股份字」。

[52] 《臺灣私法：附錄參考書》，第一卷下，頁 413-414。

[53] 《臺灣私法：附錄參考書》，第一卷下，頁 413-414。

五、內山墾務的演變——以獅潭山區為例

5.1 「漢、番關係」趨於尖銳化

獅潭山區的拓墾，以獅潭溪流域開發稍早，所以發展也較快。另一方面，與此地隔山對峙的賽夏族南庄各社，由於長期與漢民接觸，受漢人生活方式的影響較深，使政府的招撫工作，得以順利進行，提早結束雙方尖銳對峙的狀況，於此地的發展也有莫大的助益。

獅潭溪流域的隘防，直到光緒 12 年（1886）間，還一直處於「多僱隘丁、加意密防」的狀況，其主要威脅乃是來自獅里興各社，卻毫無疑問。當時奉派辦理獅潭、五指山等處招撫事宜的都司鄭有勤，冊報此地隘防狀況時，便明白指出：

> 查該墾戶（指：獅潭墾戶黃南球）與各番社仇結，平日防堵未能稍懈，是以守丁如此之多。現在民丁雖經裁撤，而因限於兵力，官勇尚未填紮。雖將來獅里興、獅頭驛各社歸化以後，革其出草之習，或可隘務稍鬆。唯該處毘連後山，亦不得不於獅里興等要處，酌量設隘，以為關鍵之固；此皆綢繆於未雨者也。[54]

由此可見，黃南球在此地的隘防所以未能稍懈，顯然是與獅里興各社的歷史恩怨有關，所謂「生番猖獗」應該是漢人的一面之辭。因此到了光緒 13 年，鄭有勤的招撫見效，「前後山番黎一律歸化」，而日阿拐也因協助出力有功，稟奉巡撫劉銘傳賞給「六品軍功」功牌。[55]自此以後，獅潭溪的「番害」遂有降低的趨向。清政府雖然一直維持此地的隘勇佈防，但據鄭有勤的說法，顯係「綢繆於未雨」的措施。

根據日本領臺次年（1896）大湖撫墾署雇員福山登的調查發現，原住民的出草習慣往往「於甲地進行交易者，潛行至乙地。於丙地進行交易者，潛行至丁地境界。例如司馬限（*SUMAHAN*）及馬那邦（*MANABAN*）

可證明他已經開始接辦地方團練，延伸了他的隘防武力，充分顯示他當時所能號召支配的兵力，已經遠超過五百人以上。[70]

像這樣的隘防力量，自需倚助強固的領導組織，以資配合。這種組織的特色，不僅具有隘防上的軍事功能，同時兼具墾務所需的經濟功能。茲依據長期的田野記錄，綜合簡述如後：

兩大墾區都建有公館一所，各設管事、賬房，經理各項墾務和賬務。設有腦館，僱用腦長，管理腦務。隘務則帖請隘首經管，每座隘寮都有寮頭之設，每一寮頭除負責隘寮安全外，往往也是採樟、伐木的工頭。

獅潭公館號稱大公館（在今永興，永豐茶工廠現址），佔地極廣；設有穀倉、倉房、牛欄、豬舍等。為三合院建築，採燕尾式。正廳做公廳用，左、右護龍，一邊為事務所、一邊為客房；左、右外護龍供護衛、家丁、女僕居住。公館右方為大禾埕，兼為晒穀場和練兵場地。據說，館內還設有牢房，作為匪犯解送前的臨時拘押所。另設銃藥庫一間，備有火銃百餘支。牆外有望樓一座，掛大銅鑼一面，供緊急示警、集合庄民之用。公館庄面的主要隘防工事叫「竹叢櫃」，建於東面的上大窩隘路口。這座隘寮大概是鄭有勤冊所稱的「崩山下碉樓」。

八角林公館，又稱新公館（今新豐村蔗廊坑口臺地，日治時期地址「八角林庄百九十二番地」），樟腦業大興後，改為腦館。附近建有糖廍與製材所。光緒 15 年（1884）大湖、卓蘭「廣泰成」墾號設立後，八角林公館成為樟腦與枋料的集散中心。

因墾區遼闊，黃南球為管理、歇宿之需，分別在新店和下撈（今和興村舊名）建有住宅，客家人稱為「伙房」，也兼具公館、腦館的功能。

新店伙房（日治時期的地址為「新店四十七番地」）設有家塾，培育子姪。

下撈伙房（今和興派出所一帶），面臨獅潭溪上源，溪岸高陡，位居獅潭與八角林墾區之中，地勢險要，在八角林樟腦業大興後，逐漸取

70　黃卓權，《跨時代的臺灣貨殖家：黃南球先生年譜 1840-1919》，各年記事。

代了獅潭公館的地位；日治初期的官方檔案稱為「下枸庄公館」。[71]

　　基於防務之需，據說黃南球特以一份免租良田，延聘當時長於「煎硝」（硝石）的謝李壽，為專屬制製藥師傅，所製的火藥，不遜官庫品[72]。

　　根據日治初期大湖撫墾署的調查，黃南球在獅潭、八角林共有隘丁56人，輕型火槍有291支；南湖有隘丁80人，輕型火槍有120支。劉緝光在桂竹林有隘丁14人，輕型火槍則有154支。詳如下表：

表 3：大湖撫墾署轄內隘丁及輕型火槍數

地名	隘丁數	輕型火槍數			備註
		口填充式	底填充式	計	
大湖	32	58	41	99	
南湖	80	89	31	120	
新開	—	26	45	71	
桂竹林	14	17	137	154	
八角林	24	89	30	119	
獅潭	32	130	42	172	
合計	—	409	326	735	

資料來源：臺灣總督府公文類纂：V00094/A006（依據《日據時期竹苗地區原住民史料彙編與研究》上冊，頁 401 重製）

　　這種完備的隘防武力與拓墾組織，實非傳統式經營的墾戶所能具備，從「金廣福」到獅潭山區；再由獅潭山區到「廣泰成」；他們雖然

---

[71]　王學新編譯，《日據時期竹苗地區原住民史料彙編與研究》中冊，（南投：國史館臺灣文獻館，2003/12），頁 884-887。另參見本書 1896 年紀事。

[72]　黃卓權，《跨時代的臺灣貨殖家：黃南球先生年譜 1840-1919》，1885 年記事。

分別代表了晚清臺灣內山拓墾史的三個階段，但由他們的發展型態，則可看出內山墾務的發展，已因時代的演變和墾隘規模的擴張，組織功能也愈趨完備的現象，並無二致。

5.3 商業取向主導墾務的發展

獅潭山區的兩大墾首，雖然都是以拓墾起家，而且都成為富甲一方的富豪，而黃南球更是個巨型的豪富，號稱「百萬」，[73]劉緝光則號稱「十萬」，[74]究竟他們是如何累積了這種財富？一言以蔽之——「樟腦」。

從 19 世紀下半葉起，正逢臺灣最重要的經濟轉型期，茶、糖、樟腦，取代稻米成為臺灣的三大產業，其中茶、糖的栽植深受地形、氣候的影響；樟腦則是天然經濟資源，只受樟林分布的限制，和「番害」的影響。

---

[73] 據《臺灣新報》，第二十九號，明治 29 年 9 月 27 日（二）版，連載特派員長濱實的〈巡遊日記（十五）〉稱：「據聞黃南球與林朝棟等，為臺中縣內並稱之富豪，其財富約四、五百萬圓……」，這一數字可能過於誇大。臺灣總督府，《臺灣列紳傳》，黃南球部份，則稱他「積產四十萬」，其子黃運添部份，則稱「資產約三十萬圓」；分見頁 156、169。另據筆者調查所知，黃南球的兒子們，此時名下擁有財產者，為其三子黃運才，臺北遠藤寫真館，《人文薈萃》有專篇介紹，但財產狀況不詳。

[74] 據《臺灣列紳傳》，劉緝光部份，稱其「擁富約七萬圓」；頁 163。

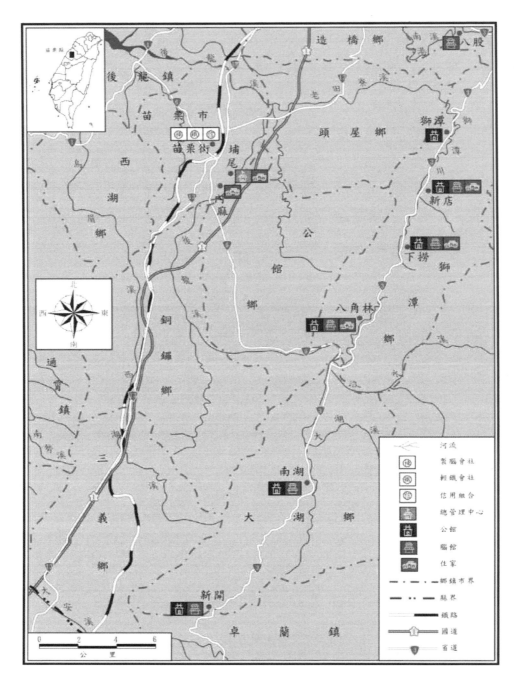

圖 2：黃南球事業管理中心分布圖（陳國川繪）

資料來源：黃卓權，《跨時代的臺灣貨殖家：黃南球先生年譜 1840-1919》。

　　光緒 4 年（1878）前後的《淡水海關報告》指出：臺灣樟腦業，受香港腦價上漲的影響而蓬勃發展。製腦地的分布區，以淡水、新竹兩縣（今臺北縣及桃、竹、苗三縣）的粵庄為主，而獅潭山區正為樟林的主要分布區。由於初墾地不宜茶、糖兩業的發展，因此樟林的開發，便成為初期的目標，而代木、製腦、製材又與墾地並行，林木伐盡之地，則租給佃民開墾，視地形、土質選擇耕作物，平坦地以水稻、甘蔗為主，傾斜地以苧麻或雜糧為主。[75]

　　此外，獅潭山區的另一項產業，就是桂竹，「桂竹林」的得名，便因天然桂竹分布繁茂而來；在今百壽、和興及八角林一帶，桂竹分布面積亦廣。於是造紙業的發展也同時並進。其中，一在「紙湖」（今百壽村附近），一在「紙寮坑」（今新豐村內）；兩地都以造紙業得名。[76]

　　伐木、製腦的另一項附屬產業是「製材」。凡有採樟、伐林之地，即為製材之所；往往深入內山數里，屬於樟腦業的附屬產業，危險性極高。

　　製材全賴人力，就地裁鋸，以板材和樑木為主。因路遠難行、山道崎嶇，運送不易，乃發展成經濟型的規格品；每塊板材長七尺，寬一尺二寸，厚三寸，客家術語叫「一夯枋」，意為：可供一人扛舉的木板。[77]樑木大都選取大小適中而且筆直的原木，以木馬拖運下山。[78]

　　板材或樑木，都由公館按產地價格收購，並依一定比率抽取少許權利金。這種權利金屬於「山工抽收」之類，是向原住民協議的「月給口糧」，也等於是向原住民換取山林工作權的一種安全保護費。

　　由於八角林墾區至桂竹林一帶，亦為臺灣中部主要的樟林分布區；天然林木繁茂，櫧樟、柯樹、楓櫸雜生。樟木大多周長二、三尺以上，

---

[75]　《臺灣新報》29-34 號，〈樟腦業調查報告〉1896/10。

[76]　黃卓權，〈黃南球先生年譜初稿（四）〉1884 年記事，頁 79-87。

[77]　「夯」，客家四縣腔讀作 kiá，海陸腔讀作 kia；意為扛舉重物。其扛舉工具稱為「蔗夯」。

[78]　鍾阿富口述，時年 87 歲。

最宜製腦之用，因此腦寮林立，樟腦業鼎盛；而且伐木、製腦、墾地並行，又可以連帶促使製材業的發展。至於林木伐盡之地，則租給佃戶開墾，視地形和土質選擇耕作物。平坦地大多以水稻、甘蔗為主，傾斜地則種植苧麻或雜糧。[79]

　　內獅潭和八角林墾區都屬縱谷地形，可供開墾的臺地面積狹小。因此土地灌溉，以築埤、開塘（池塘）為主。只有新店、永興一帶，開有較具規模的水圳（有些是日據時期才加開）。先生在八角林墾區，開有大埤塘一處，位於鹽水坑北方，由於埤面佔地極廣。[80]附近一帶遂以「大埤塘」為名。

　　由於黃南球的內山墾業，從創業之初便以製糖業並進，具有明顯的商業傾向；這時更因墾區擴大，隨著天然經濟資源和相關產業的開發，而逐步發展成多角化的組織形態。經營方式也有了顯著的轉變，漸漸從早期的直接生產製造，轉型為代工包攬的行商經營。

　　黃南球與劉緝光，到了光緒 14 至 20 年間，樟腦業的發展，已從製腦業者兼為製腦商，財富的累積乃以倍數進行。於是轉投資的現象產生，「廣泰成」的組成，便以再出發的型態，配合現有的基礎，累積更大的財富。[81]

　　這種基於經濟型產業開發為導向的拓墾型態，在晚清道光中期（19 世紀中葉）以後的內山拓墾中，愈趨明顯。吳學明研究「金廣福」的土地開拓，也特別指出：金廣福的土地給墾、與製腦地往往一致，而開墾土地同時也是製腦與代木取樟的「副產品」，使當地的開發，具有濃厚

---

[79]　不著撰人，〈樟腦業調查報告〉，《臺灣新報》，第 29-34 號，（日文版，1896）。

[80]　現因開路、淤積之故，後來僅存一長形水塘，據筆者目測，已不到五分地。「分」為臺積，十分為一甲；然而 2003 年 2 月間前往勘查時，大埤塘已經完全填平，改為時下最時髦的「大埤塘鄉土餐廳」了。

[81]　參考黃卓權，〈臺灣裁隘後的著名墾隘—廣泰成墾號初探〉，收入臺灣史蹟研究中心，《臺灣史研究暨史料發掘研討會論文集》，1987，頁 105-140。

的商業取向。[82]事實上，這不僅是「金廣福」的單一現象，而可指認為晚清內山墾務的顯著特徵，透過獅潭山區經濟產業的開發，愈可證明這一點。林滿紅認為：這種多元化的現象，乃是豪紳比一般地主，致富機會較大的原因，也因此財富累積的雪球效果也較大；確係一針見血之論。[83]

六、結論

由於「金廣福史料」與「廣泰成」相關檔案的發現，而使這裁隘前後兩大墾隘的組成與發展，得以重建出一個比較完整的輪廓。檢視目前的研究成果，這兩大拓墾組織在臺灣開發史上的重要性，已足可肯定。

就獅潭山區的拓墾而論，雖然遠不及「金廣福」和「廣泰成」的規模，但因本區充分佔有時間和地理上的關鍵位置，上承「金廣福」的拓墾背景，下啟「廣泰成」的組成淵源，遂使本區的時空環境，正好可以涵蓋本文所欲處理的問題。

本文將晚清臺灣內山墾務的演變過程，歸納成三點特徵，並透過獅潭山區的拓墾個案，來探討其形成的原因、經過與影響。我們從中發現：這些特徵雖然不足以解釋晚清臺灣內山拓墾史的整體現象，但在墾隘朝向大型化發展的過程中，卻如同一個等邊三角型，互相緊扣著整個演變的環節。

另一個值得注意的現象是：內山墾隘似因「防番」與「商業」的共同需要，而使各墾首間的交際網絡，業已逐漸成型；這種「墾首交際圈」對內山墾務的發展，在在顯示了莫大的影響力。這一點則有待

---

[82]　據《金廣福研究》第四章，頁 220-221。
[83]　林滿紅《茶、糖、樟腦業與晚清臺灣》，研叢 115 種，頁 84-92。

另文探討。

　　整體而言，臺灣的開發直到割讓前夕，都只是大清帝國的邊疆一島，其對臺政策也全視邊疆體系的整體需要來設定。地方的需要與中央的需要，經常難以一致，有時甚至南轅北轍，但我們不能否認，帝國中央的邊疆政策，對於大原則的掌握，仍有其一貫性。因此，「納入版圖」與否，才是帝國中央的最大考量；探討臺灣內山墾務的發展，必須放在這個大原則之下，根據帝國邊疆體系的整體需要加以檢視，才能呈現具體的真相。換言之，清政府對臺灣的撫墾政策，無論是放任或緊縮，消積或積極，只是根據帝國的整體需要來設定；而民間自主性的移陞拓墾，乃至政府主導的「開山撫番」，便只有型式上的區別，其結果則是一致的。一旦中央的需要，超過地方的需要，那麼地方性的利益便可以被抹殺。這也是臺灣內山墾務蓬勃發展的最後階段—也是臺灣全面開發的階段，清政府卻斷然忍痛割臺的主要癥結。

參考文獻

《淡水廳志》，臺北：臺灣經世新報社，1922。

《淡新檔案》，國立臺灣大學圖書館藏。

《臺灣民報》第 29～34 號，樟腦業調查報告，1896（明治 29 年 10 月）。

《臺灣私法：附錄參考書》，第一卷下。

《臺灣省苗栗縣誌》，苗栗縣文獻會。

《臺灣新報》，第 29 號，明治 29 年 9 月 27 日（二）版，特派員長濱實，
　　　〈巡遊日記（15）〉

《臺灣總督府公文類纂》，國史館臺灣文獻館藏。

三臺雜誌社，《賽夏族，矮靈祭》，三臺雜誌，1986。

巴克斯，〈被遺忘的道卡斯　1872 年：前往雪山－馬偕醫師和巴克斯船
　　　長的西北海岸紀行〉，《苗栗文獻第 21 期，改版季刊第 7 期》，（苗
　　　栗縣文化局，2002/10），頁 9-10。

王學新，《日據時期竹苗地區原住民史料彙編與研究》上冊，頁 483、
　　　484。

伊能嘉矩，《理蕃誌稿》，臺灣總督府警察本署印行，1918 年。

伊能嘉矩，《臺灣蕃政志》，卷下，（臺北：臺灣總督府民政部殖產局，
　　　1904）。

安倍明義，《臺灣地名研究》，臺北，武陵，1987 再版。

吳子光，《臺灣紀事》，文叢 36 種。

吳學明，《金廣福墾隘與新竹東南山區的開發，1834～1895》，臺灣師範
　　　大學史學研究所，1986。

林滿紅，《茶、糖、樟腦業與晚清臺灣》，（臺銀經濟研究室，研叢 115
　　　種），1978。

波越重之，《新竹廳誌》，1905。

苗栗縣文獻會，《臺灣省苗栗縣誌》。

馬偕著、陳宏文譯，《馬偕博士日記》（臺南，人光出版社，1996）。

張瑞恭，《賽夏族社會文化變遷的研究》，文化大學，華僑與民族研究所
　　　碩士論文，1990。

莊英章、陳運棟，〈晚清臺灣北部漢人拓墾型態的演變—以北埔姜家的墾
　　　闢事業為例〉，收入中研院民族所專刊乙種 16 號，《臺灣社會與
　　　文化變遷，上冊》，1986。

黃卓權，〈黃南球先生年譜初稿（二）、（三）、（四）〉，刊於臺灣風物第
　　　38 卷第 1-3 期，1988。

黃卓權，〈臺灣裁隘後的著名墾隘——廣泰成墾號初探〉，收入臺灣史蹟
　　　研究中心，《臺灣史研究暨史料發掘研討會論文集》，1987。

黃卓權，《跨時代的臺灣貨殖家：黃南球先生年譜 1840-1919》（臺北，
　　　國立中央圖書館臺灣分館），2004。

黃富三，〈清代臺灣移民的耕地取得問題及其對土著的影響〉（上、下），
　　　食貨，復刊號，第 10 卷 12 期、第 11 卷 1 期。

臺北遠藤寫真館，《人文薈萃》。

臺灣總督府，《臺灣列紳傳》。

劉澤民編，《臺灣總督府檔案平埔族關係文獻選輯續編》，（國史館臺灣
　　　文獻館，2004）。

戴炎輝，《清代臺灣之鄉治，第七編》，臺北：聯經，1979。

劉銘傳裁隘後的困局與因應
—「廣泰成」墾號的籌設、規模與發展（1886-1915）

摘要

清光緒 12 年（1886）在臺督辦軍務的福建巡撫劉銘傳為謀求臺灣自給自足起見，即以「辦防、清賦、撫番」三事為其治臺急務。於是以籌畫臺灣建省與清、法戰後百事待舉為名，奏請設置臺灣善後總局，成立營務總處統籌全臺防務；又設清賦總局、撫墾總局⋯⋯等臨時性機構，統籌全臺「防務」、「清賦」與「撫番」諸事。

劉銘傳於是通令彰化、新竹、淡水、宜蘭四縣沿山各處墾戶、隘首、隘寮、隘丁等名目，一概裁撤；同時吊銷各處墾戶、隘首諭戳，以隘勇（官勇）取代隘丁（民丁）；復將各處原額隘租，悉數提充「撫番」經費；稱為「裁隘」。結果，不到兩年，便已問題叢生。「廣泰成」墾號便是「裁隘」後，由官府結合豪族，所促成的民間著名墾號。

本文透過清光緒 14-15 年（1888~89）間，在今苗栗縣大湖、卓蘭地區設立的「廣泰成」拓墾組織，重新檢視劉銘傳「裁隘」政策所遭遇的問題與缺失；並從而探討「廣泰成」在發展過程中，如何面對清、日兩國政府絕然不同的政策，如何在政權交替與時代轉換的艱難環境中，開創近代企業多角化經營組織的規模。

關鍵詞：墾首、清賦、裁隘、製腦、鬮分、公辦民營。

一、前言

　　清末臺灣北部地區設隘開墾議題的相關研究，大都偏重光緒 12 年（1886）劉銘傳裁隘以前的研究；對於裁隘後臺灣開墾型態的演變和民間（尤其是墾戶）的適應，乃至裁隘政策本身的妥適性等，卻鮮少為研究者所關注。即或偶有提出，也多傾向於劉銘傳裁隘政策的正面效益，至於其負面影響，則顯然有所忽略。這一點實有重加檢視的必要。

　　劉銘傳裁隘後，仍准新設墾隘乃是的確存在的事實，而且規模也都不小。[1]除了本文所要探討的「廣泰成」墾號之外，現存文獻中可以發現的尚有新竹縣屬的金廣成墾號（關西），[2] 以及舊彰化縣屬（1888 年以前）的頭汴坑墾號林鳳鳴、[3]抽藤坑墾號林良鳳[4]與抽藤坑至集集的「林合」墾號、[5]……。再就這些地區的相關地名探討，更可發現前述各墾隘的範圍，幾已涵蓋了臺灣中、北部的內山地區。這些新設墾隘，在官辦撫墾局的主動配合和隘勇（官勇）營的協防下，業已頗具沿山「聯墾」的功能。[6]這是裁隘佈勇的主要構想，卻於裁隘後，才重新仰賴民隘的協助而予實現；已有隘勇佈防，復准民間設隘僱丁。顯然可見，裁隘本身仍有未盡妥適之處。

　　「廣泰成」是光緒 14-15 年（1888~89）間，出現在大湖、罩蘭地

1　戴炎輝，《清代臺灣之鄉治》第六、七篇，（臺北：聯經出版公司，1979），頁 539。戴炎輝教授不但提及此事，並稱：「廣泰成合股為其著例」。

2　《墾戶首四大股夥金廣成，仝立奉諭開墾合約字》，光緒 13 年 3 月，新竹關西蔡光隆先生提供。

3　《淡新檔案》）：17339-18.19；《臺灣省通誌》，卷三地政篇（南投：臺灣省文獻委員會，1971），頁 40；《清代臺灣大租調查書》第一章第一節「墾照」，臺灣文獻叢刊 152，臺灣銀行經濟研究室。

4　《淡新檔案》：17339-18.19。

5　連橫，《臺灣通史》，卷 33，〈林奠國列傳（子文欽附傳）〉；參見鄭喜夫，《林朝棟傳》，（南投：臺灣省文獻會，1979），頁 54；另根據黃富三等，《霧峰林家文書集：墾務、腦務、林務》，（臺北：國史館，2013)，頁 9；林和墾號，為林朝棟、林文欽組織的墾號。

6　「聯墾」一辭，出於《淡新檔案》：17324-1，總墾戶黃南球、隘首陸成安具稟新竹縣稱：「但新竹沿山，各有墾界，各自設隘聯絡堵禦，若不聯墾嚴禁，誠恐逃入匪徒，勾引生番出擾，視為等閒；又恐奸民貪利，私運刀銃鉛藥，交通接濟，種種貽害，殊堪切齒。」劉銘傳的隘勇制，雖未必源於此一構想，但其宗旨頗符此議。

區的民間墾號；於 14 年初著手籌設；15 年 3 月核發諭示、墾戳；但因當時新設的苗栗縣尚未正式設官定界，因而未能即時給發墾照；[7]所以直到 15 年 9 月間，各股夥才正式組成簽約。墾號籌設時，由於地跨新竹、彰化兩縣，因此在苗栗、臺灣（今臺中）設縣後，仍由新設的苗栗、臺灣兩縣分隸。[8]綜合相關記載顯示，清帝國把臺灣割讓日本（1895）以前，已將臺灣縣屬的罩蘭地區揀東上堡（即大安溪以北）劃歸苗栗縣轄；[9]日治時期因之而行，遂使兩地的行政區劃具有完整的歸屬。這與「廣泰成」的墾務發展，應該具有莫大關係。

　　本文擬就「廣泰成」的籌設、規模、演變以及在清、日兩國政權交替與時代轉換的肆應，根據筆者 30 年前發表的舊作、[10]陸續出土的相關文書以及晚近開放檢索的政府檔案……等網路資源；[11]重新探討這個極為特殊的拓墾組織、從創業到結束的發展歷程。這個出現在劉銘傳裁隘以後的拓墾組織，不僅極有可能是裁隘後新設的全臺最大墾隘，[12]僅就其規模與資金而論，也比裁隘前的「金廣福」絕不稍遜。[13]更值得注意的是「廣泰成」在籌設之初，便由官方主動結合了新竹縣境內（含今苗栗縣）的兩大豪紳；一為竹南地區「獅潭、八角林」墾戶首黃南球，一為「金廣福」第四代粵籍墾戶首姜紹基作為籌組重心；而且他們都是擁有「新竹總墾戶」頭銜的新竹內山豪紳，[14]（圖 1）符合官方與豪族結合共利的模式。

7　見《臺灣省通誌》，卷三〈地政篇〉，頁 40。

8　見《淡新檔案》：17339-12.96，參見沈茂蔭，《苗栗縣志》，臺灣文獻叢刊 159 種，臺銀經濟研究室編印。

9　臺灣省文獻會，《臺灣堡圖集》，1969；清末已將罩蘭、大坪林列入苗栗縣轄境。

10　參見筆者：〈臺灣裁隘後的著名墾隘—廣泰成墾號初探〉，收入《臺灣史研究暨史料發掘研討會論文集》，高雄：中華民國臺灣史蹟研究中心，1987，頁 105-140。

11　如：日治時期《臺灣總督府公文類纂》，南投：國史館臺灣文獻館。

12　前述「林合」墾號，規模亦似頗大，但因未得其詳，無法比證，故此處僅稱「可能」。

13　關於「金廣福」的規模、資金，悉以吳學明，《金廣福墾隘與新竹東南山區的開發》（師大史研所，1986）為比較依據。

14　據《淡新檔案》：14408-52，參見 17339-15、21 各件，皆有「再查墾戶黃南球，奉有前撫憲宮保岑，札發總墾戶戳記，專辦內山一帶墾務，旋因隘任事，不果行」等敘述。

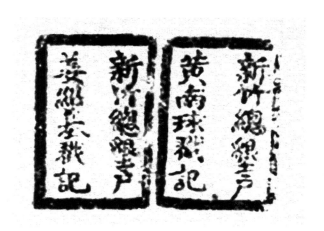

圖1：黃南球、姜紹基的「新竹總墾戶」戳記

資料來源：《淡新檔案》：14408-52；臺灣大學圖書館數位網。

　　另一方面，「廣泰成」的開墾，前後費時 20 餘年，於日本明治 41 年（1908）才在土地政策與林野政策的全面實施而正式結束。正好橫跨臺灣開發史上，兩個重要的轉型期，而且歷經清、日兩國絕然兩異的政體；其本身的肆應、演變，以及對社會、經濟的貢獻和影響，都有進一步的史料發掘與研究的價值。再就現存的各項文獻史料加以分析；亦可發現，「廣泰成」的主要成員，在面臨政權轉移的邅變中，大都表現了明顯的抗日趨向。其「股夥人」黃南球、姜紹祖、陳澄波、林振芳和「津資人」之一的徐泰新等，皆以實際行動，或召募民軍、或資助餉械，投入「臺灣民主國」的武裝抗日行列；且其參與的時間可以溯至甲午（1894）備防時期。[15]其中，姜紹祖更以英年殉難，黃南球則流亡廈門、香港數年之久。

　　他們當時的兵力來源，自以各股夥人勢力所及的新竹、苗栗以至罩蘭、東勢角沿山地區的隘丁、民佃為主。其影響所及，直到日本大正初期（1913~15）的羅福星、張火爐、陳阿榮、賴來等抗日事件中；從涉案成員的職業背景與住所分布可知，應該與「廣泰成」投資者早期的抗日背景頗具淵源。[16]

---

[15] 黃南球等人抗日事蹟，據：吉野利喜馬，《靖臺の宮》（1926）；《舊臺灣島清國兵備日誌》，中央圖書館臺灣分館藏，日文手稿，年代未詳；日治時期新竹州，《新竹州沿革史》，後編（1938）；王國璠，《臺灣抗日史》，（南投：臺灣省文獻會，1981）。

[16] 翁佳音，《臺灣漢人武裝抗日史研究（1895-1902）》第二章武裝抗日的背景，臺大文史 74，（臺灣大學，1986）；另據《臺灣前期武裝抗日運動有關檔案》，（南投：臺灣省文獻會，1977），頁 90；亦有黃南球在東勢角、新竹一帶募兵之記錄。

　　更微妙的是在羅、陳兩案的相關檔案中，都「意外」出現黃南球涉案的影子；筆者以為黃家的反抗色彩，實可延續到其六子黃運元後來參與文化協會與民眾黨的非武裝抗日運動。[17]因此筆者確信，「廣泰成」的史實重建，應該具有多方面的意義與價值；對於研究臺灣傳統企業在清、日政權交替之際，所面臨的困境與因應，乃至面對新政權的適應與發展，都是極為珍貴的特殊案例。

二、「廣泰成」的籌設背景

　　依據光緒 15 年（1889）9 月間，「廣泰成」所訂立的〈廣泰成四大股夥墾闢合約字〉（以下稱「股夥合約」）及、〈廣泰成四大股夥同津資本墾闢合約字〉（以下稱「津本合約」）所加蓋的戳記，其戳面全文如下：「中路營務處林，給大湖、罩蘭等處總墾戶廣泰成之戳記」，戳面長 6.8 公分，寬 5.8 公分；質地不詳，應該是木質。[18]（圖 2）由此得知，這顆戳記是當時「辦理中路營務處、中路撫墾事務兼統棟字等營」的林朝棟所刊發；而「廣泰成」則為「大湖、罩蘭等處總墾戶」的開墾公號。因此，欲進一步瞭解「廣泰成」的籌設背景須由此處著手。

2.1 劉銘傳「撫番」政策的檢討

　　光緒 12 年劉銘傳初撫臺灣，為謀自給自足起見，即以「辦防、清賦、撫番」三事為其治臺急務。於是以籌畫臺灣建省與清、法戰後百事待舉為名，奏請設置臺灣善後總局，成立營務總處統籌全臺防務；又設清賦總局、撫墾總局……等臨時性機構，統籌全臺「防務」、「清賦」、「撫番」諸事。[19]

17　臺灣新民報社，《臺灣人士鑑》，1937，頁 120；另參見蔡培火等，《臺灣民族運動史》，　（臺北：自立晚報，1971），臺灣文化協會、臺灣民眾黨各章。

18　這兩份合約書，皆係姜家所藏。由中央研究院臺灣史田野研究室提供影本。

19　關於撫墾總局之設，歷來著述都頗有疑問。根據《淡新檔案》：光緒 12、13、14 年間的撫墾檔試作分析研判，顯然在設置初期，並無日人伊能嘉矩，《臺灣番政志》及連橫，《臺灣通史》所敘的完整體系，這一點頗有重新檢證的必要。除參見本文 2.2 所敘外；據《淡新檔案》：17333-42，林朝棟於光緒 13 年 6 月致新竹知縣方祖蔭的函件可知，中路所轄，至少還有獅潭撫墾局一處，當時的委員為鄭紫濤。

圖 2：中路營務處林（朝棟）給大湖、罩蘭等處總墾戶廣泰成之戳記。

來源：依據「股夥合約」與「津本合約」原件影本重製。

　　清賦的目的在於清丈全臺田畝，以期陞科增賦；撫番的目的則在開山招墾，以充田畝。實則三事互為關聯，密不可分。劉銘傳復以「辦防、清賦尚易舉行」而「生番橫互胸腹，四肢血脈不通，呼吸不靈，百病叢作。當此強鄰迭伺，一島孤懸，內患不除，何由禦外？」於是亟以「撫番」為其首要之務。[20]當時奉旨「幫辦全臺撫墾事務」的便是「板橋林家」的林維源，而受委「幫辦中路撫墾事宜兼理隘務」的便是「霧峰林家」的林朝棟。[21]

　　劉銘傳的「撫番」政策，實際上從光緒 11 年來臺之初便已開始，終其任內，從未稍止。此舉誠如《臺灣通史》所稱，確使「臺灣番政，乃有蓬勃之氣焉」。[22]然而，檢視當時留存的相關史料，實有許多可議之處；其實際成效與奏摺所言「半歲之間，招撫四百餘社，薙頭歸化逾七

---

[20] 劉銘傳，〈劉撫生番歸化請獎官紳摺〉，《劉壯肅公奏議，卷四》（臺灣文獻叢刊第 27 種，臺銀經濟研究室編印）；《臺灣史料節抄》之二（日本手稿，原新竹縣文獻會藏），光緒 11-12 年部分，無頁碼。

[21] 據臺銀經濟研究室編印，《臺灣私法物權編》，第三冊。

[22] 連橫，《臺灣通史》，卷 15，撫墾志序。

萬人。前山舊墾田地二萬畝，畏番棄置，灌莽塞途，現已重新墾熟；既可開疆設縣，為國家久大之謀，又可建營分屯，杜民番仇殺之禍。」[23]云云，實則相去太遠。撇開軍費開銷不計外，損兵折將，傷亡之大，已難掩其弊。僅就前摺甫上數月之後，即光緒 12 年 9 月間的大湖、罩蘭一役，官弁、兵勇、夫役，死傷的即達千餘人之多；再如同年間的大嵙崁、角板山之役，亦有五百人全營覆沒之說。這還是公開奏報的人數，確實數字恐怕不止此數。[24]（圖 3）這些慘烈的「戰果」，在劉銘傳上奏請獎，號稱「前山番社一律歸化」之後，內山原住民的反抗行動，依然反覆發生，激烈如故。若以「得不償失」稱之，實不為過。[25]

再就「撫番」有關的「裁隘」一事而論，劉銘傳飭將各處墾戶、隘首、隘寮、隘丁等名目，一概裁撤；吊銷墾戶、隘首諭戳，以隘勇（官勇）取代隘丁（民丁）；復將各處原額隘租，悉數提充「撫番」經費之舉；[26]不問前山、內山，不分設墾建隘先後，即斷言「墾首僅呈一稟，不費一錢」，一筆抹殺墾隘的功能，尤多失當。[27]因為，「防番」本應由官設法，但官方無能為力，又無堅定政策，於是人民非自設隘以防不可。惟建隘防守，披荊斬棘，築埤開圳，事事費錢費力，既有殞命之危，又有傾家蕩產之虞，實不能以墾戶、隘首「向來藉公肥己，抽收隘租，所養隘丁，多係自家墾丁，勒派地方完租，武斷一鄉」乙辭，一概責之。[28]

23　劉銘傳，〈剿撫生番歸化請獎官紳摺〉。

24　劉銘傳，〈督兵剿撫中北兩路生番請獎官紳摺〉，《劉壯肅公奏議，卷四》，所斂人數統計。另參見《臺灣史料節抄之二》所斂，光緒 11-16 年間劉銘傳「討番」一～七舉各役，其傷亡人數尤為驚人。

25　關於這一點，麥斯基爾女士更以為「這一團糟的戰役，無疑損毀了劉銘傳在北京朝廷心目中的形象，可能亦導致他於 1891 年離開臺灣」。見林淑琤譯、麥斯基爾《霧峰林家》，（臺北，文鏡，1986），頁 213-214。

26　《淡新檔案》：17329-2,4,34,39 各件。

27　劉銘傳，《劉壯肅（省三）公奏議》，（臺灣文獻叢刊第 27 種，臺銀經濟研究室編印），頁 304。

28　依據《淡新檔案》：17329-34，劉銘傳稟批。另參見戴炎輝，《清代臺灣之鄉治》，第七編、三、四章。

圖 3 ： 苗栗卓蘭軍民廟廟後的墓碑（徐仁清攝）

說明：清光緒 12 年（1886）大湖、罩蘭一役，死難清軍與臺勇官兵遺留的墓
　　　碑（部分）。

　　劉銘傳的治臺功過，固然史有定評；其裁隘之舉，將隘防由民辦改
歸官辦，化消極為積極，亦有其正面意義。但昧於「番情」，忽視墾戶
對社會、經濟的功能，又過於肯定官方的執行能力，則頗有值得檢討之
處。其結果，「官辦」之後，不出兩年，便已問題叢生。「廣泰成」的擬
議便是這種狀況下的考慮。

2.2 官方變通成法主動促成

　　光緒初年清政府劃淡水廳為淡水、新竹二縣後，新竹縣轄境原則上
北至頭重溪（在今桃園縣楊梅鎮梅溪里）為界，南至大甲溪為界。[29]事
實上，為順應內山墾務的發展和沿山道路的開通狀況，內山地區的轄境

---

[29]　淡、新分治，歷來皆以光緒元年為斷；但其轄境並未同時確立，故稱「光緒初年」。

並未盡如這一原則。即以大湖、罩蘭兩地（今苗栗縣大湖鄉、卓蘭鎮）而言，雖然都在大甲溪以北，但因大湖原屬淡水廳新港、後壟兩社屯弁丁的養贍埔地，淡、新分治後，遂劃歸新竹縣竹南二堡所轄。[30]而罩蘭則屬彰化縣岸裏麻薯舊社的養贍埔地，劃歸該縣揀東上堡的時間甚早。[31]兩地的拓墾年代也有先後之別，罩蘭早在嘉慶年間已有漢人陸續入墾；[32]大湖則遲至咸豐 11 年（1861），才有吳定貴、吳定新兄弟入墾此地。[33]然因兩地俱屬「生番」出沒頻繁的山區，防衛不易，加以道路未通，隘防無法相聯，以致成效有限。

直到光緒 11-12 年間（1885-1886），劉銘傳派軍剿撫大湖、罩蘭兩地原住民後，開築山道聯通兩地，分派隘勇沿山駐防，又設撫墾局督辦墾務。於是，兩地的開發遂成為政策上的積極目標。可是官辦未久，便發生了「局為督墾，而任久荒蕪；官促升科，而偏為延誤；實於墾務地方均有妨礙」的現象。[34]結果「廣泰成」合墾之議，便應時而生。當時，負責此事的，便是「辦理中路撫墾事務」的林朝棟，而奉命籌劃、執行的則是「委辦罩蘭、東勢角等處撫墾局委員」的梁成柟。林朝棟為期事權統一起見，於光緒 14 年（1888）2 月間，把轄下的「大湖撫墾局」交由梁成柟兼辦。[35]根據梁成柟的稟敘可知，「廣泰成」的籌設是「變通成法」的結果：

> 伏查罩蘭、大湖墾務，前經憲臺（指林朝棟）蒿目時艱，督同卑職講求一歲餘，往返數十次，改換局面，變通成法，以求墾務之有成。[36]現議罩蘭、大湖兩處合股開辦，已由憲臺招到黃南球、姜紹基兩股，卑職招到蔡振玉、陳合成兩股；均已到局熟商，議名為廣泰成公號。每股鳩集本洋三千元，合洋一萬二千元，以為墾闢資本。[37]

30　《淡新檔案》：17339-，竹南二堡大湖墾戶吳定連稟。
31　臺中縣政府，《臺中縣岸裏社開發史》，臺中縣立文化中心，1986，頁 78。
32　苗栗縣地名探源編委會，《苗栗縣地名探源》，1981，頁 112。
33　《淡新檔案》：17339-，竹南二堡大湖墾戶吳定連稟。
34　《淡新檔案》：17339-5。
35　《淡新檔案》：17333-92~3。事實上，梁成柟當時是由林朝棟的重要幕僚調任撫墾局委員。
36　《淡新檔案》：17339-1.2。
37　《淡新檔案》：17339-1.2。

此案轉奉劉銘傳核准後，「廣泰成」合股之議，就此原則確立。[38]林朝棟又於這年3月1日起，把「大湖撫墾局」裁撤，與「罩蘭、東勢角撫墾局」併為一局，改稱「中路罩蘭等處撫墾局」。[39]以便統一事權。

如今檢視《淡新檔案》，「廣泰成案卷」[40]的相關文書、札飭、稟稿等往來文件，便可瞭解當時如此大費周章，不惜變通成法的主要因素，乃在撫墾政策的執行確已窒礙難行。主理罩蘭、大湖墾務的梁成枬，在光緒14年「廣泰成」籌辦之初，呈給林朝棟的歷次稟敘，便明白指出：

> 罩蘭、大湖墾務，雖開辦有年而毫無起色。山埔坦平之地，鑿圳則窘於無貲；林木叢茂之區，燒伐則苦於無力；人心則參商不一，彼我之嚮背異趨；官有教令，如轉石之難移；番有風塵，如搏沙之易散。上年六月內，卑職已將罩蘭認墾各地一律勘丈，仍未敢遽發墾單。……[41]
>
> 惟墾務全在番務為轉移；罩蘭諸番雖安靖年餘，大湖亦甫經剿定。惟墾民畏憚之習，必以設有隘丁，方敢荷鋤而往。[42]
>
> 以前大湖、罩蘭墾戶，零星認墾，資本佃力，民不能備；線索關捩，官不能參。罩蘭警，則大湖之草木皆驚；大湖警，則罩蘭之蓬蒿皆滿。……誠以該處墾務，非改弦易轍，勢難望其有成也[43]。

「廣泰成」各股夥在擬議墾約，稟請撫墾局轉詳上級立案時，更是毫不客氣的明指其中弊端：

> 罩蘭、大湖一帶山場，九分青山，一分曠埔，以前民間私墾三、四十年，固屬拋荒未闢；自光緒十一年以來，官辦歷年，各墾戶未能仰承德意，荒廢猶昔。寔因人力貲本，難以湊集，而山多埔

[38] 《淡新檔案》：17339-3，林朝棟移會新竹縣文，引錄劉銘傳批示。

[39] 《淡新檔案》：17339-12。

[40] 《淡新檔案》：17339全卷，因清代原檔名是根據來往文書的第一件來文機構「東勢角撫墾局」所敘事由及年月標示立案，與本案發生地點未能相副；查本案105件文書中，有99件皆與「廣泰成」有關；故稱為「廣泰成案卷」。

[41] 《淡新檔案》：17339-1.2。

[42] 《淡新檔案》：17339-1.2。

[43] 《淡新檔案》：17339-35。

少，施工亦甚難為。[44]

透過前引各相關文件的敘述，我們可以綜合出劉銘傳的撫墾政策，在執行上造成窒礙難行的原因有三：

1.歷年來的撫剿行動，並未能扼阻原住民的反抗行動，反而由於原住民叛服無常，顯然已使官兵窮於應付。

2.墾民對官辦隘勇的防衛功能，缺乏信心，以致裹足不前。使得官方的招墾措施，遂難有進展。

3.墾務改歸「官辦」以後，「有力之家」包攬墾務的現象，固然消失，但也同時造成零星認墾的現況。這些小墾戶限於資本、人力不足，墾地過小，以致區域性的整體措施，如：築埤、開圳、鑿池等，大規模的灌溉工程難以進行；官府又無力承擔。結果，遂任由山林、曠埔，無法化荒為熟，早日陞科，上裕國課。

上述三點正是促使「廣泰成」產生的主要原因。換言之，是因官方為現實所迫，在不得已之下而主動促成。

三、「廣泰成」的組成與墾界的確立

3.1 官方與豪族的結合

「廣泰成」雖係官方主動促成，但在擬議之初，官、民雙方皆以地方豪族為主要募股對象，故其組成實為官方與豪族結合的結果。

當時，不僅代表官方幫辦全臺墾務的林維源，為臺灣首屈一指的豪族，即使負責中部墾務的林朝棟，亦為僅次於林維源的頂尖豪族，他們一北、一中，有「臺灣二林」之稱，是為劉銘傳撫臺六年間，炙手可熱的左右手。[45]由於林維源與「廣泰成」的籌設過程，並無直接關聯，可以略而不論。但是林朝棟，與「廣泰成」的組成卻深具淵源，難以分割。

從上一節的引敘可知，林朝棟不但在擬議之初，便親自參與其事，

44　《淡新檔案》：17339-23.24。
45　見林淑琤譯、麥斯基爾，《霧峰林家》，頁210。

就連奉命籌劃、執行的梁成枏，亦由他的棟軍募僚調任該地的撫墾局委員。[46]從「廣泰成案卷」的籌設過程，林、梁二人的影子，可謂無所不在。即使在「廣泰成」組成以後，林朝棟奉准包攬臺灣中部樟腦乙事試予檢視，其樟腦利益便已極為可觀。[47]林朝棟為霧峰的世家巨族，但其崛起上層政界，則係劉銘傳一手提拔，其炙手可熱的程度，可就其當時的頭銜得知：「欽命二品頂戴，辦理中路營務處中路撫墾事務，統領棟字等營；遇缺儘先選用道，兼襲騎都尉勁勇巴圖魯」，足見其權勢之高[48]。

　　致於「廣泰成」擬議之初，由林朝棟召到的黃南球、姜紹基，和梁成枏召到的蔡振玉、陳合成等四大股夥人，其中蔡振玉「因津資為難，未入股份」；而「陳合成一股，係罩蘭、東勢角兩處湊成」，顯係串名合股；[49]此處皆不加詳敘。然而黃南球、姜紹基二人，則是當時新竹縣下竹南（今苗栗）、竹北（今新竹）地區的兩大豪族，不僅在當地內山勢力，無人可及，即使在新竹全縣，亦難有匹敵。他們二人在「廣泰成」的籌組過程中，合作無間，凝聚了不容忽視的力量而左右全局；表面上，似由代表官方的林、梁所掌握，實則真正縱橫其間的，卻是黃、姜二人。連主理墾務的梁成枏有事相召，都要「親到貓裡（今苗栗市舊名），傳到該墾戶等到湖（大湖）」。[50]當時黃南球已經建有宅第於貓裡；由此可見黃南球的豪族氣勢以及黃、姜兩家的世交往來。他們雖未晉身臺灣上層政界，但在社會、經濟層面上，則具有舉足輕重的地位。

　　這種與豪族結合的開墾型態，雖然與劉銘傳裁隘政策的原意相悖而行；但是就劉銘傳而言，由於面臨撫墾新政業已窒礙難行、進退維谷的局面，顯然也有不得已再度借助地方豪紳，以便促使墾務起死回生的苦衷。就林朝棟而言，負責閩、粵（客）各半的中路撫墾事務，也自有借助當地客家豪紳的迫切需要，而黃、姜二人，自為不二之選。然而，就

46　鄭喜夫，《林朝棟傳》，頁 51.53。
47　參見黃富三等，《霧峰林家文書集：墾務、腦務、林務》，臺北市：國史館，2013，頁 154-273。
48　據《淡新檔案》：「廣泰成案卷」17339 （1~105)全案可以看出，林朝棟在臺灣中部地區的實力。
49　《淡新檔案》：17339-35。
50　《淡新檔案》：17339-21。

黃南球與姜紹基而言，他們的用意，何嘗不在借重林朝棟的當紅聲望，
來再創新機？

　　結果，「廣泰成」的籌組，就在官、民雙方的多重考慮與現實的需
要中，基於國家稅賦的考量與經濟開發的目標，為苗栗東南山區今日的
發展，開啟了嶄新的局面。讓這個位處內山的偏鄉地區，躍居清末臺灣
舉足輕重的樟腦勝地。

3.2　墾前糾紛及其解決

　　「廣泰成」的組成，以墾界的確立最費周折。其主要原因，在於已
有舊墾戶零星認墾在先，為維護既有利益，自始便持反對態度。[51]以致
從光緒 14 年 2 月間著手籌畫，至次年 9 月正式組成簽約，其間將近二
年，可謂稟控不斷、糾紛時起，屢經撫墾局會同新竹、彰化兩縣會勘、
協商，在「此案前後勘議大、小官員，已經六手」之後，[52]才由劉銘傳
親自飭令開辦，並且嚴禁再有紛爭把持，而使「廣泰成」的墾界之爭，
得以正式確立。[53]

　　從「廣泰成案卷」中，也可發現，撫墾局在擬議之初，對舊墾戶的
處理，並非全然未加考慮。根據梁成枏在光緒 14 年 2 月間稟稱：

> 惟卑局應給墾地，罩蘭、大湖兩處，無地無認墾之人；有認墾一、
> 二年者，有認墾五、六年者，甚有認墾二十餘年者；若一概追與
> 廣泰成新墾，未免令抱向隅之嘆，且或慮開滋訟之端；若舊墾一
> 概免追則只有蘇魯、馬那邦山、武榮山三處，新墾亦無可展布。
> 應議：已經認墾之人，如係情願入股者，令同廣泰成新墾同力開
> 闢；如不肯入股，則照卑職前次稟定章程，所有墾尾，概歸新墾
> 承闢。[54]

　　而且，撫墾局在議追墾尾之先，並非全無融通的餘地。而是在光緒

[51]　《淡新檔案》：17339-1.2。
[52]　《淡新檔案》：17339-101.103。
[53]　《淡新檔案》：17339-104，林朝棟錄劉銘傳批，移會新竹縣文。
[54]　《淡新檔案》：17339-1.2。

12 年撫墾局設立時，便已公告周知的既定方案。劉銘傳在光緒 14 年 3 月間，核定的「廣泰成」墾務章程中便已明列：

> 大湖、罩蘭係新（新竹縣）、彰（彰化縣）兩屬轄地，現議聯成一氣，統歸廣泰成總墾承辦，以前認墾各戶，有踴躍樂從者，亦有百般阻撓者，伏查原定章程，儘限一年內承墾不開，即追給別人承墾。既已拖延兩年餘，應追墾地，勢不能稍為遷就。[55]

上引各點，不可謂之不周。然而，撫墾局立場如此，舊墾戶卻未必願從。因為官方目的，乃在急於墾成，早日丈量陞科；而民間墾戶的目的，只希望繼續維持墾地之利而已，只要墾地仍在，大、小租權未失，便終有開闢成田之日。何況入股「廣泰成」，需要預投資本，並非任何墾戶都可承擔。另一方面，這些小墾戶對於黃南球、姜紹基這種豪族大戶，心存退阻，亦為其中主要原因。

這從彰化縣屬罩蘭庄墾首詹朝光等十三人聯名呈稟劉銘傳的內文，便可看出其中問題：

> 光（詹朝光自稱）等惟懷上憲諭令，不敢玩抗；但思不與他湊股，則前功俱廢，前本無歸；欲與他湊股，又無敢為首者。[56]

為此種種因素，糾紛便難以避免，「各處墾尾，聞有限期追出之示，非云稟控，即云械鬥，其語絕駭聽聞」。甚至連平素與黃南球、姜紹基「鄉里夙好」的大湖墾戶吳定連，也「執意不從」，無論梁成枏提出任何優厚條件，皆「始終執迷，窮於理論」，終至與黃、姜二人，從此結怨。[57]

前述紛爭，終於在劉銘傳的壓力下，總算有了未盡圓滿的解決。撫墾局、彰、新兩縣大、小官員與新、舊墾戶共同勘定的墾界，雖然維持了光緒 15 年 3 月間的原案，但此擬議之初的計劃，在糾紛最烈的西、

---

55 《淡新檔案》：17339-12。

56 《淡新檔案》：17339-58。

57 《淡新檔案》：17339-33。

北兩界，顯然已有很大的折衷。[58]根據「中路罩蘭等處撫墾委員」，列摺呈報的「勘定廣泰成四至界址」如下：

> 東至大小南勢、馬那邦、蘇魯公山大山頂分水，由龍插落罩蘭大河為界。
>
> 南至罩蘭大河，透至內灣古昂二田頭，透上大坪崁眉，繞轉西便小崀，對過公館龍割牌，繞出壢西坪南崁眉，透出松柏林頭割牌，透至新三櫃，由龍插落坑為界。
>
> 西至十份仔面小崠，對過細草牌，由小龍透出乳孤崠，透至藤寮崠，對過王爺旗，由大龍透至三叉崠，對過烏石壁，對過八仔樹崠，對過扁山，對過獅頭崠為界。
>
> 北至獅頭崠，由龍透上打鶴崠，至頭寮崠，由小龍透至草崠，由小崀插落三寮坪立界；透大河，由河透出王爺潭口大路，橫過八寮灣崁腳大圳，透至十寮坑口，至水尾坪崁腳，由大河透出汶水河夾水，又由汶水河透入菁山水流內為界。[59]

圖 4：廣泰成墾界圖說

資料來源：《淡新檔案》：17339-79（戴炎輝先生提供拍攝）。。

這一墾界在「股夥合約」內，泛稱：「大湖、南湖、哆囉嘓、壢西

58　參見《淡新檔案》：17339-1.2 及 17.18 各件。

59　《淡新檔案》：17339-78。

坪、馬那邦、蘇魯、武榮山等處」，在明治 38 年（1905）的〈廣泰成分
管田畑埔地字〉[60]（以下稱「闔分書」）內，則泛稱：「大湖、南湖、罩
蘭、新雞隆等處」；這是由於晚清時期與日治時期的鄉庄區劃不同所致。
其範圍與今日的地名對照，約當大湖鄉富興、大南、南湖、義和、栗林、
新開、東興、武榮等村全部，和大湖、靜湖、大寮各村之一部；卓蘭鎮
西坪、景山、坪林三里全部、和新榮、豐田、上新、內灣各里之一部；
以及銅鑼鄉興隆、新隆、隆盛各村和三義鄉雙潭、龍騰、鯉魚各村之一
部。[61]

　　由於墾界如此遼闊，自非短期間所能墾成，從「闔分書」和日治時
期的鄉庄發展可知，「廣泰成」的發展，是採自西而東，自北而南的方
向，分期推進，並未脫離晚清竹、苗地區的發展狀況和撫墾局的原訂計
劃。但在光緒 20-21 年間（1894-1895），因為乙未年的戰亂，導致內山
隘防空虛，原住民趁虛出草侵襲，造成內山墾業嚴重的損害，使「廣泰
成」的墾務發展因而停頓數年之久。

四、「廣泰成」的股份、組織與經營型態

4.1 股份與資金

　　「廣泰成」的股份和設立資金，從撫墾局擬議時，便已決定「作為
四大股墾闢」，每股集資洋銀 3000 元，合計本銀 12000 元，附帶條件是
「倘後有開費不敷，即照股份津派，必期有成」；其幣值則以當時所通
用的「七二番銀」為準。籌設期間，因為沿山舊墾戶的紛爭、阻撓，官
方與主要股夥人黃南球、姜紹基為平息紛爭起見，曾與撫墾局議商增設
1-2 股，以供舊墾戶集資入股。但是幾經周折，始終無法實現。因此，
直到正式組成簽約，仍舊維持原議。[62]

---

[60]　參見【表三】；該闔分書為姜紹猷所執「壽」字號影印本，中研院臺灣史田野研究室提供。
[61]　地名對照參見洪敏麟，《臺灣舊地名之沿革》（二），（臺灣省文獻會，1983）；另參考《臺
　　灣堡圖集》有關圖說及筆者個人的調查採訪。
[62]　《淡新檔案》：17339-89。

　　然而在股夥人部分，卻因紛爭不斷，以致股夥人「屢集而屢散」，甚至曾「有散股之勢」。[63]加上撫墾局全力倚仗的黃南球、姜紹基二人，亦因姜紹基在籌設期間不幸英年去世，改由年方 14 歲的胞弟姜紹祖接替；結果在「廣泰成」組成簽約時，實際上始終參與其事的只有黃南球一人。

　　黃南球在撫墾局召股時，便是內定的墾戶首，雖然「資本不足，不過能勝總墾之任，故議充總墾」[64]，並奉劉銘傳特別諭准「借領官本洋銀四千元，議定三年歸款，不准拖延」[65]。該款來源是由係「善後局在於彰化撥款給發」。[66]但到組成簽約時，黃南球、姜紹祖二人都「係自備資本」，乃將這筆預借官本，改議：「其餘各股如有需領官本者，應由該股份自行備稟，並出保結到官請領，按期清繳，不關廣泰成之事」。[67]後來這筆預借款的實際運用情形如何，因資料所限，無法查知。

　　組成簽約時，實際出資的股夥人，除黃、姜二股外，最初由梁成枬所召到的「蔡振玉」、「陳合成」二股，在光緒 14 年 5 月間擬送墾約時，「陳合成」這一股，已改由「金和成」（即大湖墾戶吳定連）所取代；[68]組成簽約時，「蔡振玉」、「金和成」，又「因捐資為難，未入股分，改歸林振芳、陳萬青、陳澄波頂補」。[69]於是在光緒 15 年 9 月間，所訂立的「股夥合約」中，正式列名的股份如下：

> 黃南球應得壹股、姜紹祖應得壹股、林振芳應得壹股，陳萬青、陳澄波共應壹股，每股津出七二洋銀參仟大員，四股共集本銀壹萬貳仟大員。

　　比較「津本合約」和 16 年後所訂立的「鬮分書」可知，林振芳等 11 人共湊一大股，但本人只津出 500 元。陳萬青、陳澄波這一股，雖然二份合約都未詳細記載，但其湊股人數也在 10 餘人以上；前者只津出 640 元，後者只津出 600 元。

---

[63]　《淡新檔案》：17339-100.102。
[64]　《淡新檔案》：17339-38。
[65]　《淡新檔案》：17339-12。
[66]　《淡新檔案》：17339-13。
[67]　見「股夥合約」，「津本合約」。
[68]　《淡新檔案》：17339-22.23.32 各件。
[69]　見「股夥合約」，「津本合約」。

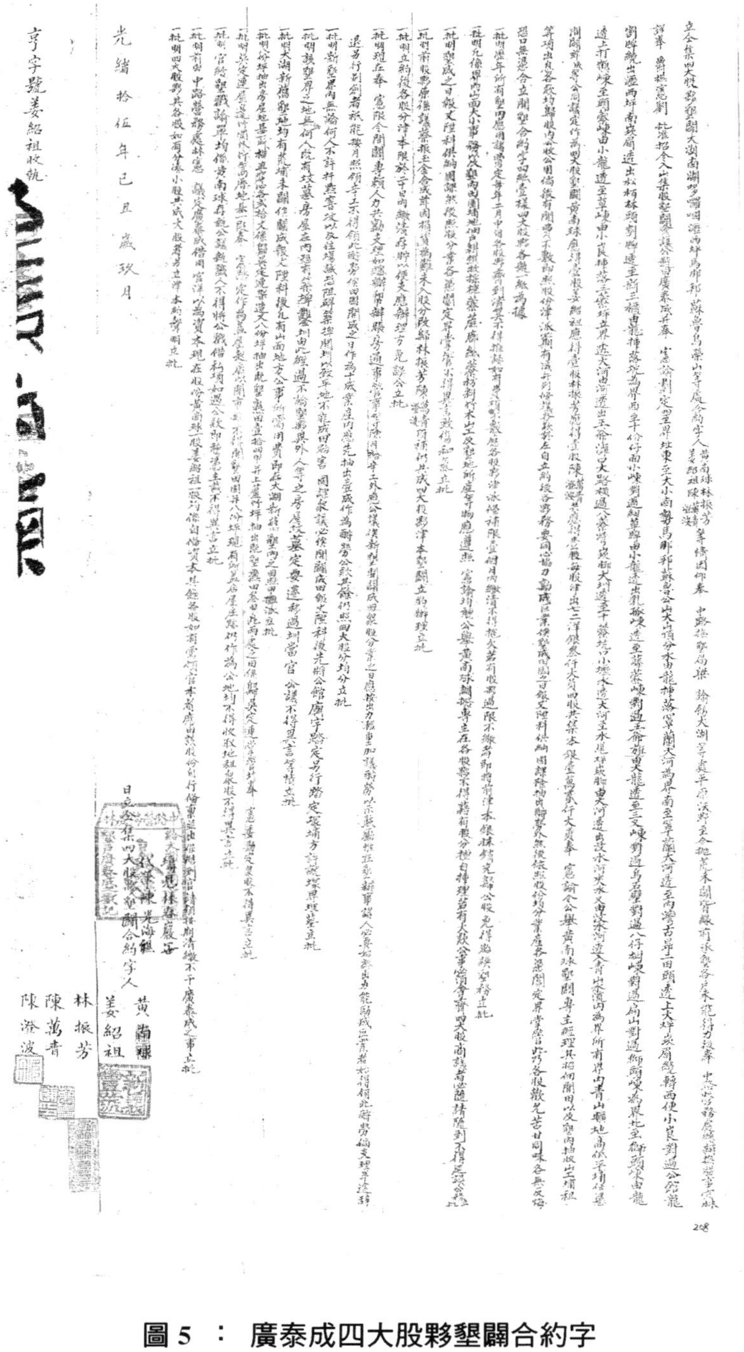

圖 5 ： 廣泰成四大股夥墾闢合約字

來源 ： 中央研究院臺灣史田野研究室（今臺灣史研究所）提供影本重製。

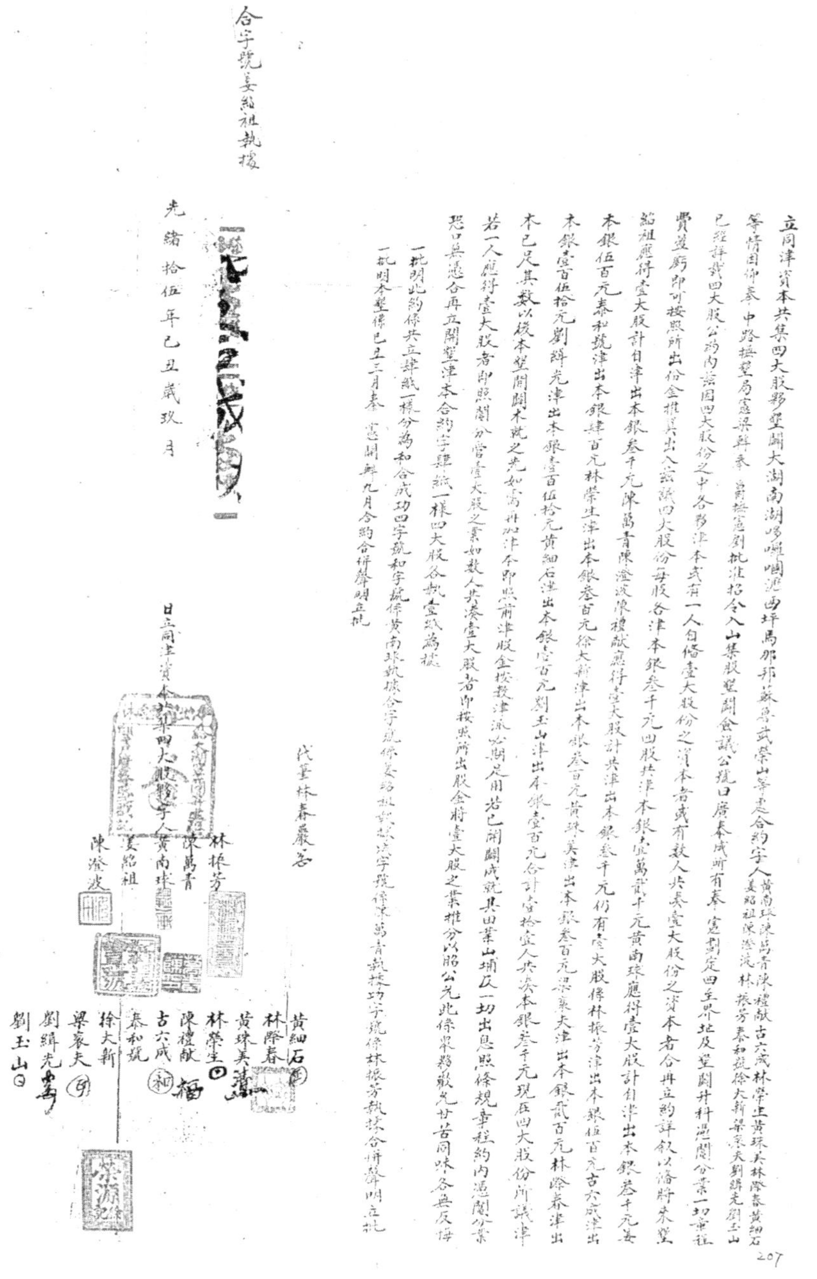

立同津資本共集四大股夥墾闢大湖南湖嗄嘮嘓泥西坪馬那邦蘇魯武榮山等處合約字人黃南球、陳萬青、陳禮獻、古六成、林榮生、黃珠美、林際春、黃細石、姜紹祖、陳澄波、林振芳、泰和號、徐大新、梁袞夫、劉緝光、劉玉山等，情因仰奉中路撫墾局憲梁斛奉　爵撫憲劉批准招佃入山集股墾闢，僉議公號曰廣泰成，所有奉　憲劃定四至界址及墾闢升科墾闢分業一切章程已經詳載四大股公約內。茲因四大股份之中，各夥津本或有一人自備壹大股份之資本者，或有數人共湊壹大股份之資本者，合再立約詳敘，以備將來墾費並餉，即可按照所出份金，推其出入照議。四大股份每股各津本銀叁千元，四股共津本銀壹萬貳千元。黃南球應得壹大股，計自津出本銀叁千元。姜紹祖應得壹大股，計自津出本銀叁千元。陳萬青、陳澄波、陳禮獻應得壹大股，計共津出本銀叁千元，仍有壹大股係林振芳津出本銀伍百元，古六成津出本銀伍百元，泰和號津出本銀肆百元，林榮生津出本銀叁百元，徐大新津出本銀叁百元，黃珠美津出本銀叁百元，梁袞夫津出本銀貳百元，林際春津出本銀壹百伍拾元，劉緝光津出本銀壹百伍拾元，黃細石津出本銀壹百元，劉玉山津出本銀壹百元，合計壹拾壹人共湊本銀叁千元，現在四大股份所議津本已足其數，以後本墾闢未就之先，如需再加津本，即照前津股金按數津派，以開足用。若已開闢成就，其田業山埔及一切出息，照條規章程約內憑閹分業。若一人應得壹大股者，即照閹分管壹大股之業；如數人共湊壹大股者，即按照所出股金將壹大股之業推分，以昭公允。此係眾夥甘苦同味，各無反悔，恐口無憑，合再立開墾津本合約字肆紙一樣四大股各執壹紙為據。

一批明此約係共立肆紙一樣，分為和合成功四字號，和字號係黃南球執據，合字號係姜紹祖執據，成字號係陳萬青執據，功字號係林振芳執據，合併聲明立批。

一批明本墾係己丑三月奉　憲開辦，九月合約，合併聲明立批。

代筆　林春巖

日立同津資本四大股夥字人　黃南球　陳萬青　林振芳　姜紹祖　陳澄波　黃細石　林際春　黃珠美　林榮生　陳禮獻　古六成　泰和號　徐大新　梁袞夫　劉緝光　劉玉山

光緒拾伍年己丑歲玖月

合字號姜紹祖執據

207

圖 6：廣泰成同津資本合約字

來源　：　中央研究院臺灣史田野研究室（今臺灣史研究所）提供影本重製。

　　此外，由於官民雙方早已預知墾號設立後，各項支費浩繁，「本洋有限，而山面太寬，實恐財力難繼」，因此稟請劉銘傳特許，將光緒 12 年裁隘時，已經廢止歸官，充作「撫番經費」的獅潭下撈社以南，新竹縣屬沿山的原額隘租，仍舊撥給「廣泰成」收納，以彌補開辦資金的不足，限期三年。茲簡述如後：

　　1.屬於固定收入者。因此明訂在「股夥合約」內，即「墾內抽收山工埔租等項出息各款」。

　　2.屬於限期性收入者。只訂入「憲定章程」（指撫墾局的「墾務章程」）內，即「所有下撈社以南，新（新竹縣）屬沿山一帶原額隘租，歸由墾戶自收，約計每年所入，除短收耗折外，當得租洋三千元」，但規定其中半數，須提充撫墾局經費。因而實際年收約計 1500 元左右，而且只以「三年為限」。[70]

　　這些收入在墾闢初期的投資，雖然不無小補；但因資金有限，開支鉅重，於是開費不敷，照股津派的情形隨之而來。然而，由「鬮分書」的說明中可知，其實際情形是：「續後業謀愈成，費用愈多，必須加增股本乃能應用，當時屢集股夥會議，均不能加津本銀，管理人（即黃南球）不得已設法，其間加備出有本銀壹萬三千九百圓」。

　　從簽約至鬮分管業的 16 年間，又因「欠帳抵扣不敷」而致除銷股權者有 4 人；未說明去向，亦未列入鬮分者 4 人；此外，又因林振芳、陳澄波二人，於「丁酉年間（1897），將應得股份全部份額，退讓與辜顯榮承受，今辜顯榮轉將應得股份全部份額，現又退讓與黃南球承受」。[71]

　　這一演變，遂使「廣泰成」的股份和資本結構，造成極大的變動。從「鬮分書」可以明白看出，各股夥的股本銀結算後，總資本已高達 24000 元，每股仍以 3000 元計，已由原先的四大股，成為八大股。黃南球因增資、轉購之故，而有股本銀 18000 元，獨得六大股；姜紹祖殉難後，由姜紹猷、姜振乾承續，股本銀仍為 3000 元，計一大股；陳萬

---

[70] 《淡新檔案》：17339-1.2.3.12.22.23.32 各件綜合研究。

[71] 明治 38 年〈廣泰成分管田畑埔地字〉姜紹猷所執「壽」字號影印本，中研院臺灣史田野研究室提供。

青卒後，由子陳慶麟承續，外加其他分湊小股，共 15 人合計股本銀 3000
元，亦為一大股。

　　茲將「廣泰成」從組成簽約，至初墾成功各股夥鬮分業產前後之
股權演變情形，依據「股夥合約」、「津本合約」與「鬮分書」，詳列如
表 1、表 2。

表 1：廣泰成四大股夥持股、津資狀況表（1889）

股夥人（股東代表）	津本人（出資人）	持股數	股約字號	津本額（元）	津約字號	設籍地	備　註
黃南球	黃南球	1 大股	元	3000.–	和	維祥庄	墾首（管理人）。奉憲諭令，公舉黃南球墾闢，專主經理。
姜紹祖	姜紹祖	1 大股	享	3000.–	合	北埔庄	為籌組人姜紹基之弟；姜紹基於簽約前去世。
陳萬青陳澄波	陳萬青			640.–		銅鑼灣	吳子光門生，丘逢甲表兄；於簽約後去世，由子陳慶麟繼承。
	陳澄波			600.–		葫蘆墩	名瑞昌，富紳。後來將股權轉讓辜顯榮（1897），參見表 2。
	陳禮獻					東勢角	東勢角墾局管番通事（淡案：17339-12）。
	以下不詳			1760.–			※陳萬青以下之實收津本額，可能與原議不符，因合約未載，無法詳知。實津情形，參見表 2。
	小　計	1 大股	貞	3000.–	功		股約、津約由陳萬青執管。

林振芳	林振芳			500.–		社口庄	富紳，後將股權轉讓辜顯榮（1897），參見表2。
	古六成			500.–		罩蘭	即古昂二，為和番通事。
	泰和號			400.–			不詳，津約內並未畫押、用印。
	林榮生			300.–		不詳	不詳
	徐大新			300.–		北埔庄	即徐泰新。
	黃珠美			300.–		芒埔庄	又名阿苟、細苟；為墾務代理人；實津220.–元。
	梁袞夫			200.–		不詳	東勢角撫墾委員，津約內雖有畫押，鬮分時已無其人股份。
	林際春			150.–		蛤仔市	桂竹林墾戶「金永昌」股夥。
	劉緝光			150.–		桂竹林	桂竹林墾戶「金永昌」墾首。
	黃細石			100.–		東勢角	業佃。
	劉玉山			100.–		內獅潭	業佃。
	小　計	1 大股	利	3000.–	成		股約、津約由林振芳保管。
合　計		4 大股		12000.–			

表2：廣泰成初墾成功時分管字約（1905）內之持股、津資狀況表

股夥人（股東代表）	津本人（出資人）	持股數	津本額（元）	鬮書字號	行業	設籍地	備註
黃南球	黃南球	1大股	3000.–	福	樟腦商	維祥庄	墾首（管理人）原津資本。
	黃南球	5大股	13900.–				歷來加津資本及代墊款累計。
			600.–				向辜顯榮（陳澄波轉讓）承受。
			500.–				向辜顯榮（林振芳轉讓）承受。
	小計	6大股	18000.–				由次子黃運才為代理人。
姜紹猷 姜振乾	姜紹猷 姜振乾	1大股	3000.–	壽	米商	北埔庄	姜紹祖之堂弟。姜紹基之子。
陳慶麟 林增龍	陳慶麟		640.–	祿	雜貨商	南湖庄	陳萬青之子，廣泰成墾務代理人。
	黃阿番		500.–		農業	赤柯坪	
	陳禮健		–				欠債未清除名（原津300.-元）。
	陳金華		150.–		農業	濫坑庄	
	陳來官		150.–		農業	銅鑼灣	
	陳用乾 陳阿七		150.–		農業	大湖庄	
	陳鴻秀		150.–		農業	大湖庄	
	陳東海		140.–		農業	南湖庄	
	葉瓊英		100.–		雜貨商	罩蘭庄	
	陳李和		–				欠債未清除名（原津50.-元）。

盧阿連		？				欠債未清除名（原津額不詳）。
陳阿石		？				欠債未清除名（原津額不詳）。
徐謙郎		300.–		樟腦商	北埔庄	徐泰新之子。仍由徐泰新自行行使股權。
黃運才		220.–		米商	維祥庄	黃珠美中途去世，設置公嘗，公舉黃運才為管理人。
林增龍		150.–		布商	公館庄	林際春之子。
劉緝光		150.–		樟腦商	桂竹林	同【表一】。
黃細石		100.–		農業	東勢角	
劉傳慶		100.–		農業	獅潭庄	劉玉山之子。
小　計	1 大股	3000.–				不含除名者。
合　計		8 大股	24000.–			

「廣泰成」自組成簽約（1889），至首度鬮分管業（1905），前後歷時 16 年之久；其股份與資本結構，又顯現極不均衡的變化，這種不尋常的現象，似可就下列原因探討：

1.各股夥「當日集股開墾，原欲將本求利」，就林、陳二股分析，都是由小股分湊而成，入股時已顯勉強成分，而墾成求利無期，因此非但不願加津資本，甚至還有轉讓股權的現象。

2.就主要股夥姜家這一股分析，簽約時姜紹祖年僅 14 歲，於乙未殉難時，年僅 20 歲；其承續人姜紹猷年僅 19 歲、姜振乾才 11 歲。由於當家之主，連逢遽變，繼承者都尚未成年，自然造成不能加津資本的現象。

3.尤以甲午、乙未之間（1894-95），墾務嚴重廢毀；待大勢抵定後，重整開支必然沉重，更是造成大小股東不願加津資本的主因。

由於資料欠缺，無法深入分析。但是上述三點，應可略補資料不足，

稍供探討這一異常現象。但自鬮分後，則因各有分管之業，各有利益滋息，小股部分，雖仍有轉讓股權現象，但八大股的股份額數，自此確定。直到日治時期明治 41 年（1908）7 月間，各股將尚未分管及未成之業，暫時「連名申告共業」時，仍明訂「待後來各處地方及造林事業，全部成功之時，再行分割。其股份額數，仍照前分管字應額而行，決無異議」。[72]

但是資金方面，則續有加津，明治 41 年（1908）開會議決「加抽護衛之公款」，「每壹股按定抽出谷（穀）壹百石，每年早季，對佃量清」。[73]明治 42 年 8 月間，又有「廣泰成不敷先津之額，其外日後結算再津」之款。姜家津出「金貳千壹百円」，其幣值應該是以當時的日幣計算。[74]由於姜家正為一大股，故可計出八大股共應津出 16800 円。後來的加津情形不詳。限於「廣泰成」的經營史料殘缺不全，管銷帳冊無存，無法詳知每年的股利分配與分紅概況。

綜合上述討論可知，「廣泰成」投資之龐大；也由此推測，其經常性的營運收支方面，必當更為驚人。

4.2　經營型態

「廣泰成」籌設時，便因墾界地跨新竹、彰化兩縣，而且墾內有墾；兼以初墾時期，其墾界內的大、小事務，悉歸兼理，又特准設隘僱丁及督收「下撈社以南，新屬沿山一帶原額隘租」之權。其地位和權限，極為特殊複雜，故由官方諭為「總墾戶」，所具「頭人」地位，實比裁隘前的「金廣福」，有過之而無不及。[75]

「廣泰成」與裁隘前的舊時墾隘不同之處，在於其隘防任務只負消極護佃之責，主動的撫剿任務，自有官方負責；而且「就近墾地各社番丁（指「熟番」），自有撫墾局委員撫綏，不干墾內之事」。因此其隘丁

---

[72] 廣泰成「連名申告合約書」及「臺北地方法院、新竹出張所，苗栗登記所，公證書 221 號」，（以上皆為明治 41 年），中研究臺灣史田野研究室影本提供。

[73] 廣泰成「連名申告合約書」及「臺北地方法院、新竹出張所，苗栗登記所，公證書 221 號」。

[74] 據「廣泰成管理人黃南球」出其姜紹猷、姜振乾的津資「領收證」（明治 42 年 8 月 5 日立），中研院臺灣史田野研究室影本提供。

[75] 《淡新檔案》：17339-22.32。

雖然議定為 120 名，但可彈性運用，「番情安謐，則隨時酌量抽減」，「番有反側，則隨時添募」。這種優勢，遠非早期的墾隘所能相比。[76]

　　由於種種有利條件的配合，使其創始之初，便能專注於墾務的發展。加以投資龐大，其經營型態與規模，自始便與早期的墾首經營方式，大異其旨。目前雖然缺乏「廣泰成」實際經營運作的直接史料，難以深探詳情，僅能就現有資料，稍窺其中概略。[77]

4.2.1 經營方針：

依據股夥合約明訂如下：

> 「各夥務要同心協力，勷成巨業；俟墾成田園之日，報丈陞科，供納國課。除抽出酬勞（辛勞業）外，然後依照股份，均分業產，各憑鬮定界掌管。此乃各股歡允，苦甘同味，各無反悔[78]。」

4.2.2 經營組織：

　　（1）初設公司（公館）於大湖、罩蘭二處，後增設南湖（即今南昌宮關廟舊址）、新開（在今新開村公館坪）二處，並以南湖公館為總公館。

　　（2）製造、加工業，先以直營為主；後以攬辦為主，直營為輔。

　　（3）各處公館都設有幫辦、帳房、通事、管事及辦事人員。

　　茲將廣泰成的經營組織概況圖示如後。[79]

76　《淡新檔案》：17339-22.32；另據胡傳，《臺灣日記與稟啟》（臺銀，文叢第 71 種），「六月初九日申」，可略估官方駐防「廣泰成」墾區的臨勇，約計二～三哨左右（每哨約一百人）。

77　臨時臺灣土地調查局編，《臺灣土地慣行一斑》，（臺灣日日新報社，1905），頁 30，有關「廣泰成」土地招墾和所有型態的簡介。

78　依據「股夥合約」。

79　依據《淡新檔案》：17339-12.13，「股夥合約」及筆者對黃家長輩的採訪記錄繪製。

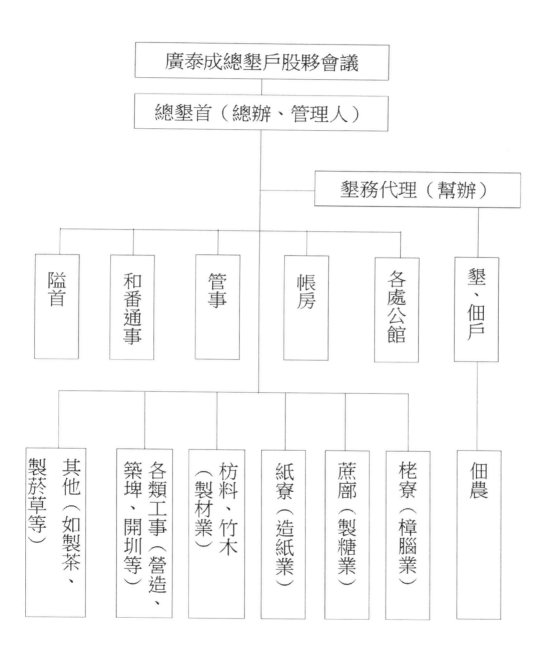

圖7：廣泰成組織圖

4.2.3 股東權限：[80]

（1）分產分紅：「若已開闢成就，其田業山埔及一切出息，照條規章程約內，憑鬮分業，若一人應得一大股者，即鬮分管一大股之業；如數人共湊一大股者，即按照所出股金，將一大股之業推分。」

（2）經營監督：「歷年所有墾內應用諸費，定每年二月中旬，各股夥齊到清算，不得推諉」。

（3）要事議決：「若有大款公事，必須聚齊四大股商議者，必隨請隨到，不得延誤公務」。

（4）責任：「倘有開費不敷，即照股份津派」。

（5）限制：「不得藉有股份，擅自插理」經營之事。

（6）員工分紅：「總辦、幫辦、帳房、通事、管事等，除月給辛工，應公議俟新墾開闢成田，眾股分業之日，應按出力輕重，加議守勞；倘支理半途辭退，另行別創者，祇能按月照領辛工，不得領此守勞，俟田園開成之日，作為十成，業產內應先抽出壹成，作為守勞公款。」

4.2.4 經營管理人：[81]

（1）墾首：「奉憲諭令，公舉黃南球墾闢，專主經理」。

（2）權責：「凡係界內山面大小事務，以及墾內田園埔地，佃戶耕樵牧採，栳寮、蔗廍、紙寮、枋料、竹木、山工及墾地所產之物，均聽調撥專主。」

（3）限制：「其招佃開田，以及墾內抽收山工、埔租等項出息各款，均歸股內公收公用」，「官給墾戳、諭單，均係黃南球存執。公議執戳人，不得將公戳借私項，如遇公款，即聽憑主裁。不得異言」。

以上有關經營運作的各項規範，大致上維持到墾務全功告成，都無巨大的改變。即使股權、人事的變化，亦未影響其間的運作。

80　依據「股夥合約」。
81　依據「股夥合約」。

4.2.5　經營方式與租稅結構：

由於官方把墾區西北沿山舊墾的墾尾荒埔，一律劃歸「廣泰成」新墾，故成墾內有墾的複雜型態；而且組成開辦時，適逢「減四留六」法的實施，對臺灣北部墾戶的業主權，造成不利的威脅。因此，「廣泰成」從開辦之初，便實施了新的方式招佃墾闢，而使這個號稱「總墾戶」的開墾組織，以「小租戶」的型態出現，全然有別於早期墾戶以取得「大租權」為主的招墾方式。

「廣泰成」與墾尾地區原墾佃的業佃關係，在籌設過程中未見提出；有關合約和地方文獻中，亦無記載可供稽考，只好暫予從略。

茲依據日治時期的土地調查，略述「廣泰成」的招墾方式如下：

（1）以十至十五年為期，開墾所需工本，由佃人自行負擔；其築埤、開圳等工程經費，概由「廣泰成」負責。

（2）視墾地的開墾難易，按一定比例，對佃抽收地上收穫物。初期的一、二年或三、四年，按「業一佃九」抽收。三、四年或五、六年後，改按「業二佃八」抽收。墾成後，按「業六佃四」或「業佃均分」抽收。

（3）俟期限屆滿，另招新佃時，概以五年為期，按小租一石對一圓或一圓二十錢之比折算，向新佃徵收磧地銀，作為贌田押金。[82]

從上述的方式中，已可明顯看出，「廣泰成」維護業主權的趨向；同時也可以說明，「廣泰成」本身，實際上就是一個名副其實的大地主，在其開墾組織內，往昔的「一田二主」現象，極難產生。

值得注意的是，在「憲定章程」中規定「下撈社以南新屬沿山一帶墾戶」，也就是新竹縣屬獅潭下撈社以南的沿山墾戶，全部撥給「廣泰成」統籌管理。[83]這種特殊的經營模式，無形中也讓「廣泰成」在撫墾局轄下，具有墾區內跨鄉庄的自主裁量權限。

---

[82]　臨時臺灣土地調查局編，《臺灣土地慣行一班》，頁30，
[83]　《淡新檔案》：17339-22.32。

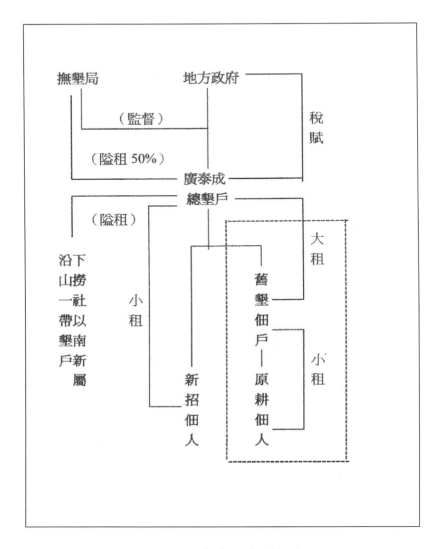

圖 8：廣泰成租稅結構圖

說明：新竹縣屬獅潭下撈社以南的原額隘租 50% 的補貼，只以三年為限。

五、清代「廣泰成」的墾務發展

　　「廣泰成」的墾務發展，目前所知極為有限；幸因其籌組過程，煞費周章，因此在清代《淡新檔案》中留下不少線索可尋。綜合這些線索，再根據時代背景，分析「廣泰成」歷次簽訂的原始契約，仍可析出幾個重要的發展階段。加上 1987 年以後，許多古文書陸續發掘出土，當年

難以接觸的《淡新檔案》與《臺灣總督府檔案》也陸續開放網路檢索查詢。遂使「廣泰成」各階段的發展，能有更清楚的輪廓。

5.1 創始期（1889-1891）

「廣泰成」從初創時，已有官方限期墾成的初期目標，時限定為三年。由於罩蘭撫墾局早在「廣泰成」擬議時，便已發現：

> 大湖、罩蘭壤地相連，而情形各別。罩蘭山多埔少，埔仰水低；
> 縱可成之田，亦患無大片段。故罩蘭一處，急於開山而緩於成業。
> 大湖地勢，則生埔鱗接，水脈流通；倘加溉灌，立見豐穰之效。[84]

所以特別指定：「現在創始之初，招佃開闢，自應先遵奉憲諭，歸之大湖、水尾坪、八分坪、南湖等處各墾尾開起，暫及於馬那山、蘇魯……」，而且「其山谷畸零曠埔，亦宜並責各佃，極力開闢」。根據籌設時預估，這些地區約計可開田 100~200 甲左右。[85]

「廣泰成」開辦初期的經費預估，初期開圳、築埤、起造公所（公館）、砲櫃等，約計 6000~7000 元。雇用隘丁口糧銀，每月需 720 元。外加其他零星開銷以及「番社」犒賞、辛工（薪資）和招佃、借支等款不計，光是第一年的開銷預估，便高達 15000 元以上。[86]

墾闢初期，重要的水利工程，須將吳定連在東河頭所開的「一尺寬廣水圳」，加以拓寬延長並加深；此外，又需助工協助官方開路兩條，以便廣招各地商販前往投資。

> 「將東河頭原圳，加寬六、七尺，挖深三、四尺，不特全灌八份
> 坪，且使盡收諸圳之水，下灌水尾坪等處。」[87]
> 「由濫湖（又叫南湖或草濫坪，即今大湖鄉南湖村）開路，南達
> 罩蘭；由芎椒坑，（又寫作芎蕉坑，在今復興村內小地名）開路，

84　《淡新檔案》：17339-20。
85　《淡新檔案》：17339-30。
86　依據《淡新檔案》：17339-22、23、32 及 17339-79 廣泰成墾界圖。
87　《淡新檔案》：17339-30、33 等件。

北達貓裏（今苗栗市）；以招各處商販。」[88]

上述各項工程實際的進行狀況，因為資料欠缺，無法詳知，但與當地的聚落發展，則頗為相符。

大湖、罩蘭地區在「廣泰成」開辦後，巡撫劉銘傳即引進馬尼拉菸草在本地試種成功；其中尤以罩蘭地區所產的煙草，因品質優良，因而遠近馳名。但因種植菸草的山地，由於樟腦業與製茶業的興旺，而漸次衰退。[89]

水利工程方面，東河頭原圳拓寬後，稱為八份坪圳，位於今日的大湖、靜湖兩村，全長 3.5 公里，灌溉面積 50 餘甲。此外，在大湖地區至少還有大寮村的砲珠崠圳、砲珠崠山塘，義和村的壢底寮圳、小邦圳、山塘窩上下塘，以及復興村的水尾坪穿龍圳等，都是在「廣泰成」的策劃下逐步開成。[90]

由澀湖（南湖）至罩蘭的道路，當地居民稱為「老官路」，其路線從南湖經淋漓坪崀、小水流東崀、楔隘崠、八份山、十八幹、更寮崀、大銃庫、哆囉嗊、壢西坪至卓蘭。路寬約 1~2 公尺，為日治中期以前，大湖與卓蘭之間，最主要的人文、行政、商業與文化交流的重要孔道。「臺三線」公路開通以後，才漸漸荒廢，部分路段改築為農路。[91]這條「老官路」，從此才走進歷史。

至於「由苦椒坑開路，北達貓裡」的道路；雖然欠缺史料可供探索；但是透過黃南球晚年所興築的「苗栗輕便軌道」路線，我們仍可確信這條輕便軌道的雛形，應該是「廣泰成」當年所奠定的基礎。

5.2 蓬勃發展期（1891-1894）

「廣泰成」的初期計劃完成後，需視資本狀況進行墾闢罩蘭之瀝西坪等處。由於此處「埔高水低」、「水遠石多」，「全在引房裏溪大河之水

88　《淡新檔案》，編號 17339-21。
89　依據吳萬煌譯、稅所重雄著，《臺灣菸草栽培變遷史(中譯本)》，（臺中：臺灣省文獻會，1993），頁 30-32。
90　大湖鄉誌編纂委員會，《大湖鄉誌》，（苗栗，1998），頁 130-133。
91　大湖鄉誌編纂委員會，《大湖鄉誌》，頁 582。

灌溉各處旱埔，計非三萬餘金，不能興辦」，預計此地可開田 170 餘甲[92]。

本期目標，似因清、日甲午戰爭（1894）影響，中途受挫。但實際情形，無法知悉。今由「廣泰成」墾區的發展狀況探討，其創始期的計劃，進行似乎相當順利；確信在光緒 20 年（1894）以前，大湖、南湖兩地，已成商販雲集之地。[93]

僅就樟腦業而言，兩地的腦灶份數，便高達 1000 份左右；從事製腦業的行商有：聯成行、魯鱗行、葉逢春、詹廣隆、詹阿定、詹石頭、葉老番、陳澄波、吳慶鼎、朱啟榮、張阿進、格成號、劉振隆、吳永康（以上大湖），劉德進、邱傳、劉傳、廣泰成（以上南湖）。此外，設在苗栗的行商有：魯鱗行、黃南球、聯成號，設在桂竹林的有劉宏才（即劉緝光）。由此可見，當時廣泰成的墾區發展和商業繁榮的盛況。[94]

由於光緒 17-20 年（1891-1894），適逢清廷治臺期間，樟腦出口量最為輝煌的四年。其年出口量鼎盛時（1894），根據歷年海關報告高達約 40000 擔左右。當時的主要產區，正是今日苗栗、臺中、彰化（含今南投）各縣沿山一帶。[95]

根據駐防大湖的「管帶中路棟字隘勇正營把總」鄭以金在光緒 17 年 10 月及光緒 18 年 2 月的兩份樟腦清冊，可以發現當時獅潭、大湖、罩蘭一帶所生產的樟腦，都由葛竹軒的盈豐棧、陳汝舟（即陳澄波）的裕豐棧及黃南球的錦輝棧所收，下轄若干腦長負責監督腦丁在深山僻林內熬腦。

92　《淡新檔案》：17339-12。
93　不著撰人，〈樟腦業調查報告〉，《臺灣新報》：29－34 號，（臺灣新報社，1896/10）。
94　不著撰人，〈樟腦業調查報告〉，《臺灣新報》：29~34 號。
95　林滿紅「茶、糖、樟腦業與晚清臺灣」（臺銀經濟研究室，文叢 115 種）19-21 頁。

表 3：鄭以金樟腦清冊呈報出腦觔（斤）數表

腦棧	光緒 17 年 10 月	光緒 18 年 2 月
盈豐棧〈葛竹軒〉	14,552	10,440
裕豐棧〈陳汝舟〉	4,068	2,527
錦輝棧〈黃南球〉	3,478	2,960
合計	22,098 （斤）	15,927 （斤）

資料來源：黃富三等，《霧峰林家文書集：墾務、腦務、林務》，臺北市：國史館，
2013，頁 154-273。

　　光緒 17 年（1891）樟腦停止官辦後，由林朝棟貸付 4 萬餘圓，包攬中路樟腦利權。由於林朝棟具有官方身分，因此所收樟腦委託公泰洋行承買運銷之合約，都委由葛竹軒、陳澄波、林懋臣、黃南球、曾君定等人以其棧號〈葛盈豐、陳裕豐、林如山、黃錦輝、曾慶豐〉為名，共同與公泰洋行之畢第蘭訂約。[96]

　　由於葛竹軒不但是林朝棟的重要幕僚，也是腦務代理人；而黃南球與陳澄波則是「廣泰成」的主要股東。由此可見，「廣泰成」的墾務發展，有賴於樟腦業者必多。

　　再者，臺北至新竹間的鐵路，此時正逢全面興工階段，其枕木來源，除賴新加坡地區輸入外，悉以臺灣樟木為主；「廣泰成」墾區的樟林，遂亦成為重要的供應地區，而黃南球、陳澄波（即陳瑞昌），都分別成為主要供應商。當時臺灣鐵路枕木的主要供應商，除黃南球與陳澄波外，有林紹堂（林朝棟的堂弟）及林墨的父親等人；另有數人，姓名不詳。

　　從光緒 20 年到次年（1891）二年間，黃南球名下包辦了一萬支橋梁枕木，陳澄波名下則包辦了十四萬支路面枕木，每月的供應量為五千支，持續供應數年之久。

　　枕木規格，一般路面所用的較短，約長六尺、寬七吋、厚四吋；橋樑所用的規格較大，黃南球供應的橋樑枕，長八尺、寬八吋、厚四吋，皆以樟木為主；其他路面則間有少量的楠木和杉木。由於楠、杉兩材，

---

[96] 詳見黃富三等，《霧峰林家文書集：墾務、腦務、林務》，臺北市：國史館，2013，頁 154-273。

耐久力較低，所以都經防腐藥液處理。

　　黃南球與陳澄波等人所供應的枕木用材，都就地裁製，利用竹筏，沿後龍溪和大安溪運往沿岸海口，每筏可載運四、五百支。在海口卸貨後，須換裝貨船，以海運送往大稻埕集結。[97]

　　這應該是「廣泰成」，對臺灣重大公共工程的初步貢獻。

5.3　墾業停頓期（1894-1897）

　　上述蓬勃發展期的狀況，卻因清、日甲午戰爭和日本領臺的影響而中途受挫。光緒 20 年（1894）全臺籌備防務初期，「廣泰成」墾首黃南球已於 6-7 月間，受「全臺團練大臣」林維源委調，赴臺北協助團防，管帶「勁字中營」練軍，駐防臺北、南崁……。[98]這年冬，繼任署理巡撫唐景崧為加強臺灣防務，又將內山隘勇各營調守沿海要地；以致造成原住民趁虛出草襲擊，為害頗烈，使獅潭、大湖、南湖、罩蘭的內山墾務、商務，都遭受嚴重的損害。僅僅數月之間，大湖一帶已經變成「居民慌戒，途絕人跡」的狀況，欲往來苗栗貿易的商販，「非結隊無敢過者」。[99]「廣泰成」墾務代理人黃苟（又名黃細苟）為了保護墾民、腦丁及事業地的安全，只好自行僱用隘丁一百名，聯合吳定連的二十名及劉緝光的十三名合力佈防，勉強維持了地方居民的安全。[100]

　　日本領臺後（1895） 10 月間，總督府公佈「官有林野及樟腦製造業取締規則」。規定凡是需要砍伐官有林木從事開墾及製造樟腦者，至次年 2 月 28 日止，應向地方官署提出申請；超過申請期限時，即認定為無砍伐開墾及製造之權。同時又規定，凡是不能提出地契證明及其他所有權證明的山林及原野地，皆應歸於官有；而且非經官廳許可人民不

---

[97]　臺灣總督府鐵道部編，《臺灣鐵道史》上卷，（臺北，1910），頁 53-55。

[98]　據《清光緒朝月摺檔》，〈林維源片〉，光緒 20 年 11 月 26 日珠批抄件，（影印本，許雪姬教授提供）；吉野利喜馬，《增訂改題：靖臺の宮》，（新竹：著者自印，1926 再版），頁 102。

[99]　鄭喜夫，《林朝棟傳》，（臺中：臺灣省文獻會，1979），頁 81-82，引蔡振聲于光緒 21 年 2 月致林朝棟函。

[100]　不著撰人，〈樟腦業調查報告〉，《臺灣新報》：29~34 號。

得私自進行山林的採伐與開墾。[101]

　　此後陸續公布的各項土地林野規程，遂使「廣泰成」在清代獨佔的各項發展優勢盡失，正在進入蓬勃發展階段的墾務，似乎深受打擊呈現停滯不前的趨象。

　　明治 29 年（1896）6 月間，又因民間謠傳「廣泰成」所屬隘丁欲前往接應雲林抗日義軍，[102]又紛傳黃南球家族有意變賣家產，退避清國。引致苗栗地方民情浮動不安，日本地方政府立即約談代理墾首黃運添（黃南球長子），並派員前往墾區實地探查。經黃運添矢口保證前述謠傳絕非事實，除當場允諾絕不脫產退避清國外，更保證嚴加約束所屬隘丁，[103]才算解除了「廣泰成」的危機。

　　日本政府設置大湖撫墾署後，開始實施一連串的撫墾新政，並於明治 29 年 12 月，依據總督府指令核准「廣泰成」代理人黃細苟的樟腦製造申請。其核准灶數為傳統灶（小灶）2,865 灶，核准鍋數為 28,050 個，核准期限 3 年。核准的製腦地計有：白布蓬、水流東、竹橋頭、雪道忙、食水坑、武絨蓋、武絨山、社寮角、馬坑公山、大小馬那邦、耀婆嘴、桂竹林、七股、鑛仔凸、八寮、草寮、花草坑、大窩、十寮、大坪林、雙龍潭、大小南勢、司馬限、蘇魯山、新社坑、橫坑、中心、十份仔、九寮、樹壳寮、拖沙尾、汶水河等地。[104]

　　從前面敘述可知，由於日本治臺初期，民心慌亂，政局未定，四大股夥中如黃南球、姜紹祖、林振芳、陳澄波等，都直接、間接參與抗日行動，姜紹祖在新竹之役中英年殉難，黃南球則在苗栗失守後，倉促逃往福建廈門避難。[105]大小股東們實際上皆因驚魂未定而紛持觀望。因

101　松下芳三郎，《臺灣樟腦專賣志》（臺北：日日新報社，1924），「附錄」，頁 93。

102　係指於 1896 年 6 月間，雲林地方豪農簡義與大坪頂庄柯鐵的抗日事件，為著名的「雲林事件」；同年 12 月簡義歸降後，柯鐵繼續在大坪頂山抗日，稱此地為鐵國山，與簡大獅林少貓同稱抗日三猛，後病死。

103　依據《臺灣總督府檔案》，M29，乙種永久，十卷/12 明治 29 年 7 月，機密報告（苗栗支廳，苗秘十八號）。本件新譯本，可參見王學新編譯，《日據時期竹苗地區原住民史料彙編與研究》上冊，（南投：國史館臺灣文獻館，2003/12），頁 41-44。

104　松下芳三郎，《臺灣樟腦專賣志》（臺北：日日新報社，1924），附錄，頁 4。

105　臺灣省文獻委員會，《臺灣總督府檔案中譯本》，明治 28 年，乙種永久，15 卷/18，（苗栗出張所，機密第一號，明治 28 年 9 月機密報告），頁 230。

此，日本領臺前後的數年間，「廣泰成」的經營等於陷於停頓狀態，僅能在驚濤駭浪中勉強維持而已。這次核准的製腦地遍及今日苗栗縣大湖、卓蘭、三義、獅潭四鄉鎮。這無疑為「廣泰成」帶來一片重啟舊業的生機；但是，受到停頓期的影響和新政權統治後的施政改革，遂使清代獨具的各項發展優勢逐漸喪失；而邁向高峰期的最佳時機也一時中挫。經此打擊後，直到墾業全功告成，似乎再無明顯的高峰期出現。

六、「廣泰成」墾業的重整與轉型

6.1 墾業的重整與適應（1897-1905）

日本政府設置撫墾署後，一面繼續劉銘傳的撫墾政策，一面佈設內山隘勇線，才使墾區漸獲安定。[106]「廣泰成」墾首黃南球的長子黃運添（代理墾首），於日本明治 30 年（1897）授配紳章並受任苗栗辦務署參事，而且大、小股東如姜振乾、劉緝光、徐泰新等，亦皆先後受到日本政府的延攬。[107]這其間，尤需注意的是，日治初期的紅人辜顯榮，適於此時購入陳澄波、林振芳二人的股份額，並同時取得「林振芳所執利字號之股約」，而具有該股股東代表的身分。[108]當時的原因雖無法詳知，但卻明顯造成「廣泰成」重整舊業的良機。因此，從本年起，直到明治 38 年（1905）首次辦理鬮分管業的 9 年間，可以明顯發現，「廣泰成」的經營者正在試圖重整墾業，也在新政權的撫墾新政中，嘗試調整本身的經營策略。

明治 30 年（1897）3 月，大湖撫墾署又依據總督府指令，核准黃運添名下的樟腦製造申請。其核准灶數為傳統灶（小灶）1,076 灶，核准期限 3 年（至明治 33 年 2 月止）。核准的製腦地計有：大湖街觀音山水頭寮、南湖街九份寮山、大窩、上吊樑、黃麻園、深水、烏石壁、林

---

[106]　波越重之，《新竹廳志》（該廳發行，1905），頁 190。

[107]　臺灣總督府，《臺灣列紳傳》，（1916）。

[108]　見廣泰成「鬮分書」。

犁坪、羌麻園、崩山腳、九芎林坪、南湖壢底寮、草坪、八角林、隘寮坑、上湖口、下湖口、大坪窩、鹹水坑、鐵坪寮、八份窩、八角坑、打鐵坪、糖廍後、獅潭庄大窩、和興庄、福興庄、十九份庄、中興庄、接隘子、照西排（原作桃）、櫥枝坪、石壁下、四方石、燥坑、石空、大東勢、小東勢、新店、六份仔、向東排（原作桃）、公館庄、下庄仔、分（原作份）水龍、竹園坪、老公館、籐湖、底湖坑、柏色樹下、大河底、北窩、三洽（原作哈）坑等地。[109]

限於當年留存的文獻史料，無法提供足夠的分析與考證，讓我們充分理解「廣泰成」的經營者與股東之間的利益分配概況；但是這些指令毫無疑問為「廣泰成」墾區的伐木、製材與製腦業等相關行業的發展，開啟了再生的活路與生機。另一方面，也可明顯看出，林家的在清代獨具的勢力已經喪失，「廣泰成」業已成為大湖、罩蘭地區的一方霸主。

日本政府一連串的安撫和籠絡，顯然促成「廣泰成」重整的契機。然而，代理墾首黃運添獲准製腦許可後，「廣泰成」在大湖撫墾署長的說合下，與馬那邦、大、小南勢等社大小頭目進行多次談判，在撫墾局員的監督下與大、小南勢頭目及社眾代表舉行埋石儀式，同意在其領域內採樟製腦。但與馬那邦、司馬限等社的談判，卻一直都無法順利達成。[110]

由於在馬那邦山、大窩一帶的製腦業一直進行困難，於是「廣泰成」代理人黃細苟遂於本年（1897）3月間將大窩一帶的製腦許可證讓給陳瑞昌（即陳澄波）、林正文二人合組的「本成公司」進行製腦；可是卻與非法業者吳定連等在地業者，發生層出不窮的糾紛，訴請大湖撫墾署取締無效。於是「本成公司」不得已又將製腦權利讓給日資「臺灣興業會社」。

臺灣興業會社為東京淺野總一郎等資本家所設立，社長為白石元治（次）郎。該公司於取得本成公司製腦權後，又收購「廣泰成」的製腦許可權，設支社於南湖，由神尾敬吉為支社長，積極進行非法製腦業者的取締，並與當地原住民進行「蓄地」製腦的交涉。「廣泰成」遂於明

109 松下芳三郎，《臺灣樟腦專賣志》，「附錄」，頁5。
110 《臺灣總督府公文類纂》V00163/A022（1897）。

治 30 年（1897）間，退出大湖、南湖地區的樟腦事業。[111]

　　明治 31 年（1898）7 月，總督府公布地籍規則與土地調查規則；又於 9 月間設立臨時臺灣土地調查局，陸續實施土地申告、調查、清丈、整理、確認、登記等，一連串的地政與田賦改革事宜。於是，從明治 31 年中以後，「廣泰成」墾區也因日本政府的地政與田賦改革，而產生極大的動盪。

　　「廣泰成」代理墾首黃運添（黃南球長子）忽然在明治 32 年 12 月間因病暴卒，黃南球不得已自香港返臺入籍（日籍），就任苗栗辦務署參事，並繼續接辦廣泰成墾務。臺中縣知事更於明治 34 年（1901）9 月間，經總督府核可下令苗栗辦務署與警部，配合當地隘丁，積極鎮壓大小南勢、細道邦、馬那邦、蘇魯和老屋峨……等社原住民；並將此地一律劃為「官有林野地」。[112]

　　結果引致當地原墾戶、墾民與「廣泰成」之間的「土地業主權紛爭」。這一涵蓋範圍極廣的土地申告糾紛，直到明治 36 年（1903）4 月間，才在臨時臺灣土地調查局派員調解後，各方當事人才以「實際出資開田者為土地業主」的條件下，當場簽訂和解書簽約認可備案。[113]

　　由此明顯可見，「廣泰成」在清代簽定的「股夥合約」，其原訂的墾界業已從此失效。往後的發展，雖然缺乏明確的史證可供探索。但從日後的發展也顯然發現，日本地方政府對清代簽定的「股夥合約」效力並未全然抹殺，仍然在法令範圍內，對「官有林野地」及「製腦許可」的申請，給予「廣泰成」及其股東保留了一定程度的優先承攬權。從「製腦許可表」（表 4），也可發現從明治 32 年（1899）8 月 5 日樟腦專賣制實施以後，直到明治 38 年（1905）「廣泰成」墾界內的製腦業，仍然維持相當繁榮的盛況。但在明治 39 年以後，由於土地政策與林野政策的

[111]　王學新，〈日治初期大湖撫墾署的撫墾政策─兼論出草文化的原始思維〉，收入《日據時期竹苗地區原住民史料彙編與研究》下冊，（南投：國史館臺灣文獻館，2003/12），頁 1573-1639。

[112]　以上依據《臺灣總督府公文類纂》V04647/A010；王學新編譯，《日據時期竹苗地區原住民史料彙編與研究》下冊，頁 1369-1391。

[113]　《臺灣總督府公文類纂》第 260 卷 4451 冊 156、159 號。

改變，製腦地與製造量的許可便開始逐年減縮，遂使墾業的經營發生巨大的變化。

表 4：製腦許可表（明治 32 年 8 月 5 日樟腦專賣制實施以後）

年度	製腦特許人	製造認可量		製造量		製腦地
		樟腦（斤）	樟腦油（斤）	樟腦（斤）	樟腦油（斤）	
1899	黃逢森	107771	97135	171181	168054	同 1897 年黃運添核准許可地（黃逢森為黃運添長子）
1900	黃逢森	209520	167616	180525	209335	沙武鹿、生牙砥、馬凹、大東勢、小東勢
1901	黃逢森	237600	190080	180200	169357	馬凹、八卦力、大東勢、沙武鹿、大窩
1902	黃南球	150000	120000	123506	90784	馬凹山外一箇所
1903	黃南球	142000	108600	142000	125613	同馬凹山 同洗水坑山
1904	黃南球外三名	510000	361900	510000	490070	大克山、蘇魯山、馬那邦山、大南勢、大窩、洗水坑、獅潭、八角林、桂竹林、內草湖、雞林、大坑、魚籐坪、關刀山、中心田
1905	黃南球外三名	245000	253475	257387	257666	大克山、蘇魯山、馬那邦山、中心田、關刀山、內草湖、雞隆、大窩、大南勢、桂竹林、八角林、獅潭
1906	黃南球外三名	115000	132477	120336	131465	大克山、蘇魯山、馬那邦山

1907	黃南球 外三名	54536	57167	56700	84157	大克山、蘇魯山、 馬那邦山
1908	黃南球 外三名	25000	25000	144593	63089	大克山、蘇魯山、 馬那邦山
1909	黃南球 外三名	40000	48406	44292	64318	大克山、蘇魯山、 馬那邦山
1910	黃南球 外三名	43000	75000	45534	82684	大克山、蘇魯山、 馬那邦山
1911	黃南球 外三名	35000	70000	29154	40895	大克山、蘇魯山、 馬那邦山
1912	黃南球 外三名	30000	45000	12863	21526	大克山、蘇魯山、 馬那邦山
1913	黃南球 外三名	18994	29199	11020	16928	大克山、蘇魯山、 馬那邦山

資料來源：松下芳三郎，《臺灣樟腦專賣志》，（臺北：臺灣日日新報社，1924），
　　　　　「附錄」頁 1-42。

6.2 墾業的結束與轉型（1905-1915）

　　明治 38 年（1905）6 月間，「廣泰成」宣告初墾成功，各股東在本
月間召開股夥人會議，共同簽訂「鬮分書」（廣泰成分管田畑埔地字）[114]
鬮分墾成業產「確定按照津出銀數多寡，先將既成之業壹部，分定各管，
永為己業」；並由眾股東共同決議「廣泰成墾務，依舊黃南球為管理，
所有內外事務悉聽其主裁」。從本年起，「廣泰成」大舉續墾尚未完成的
墾業。

　　這次的鬮分規模十分龐大，先「抽出廣泰成公共之業，並抽出辛勞
之業外」，再「按作八大股均分，配搭均勻，踏明各四界，編立乾、坎、
艮、震、巽、離、坤、兌八字為號，憑鬮拈定」。黃南球鬮得第一、二、
四、五、六、七號，乾、坎、震、巽、離、坤等字共六籤；陳慶麟等鬮

---

[114]　參見表 2，該「鬮分書」為姜紹猷所執「壽」字號字約。

得第三號艮字籤；姜家鬮得第八號兌字籤。又依據各股所鬮得的土地，簽訂「分管字」參紙；福字號由黃南球收執，祿字號由陳慶麟收執，壽字號由姜紹猷收執。

又因「廣泰成」開創後，由於「續後業謀愈成，費用愈多，必須加增股本乃能應用，當時屢集股夥會議，均不能加津本銀，管理人不得已設法，其間加備出有本銀壹萬三千九百圓」，可見資金壓力，一直都是股東們相當沉重的負擔。

此外，從組成簽約到鬮分管業的 16 年間，因為「欠帳抵扣不敷」，而被除銷股權者共有四人；未說明去向，也未列入鬮分者，也有四人；尤其值得注意的是，因為擔任股夥人（股東代表）的林振芳、陳澄波二人，在「丁酉年間（1897），將應得股份全部份額，退讓與辜顯榮承受，今辜顯榮轉將應得股份全部份額，現又退讓與黃南球承受」。

這個演變，遂使「廣泰成」的股份和資本結構，造成極大的變動。從「鬮分書」可以清楚看出，各股夥的股本銀在結算後，總資本額已經高達二萬四千元；按照創立時所議定的每大股額三千元計算，已經由原來的四大股，增加為八大股。其中姜家這一股，因為姜紹祖在 1895 年「乙未之役」殉難後，改由姜紹猷、姜振乾承續，但股本銀仍為三千元，所以仍為一大股；至於林振芳與陳萬青這兩股，由於林振芳既已退股，而陳萬青去世後，由其子陳慶麟承續股份，外加其他分湊而成的小股共有 15 人，經截長補短後，合計股本銀也正好三千元，亦為一大股；至於墾首黃南球這一股，因為歷次增資及轉購之故，已實際津出股本銀一萬八千元，而獨占六大股。

此外這次辦理鬮分，對於「廣泰成」經營有功人員，如：和番通事古六成（即古昂二）、廣泰成代理人黃珠美等二人，雖然已經身故，但眾股東體念他們任事多年的貢獻，均「酌酬辛勞，以作紀念」；對目前代理墾務的陳慶麟（股東代表陳萬青之子），因勤勞任事，也酌酬辛勞業，以資答謝；以上都經「眾股夥會議確定，踏明分管之業，各另立字註明地番、甲數，各歸其掌管」。

由於黃南球為實際經營管理之人，「勤勞墾務兼贊成墾業」，經眾股東議定先抽出淋漓坪辛勞業一處，以作酬勞。至於黃珠美的股份業，由

於中途身故，無家庭子嗣可以繼承，則決議設置「黃珠美嘗」，由全體股東公舉黃南球的三子黃運才為管理人。

　　這次鬮分管業時，「廣泰成」納入鬮分的土地面積欠詳，但因「鬮分書」列有單一條款特別批明：「該墾界內，如八份坪、社寮角、水頭寮、新開庄、罩蘭背等處之業，有被越界佔管，致令此際分業未有配搭在內。」可見除了明治36年（1903）經土地調查局派員調解完成的紛爭地之外，尚未解決的地權糾紛仍有不少，但後來如何解決？情形無法詳知。

　　從明治39年（1906）起，「廣泰成」進入第三階段的開發，深入鍋仔崠、大小馬那邦、樹殼寮、武榮山、水流東、大坪林、草寮、拖沙尾、竹橋頭等地的墾闢造林事業。（參見圖9）在明治41年（1908）便已完成該區的水田開發，但「尚有未成就之業」及「造林事業」等續待進行。

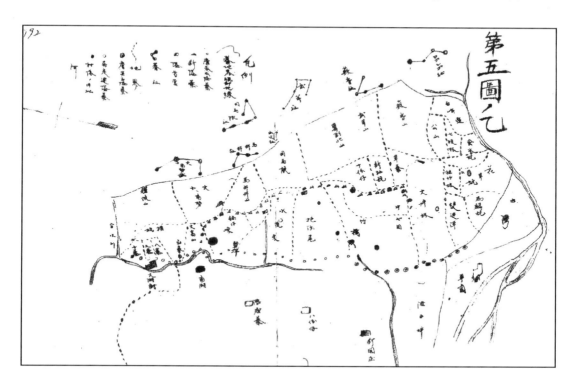

圖9：大湖、罩蘭附近隘寮分布圖

來源：臺灣總督府公文類纂：04529/A006/P192

股夥人於次年間仍續有增資，但因日政府土地政策、林野政策的改變，遂遽然決定進行分割營業，結束了「廣泰成」這一歷時 20 餘年的墾闢事業。從此，大湖、罩蘭兩地的開發，遂由個人事業所取代。[115]

表 5：廣泰成結束分割時〈會議合約字〉內各股東持股狀況表

股夥人 (股東代表)	津本人 (出資人)	持股數	津本額 (元)	行　業	設籍地	備　　　　註
黃南球	黃南球	6 大股		樟腦商	維祥庄	由次子黃運才為代理人。
姜紹猷 姜振乾	姜紹猷 姜振乾	1 大股		貸地業	北埔庄	姜紹祖之堂弟。 姜紹基之子。
陳慶麟 林增龍	陳慶麟			樟腦商	南湖庄	陳萬青之子，廣泰成管事之一。
	林增龍			吳服商	公館庄	
	徐謙郎			北埔庄	北埔庄	由徐泰新行使股權。
	黃運才			貸地業	維祥庄	黃珠美嘗管理人（參見【表二】）。
	劉緝光			樟腦商	桂竹林庄	
	黃細石			農　業		
	劉傳村			農　業		劉玉山次子
	黃阿番			貸地業	赤柯坪	
	陳金華			農　業	濫坑庄	
	陳鴻秀			農　業	大湖庄	
	黃武古			農　業	南湖庄	
	黃阿滿			農　業	公館庄	
	陳源盛			農　業	杜芩庄	
	陳汝盛			農　業	貓孟庄	
	陳阿雙			農　業	三座厝庄	
小　計		1 大股				該股委託西山庄廖石水為代理人。
合　計		8 大股				
備註	于明治 38 年間，已有先行分割，各管各業，其中股份額數，前分管字已經載明，仍有未分盡之業，并稟請馬那邦庄、大坪林庄一帶墾地，加為開闢；現此地方，水田既成以外，尚有未成就之業；所以眾股夥等，會同商議，先用連名申告共業，待後來各處地方及造林事業，全部成功之時，再行分割；其股份額數，仍照前分管字，應額而行，絕無異議。					

然而，在明治 41 年（1908）2 月間，廣泰成股東姜振乾、姜紹猷、陳慶麟、林增龍、黃阿番、陳金華、陳鴻秀、陳汝盛、黃武古、黃阿滿、

115　參見「闔分書」及「連名申告合約書」。

黃細石、劉傳村、徐謙郎、劉緝光各股夥等簽訂〈杜賣埔地山場字〉將
苗栗一堡大湖庄、南湖庄、馬那邦庄，揀東上堡大坪林庄、罩蘭庄等六
大庄界內全部剩餘的合法開墾權，以日幣「價金參千円」賣給黃南球承
受掌管。[116]

　　這份「杜賣字」依照當時的堡界與庄界詳列了廣泰成六大庄的界
址。茲將其界址詳列如後：

　　苗栗一堡界內計有大湖庄、南湖庄、馬那邦庄及新雞隆庄等四大庄：

　　　其大湖庄界址：
　　　東至橫坑口，由小龍崗透上山頂分水為界；
　　　西至六蔡崎伯公龍分水為界；
　　　南至社蔡角大河為界；
　　　北至圳面屋後山崁眉分水為界。

　　　其南湖庄與馬那邦庄界址：
　　　東至馬那邦龍崗，透至蘇魯山龍崗分水為界；
　　　西至打鶴崠，由龍崗至十分崠、百二分、羌麻園、關刀山、三十
　　　二分龍崗分水，直透十份仔小崠，由老三櫃分水龍插落哆囉嘓溪
　　　為界；
　　　南至樹殼蔡、烏榮山、水流東龍崗分水，由小龍崗插落竹橋頭河，
　　　由哆囉嘓溪透出老三櫃毗連為界；
　　　北至水頭蔡大河轉角潭石嘴面，由小崗透上山頂，由龍透至鍋仔
　　　崠、小馬那邦分水龍，直透反水崗水流內為界。

　　　其新雞隆庄界址：
　　　東至榕樹崠龍崗透至十份崠，由龍透至打鶴崠、觀音山分水龍為
　　　界；西至烏石壁口對過扒仔樹下，由崗透至扁山，對過獅頭崠水
　　　流內為界；

116　臺灣總督府檔案 01822-001[676~679]　；（國立臺中圖書館「臺灣總督府檔案收錄之古契約
　　文書建檔及標校計畫）。

南至榕樹崠由崀分水插落烏石壁口為界；

北至獅頭崠由龍分水透上打鶴崠水流內為界。

揀東上堡界內計大坪林庄及罩蘭庄等二大庄：

其大坪林庄界址：

東至蘇魯山頂大龍分水，由龍透甕仔督崠為界；

西至梨園藔崎，透出大坪林庄西片龍崗，透出十分崎，由小壢透落夾水、哆囉嘓溪，由大河透出竹橋夾水為界；

南至甕仔督由龍透至眾山分水龍為界；

北至竹橋頭、拖沙尾、草藔、蘇魯分水大龍水流內為界。

其罩蘭庄界址：

東至赤柯嶺崎頂、伯公壇西片第一凹壢，透出馬陵坑夾水，由坑至雙連潭夾水，又由河透至哆囉嘓溪長潭夾水為界；

西至松柏林割牌，透至新三櫃，由龍插落坑為界；

南至赤柯嶺龍崗分水，透至壢西坪南崁眉，透出松柏林割牌為界；

北至長潭，由哆囉嘓大河透出鯉魚潭庄界毗連為界。[117]

　　但是前述杜賣範圍，，指明是將「除去既調查地及各股東分管界內不計外，所有一切山場埔地出賣，托中引就黃南球出首承買」，契字內又特別加註「但書」批明：「各股既分管界內所屬既調查地以及山場埔地一切除去，不在此杜賣之內」。換句話說，這如同現代企業的「股權轉讓」，也就是實質上的「退股」；以「廣泰成」的經營開墾而論，原股東只保留了

　（1）已經辦理產權分配，尚未進行分割登記的土地所有權；

　（2）正在進行中，已完成法定程序的標案或開發案的個案合夥權。

　　由此可見，黃南球雖然從此正式擁有「廣泰成」的全部經營權，成為實質的獨資企業。但是隨著日本政府土地政策與林野政策的改變，前述界址已無太大的實際意義。黃南球以日幣 3000 円的讓渡價格，所取

117　以上據《臺灣總督府公文類纂》：01822-001[676~679]。

得的只不過是「廣泰成」的事業經營權而已。

「廣泰成」眾股夥等又於 3 月中旬招開股東會議共同商定,將大湖、南湖、罩蘭等處地方,上次(1905)辦理分管時「未分盡之業」,以及馬那邦庄、大坪林庄一帶,已經開闢的既成水田和「未成就之業」、各處地方正在進行中的造林事業等,先用連名申告共業的方式辦理登記,但各股所持有的股份額數,仍然按明治 34 年(1901)所訂立的八大股分配。這次申告共業登記的土地,應該就是前件〈杜賣土地山場字〉內所稱,不在杜賣範圍的「各股既分管界內所屬既調查地以及山場埔地」。但其後續的解決方式無從瞭解。

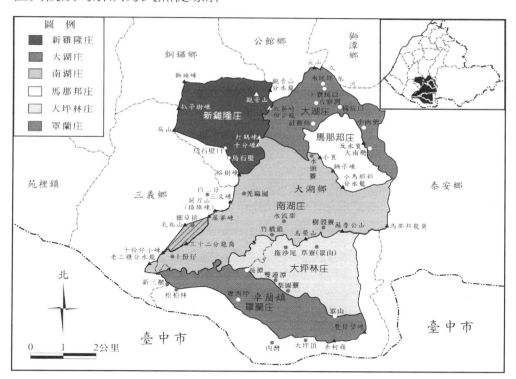

圖 10:廣泰成墾界復原圖(韋煙灶繪製)

來源:依據《淡新檔案》:17339-78、79;《臺灣總督府公文類纂》
　　　01822-001[676~679]重繪。

說明:斜線部分於 1908 年辦理申告時,並未列入墾界範圍。

　　明治 42 年（1909）間，「廣泰成」的原任墾首黃南球與股東陳慶麟、林增龍等，合資創辦「苗栗輕鐵株式會社」，經營苗栗至南湖間的輕便鐵道運輸。初期完成苗栗至福基路段，大正 3-4 年間（1914-15），完成福基至南湖段，全線長 25.6 公里。[118]

　　明治 41 年（1908）9 月間，黃南球與日人荒木常盤共同提出申請馬那邦庄及南湖庄官有林野地從事煙草耕作，總面積共計 645 甲，種植純日本種菸草，並從日本移住 30 餘戶菸農前來協同耕作；黃南球與荒木常盤為了改善菸草品質，又於 11 月間連袂前往日本鹿兒島招募專業菸農六戶移住南湖，每戶給予土地二甲從事耕作，並指導本地農民從事菸草種植。[119]明治 45 年（1912）1 月間，黃南球繼續提出申請馬那邦庄及南湖庄官有林野地從事菸草耕作，總面積共計 645 甲 7 分 4 厘 6 毫。[120]這一600 餘甲的大面積菸草種植，由於缺少足夠的文獻，無法詳知實際的耕作面積、經營年限與經營效益。

　　這段期間，黃南球又與陳慶麟投資日人荒井泰治等，所經營的「大安軌道株式會社」，軌道路段從罩蘭至大安溪停車場；復與劉緝光、林增龍及日人石山丹吾等地方仕紳，合組「苗栗興產信用組合」。[121]這也可看作「廣泰成」事業的延續。因為就其社會、經濟功能而論，仍應歸於「廣泰成」所奠下的基礎。

　　通觀「廣泰成」的經營發展，從創始到結束，歷經 20 餘年，始終不曾有過明顯的高峰期出現，究其主要原因實係日本治臺後，各種有利的條件盡失所致。然而，就「廣泰成」的股夥合約分析，顯然深受清代

---

[118] 創辦年代及路線、里程，據：苗栗文獻會《苗栗縣志，卷四，交通篇》，頁 55；其完成路段，據：《臺灣日日新報》，大正 2 年（1913）6 月 4 日，第 5 版（苗栗輕便延長之近況）及大園市藏，《臺灣人物志》（大正 5 年）附冊，頁 20；其合資人部分，據：臺灣新聞社，《臺灣商工便覽》（大正 7 年，中央圖書館臺灣分館藏）第 2 編，頁 143。

[119] 依據《臺灣日日新報》，1908.9.10 第三版；1908.11.21 第三版。

[120] 《臺灣總督府公文類纂》〔第 88 卷，第 6376 冊，1916〕。由該檔案可知，這是以 2 年為一期的公有地煙草契作申請。

[121] 據：臺灣新聞社，《臺灣商工便覽》，頁 10，143；另據《臺灣總督府公文類纂》（第 80 卷，2419 冊，1915/8），「苗栗興產信用組合」於大正 4 年 8 月 30 日奉臺灣總督府核准立案，組合員 146 人。

籌設過程中「憲定章程」的影響與約束。純以清代民間墾戶而論，這種先有官約之後，再訂私約的組成方式，也是臺灣開墾史上相當罕見的特例。再就經營型態而論，臺灣在開港通商的刺激下，「廣泰成」這個土地開墾組織，在清末與日治時期的海洋貿易中，其經營形態與規模，亦已頗具現代多角化企業集團的雛型，這應該是「廣泰成」面臨殖民先進體制的衝擊，仍能繼續「勷成巨業」的主因。

七、結語

　　本文因深受史料的比重懸殊所限，在整體結構上陳述顯然有所不足；以致對這個在清末劉銘傳全面裁隘後，才成立的特殊拓墾組織，對當代獅潭、大湖、南湖、罩蘭地區的政治、經濟、社會、教育和文化……等各層面的影響，都無法一一涉及；這是筆者深覺遺憾之處。但綜合本文的探討，我們仍可發現今日苗栗縣境內的獅潭、大湖、卓蘭等鄉鎮，在「廣泰成」大規模而有計劃的開發中，不僅為臺灣漢民創造了許多生活機能，建立了許多鄉庄，也為早期的移墾漢民，提供更為廣闊的生活空間；僅就這點而論，其歷史地位已足供後人肯定。

　　「廣泰成」墾首黃南球的領導，當然應居首功；但大、小股東在父子兄弟相承中仍能維持一貫的方針同心協力，也同樣功不可沒。至於經營層的代理人、管事、帳房與辦事人員……和無法計數的所有墾民，以及伐木、製材、開圳、築埤、製腦……等廣大的從業人員。雖然難以一一查知他們的姓名、來歷，但無可置疑，他們的血汗付出，自應與「廣泰成」的貢獻，同居不朽的地位。

　　另一方面，當地的賽夏、泰雅原住民，卻在「廣泰成」大規模的開發經營中，受到清、日政府撫墾政策的財政與經貿需求，在兵力、警力和隘防武力的聯合鎮壓之下，不但生活空間日益縮小，雙方生命財產的

損失，更是不計其數。這是民主社會的現代公民，都必須深刻省思，也無法迴避的問題。

我們以今日的視角，重新檢視「廣泰成」的經營組織與規模，已經遠非清末臺灣建省以前的墾隘組織所能相比。就其經營組織與規模而論，除了早期墾戶、隘首必須具備的土地開發利用、鄉庄規劃和地方保安之外，業已在「公辦民營」（BOT）的規範中，承攬了大型的公共工程營造，水利開發和交通建設；又因隘防保安的需求，擁有龐大的私人武力，平時可以協助政府維護地方治安，戰時可以出兵抵禦外侮。[122]

再就「廣泰成」的事業經營而論，已經遍及伐木業、製材業、造紙業、製茶業、樟腦業、米穀業、菸草業……等民生相關產業；更將這些相關產品，進而從事國際性的轉口貿易「售之海外」，甚至「與洋商抗衡」。就現代企業經營的觀點而論，業已具備了現代企業多角化經營組織的規模。

檢視這個誕生於臺灣清代末期的墾隘組織，筆者在長期研究中，每當面對這個周旋在清、日時期的企業經營者，總會陷入難以理解的思考。到底那些同時代的經營者們，在政權交替與時代轉換中，是以甚麼樣的策略思考，來因應這種巨大的變化？尤其值得思考的是，「廣泰成」的 20 餘年事業經營中，那些各階層的從業人員，在近現代苗栗與臺灣的發展中，到底扮演了甚麼樣的角色？筆者以為，這才是社會經濟史研究者，應該繼續努力的方向。

「廣泰成」當年的南湖總公館舊址——即今日苗栗縣大湖鄉南湖村

---

[122] 本文以「公辦民營」(BOT) 的角度檢視清末臺灣巡撫劉銘傳為了因應裁隘的困局，由政府主動招商募資創設的「廣泰成」墾號雖然未必完全吻合現代「公辦民營」(BOT) 的規範。但是如以事業組織、股份結構與清、日政權交接後的監督和規範細加檢視，則有相當程度的吻合。理由有三：(1) 清代訂定的章程與契約，在日治時期仍給予施政連續性的承認；(2) 企業增資或股權變化並未影響股份結構(一大股 3000 元)，與現代股份有限公司的組成相近；(3) 清代章程規範的限期目標都須如期完成，雖未制定經營權移轉年限，但隨著日治時期的法規逐步完備，終於被迫將經營權移轉政府，結束「廣泰成」的事業經營。

南昌宮關廟現址，[123]該廟亮麗的改建紀念碑上，仍然提到這個墾號的名稱，而且在二樓正殿右廂，還設有「黃南球紀念廳」一處，廳內恭塑墾首黃南球和其繼室林氏貴妹（南昌宮創始人）的銅像各一座。遺憾的是，不僅碑文記載有誤，而且紀念廳內除銅像外，也別無任何可資紀念之物，這對「廣泰成」的歷史意義以及曾為這個墾號犧牲奉獻的眾多從業者，未免是美中不足的缺憾。

　　直到民國 78 年（1989）適逢「苗栗設縣 100 周年」，於是在苗栗縣立文化中心指導下，南昌宮管理委員會聯合黃家與姜家後裔，配合辦理「廣泰成總墾號創立百週年尋根系列活動」，並在「黃南球紀念廳」辦理「廣泰成史料文物特展」；讓清、日時期的南湖墾區居民，藉由這個活動重新結為一體。這次活動同時恭請關爺出巡繞境中斷已久的「南湖 18 庄」聚落。黃南球的滿女羅黃小蘭女士[124]親率黃家各科醫師及護理人員，在南昌宮一樓活動中心辦理聯合義診。連續三天的尋根系列活動，似乎也為「廣泰成」當年所奠定的百年基礎，開啟了另一個新的未來。[125]

---

[123]　在苗栗縣大湖鄉南湖村南昌路 47 號，該廟於民國 75 年（1986）12 月改建落成。廟址土地為黃南球祭祀公業派下員無償捐出。

[124]　羅黃小蘭（1913-1992）為黃南球 74 歲所生的幼女。新竹州立高等女學校畢業，與苗栗羅春桂（1908-1980）結婚。羅春桂於日本昭和醫專畢業，返臺開設致和醫院行醫濟世，曾與國民黨提名的劉定國競選苗栗縣第二屆民選縣長失敗，從此不再參與政事；小蘭則開設幼稚園自任園長，熱心幼兒教育；於 1968 年當選苗栗縣議會第七屆議員。為苗栗縣議會首位副議長。

[125]　參見黃卓權主編，《慶祝苗栗設縣百週年：廣泰成總墾號創立百週年紀念特刊》，（苗栗：南昌宮百年尋根系列活動籌備委員會編印，1989）。

參考文獻

〈廣泰成「連名申告合約書」明治 41 年影印本，中研究臺灣史田野研究室提供。

〈廣泰成「臺北地方法院、新竹出張所，苗栗登記所，公證書 221 號」〉明治 41 年影印本，中研究臺灣史田野研究室提供。

〈廣泰成四大股夥同津資本墾闢合約字〉光緒 15 年（1889）9 月影印本，中研院臺灣史田野研究室提供。

〈廣泰成四大股夥墾闢合約字〉光緒 15 年（1889）9 月影印本，中研院臺灣史田野研究室提供。

〈廣泰成管理人黃南球，「領收證」〉影印本（明治 42 年 8 月 5 日立），中研院臺灣史田野研究室提供。

《淡新檔案》：14408-52，17324-1，17329-2、4、34，17333-42、92 各件及 17339 （1~105） 全卷。

《清代臺灣大租調查書》，臺灣文獻叢刊 152，臺灣銀行經濟研究室。

《清光緒朝月摺檔》，〈林維源片〉，光緒 20 年（1894）11 月 26 日硃批抄件影印本，許雪姬教授提供；

《臺灣日日新報》，大正 2 年（1913）。

《臺灣史料節抄》，（日文手稿，原新竹縣文獻會藏），無頁碼。

《臺灣前期武裝抗日運動有關檔案》，（南投：臺灣省文獻會，1977）。

《臺灣省通誌》，卷三〈地政篇〉，（南投：臺灣省文獻會，1977）。

《臺灣堡圖集》，（南投：臺灣省文獻會）。

《臺灣總督府公文類纂》，（南投：國史館臺灣文獻館藏）。

《臺灣總督府檔案》，M29，乙種永久，十卷/12 明治 29 年 7 月，機密報告（苗栗支廳，苗秘十八號）。

《墾戶首四大股夥金廣成，仝立奉諭開墾合約字》，光緒 13 年（1887）3 月，新竹關西蔡光榮先生提供。

《舊臺灣島清國兵備日誌》，（中央圖書館臺灣分館藏，日文手稿，年代未詳）。

大湖鄉誌編纂委員會，《大湖鄉誌》，（苗栗：大湖鄉公所，1998）。

大園市藏，《臺灣人物志》，大正 5 年（1915）。

不著撰人，〈樟腦業調查報告〉，《臺灣新報》：29－34 號，（臺灣新報社，1896/10）。

王國璠，《臺灣抗日史》，（南投：臺灣省文獻會，1981）。

王學新編譯，《日據時期竹苗地區原住民史料彙編與研究》上、中、下冊，（南投：國史館臺灣文獻館，2003/12）。

伊能嘉矩，《臺灣番政志》中譯本，（南投：臺灣省文獻會，1957）。

吉野利喜馬，《增訂改題：靖臺の宮》，（新竹：著者自印，1926 再版）。

吳萬煌譯、稅所重雄著，《臺灣菸草栽培變遷史(中譯本)》，（臺中：臺灣省文獻會，1993）。

吳學明，《金廣福墾隘與新竹東南山區的開發》（臺北：臺灣師大歷史研究所，1986）。

沈茂蔭，《苗栗縣志》，臺灣文獻叢刊 159 種，臺銀經濟研究室編印。

松下芳三郎，《臺灣樟腦專賣志》（臺北：日日新報社，1924）。

林淑琤譯、麥斯基爾《霧峰林家》，（臺北，文鏡，1986）。

林滿紅，《茶、糖、樟腦業與晚清臺灣》，臺灣文獻叢刊 115 種，臺銀經濟研究室編印。

波越重之，《新竹廳志》，（該廳發行，1905）。

洪敏麟，《臺灣舊地名之沿革》（二），（臺灣省文獻會，1983）。

胡傳，《臺灣日記與稟啟》，臺灣文獻叢刊第 71 種，臺銀經濟研究室編印）。

苗栗縣文獻會，《苗栗縣志》，卷四，交通篇。

苗栗縣地名探源編委會《苗栗縣地名探源》（1981）。

翁佳音，《臺灣漢人武裝抗日史研究（1895-1902）》，臺灣大學，1986）。

許雪姬「武翼都尉黃宗河傳」（中華民國史蹟研究中山編印）《臺灣史研究暨史料發掘研討會論文集》，（1986/11）。

連橫，《臺灣通史》，（臺北：古亭書屋，1973）。

陳炎正，《臺中縣岸裏社開發史》，（臺中縣立文化中心，1986）。

陳衍，〈清賞戴藍翎同知銜苗栗黃君墓誌銘〉，（臺北市文獻會《臺北文獻》13、14、15 期合刊本，頁 241-244）。

黃卓權，〈臺灣裁隘後的著名墾隘—廣泰成墾號初探〉，收入《臺灣史研究暨史料發掘研討會論文集》，高雄：中華民國臺灣史蹟研究中心，1987，頁 105-140。

黃卓權，《跨時代的臺灣貨殖家：黃南球先生年譜 1840-1919》，（臺北：國立中央圖書館臺灣分館，2004）。

黃卓權主編，《慶祝苗栗設縣百週年：廣泰成總墾號創立百週年紀念特刊》，（苗栗：南昌宮百年尋根系列活動籌備委員會編印，1989）。

黃富三等，《霧峰林家文書集：墾務、腦務、林務》，（臺北：國史館，2013）。

新竹州廳編印，《新竹州沿革史》，後編（1938）。

臺銀經濟研究室編印，《臺灣私法物權編》，第 3 冊。

臺灣省文獻委員會，《臺灣總督府檔案中譯本》，（南投：臺灣省文獻會）。

臺灣省文獻會，《臺灣省通誌》，卷一，疆域篇」第三冊。

臺灣新民報社《臺灣人士鑑》（1937）。

臺灣新聞社《臺灣商工便覽》（1918，中央圖書館臺灣分館藏）。

臺灣總督府鐵道部編，《臺灣鐵道史》上卷，（臺北，1910）。

劉銘傳，《劉壯肅（省三）公奏議》，（臺灣文獻叢刊第 27 種，臺銀經濟研究室編印）。

蔡培火等，《臺灣民族運動史》，（臺北：自立晚報，1971）。

鄭喜夫，《林朝棟傳》，（臺中：臺灣省文獻會，1979）。

戴炎輝，《清代臺灣之鄉治》，（臺北：聯經出版公司，1979）。

臨時臺灣土地調查局編，《臺灣土地慣行一斑》，（臺灣日日新報社發行，1905）。

鷹取田一郎，《臺灣列紳傳》，（臺灣總督府，1916）。

義民廟早期歷史的原貌、傳說與記載
—歷史文本與敘事的探討*

摘要

目前涉及臺灣義民廟的相關研究，大都偏向義民信仰、廟會組織、族群問題與社會結構的探討；對於義民廟新埔本廟或其分香廟宇早期歷史的沿革敘事，往往根據既有文本直接引述運用，很少針對歷史文本與敘事之間的互動，來進行時間與史事的探討。由於所謂「原貌、傳說與記載」，對地方民眾與一般信徒而言，只不過是一種專業性的模糊概念，並無太大的意義或區別。然而，研究者如果能夠經由這種互動關係，把隱藏在長時段發展中，業已模糊的歷史記憶重新發掘出來，許多似是而非而且相互矛盾的歷史問題才得以重新理解。

本文的目的並不在於發掘歷史的「真相」，而是試圖透過林爽文事件的相關議題，例如：塹北客家義民軍的組成、軍費的來源和當地的人口結構⋯⋯等，根據這個事件的關鍵性時段所留存的政府檔案、時人記載和義民廟史的相關文本，來探討新埔義民廟建廟初期的主要人物、重要家族與地方發展的關係，希望能對相關議題具有一些澄清的作用。

關鍵詞：文本、敘事、新埔、義民軍、林爽文事件。

---

* 本文原刊：《臺灣文獻》59（3），南投：國史館臺灣文獻館，2008，頁 89-127。

一、前言

　　義民與義民信仰研究，不但深受臺灣客家研究者的重視，也是研究臺灣社會、文化發展，值得關注的課題。近十年來，由於中央與地方政府紛紛成立客家委員會或各種客家事務機構，更使這個深具特殊意義的議題，每逢農曆七月，便成為政治場域和各類媒體爭相炒作的話題；另一方面則因大學院校紛紛成立客家學院或相關研究中心，又使這個議題很自然地成為學術界新一代的研究者，必須嚴肅面對與積極投入的新領域之一。

　　新竹縣新埔鎮枋寮義民廟十五大庄的聯庄祭祀活動，毫無疑問可以做為探討臺灣客家社會結構與文化發展時，值得重視的題材。由於這一個聯庄祭典的範圍，不但跨越新竹、桃園三縣市，並且隨著義民爺神格的逐步提升、信仰的傳播與當地客家人口的流動，遂使分香廟宇多達三十餘座而遍佈全臺。[1]這些分香廟宇，從清代乾隆56年（1791）新埔義民廟初建之時，便創建的桃園縣平鎮褒忠祠，[2]或遲至戰後才陸續建立的高雄縣旗美褒忠義民廟（1949）、高雄市褒忠義民廟（1960）、臺東縣池上褒忠義民廟（1985）……等，其廟史沿革的敘事基礎，也都溯源於新埔本廟。[3] 相對而言，廟史沿革與此密切關聯的苗栗縣苗栗市社寮岡義民廟，兩百餘年來雖然維持著六庄輪祀的祭典，卻不但沒有任何一座分香廟，而且一直停留在「義靈」的神格；兩者絕然相異的發展，無論如何都是值得研究者繼續深入探討的問題。

　　二百餘年來，新埔義民廟經由聯庄祭祀這種重複性的儀式過程，不但留下了豐富的廟史記載以及各種傳說、神話與信仰傳播的相關文本；

---

[1]　參考江金瑞，〈清代臺灣義民爺信仰與下淡水六堆移墾活動〉，中興大學歷史學系碩士論文，1998，頁86（表4-3）；范國銓、陳雯玲，〈臺灣各地義民廟簡介〉，收入《義民心鄉土情：褒忠義民廟文史專輯》（新竹：新竹縣文化局，2001），頁200-223。

[2]　依據平鎮褒忠祠左廊壁面「褒忠亭」石碑；另見何培夫主編，《臺灣地區現存碑碣圖誌／臺北市、桃園縣篇》（臺北：中央圖書館臺灣分館，1999），頁241。

[3]　江金瑞，〈清代臺灣義民爺信仰與下淡水六堆移墾活動〉，頁86（表4-3）；范國銓、陳雯玲，〈臺灣各地義民廟簡介〉，收入《義民心鄉土情：褒忠義民廟文史專輯》，頁200-223。

一方面可以作為重新了解臺灣北部客家先民開臺歷史的重要依據；一方面也可以藉著十五大庄聯庄結構的形成，以及全臺各地分香廟宇的建立，來探討這些地區錯綜複雜的族群關係、人口流動、鄉庄發展與社、經狀況。

　　本文的論述重點是透過筆者過去發表的「褒忠義民廟沿革」一文，[4]所發現的一些問題與時空的矛盾，根據目前可供掌握的義民廟史相關文本或相關研究成果，扣緊歷史文本（text）與歷史敘事（narrative）兩者之間的互動，來探討新埔義民廟建廟初期的歷史；從「自我檢視」的角度出發，希望能對本文所探討的相關議題，具有某些澄清的作用。筆者認為，這些極易為研究者所忽略的議題，應該是探討義民廟史核心問題的主要關鍵。

二、從「褒忠義民廟沿革」談起

　　新竹縣新埔義民廟的創建，肇因於清代乾隆 51 年（1786）林爽文在彰化縣大里杙（今臺中縣大里市）起事反清，自立為王；又因為鳳山縣的莊大田等在南路舉兵響應，遂使戰火迅速蔓延全臺西部各廳、縣。當時，北路淡水廳方面，由林爽文部將王作率領，沿路北進，攻陷竹塹城。由於王作所率領的這支北路軍，所到之處「皆以劫掠為事」，於是「閩、粵各庄皆團結義民，堅壁清野」，協助官兵共同抵拒，才暫時遏阻抗官勢力的攻勢。[5]

　　《樹杞林志》記載，當時竹塹地區有石壁潭庄「奇士」陳資雲，「家貧無資，乃與同莊劉朝珍及六張犁莊林先坤同謀義舉，團練鄉民作為義勇」，[6]組成粵庄義民軍共一千三百多人（相傳以黑布纏臂為記），由林先坤、劉朝珍、陳資雲三人率領，會合竹塹城閩籍義軍，協同清廷官兵

4　黃卓權，〈義民廟沿革及聯庄祭典區概述〉，收入作者所編：《義魄千秋：2005 褒忠亭義民節大隘聯庄祭典專輯》（新竹：2005 年褒忠義民節大隘聯庄祭典委員會，2006），頁 12-15。這段敘事業經作者略作修正、補充。

5　《平臺紀事本末》，臺灣文獻叢刊第 16 種，臺銀經濟研究室，1958，頁 13。

6　林百川、林學源等，《樹杞林志》，〈列傳〉，手抄本影印，無頁碼；另見於臺灣文獻叢刊第 63 種，臺銀經濟研究室，1962，頁 89。

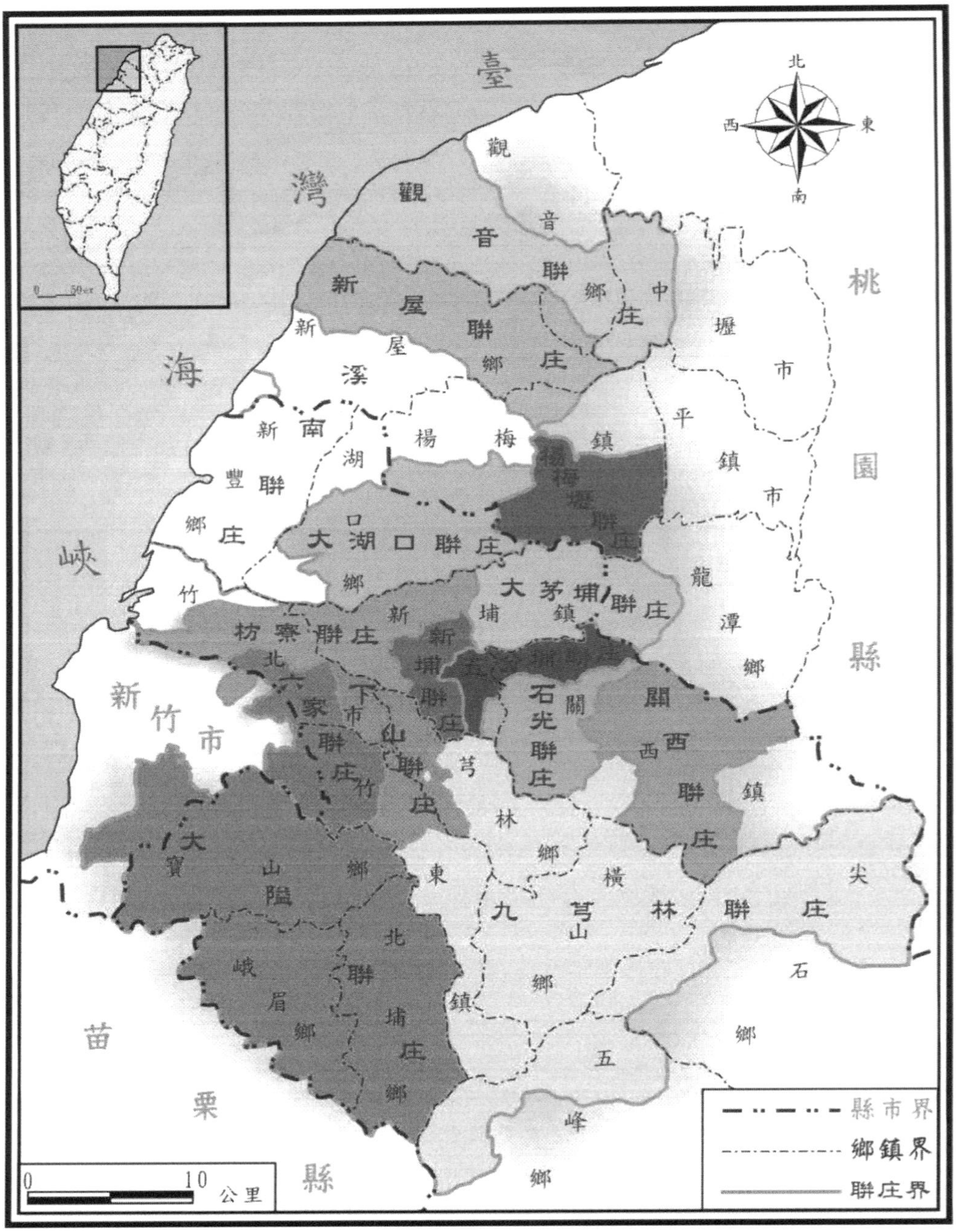

圖 1：新埔義民廟 15 大庄分布圖

來源：陳國川繪製 ／ 黃卓權、陳國川、羅烈師調查修訂。

三面夾擊，克復竹塹城；其後又與苗栗、後龍等六大庄義民軍會師，轉戰後龍、苗栗、大甲、彰化各地。至乾隆53年（1788）初，戰事才告平定。[7]

　　竹塹地區義民軍於征戰中犧牲成仁的義民共有二百餘人之多，「捐軀殉難者不少，血戰疆場，屍骸拋露到處，夜更深常聞鬼哭，各庄人民寢寐難安，……時有王廷昌自備銀項，請出鄧五得為首，各處收骸，預設塚廟。……以免陰靈怨哭如（於）他鄉」。[8]根據故老相傳，當年係以牛車沿途載運骨骸歸葬，原擬合葬大窩口（今湖口鄉），但牛車經過枋寮時，牛隻竟不受驅使，經焚香禱告後，跌筶卜知忠骸有意合葬於此。據說此地為風水學上的「雄牛睏地穴」，號稱全臺三大名穴之一。穴址所在原屬戴拔成、禮成、才成三兄弟所置買的產業，他們有感於「陣亡義友骨骸暴露兩載，乏地安葬」，遂以先父戴元玖名義，將此地捐出作為墓園及廟基土地。[9]

　　清廷為獎勵全臺各籍義民軍「隨同官軍打仗殺賊，甚為出力」，所以乾隆帝特別下旨賞給粵庄義民「褒忠」、泉籍義民「旌義」里名的御筆匾額；對漳籍義民則賞給「思義」村名「以示勸勵」；而且對「所有打仗出力之熟番」，亦頒給「效順」匾額「以示旌獎」。[10]竹塹粵庄地區獲頒「褒忠」匾後，遂由「王廷昌、黃宗旺、林先坤、吳立貴等」出面呈請平臺將軍福康安批准「立塚建廟」。於是公推義首林先坤為首，邀請地方仕紳、領袖共同籌畫建廟事宜，經地方人士多方奔走捐輸，乃在乾隆53年冬於墓塚前方奠基破土；至55年冬完成「後落正廳」，稱為

7　《樹杞林志》，〈列傳〉。另據林六吉、劉世遠，〈褒忠廟記〉，1865，竹北六張犁林家古文書影本，楊鏡汀先生收藏，范明煥先生提供。

8　王廷昌、林先坤等，嘉慶7年〈仝立合議規條簿約字〉影印本，莊英章先生收藏，羅烈師先生提供。關於「王廷昌自備銀項，請出鄧五得為首，各處收骸」的敘事，首見於陳運棟1992年所撰〈枋寮褒忠亭義民廟簡史〉，收入《褒忠亭乙亥年義民節輪值第九區關西聯庄祭典專輯》（新竹，關西聯庄祭典委員會，1996），頁20-23。

9　據乾隆53年11月，粵東總理林先坤、姜安等，乾隆53年11月，〈仝立合議字〉影印本，楊鏡汀先生收藏，范明煥先生提供。

10　《臺案彙錄庚集》，臺灣文獻叢刊第200種（第五冊），「103、乾隆五十三年三月十二日上諭」，臺銀經濟研究室，1964，頁793-794。大學士伯和奉諭轉發平臺將軍福康安的寄信諭旨。

褒忠亭。[11]當時擔任廟祝的王尚武禪師深感廟宇「前堂并橫屋尚未有成」，所以在乾隆 56 年（1791）初，設席請來王廷昌、黃宗旺、林先坤、吳立貴等四人會商，簽立〈託孤字〉，把「老本銀」當眾捐出三百八十大元，作為興建前堂及橫屋的經費，又把剩餘的四百大元捐出，共同推舉林先坤親手收存「生放」，每年抽回利穀十石作為「老本」之外，其餘則累計本利作為未來購置廟產之用。[12]於是褒忠亭宏規，乃於乾隆 56 年冬正式竣工落成。

同治元年（1862），再度發生彰化戴潮春抗官事件，彰化城陷落，淡水同知秋曰覲遇害，一時北臺灣地方無主，於是竹塹城林占梅等地方仕紳，共同推舉候補通判張世英暫攝淡水廳務，號召四方義民南下平亂。[13]金廣福墾戶首姜殿邦、大肚墾戶劉維翰等奉張世英諭令邀集地方仕紳，共組義民軍南下，協助克復大甲、彰化等地；至同治 3 年事件才告平定。[14]這次義民軍死難者多達百餘人，地方仕紳再次撿拾義友遺骸，歸葬枋寮義民塚左側，稱為「附塚」。

清光緒 21 年，即日本明治 28 年（1895），清廷因甲午戰敗議和，把臺灣全島及其附屬島嶼割讓日本；臺民舉兵抗日，兵災浩劫之下，廟宇燒燬。至明治 32 年（1899），由湖口庄輪值經理傅萬福、徐景雲、張坤和等地方仕紳倡議十四大庄眾信捐資重建，鳩工興築五年始成。[15]昭和 15 年（1940），統治當局曾有廢除本廟，沒收廟產之議，幸經十四大庄地方父老推舉經理人傅任、彭錦球、蔡昆松等鄉賢，向日本統治當局

[11]　王廷昌、林先坤等，嘉慶 7 年〈仝立合議規條簿約字〉影本，莊英章先生收藏，羅烈師先生提供。這份文獻羅烈師，〈枋寮義民廟大隘祭典區探源〉一文，稱為「枋寮義民廟發展史上之憲章」，收入黃卓權總編輯，《義魄千秋：2005 褒忠亭義民節大隘聯庄祭典專輯》，頁 55-68。

[12]　王尚武，〈託孤字〉，依據林桂玲，《家族與寺廟：以竹北林家與枋寮義民廟為例(1749-1895)》，新竹縣文化局，2005，頁 122-123；另據羅烈師，〈臺灣枋寮義民廟階序體系的形成〉，《客家研究》，創刊號，2006.6，頁 97-145。

[13]　吳德功，《戴施兩案紀略》，臺灣文獻叢刊第 47 種，臺銀經濟研究室，1959，頁 12。

[14]　林百川、林學源等，《樹杞林志》，〈列傳〉，手抄本影印，無頁碼；另據臺灣文獻叢刊第 63 種，臺銀經濟研究室，1962，頁 90。

[15]　傅萬福等，〈重建廟碑〉，1905，原碑現嵌在義民廟觀光花園居庸關造景左牆面。

據理力爭，並遠赴日本東京向帝國議會陳情，終於獲得保存。[16]

　　民國 53 年，本廟因丹青剝落，桁樑腐蝕，傾圮堪虞，再度興工修繕；並於民國 74 年 8 月 19 日經內政部評定公告列為三級古蹟。嗣後再經歷任執事的籌劃，本廟續有興修擴建。民國 93 年又獲得內政部古蹟修復經費補助，於 12 月間再度動工整建，於 94 年 7 月舉行登龕安座，12 月竣工完成本廟的現貌。[17]

圖 2：日本昭和元年（1934）的義民廟外觀（范振鑫提供）

---

[16]　林光華，〈褒忠義民廟之沿革〉，收入《褒忠義民廟創建兩百週年紀念特刊》（新竹：特刊編委會，1989），頁 4-9。

[17]　新竹縣文化局文化資產課資料提供。

圖 3：民國 95 年義民廟外觀（彭啟原攝）

　　新埔褒忠義民廟先由王廷昌自費收拾先烈遺骸歸葬，再於乾隆
53 年，由戴氏兄弟捐獻墓園及廟基土地，並經王廷昌、黃宗旺、林
先坤、吳立貴等先賢號召地方父老捐資建廟，又經王尚武禪師捐獻鉅
款完成本廟規模。於嘉慶 6 年（1801），由林先坤率先捐出祭田一處，
嘉慶 7 年，再由王、黃、林、吳等四姓首事捐資購買祭田一處，其後
陸續有地方善士或出資金、或捐水租、或施祭田，終使本廟成為北臺
灣客家人最重要的信仰中心。本廟除了祭祀義民爺外，並附祀觀音佛
祖、三山國王、五穀神農大帝及福德正神等神祇，以及建廟有功人士
的長生祿位。

　　目前參與新埔義民廟聯庄輪值的祭典區，涵蓋新竹縣、市及桃園
三地，共計六家、下山、九芎林、大隘、枋寮、新埔、五分埔、大茅
埔、石光、關西、湖口、楊梅、溪南、新屋、觀音等十五大庄。

表 1：清代乾隆、嘉慶年間義民廟施主捐獻表

年代	施主	捐獻名稱	租谷數額	備註
乾隆 53 年	王廷昌	自費僱工四處收骸		同立合議規條簿約字
乾隆 53 年	戴拔成、戴禮成、戴才成	墓園及廟基土地		仝立合議字同立合議規條簿約字
乾隆 53~55 年	地方善信	建廟經費		同立合議規條簿約字
乾隆 56 年	王尚武	前堂及橫屋 380 圓		託孤字註：結餘款 200 圓
		另捐銀 400 圓	38 石	託孤字同立合議規條簿約字
嘉慶 6 年	林先坤	新社墩水田二段	欠詳	褒忠廟記、樂施碑
嘉慶 7 年	王廷昌、黃宗旺、林先坤、吳立貴	新社螺勝庄田業，屋地及菜園二處	55 石	同立合議規條簿約字 *各捐銀 110 圓
嘉慶 19 年	林次聖	活人窩水租	2 石 3 斗	褒忠廟記、樂施碑
嘉慶 19 年	林浩流	活人窩水租	3 石 5 斗	褒忠廟記、樂施碑
嘉慶 19 年	林仁安	活人窩水租	9 石 2 斗	褒忠廟記、樂施碑
嘉慶 19 年	錢子白	活人窩水租	3 石 5 斗	褒忠廟記、樂施碑
嘉慶 19 年	錢茂聯、錢茂安	活人窩水租	2 石	褒忠廟記、樂施碑
嘉慶 19 年	錢甫崙	活人窩水租	3 石 5 斗	褒忠廟記、樂施碑
嘉慶 22 年	劉朝珍	二十張犁南勢水田小租谷額半數	30 石	褒忠廟記、樂施碑奉祭田契

說明：本表「租谷數額」欄內，〈褒忠廟記〉與〈樂施碑〉的記載差異甚大，原因不詳。由於筆者所持有的〈褒忠廟記〉影印本，數字模糊未敢確定。所以暫以〈樂施碑〉所記為準。筆者也相當懷疑，嘉慶 6 年林先坤所捐的「新社墩水田」，乃係林先坤以廟產管理人身分所購入的祭田，並非私人捐獻，否則在〈同立合議規條簿約字〉內應該有所說明。[18]

資料來源：嘉慶 7 年，〈仝立合議規條簿約字〉抄件影本。嘉慶 22 年，「劉朝珍公奉祭田契」抄件影本。林六吉、劉世遠，〈褒忠廟記〉，1865，抄件影本。傅萬福等，〈樂施碑〉，1905.8 立，1935 重立。林培夫主編，《臺灣現存碑碣圖誌：新竹縣市篇》，臺北：中央圖書館臺灣分館，1998，頁 81-82。

---

[18] 羅烈師，〈歷史記憶與族群：1786 年冬季究竟發生了什麼事情？〉，《客家文化研究通訊》（7），桃園：中央大學客家研究中心，2005，頁 211-229，更直接指出這筆土地「應該視為眾人捐施給義民廟的產業，而非來自林先坤」。

　　前述關於義民廟建廟沿革的歷史敘事,是依據已經公開的歷史文本或晚近學者的相關研究成果,綜合整理而成;撰寫時雖然根據歷史的時空發展,做了一些關鍵性的補充與修訂,但是在整體敘事上,仍然可以發現幾個有待解決查證的問題,引起筆者進一步探討的興趣。筆者以為釐清這些深具關鍵的問題,不但可使新埔義民廟的歷史更接近事件的原貌,也有助於了解十五大庄客家聚落的發展與社經狀況,而且對於探討聯庄祭典區的形成與地方勢力的興衰,都有很大的幫助。

圖 4:新埔枋寮義民廟空間配置圖(徐仁清攝 2017.02.21)

三、關於塹北粵庄義民軍的組成

目前新埔義民廟所印行的〈新竹縣枋寮褒忠亭（義民廟）簡史〉，[19]關於塹北地區粵庄義民軍的組成如此記載：「北路王作陷淡水，廳治不保，……六張犁庄（今竹北六家地區）首當其衝。林先坤公因率子弟兵丁抗禦，並聯合王廷昌公、陳資雲公、劉朝珍公等數股粵眾之力迅速集結，凡千三人，奮勇抗敵，以衛鄉土，是乃義民軍之肇始」；[20]日治初期編修的《樹杞林志》則記稱：「石壁潭庄奇士」陳資雲「慨然有平賊之志，但家貧無資，乃與同莊劉朝珍及六張犁莊林先坤同謀義舉，團練鄉民作為義勇」。[21]《樹杞林志》一書，雖然遲至日治時期明治 31 年（1898）才編撰完成，但是我們根據兩份文本的敘事試加探討，兩者前後呼應，似乎並無任何疑點可言；如果進一步根據清代同治 4 年（1865）的〈褒忠廟記〉所留下的記載：

> 富紳林先坤與陳資雲謀，傳集粵眾，申以大義，扼險固守，誓不附賊。……巡檢李生椿，知縣孫讓等率眾攻賊。坤與義民千三人，橫衝賊陣，賊敗績，遂復塹城。[22]

那麼這一件在義民廟發展史上的重大事件，由當時擔任「粵東總理」的林先坤出面，[23]再結合當地的仕紳和能人「奇士」，共同號召鄉民組成義民軍來保衛地方的「廟史記載」，便顯然具備了敘事的合理性，應該可以不必徒事紛擾多加置疑了。然而，我們如果根據歷史脈絡仔細分析，並透過當時所留存的歷史文本，以及頗為豐富的相關敘事來重新解讀時，卻又不免令人產生若干疑問。因為這樣重大的歷史事件，在乾隆

---

[19] 依據筆者於 2005 年 10 月間，向新埔義民廟服務臺索取版本為例。

[20] 林光華，〈褒忠義民廟之沿革〉，收入《褒忠義民廟創建兩百週年紀念特刊》，頁 4-9。

[21] 林百川、林學源等，《樹杞林志》，〈列傳〉，手抄本影印，無頁碼；另據臺灣文獻叢刊第 63 種，臺銀經濟研究室，1962，頁 89。

[22] 據林六吉、劉世遠，〈褒忠廟記〉，1865，收入《褒忠義民廟創建兩百週年紀念特刊》，頁 16-17。

[23] 據乾隆 53 年 11 月，粵東總理林先坤、姜安等，〈仝立合議字〉。另據《潮州饒平林氏大宗譜》，林先坤生於雍正 3 年卒於嘉慶 11 年（1725~1806），享年 82 歲。

51 年至嘉慶 25 年間（1786~1820），這一個最接近歷史事件的關鍵性時段中，[24]可供研究者所能支配的歷史文本，如：《臺案彙錄庚集》、[25]《欽定平定臺灣紀略》、[26]《平臺紀事本末》、[27]……等政府相關檔案和在臺官員留下的記載中，為何對於林先坤、王廷昌、劉朝珍、陳資雲等人參與「平亂」的事蹟都無一字提及，亦無任何獎敘記錄可查？即使是同治 10 年（1871）才編成的《淡水廳志》，也無林先坤等人的任何記載。[28]

　　由於「林爽文事件」在全臺西部各地南北蔓延，「臺灣自知府以下死事者十餘人」，[29]包括臺灣知府孫景燧、淡水廳同知程峻、總兵貴林、北路協標副將赫生額……等文武官員都紛紛遇害，以致引起清廷的高度重視。[30]從前面所提到的那些文本中可以發現，當時在臺灣負責「平亂」的文武官員，向朝廷奏報戰情發展、軍事部署與地方動靜等事，相互爭功諉過，敘事惟恐不夠詳盡，對各地義民的動態，也幾近鉅細靡遺的程度。再從廷臣奉旨轉發的「上諭」檔，也可以發現乾隆皇帝對這個事件涉入參與的程度，至今仍讓研究者感到許多不可思議的地方。因此整個事件的發展過程以及善後的處置，無論獎敘、懲處和撫卹，都留下極為可觀的記錄。然而令人深感疑惑的是，至今仍然無法從中找到足具佐證功能的線索。

　　進一步檢視同時段的義民廟史重要文本，包括乾隆 53 年（1788）11 月間，由粵東總理林先坤、姜安，首事梁元魁、鍾金烙、賴元橺、徐英鵬、林興等人聯名立給戴禮成兄弟的〈仝立合議字〉；以及嘉慶 7

24　王廷昌生於雍正 5 年，卒於嘉慶 25 年（1727-1820），享年 94 歲；據李明賢，《鹹菜甕鄉街的空間演變》，新竹縣立文化中心，1999 初版，新竹縣文化局，2005 再刷，頁 47。筆者係以林先坤、王廷昌二位義民廟史的關鍵人物在世期間，作為這一歷史事件的關鍵性時段。

25　《臺案彙錄庚集》，臺灣文獻叢刊，第 200 種。

26　《欽定平定臺灣紀略》，臺灣文獻叢刊，第 102 種。

27　《平臺紀事本末》，臺灣文獻叢刊，第 16 種。

28　陳培桂，《淡水廳志》，臺灣文獻叢刊第 172 種。該書卷九（下），〈列傳3/義民〉，頁 275-276，列有林爽文案閩、粵籍義首事蹟共九人，其中亦無林先坤等人事蹟。

29　《臺案彙錄甲集》（三），「附錄：記莊大田之亂」，臺灣文獻叢刊第 31 種，頁 236。

30　這次事件的死難官員、士紳、義首及義民人數，可參見《臺灣通志》，〈列傳〉，「忠節表/勤林爽文、莊大田案」，臺灣文獻叢刊第 130 種，頁 606-615。

年（1802）10 月間，褒忠亭首事王廷昌、黃宗旺、林先坤、吳立貴等人共同簽立的〈同立合議規條簿約字〉，不但對林先坤率領義民之事隻字未提，也沒有出現陳資雲與劉朝珍二人的任何記載。（附件 1、2）更令人不解的是，遲至同治 4 年（1865）才由林先坤、劉朝珍的後裔「林六吉」與劉世遠共同記名製作的〈褒忠廟記〉，也只提及「富紳林先坤與陳資雲謀，傳集粵眾，申以大義」，也未提及劉朝珍參與事件的記載。（附件 3）那麼陳資雲、劉朝珍二人又為何會在後來的義民廟史中，成為這次事件的主要參與者？而且他們在義民廟史的地位，反而超越了與林先坤共同擔任建廟「首事」的王廷昌、黃宗旺與吳立貴等人？這些疑問恐怕有待進一步的努力，才能釐清這段過程。[31]

依據〈同立合議規條簿約字〉記載：

> 丙午年冬，元惡林爽文戕官陷城，程廳主遇害，壽師爺接任，立策堵禦，我義民募勇，幫官殺賊，志切同仇。捐軀殉難者不少，血戰疆場，屍骸拋露到處，夜更深常聞鬼哭，各庄人民寐寤難安，蒙制憲以粵民報效有功，上奏京都，聖主封以褒忠式字。[32]

這段敘事中所稱的「程廳主」就是前文提到的淡水廳同知程峻；「壽師爺」就是程峻的幕友壽同春。竹塹城失陷時，程峻自殺身亡，壽同春因為「在臺灣作幕年久，熟悉民情、地勢」，所以出面「親赴各莊招集義民」，會同官兵收復竹塹城。後來在彰化被林爽文部隊所擒，「以罵賊不屈，為賊支解」，經「平臺」將軍福康安奏准賞給知縣職銜。但是在事件中擔任廳、縣地方官的程峻等人，因為守土不力，雖然以身殉職，卻以「聲名狼藉，玩縱廢弛」，遭受清廷給予「停給卹典」的處分。[33]

31　羅烈師，〈歷史記憶與族群：1786 年冬季究竟發生了什麼事情？〉，《客家文化研究通訊》（7）一文也對此提出質疑；此外，臺大歷史所博士生陳志豪先生曾轉寄李文良教授對拙文初稿〈新埔義民廟史的傳說與真貌──歷史脈絡與文獻敘事的探討〉一文的部分觀點：「這是否意味著，由於不同主事者對廟宇影響力的增減，而間接使得口碑的陳跡出現轉變，其記憶的形成或許不見得是在建構『過去的事實』，而是反映當時的集體觀感？」特引載於此，提供另一層面的思考。

32　嘉慶 7 年，〈仝立合議規條簿約字〉抄件影本。

33　《臺案彙錄庚集》（二），卷二/八三，史部題本「乾隆五十三年六月初十日，內閣抄出初六日奉上諭」，頁 194。

《欽定平定臺灣紀略》稱：

> 淡水廳幕友壽同春，係浙江諸暨縣監生，年已七十餘歲。在臺灣
> 作幕年久，熟悉民情、地勢。當竹塹城失陷時，同知程峻先已被
> 害，壽同春親赴各莊招集義民；於五十一年十二月內，同官兵恢
> 復竹塹城，擒獲賊目王作等四名。[34]

《平臺紀事本末》又稱：

> 辛亥（十二日），賊目王作、許律、陳覺等率眾五百餘人，棄輜
> 重，由間道南去。壬子（十三日），壽同春集義民數千人追之至
> 舊社，擒王作、許律、陳覺，械送塹城，戮于市。……同春益開
> 倉發官糧，足兵食，北與艋舺義民聯絡聲勢，而南委義民鍾尚紀
> 等守大甲。淡水略平。[35]

《臺案彙錄庚集》則稱：

> 又據福康安等另摺奏稱：淡水廳幕友壽同春，年逾七十餘歲，當
> 同知程峻被害時，壽同春招集義民，恢復塹城，擒獲賊目四名，
> 深入賊莊；及被擒後，多方勸誘，以罵賊不屈，為賊支解。……
> 壽同春、李喬基俱著賞給知縣職銜。[36]

綜合這些乾隆 53 年前後所輯錄的歷史文本可知，竹塹城失陷時，
出而「立策堵禦」並且「親赴各莊招集義民」，籌組義民軍的主要人物，
乃是當時擔任淡水廳幕友的壽同春。至於時年 62 歲的林先坤，則應該
是以地方頭人或林家宗族代表的身分，受邀擔任「義首」（義民首），成
為協助招募義民的地方領袖。我們再根據前引〈同立合議規條簿約字〉
的敘述，更能得到清楚的脈絡：

---

[34] 《欽定平定臺灣紀略》卷六十二，六月初三日至初六，臺灣文獻叢刊，第 102 種，頁 998。
[35] 《平臺紀事本末》，頁 13-14。
[36] 《臺案彙錄庚集》（二），卷二／八三，吏部題本「乾隆五十三年六月初十日，內閣抄出初六日奉上諭」，頁 194。

時有王廷昌自備銀項，請出鄧五得為首，各處收骸，欲設塚廟。相有地基，立買成就。遂即設席請得義首林先坤、黃宗旺、吳立貴等，合眾商議。痛此義民死者，淒青靈於墨夜，暴白骨於黃沙，營埋忠骸於青塚，以免陰靈怨哭如（於）他鄉。呈請制憲大人蒙批：准該義首王廷昌、黃宗旺、吳立貴、林先坤協同粵庄眾殷紳等立塚建廟。[37]

這段敘事業已明白指出，當時在塹北地區擔任「義首」號召義民的粵庄領袖，除了林先坤以外，至少還有王廷昌、黃宗旺、吳立貴等三人，而且透過〈同立合議規條簿約字〉全文，也可發現林先坤顯然是憑著個人的領導才能與地方資望，成為其他義首共同推舉的塹北地區粵庄代表，以及後來建設廟宇的負責人和廟產管理人。[38]

最令人感到不解的是，我們透過〈同立合議規條簿約字〉的敘事，也可以發現王廷昌在這個歷史時段中，一直扮演著不容忽視的關鍵地位，因為他不但以「義首」身分，率先「自備銀項……，各處收骸」，而且是由他出面「設席」，邀請其他三位「義首」共同會商，倡議建廟；不但是義民廟建成初期的四大首事之一，又是共同購買義民廟「新社螺勝庄」重要祭田的出資者。然而在清同治4年（1865）所撰寫的〈褒忠廟記〉中，王廷昌的姓名已經不在這份文本中出現；[39]甚至在日本明治38年（1905）所立的〈重建廟碑〉再度提到他時，也只以「王君」二字稱呼，不但連名字都被省略，並不像林先坤、劉朝珍二人以「公」尊稱。[40]而且這年所立的〈樂施碑〉[41]和昭和10年所立的〈義民廟紀〉[42]對於新社螺勝庄田業也都隻字未提。

---

[37] 嘉慶7年，〈仝立合議規條簿約字〉。

[38] 根據新竹文獻委員會，〈新竹文獻會通訊〉，第009號，1953.12.20，頁11；該期「新埔文獻採訪錄」所載，當時林先坤的祿位牌所刊全文為「建設施主諱先坤林公之祿位」，而且與「創建施主」王廷昌、黃宗旺、吳立貴、錢茂祖及開山禪師王尚武、施主戴元玖、大先生陳資雲和施主劉朝珍等祿位牌共同祀奉於「東廊」；顯然與今日的供奉現況，其稱呼與位階，已有很大的不同。

[39] 據林六吉、劉世遠，〈褒忠廟記〉，1865，竹北六張犁林家古文書影本。

[40] 傅萬福等，〈重建廟碑〉，1905/8立；原碑現存義民廟觀光花園居庸關造景左牆面。據何培夫主編，《臺灣現存碑碣圖誌：新竹縣市篇》，頁68-69。

[41] 傅萬福等，〈樂施碑〉，1905/8立，1935重立；原碑現存義民廟觀光花園居庸關造景左牆面。另據林培夫主編，《臺灣現存碑碣圖誌：新竹縣市篇》，頁81-82。

[42] 劉家水撰，〈義民廟紀〉，1935立；原碑現存義民廟觀光花園居庸關造景左牆面。另見何培夫主編，《臺灣現存碑碣圖誌：新竹縣市篇》，頁83-84。

　　這到底是歷史記憶的模糊？還是世代間的鎖鏈已經斷裂？恐怕只
能留待義民廟早期的相關文本逐步公開之後，才得以解開這段歷史的兩
百年之謎。

圖 5：新埔枋寮義民廟全景空拍圖（徐仁清攝　2017.02.21）

四、從軍費來源探討林、劉兩家的財力

　　就義民軍的軍費來源來探討林先坤、劉朝珍的財力發展。《樹杞林
志》一書又稱：「當時劉、林皆巨富，所有行軍需費，皆劉、林備出」。[43]
這段敘述在歷來的義民廟相關研究中，雖然引用者不多，但是一份既經
製作而且公開的文本，必有文獻敘事之外的史事來源，絕不可能突然憑
空產生；而且在新竹縣文化局晚近出版的相關研究著作中，也二度引載

43　林百川、林學源等，《樹杞林志》，〈列傳〉，手抄本影印，無頁碼；另據臺灣文獻叢刊
　　第 63 種，臺銀經濟研究室，1962，頁 89。

了這件文本，並據此做了不少的引申與推論；[44]筆者為「大隘聯庄祭典專輯」撰寫〈義民廟沿革及聯庄祭典區概述〉時，亦未經詳考直接引用了這段記載。[45]事後筆者根據林、劉兩家的家族發展史，重新檢視這段敘事時，便發現在乾隆 51 年間義民軍組成的那個時段，所謂「當時劉、林皆巨富」的敘事是極有問題的，而且也進一步發現「所有行軍需費，皆劉、林備出」的敘事，更是欠缺歷史時段的合理性。因為無論就歷史脈絡，林、劉兩家的家族發展，乃至當時的社會、經濟情況加以探討，都明顯呈現著不可能的訊息。

我們在分析之前，必須先要釐清以下兩點：

1.如果義民軍的「行軍需費」，皆由林先坤、劉朝珍二人「所備出」，為何乾隆 53 年「粵東總理」林先坤、姜安等人所簽立的〈仝立合議字〉，以及在嘉慶 7 年褒忠亭四姓首事所簽立的〈同立合議規條簿約字〉，乃至數十年後的同治 4 年才簽立的〈褒忠廟記〉，都無片語隻字提及。反而直到日治時期明治 31 年（1898）編撰完成的《樹杞林志》「陳資雲列傳」，才開始「突然」明確記載了這支一千三百人的義民軍所有經費的來源。那麼從 1788 至 1898 年，這一百一十年間，有關義民軍經費來源的歷史記憶，為何沒有在義民廟的歷史敘事中，留下可供探索的記錄？

2.以這支「一千三百人」的義民軍「行軍需費」而論，每天需要消耗十餘石米糧，光是每日的伙食開銷便已相當可觀，如果再加上兵餉、軍械以及其他後勤支出，一年四個月的總經費恐需數萬兩以上，劉、林二人當時是否擁有這樣的財力？如今就事件發生的時段來探討，當時整個竹塹地區恐怕還沒有任何家族能夠負擔得起這種龐大的支出。依據《平臺紀事本末》所稱：「壽同春集義民數千人追之至舊社……同春益開倉發官糧，足兵食」[46]合理推論，這應該才是當時義民軍「行軍需費」的主要來源。

---

[44]　林桂玲，《家族與寺廟：以竹北林家與枋寮義民廟為例（1749-1895）》，頁 106、117。

[45]　黃卓權，〈義民廟沿革及聯庄祭典區概述〉，收入拙編，《義魄千秋：2005 褒忠亭義民節大隘聯庄祭典專輯》，頁 12-34。

[46]　《平臺紀事本末》，頁 13-14。

4.1　六張犁林家的家族發展

　　如果進一步根據六張犁林家的家族發展史探討，林先坤生於清雍正
3 年卒於嘉慶 11 年（1725~1806）。於乾隆 17 年（1752）11 月與兄弟等
三人，由於父親林衡山有意回去饒平養老，遵照指示鬮分家產時，只擁
有六張犁小租田園二甲五分，時價值銀二百三十圓，按作四份均分，將
其中一份預留做為父母「日食蒸嘗」外，每房只能分配六分多的田園，
價值不過銀 57.5 圓而已，可見當時林家的生活還不算寬裕。[47]據莊英章
的研究，林先坤靠著個人的勤奮與努力，於乾隆 22 年曾返廣東饒平省
親，並於回臺時帶領許多族人前來六家地區開墾，聚集成庄，而成為當
地的領袖人物，而且「首先在乾隆 29 年買進第一筆土地，此後又陸續
於乾隆 33 年及 43 年、嘉慶 2 年、6 年、9 年、10 年、13 年、14 年、
21 年等分別買進土地，並在乾隆 38 年、51 年、52 年取得六張犁及員
山仔溪北犁頭山隘邊草地的開墾權」。[48]據此可知，林先坤在乾隆 51 年
林爽文事件發生前所擁有的土地，應該只有乾隆 29 年（1764）、33 年
（1768）及 43 年（1778）所買進的三筆而已。由於當時六張犁一帶的
墾權屬於「東興庄業主潘王春」墾號，因此林先坤所買進的應為小租權
土地，參照林先坤當時的財力與六張犁地區的小租權土地移轉實例，林
先坤所買進的土地面積不可能太大。

　　吳學明的研究初步指出，「員山仔溪北犁頭山隘邊草地」在乾隆 55
年設屯以前，皆為竹塹社土目所給墾，主要拓墾時間大約在乾隆 50~52
年之間，其位置「可能在今芎林鄉西側與竹北鄉交界（頭前溪北側）[49]」。
依據施添福研究，這片草地位於「今日新竹縣芎林鄉上山、下山、水坑

47　莊英章，《家族與婚姻：臺灣北部兩個閩客村論之研究》（臺北：中央研究院民族學研究
　　所，1994），頁 273，附錄一「立鬮書」。

48　莊英章、周靈芝，〈唐山到臺灣：一個客家宗族移民的研究〉，收入《中國海洋發展史論
　　文集》（臺北：中央研究院三民主義研究所，1984），頁 306。

49　吳學明，《頭前溪中上游開墾史暨史料彙編》（新竹：新竹縣立文化中心，1998），頁 41。
　　竹北鄉現已改制為竹北市。

一帶」。[50]從當時留下的開墾契約分析,此地所給墾的土地面積大都在「半張」至「二張」之間,每張以五甲為準,亦即二甲半至十甲之間,而且給墾二甲半(含)以上者,大都為合股開墾之例,獨立承墾的情形不多。[51]由此推知,林先坤在乾隆38年(1773)、51年(1786)、52年(1787)間取得墾權的土地也不可能太廣。

因此合理推論,林先坤在乾隆51年義民軍組成之際,頂多只是稍具資產的小租戶,與日治時期編纂的《樹杞林志》所稱「巨富」還有一大段距離。依據〈同立合議規條簿約字〉的敘述:

> 當時林國寶向眾說及父親林先坤親收王尚武銀項四佰大元,願貼利谷叁拾八石;又另收建有(廟)仍長銀式佰大元,願貼利息加壹五,兩條共母銀陸百大元。面言至明年冬面算,將母利並銀利谷,又另收四姓首事田利谷五拾五石,合共叁條,一概備出買業,作為褒忠亭嘗事,不得濫開,寔心料理。
> 再批明:林國寶當眾面限明年母利並谷利,又另收去田租谷,至明年冬一概付出買業,如無概交,仍依照議定貼利,日後經眾會算取出,批炤。[52]

據此得知,林先坤顯然是以他的能力和資望,獲得四姓首事共同推舉,負責前述「母銀陸百大元」以及「四姓首事田利谷五拾五石」的「生放」任務,而且充分運用了這筆資金。也等於是他得到王廷昌、黃宗旺、吳立貴等三位首事的充分信任,於乾隆57年至嘉慶8年(1792~1803)這十二年間,以「願貼利谷」、「願貼利息」的方式,向廟方借用了這筆「生放」資金;然後在兒子們的協助下,一方面開墾「員山仔溪北犁頭山隘邊草地」,一方面增購田園,才進一步奠定了他的事業基礎。[53]由於「合議規條簿約字」簽訂時,不但由建廟初期的四位首事共同具名,又

50　施添福,《清代臺灣的地域社會:竹塹地區的歷史地理研究》(新竹:新竹縣文化局,2001),頁95。

51　吳學明,《頭前溪中上游開墾史暨史料彙編》,頁137~146。

52　嘉慶7年〈仝立合議規條簿約字〉影本。

53　羅烈師,〈歷史記憶與族群:1786年冬季究竟發生了什麼事情?〉,《客家文化研究通訊》(7),根據這份簿約字明指林先坤在這12年間「並未依約而行」交付生放利息。

有林先坤之子林國寶當面保證，因此具有極為可信的「文本」效力。因此筆者認為這才是林先坤在嘉慶 11 年（1806）去世前，能夠成為當地富豪的主要原因。

到了嘉慶 19 年（1814），在他的繼配朱氏主持六房子孫鬮分家產時，除了留作營業的「田園廬舍及生放生理銀兩」和「長孫田」外，六大房子孫，「每房撥授四百租」，可見在嘉慶朝中期，林家已是擁有二千餘租至三千租的塹北「巨富」了。[54]

4.2 劉朝珍家族的移臺發展

至於劉朝珍家族的移臺發展，則比林家更晚。依據《劉氏族譜》記載，劉朝珍生於清乾隆 23 年，卒於道光 8 年（1758~1828）；於乾隆 26 年（1761）隨父劉可佑（1717-1788）從廣東饒平移民來臺時，年僅四歲，定居竹塹六張犁隔鄰的二十張犁（在今新竹市水源里）。劉可佑於乾隆 53 年去世時，只留有田一甲八分遺產，由長子朝會、次子朝珍兄弟二人均分。劉朝珍則於嘉慶 9 年（1804）遷居石壁潭庄（今芎林鄉石潭村），並於嘉慶 22 年（1817）將自己份下的二十張犁水田施與義民廟為祭田。[55]

由「族譜」可知，塹北粵庄召募義民軍時，劉家雖然在二十張犁已經置有一甲八分水田，家用雖然足可維持，但還不足以稱得上富有。換個角度探討，劉朝珍在乾隆 51 年時，年僅二十八歲，父親在世，兄弟尚未分家，無論身分和地位，都還不足以擔當「義首」，來出面號召粵庄義民。至少到目前為止，我們在這一個關鍵時段的歷史文本中，都還未能發現足以支持劉家其他財產狀況的任何文獻。

關於嘉慶 22 年（1817）劉朝珍施給義民廟的祭田，據〈褒忠廟記〉所記，是將「座落二十張犁南勢水田壹甲六分六厘弍絲，施出一半之

---

[54] 據莊英章，《家族與婚姻：臺灣北部兩個閩客村論之研究》，頁 274，附錄二「立鬮書」。

[55] 據劉朝珍裔孫劉世遠派下《劉氏族譜》，「十四世祖」、「十五世祖」：劉可佑、劉朝珍譜敘，手抄本影印，無頁碼，製作時間欠詳。范明煥先生提供。

額」；[56]但在日本明治 38 年間（1905）所立的〈樂施碑〉則記為：「座落竹北一堡二十張犁庄，田畑計一甲四分三厘三毛」，已經成為全額施出了。[57]根據林先坤後裔收藏的「劉朝珍公奉祭田業」抄件可知：劉朝珍所捐施的是「二十張犁南勢水田……遞年應收小租利谷，供壹半，計谷參拾石」；[58]他後來是否把另一半租谷再行捐出無從得知。但是劉朝珍的姓名則是在嘉慶 22 年（1817）起，才開始在目前可供掌握的歷史文本中首次出現。也就是說，劉朝珍的事蹟，直到嘉慶 22 年以前，仍然無法在義民廟史中找到任何可供探索的歷史連結。

　　《樹杞林志》，〈志餘〉，「紀地」記載：「由猴洞透入油羅等庄，於嘉慶 13 年（1808），墾戶劉世城備本開成。惟大肚庄較聚居，有小市；九讚頭次之；由羅又次之；餘皆散處」。[59]參照《劉氏族譜》所稱：劉朝珍於「嘉慶 9 年（1804）遷居石壁潭庄，且承辦大肚庄墾房（防），加創田畑，富甲粵鄉」。[60]檢視這兩份文本，由於劉世城為劉朝珍的長孫，所以這兩段敘事似乎具有相當堅實的可信度。問題在於劉朝珍的獨子（養子）劉萬成，生於乾隆 54 年，卒於嘉慶 21 年（1789-1816）；所以在嘉慶 13 年時，年僅 20 歲。以此推知劉萬成的長子劉世城這時頂多才三、四歲而已；顯然當時負責開闢猴洞、大肚、九讚頭及油羅等庄的墾戶，應該另有其人。[61]

　　依據吳學明的研究指出：「橫山猴洞地區的開墾，據可靠資料顯示，其時間應在嘉慶 12 年（1807），拓墾之墾戶為九芎林佃首姜勝智所招之劉引源及劉可富」。但因此地的拓墾條件不佳，所以採合夥方式，募集

56　參見〈褒忠廟記〉。

57　傅萬福等，〈樂施碑〉，1905/8 立，1935 重立。另據何培夫主編，《臺灣現存碑碣圖誌：新竹縣市篇》，頁 81-82。

58　劉朝珍，〈立供奉祭業田屋租契〉（嘉慶 22 年），收入林施主（林六吉）收執，《褒忠亭同治乙丑四年端月吉日抄錄約簿》影癮本，頁 10-11，陳運棟先生提供。

59　據劉朝珍裔孫劉世遠派下《劉氏族譜》，手抄本影印。

60　林百川、林學源等，《樹杞林志》，手抄本影印，無頁碼；另據臺灣文獻叢刊第 63 種，臺銀經濟研究室，1962，頁 126。

61　目前雖然無法查知劉世城的生卒年，但根據《劉氏族譜》可知，劉萬成次子劉世遠生於 1816 年；因此長子劉世城應該生於 1805~1807 年之間。

三十六股共同墾闢。後來由於「生番出擾戕害」以致「庄民離散」，又於嘉慶 20 年（1815）由全體股夥人「眾議」邀請劉朝珍加入四股，合為四十股，繼續墾闢，並且擔任墾戶首親自參與隘防事務，才得以順利墾成。[62]

我們目前雖然無法查知劉引源、劉可富二人與劉朝珍之間的關連性，但是透過這種探討，我們至少可以推測出劉朝珍「承辦大肚庄墾房（防）」，極不可能早於嘉慶 12 年；而且劉家能夠「富甲粵鄉」，也應該是嘉慶 20 年（1815）以後的事。唯有如此層層剖析，我們對劉朝珍會在嘉慶 22 年（1817）間，將「二十張犁南勢水田壹甲六分六厘式絲，施出一半之額」，捐給義民廟做為祭田，即小租谷三十石之舉，才能得到合理的解釋。

五、六張犁的人口與傳說

5.1 六張犁林家與六家地區的人口

傳說中的六張犁林家，在乾隆 51 年（1786）籌組義民軍時，已是數百人聚族共居的大宗族，因此成為義民軍得以迅速組成的基本要素；而且「林先坤公率領子弟兵起而抗禦」的豪舉，也似乎已經成為六張犁地區乃至十五大庄祭典區內，口耳相傳的唯一文本。臺灣史前輩學者林衡道於 1979 年間，亦曾撰文記述竹北六張犁林家的歷史：

> 清乾隆二十三年以後，林家已經是當地最聞名的大租戶，分上六房、下六房，並有劉、李、鄭、邱各姓為其小佃戶，大事開闢土地。是故，他們經常擁有鄉勇四百多人而自衛；出門打三炮，表示威風；吃飯時打三通鼓，然後五、六百人一時用膳。於是頭前溪北岸稱為首屈一指的豪族。[63]

---

[62] 吳學明，《頭前溪中上游開墾史暨史料彙編》，頁 77-81。

[63] 林衡道，〈竹六家的林姓聚落：民國六十八年六月調查〉，《臺灣文獻》30：4，1979 年 12 月，頁 29。這段記載，另見賴玉玲，《褒忠亭義民爺信仰與地方社會發展─以楊梅聯庄為例》，頁 120。

　　這個流傳已久的口碑文本，在新竹、桃園地區早已成為義民軍得以迅速組成的合理化敘事，也是義民廟研究者可供掌握的唯一文本。到了 2001 年，鍾仁嫺的〈褒忠義民廟歷史初探〉一文，又進一步敘述：

> 當時北路軍所到之處，燒殺劫掠，聚落規模小者紛紛逃往內山避居，六張犁的林家為千人共居的大戶人家，平時就有團練武裝的自衛能力，當王作軍隊攻入六張犁及下員山仔時，……林家乃由林先坤出面，邀集各庄頭的劉朝珍（林先坤母親的娘家）、陳資雲、王廷昌、黃宗旺、吳立貴等，共同組成保衛鄉庄的隊伍。[64]

　　這樣的文本經過多次轉引之後，不免會讓讀者得到一個模糊的概念，似乎六張犁地區到了乾隆 50 年（1785）前後，當地人口繁盛、經濟富裕的景況已經有如今日。然而，任何地區的人口成長與土地贍養力（carrying capacity）息息相關，即使是因為集體遷入人口所造成的異常成長，也不可能超過土地贍養力的負荷，這在農業社會尤其明顯。根據清光緒元年（1875）的〈淡水廳戶口清冊〉顯示，當時六張犁庄的戶數不過三十戶，人口只有一百一十五人而已；即使將今日六家地區所屬的東平、隘口、鹿場、斗崙、中興、十興、東海等七個里範圍內的人口全部計算在內，也只有一百二十餘戶，五百六十餘人（缺今日十興、東海二里）。到了光緒 20 年（1894）完成的《新竹縣采訪冊》戶口記錄，六張犁庄的人口雖然略有減少，只剩下二十四戶，一百零九人；但從記錄中也可發現，當時附近地區的人口也都互有流動增減的現象。但從表 2 可知，這一年同地區的戶口總數，也只有二百三十二戶，一千一百四十人而已。（參見表 2）

64　鍾仁嫺，〈褒忠義民廟歷史初探〉，收入《義民心鄉土情：褒忠義民廟文史專輯》，頁 29。

表 2：清代六家地區人口概況表

戶口 清代庄名		1875		1894		舊地名	現屬里別 （竹北市）
		戶數	人口數	戶數	人口數		
六張犁庄		30	115	24	109	六家（六張犁）、番仔寮	東平里
隘口庄		17	62	35	159	隘口	隘口里
鹿場庄		20	113	12	89	鹿場、八張犁、十張犁	鹿場里
斗崙庄	上斗崙庄	16	74	9	54	上斗崙	斗崙里
	中斗崙庄			35	122	中斗崙	〃
	下斗崙庄			33	173	下斗崙	〃
番子園庄		18	95	21	129	番子園	〃
鴨母窟庄		28	105	12	77	鴨母窟、芒頭埔、蔗園	中興里
界址庄		－	－	5	31	界址、十興、犁頭山腳	十興里
東海窟庄		－	－	46	197	東海窟、三崁店、旱坑子	東海里
合計		129	567	232	1140		

資料來源：《淡新檔案》：12403-49。清光緒元年（1875），「淡水廳戶口清冊」，
　　　　　國立臺灣大學圖書館藏。不著撰者，《新竹縣采訪冊》，「莊社：竹
　　　　　塹堡莊」，臺灣文獻叢刊第 145 種，頁 70-80。新竹文獻會委員，《新
　　　　　竹文獻會通訊》，第 008 號，「竹北鄉新舊地名對照及今昔人口表」，
　　　　　1953，頁 3-5。
說明：斗崙里已於 1998 年分設為斗崙、新崙、北崙三里。

5.2 六張犁林家及其周邊人口探討

　　如果六張犁林家在乾隆 51 年（1786）籌組義民軍時，林氏宗族人
口已經能夠「經常擁有鄉勇四百多人而自衛，……五、六百人一時用膳」
的盛況，為何反而在一百年後的光緒年間（1875~1894），六張犁的人口
卻銳減到不成比例的差距？難道說歷經一百年的發展，六家地區的土地
贍養力，已經遠不如一百年前的乾隆末期？

　　我們根據地理學者施添福就臺灣稻作生態的實證研究可知，竹塹地
區漢人農業社會的發展，自乾隆初年以後，便採用「集約的稻作」生產
方式，透過水源、水利的開發以及水肥、堆肥的製造，「逐漸將民宅與
田園建構成一個能量能夠再生和自我維持的生態系」，而使得土地贍養
力大增，並且透過農業生態的能量循環，使得稻作系統的土壤肥力得以

歷久不衰。[65]客家俗諺所謂「農無閒年，地無閒田」，正好也是六家地區土地利用最好的寫照。如果以此對照六張犁林家的遷臺發展過程，六家地區的人口數與一百年後的發展，不應產生太大的差距。也就是說林家在義民軍組成之際，其家族或宗族人口已經達到「五、六百人一時用膳」的盛況，不但是不可思議的事，也是極不可能的事；更何況是「千人共居」的情形。

　　清代的人口調查也許不一定正確，但因戶口乃是政府徵稅的依據，仍然具有一定的可信度。透過清代光緒初年以及日治時代所留存的戶口記錄，可以發現六家地區的人口變遷，與當地的社會發展仍有一定程度的吻合。由此推論，大約在乾隆末年時，根據土地開墾進程與農業生產技術的條件，當時六家地區的土地贍養力似已漸趨飽和。所以從乾隆39年（1774）以後，人口便已逐步外移，尤其是乾隆55年正式設屯至嘉慶、道光年間，便因為屯丁、土目和佃首的招墾條件所吸引，而陸續朝向九芎林下山及樹杞林員山仔、頭重埔、二重埔方向開墾；[66]並且在地方政府的獎助之下，於道光14年（1834）間，結合閩、粵兩籍的資本組成金廣福墾號，積極拓墾北埔、寶山、峨眉等大隘地區。

　　事實上根據林家的家族史可知，林先坤去世後的第六年，即嘉慶17年（1812），其三子林國寶便遠赴噶瑪蘭參與冬瓜山地區（今宜蘭縣冬山鄉）的墾業。這個不尋常的發展模式，已有論者懷疑：「嘉慶年間林家至噶瑪蘭地區發展，可能是因六張犁地區人口已十分多，……所以他們以拓墾六張犁地區成功的經驗，希望能在這個新闢之處有所斬獲」。[67]

[65]　施添福，《清代臺灣的地域社會：竹塹地區的歷史地理研究》，頁143-167。
[66]　吳學明，《頭前溪中上游開墾史暨史料彙編》，頁41、37-61；新竹文獻委員會，《新竹文獻會通訊》，第012號，也有「林欽堂……由六張犁率四十餘人，前往（頭重埔、員山一帶）建立村莊以居」的記錄。
[67]　林桂玲，《家族與寺廟：以竹北林家與枋寮義民廟為例（1749-1895）》，頁90-91。

這是很合理的推論，因為投資那樣遙遠的陌生地區，是相當大的冒險，即使其中另有家族內部不得已的因素，但是如非六張犁地區的土地贍養力已經達到飽和，以林家在嘉慶朝中期的實力，的確無須做出這樣的冒險。

透過本文的探討，乾隆 51 年（1786）前後，六張犁一帶的業主權乃是「東興庄業主潘王春」墾號所經營，當時的「東興庄」範圍頂多只限於今日東平、鹿場、斗崙、中興四個里的範圍，至於今日的十興、隘口、東海三里，應該仍屬竹塹社土目的管地，由少數違法私墾的漢人共墾雜居，並不在「潘王春」墾號的墾界之內。這些地區的發展關鍵，應該是乾隆 55 年（1790）設屯以後，才與「員山仔溪北犁頭山隘邊草地」逐步招募漢佃開墾。這也可再次映證六張犁林家的人口傳說，在當時的墾耕條件下是很難成立的。

圖 6：竹北六家林氏聚落空拍圖（彭啟原攝於 1999 年）

　　文獻不足，雖然是歷史研究者最大的無奈，然而透過同時段的相關文獻，我們仍可藉以釐清一些事實。如果貿然採用傳說的文本作為敘事依據，不但不能釐清事件的原貌，反而會使歷史事件變得更加模糊。

　　林家耆老絕非有意識的提供錯誤的訊息，因為任何歷史事件與歷史記憶，經過長時段的發展之後，許多輾轉加工的敘述都會成為轉述者「現時段」的記憶。歷史研究者的工作，就是把這些長時段的原始記憶，透過那些轉述者的口碑，從文獻記錄中，根據歷史脈絡試圖還原一些事實。

六、結 論

　　本文無意對故老相傳的文本輕率提出質疑。正如前文所提，一份既經公開的文本，必有文獻敘事之外的史事根據，不可能會憑空產生；而且產生的原因，或許又隱藏了更多錯綜複雜的歷史背景，在「傳述」與「轉述」的過程中，已被有意或無意的模糊。任何一件文本的傳述者或轉述者，絕無任何義務對他所製造的文本負責；但是做為一個歷史研究者，在處理這座北臺灣客家信仰中心的廟史敘事時，顯然不能就此對當前的研究成果感到滿足，我們有義務繼續努力，讓義民廟的歷史敘事可以更接近事件的原貌。另一方面，義民廟的所有執事者以及在義民廟發展過程中，影響巨大的林家後裔和其他相關家族的後裔，更有義務與責任把廟史有關的重要文獻——包括聖旨、契約、文書、檔案、帳冊、碑記及家族史料……等等，有系統的加以整理並公開。如此才能讓義民爺的精神與聯庄祭祀的意義，完整呈現出來。

　　英國歷史家卡耳（*Edward H.Carr*）在 1961 年便指出：「任何一項文獻給我們說的不外乎文獻作者所想的——他認為什麼是曾經發生，應該發生，或將發生；或者是他希望讀者以為他怎樣想，或者他自己以為他是在想什麼。這一切都沒有價值，除非歷史家給他加工解釋」。[68]的確，在面對那些雜亂無序的文獻時，「我們除了需要注意到臺灣社會的特殊

---

[68]　Edward H.Carr 著，王任光譯，《歷史論集 What is History？》（臺北：幼獅文化事業公司，1968），頁 10。

性之外；不同的族群，不同的地區，對於同一個歷史事件，往往會有不同的觀點；不同的年齡層或不同的世代，對某些歷史事件，會產生特殊的敏感度與不同的詮釋」。[69]在應用這些文獻時，如果對於文獻的產生背景，對文獻作者的思考方式和用字遣詞缺乏基本的理解；而且透過耐心的整理、分析、考證來解讀這些文獻背後的意義，便很容易被那些文獻作者的智慧陷阱所誤導。因為「歷史是經由敘事而得以理解」，雖然歷史事件從發生到敘事的過程，往往會因為歷經長時段的發展而失真，但是社會的發展絕不會突然從這一個時間擺盪到另一個時間。[70]研究者如果透過歷史脈絡與文獻敘事的探討，仍然可以讓敘事合乎接近事件原貌的要求。

就歷史研究的角度而言，對於隱藏在義民廟史中許多深具歷史意義與社會價值的重要元素，實有待進一步發掘釐清，並且提出更嚴整的敘事根據或合理論述的視野，否則廟史敘事的完整性便會明顯不足，這對林先坤、王廷昌、黃宗旺、吳立貴以及戴元玖、王尚武、劉朝珍與陳資雲等人，乃至那些曾經在義民廟發展過程中無私奉獻的歷史人物，都難免會有研究不力的虧欠。筆者也確信透過這樣的探討，絲毫無損於林先坤、劉朝珍及其家族兩百餘年來對新埔義民廟的悉心經營與貢獻。本文略感遺憾的是，對於陳資雲這位廟史上的「奇士」，筆者所能掌握的任何文本，都不足以對他的事蹟提供進一步的探討，只能期待新的歷史文本出現或由關心這個議題的研究者繼續努力了。

---

[69] 黃卓權，〈鄉土史的田野訪問與口述歷史〉，《新竹文獻》第五期，2001/03，頁 34-45。其實我們往往可以發現，距離歷史事件愈遠的那一世代，對事件的敏感度雖然較輕，但在處理「文獻」時，卻似乎更容易冷靜客觀的面對事件的結果。

[70] 參考 Jean Leduc 著，林錚譯，《史家與時間》（臺北：麥田出版社，2004），頁 181-213；這一小段的觀點，筆者乃是直接襲用了本書作者「5. 歷史敘事與小說敘事」的觀點

參考文獻

〈仝立合議字〉，1788/11，義民廟古文書影印本。

〈仝立合議規條簿約字〉，1802，義民廟古文書影印本。

〈重建廟碑〉，1905，原碑現存義民廟觀光花園居庸關造景左牆面。

〈義民廟紀〉，劉家水撰、劉○○書，1935 立碑；現存義民廟觀光花園居
　　庸關造景左牆面。

〈劉朝珍立供奉祭業田屋租契〉（嘉慶 22 年），收入林施主（林六吉）
　　收執，《褒忠亭同治乙丑四年端月吉日抄錄契約簿》影本。

〈樂施碑〉，1905/8 立，1935 重立；現存義民廟觀光花園居庸關造景左
　　牆面。

〈褒忠廟記〉，1865，收入林施主（林六吉）收執，《褒忠亭同治乙丑四
　　年端月吉日抄錄契約簿》影本。

《平臺紀事本末》，1958，臺灣文獻叢刊第 16 種，臺銀經濟研究室。

《欽定平定臺灣紀略》，1961，臺灣文獻叢刊第 102 種，臺銀經濟研究
　　室。

《臺案彙錄甲集》，1959，臺灣文獻叢刊第 31 種，臺銀經濟研究室。

《臺案彙錄庚集》，1964，臺灣文獻叢刊第 200 種，臺銀經濟研究室。

《臺灣通志》，1961，臺灣文獻叢刊第 130 種，臺銀經濟研究室。

Edward H.Carr 著，王任光譯，1968，《歷史 What is History？論集》，臺
　　北，幼獅文化事業公司。

Higgins,G.M.1981：Africa`s agricultural potential.Ceres14,pp13-21

Jean Leduc 著，林錚譯，2004，《史家與時間》，臺北，麥田出版社。

江金瑞，1998，〈清代臺灣義民爺信仰與下淡水六堆移墾活動〉，中興大
　　學歷史學系碩士論文。

何培夫主編，1998，《臺灣現存碑碣圖誌：新竹縣市篇》，臺北，國立中
　　央圖書館臺灣分館。

吳德功，1959，《戴施兩案紀略》，臺灣文獻叢刊第 47 種，臺銀經濟研
　　究室。

吳學明，1998，《頭前溪中上游開墾史暨史料彙編》，新竹縣立文化中心。

李明賢，1999，《鹹菜甕相接的空間演變》，新竹縣立文化中心。

林光華，1989，〈褒忠義民廟之沿革〉，收入《褒忠義民廟創建兩百週年紀念特刊》，新竹，頁 4-9。

林百川、林學源等，1898，《樹杞林志》，手抄本影印。

林桂玲，2005，《家族與寺廟：以竹北林家與枋寮義民廟為例（1749-1895）》，新竹縣文化局。

林衡道，1979，〈竹六家的林姓聚落：民國六十八年六月調查〉，《臺灣文獻》第 30 卷：第 4 期。

施添福，《清代臺灣的地域社會：竹塹地區的歷史地理研究》，「貳、清代竹塹地區的土牛溝和區域發展：一個歷史地理學的研究」、「肆、竹塹地區傳統稻作農村的民宅」，新竹縣文化局，2001

范國銓、陳雯玲，2001，〈臺灣各地義民廟簡介〉，收入鍾仁嫻編，《義民心鄉土情：褒忠義民廟文史專輯》，新竹縣文化局。

莊英章，1994，《家族與婚姻：臺灣北部兩個閩客村論之研究》，臺北：中央研究院民族學研究所。

莊英章、周靈芝，1984，〈唐山到臺灣：一個客家宗族移民的研究〉，收入《中國海洋發展史論文集》，臺北：中央研究院三民主義研究所。

陳培桂，1956，《淡水廳志》，臺灣文獻叢刊第 172 種，臺銀經濟研究室。

陳運棟，1992，〈枋寮褒忠亭義民廟簡史〉，收入 1996，《褒忠亭乙亥年義民節輪值第九區關西聯庄祭典專輯》，新竹：關西聯庄祭典委員會。

森田明著，鄭樑生譯，1996，《清代水利社會史研究》，臺北：國立編譯館。

黃卓權，2001，〈鄉土史的田野訪問與口述歷史〉，《新竹文獻》第五期，新竹縣文化局。

黃卓權，2006，〈義民廟沿革及聯庄祭典區概述〉，收入作者編，《義魄千秋：2005 褒忠亭義民節大隘聯庄祭典專輯》，新竹。

黃卓權編，2006，《義魄千秋：2005 褒忠亭義民節大隘聯庄祭典專輯》，新竹：2005 褒忠亭義民節大隘聯庄祭典委員會。

劉朝珍裔孫劉世遠派下，《劉氏族譜》，手抄本影印。

賴玉玲，2005，《褒忠亭義民爺信仰與地方社會發展－以楊梅聯庄為例》，新竹縣文化局。

鍾仁嫻，2001，〈褒忠義民廟歷史初探〉，收入《義民心鄉土情：褒忠義民廟文史專輯》，新竹縣文化局。

鍾仁嫻編，2001，《義民心鄉土情：褒忠義民廟文史專輯》，新竹縣文化局。

羅烈師，2006，〈臺灣枋寮義民廟階序體系的形成〉，收入《客家研究》，創刊號，臺灣，中央大學客家學院、交通大學客家學院。

羅烈師，2006，〈枋寮義民廟大隘祭典區探源〉，收入黃卓權編，《義魄千秋：2005 褒忠亭義民節大隘聯庄祭典專輯》，新竹。

羅烈師，2005，〈歷史記憶與族群：1786 年冬季究竟發生了什麼事情？〉，《客家文化研究通訊》(7)，桃園：中央大學客家研究中心，2005，頁 211-229。

附件 1

同立合議規條簿約字

同立合議規條簿約字人：褒忠亭首事王廷昌、黃宗旺、林先坤、吳立貴等。丙午年冬，元惡林爽文戕官陷城，程廳主遇害，壽師爺接任，立策堵禦，我義民墓勇，幫官殺賊，志切同仇。捐軀殉難者不少，血戰疆場，屍骸拋露到處，夜更深常聞鬼哭，各庄人民寐寤難安，蒙制憲以粵民報效有功，上奏京都，聖主封以「褒忠」式字。

時有王廷昌自備銀項，請出鄧五得為首，各處收骸，欲設塚廟。相有地基，立買成就。遂即設席請得義首林先坤、黃宗旺、吳立貴等，合眾商議。痛此義民死者，淒青靈於墨夜，暴白骨於黃沙，營理忠骸於青塚，以免陰靈怨哭如（於）他鄉。呈請制憲大人蒙批：准該義首王廷昌、黃宗旺、吳立貴、林先坤協同粵庄眾殷紳等立塚建廟。戊申冬平基，己酉年創造，至庚戌春，前堂廟宇未成，有釋士王尚武，立心題銀，協力代理；至庚戌年冬，廟宇完竣。

辛亥年式月初式日，王廷昌、黃宗旺、林先坤、吳立貴等在褒忠亭四人面算，建廟完竣後，仍長有佛銀式佰大元，此銀係交林先坤親收生放，每年應貼利銀加壹五。又廟祝王尚武廟內設席，當眾交出佛銀四佰大元，立有託孤字四紙，四姓各執一紙，其銀眾議亦交林先坤收存生放，每元應貼利谷壹斗式升，計共利谷四拾八石。面議王尚武每年領回養老谷拾石，扣寔王尚武利谷每年仍長有谷叁拾八石，其銀母利，經四姓交帶林先坤生放，叁年會算壹次。其銀後日生放廣大，林先坤將銀交出立業，作為四姓首事承買褒忠亭香祀。

此廟建成拾餘載，各庄人等同心協力，立有義民祭祀甚多，惟廟內崇奉　聖旨及程所主，未有祭祀四姓。王廷昌、黃宗旺、林先坤、吳立貴等復立酌議，四人每人該津銀壹佰拾大元，承買新社螺勝庄田業立契，四姓首事出首承買，有租谷五拾五石，眾議將租谷交帶林先坤男係林國

寶料理。當時林國寶向眾說及父親林先坤親收王尚武銀項四佰大元，願貼利谷叁拾八石；又另收建有（廟）仍長銀式佰大元，願貼利息加壹五，兩條共母銀陸百大元。面言至明年冬面算，將母利並銀利谷，又另收四姓首事田利谷五拾五石，合共叁條，一概備出買業，作為褒忠亭嘗事，不得濫開，寔心料理。

後日承買租谷式佰石，林先坤契券、字約以及租簿等項當眾交出，首事四人僉舉外庄誠寔之人輪流料理。每年四姓向經理人領回租谷五拾五石，作為祭聖典及程所主使用。爐主及首事四姓輪流祭祀之日，當具告白字通知粵庄眾紳士，前來與祭。現年爐主及首事要辦祭費，仍長銀項不得私相授受，無論多少當眾交出，歸鄉紳作為盤費。扣寔仍長有谷壹佰伍拾石，交帶殷寔之人經理生放。仍長有銀項，抽出伍元現年爐主收存。七月中元普施，爐主將銀五元備辦棹席，敬奉四姓祖父祿位，街庄人等殷寔之人料理。

承買有田業租谷式佰五拾石，首事王廷昌、吳立貴、黃宗旺、林先坤祿位開祭，爐主、首事四姓子孫輪流料理，每年向經理人領回租谷五拾石，作為至（祭）祿位應用。後日粵庄知我四姓辛苦，協力建造塚廟成功，每年祿位開祭，具告白字通知，并立帖請褒忠亭經理人，并七月中元爐主以及大小調緣首等，前來登席。具開祭經理人辛勞肉壹斤半。其每年祭聖典之日，有秀士、廩保、貢生、舉人、進士以及監生、州同、粵紳士等到前禮拜者，各宜開發胙肉。

眾議後日中元，外庄輪流當調，爐主向王廷昌、黃宗旺、林先坤、吳立貴等四姓首事業內出息取貼出谷叁拾石。議定此嘗係各庄適寔之人輪流料理。其嘗歷年有增長，加買田業，或修義塚，或整廟宇，四姓合議，不得私行濫開。四姓立簿約四本，約四紙，各姓首事各執簿約壹紙，永為執炤。

批　明　林先坤親收料理生放，建廟仍長銀式佰大元，利銀加壹五；又
　　　親收料理廟祝王尚武託孤字銀四佰大元，利谷參拾八石。立批
　　　是寔為炤。

再批明　林先坤男係林國寶，四姓面對，新社螺蟧庄收租谷五拾五石。立批再炤。

再批明　林國寶當眾面限，明年母利並谷利，又另收去田租谷，至明年冬壹概付出買業；如無概交，仍依照議定貼利，日後經眾會算取出。批炤。

再批明　後日聖典開祭，文武秀士准領豬肉壹斤，廩保准領豬肉壹斤半，舉人准領弍斤，進士准領四斤，監生准領半斤，貢生准領壹斤，州同准領壹斤半。批炤。

再批明　首事王廷昌、黃宗旺、林先坤、吳立貴等當眾廟內簿四本、立約四紙，各姓執簿約壹紙，後日照簿約均行，不得反悔，亦不得己大言生端等情。批炤。

嘉慶柒年壬戌歲十月　　日　立同議合約規條人　王廷昌
林先坤
黃宗旺
吳立貴

附件 2

褒忠廟記

乾隆五拾一年冬，十一月丁酉，彰化奸民林爽文倡亂於大里杙；城陷，知府孫景燧、同知長庚、皆遇害。十二月朔庚子，賊陷淡水，知縣程峻自殺，竹塹巡檢張芝馨死之。一時，賊勢猖獗，民皆逃避。富紳林先坤與陳資雲謀，傳集粵眾，申以大義，扼險固守，誓不附賊。十三日壬子，巡檢李生椿、知縣孫讓等，率眾攻賊。坤與義民千三人，橫冲賊陣，賊敗績，遂復塹城；并約苗栗六庄，沿途截擊。五十二年六月，偕同知徐夢麟進屯大甲，屢挫賊鋒。冬十月，嘉勇侯福安康兵抵鹿港，諭飭進軍。

十一月八日，會戰於崙仔頂，再戰於牛稠山，恭受指揮，竭力攻擊，數旬之間，所向有功。至乾隆五十三年，全臺平定；蒙帥奏獎；御賜褒忠。煌煌國恩，百身莫報。但大小各戰，捐軀不一，爰將殞於王事者各遺骸，拾骨合葬於枋寮庄；更建一廟宇，高懸紫誥，以彰君寵。其時林先坤隨建創廟宇，爰請戴元玖樂施廟基；王禪師亦經資助。然憑依雖有，嘗祀尚無。嘉慶六年間，林先坤倡施水田於前，座落新社墩東南角水田式段。至十九年，則林次聖施水租(川三)石、林浩流施水租(川〥)石、林仁安施水租(文川)石、錢子白施水租(川〥)石、錢茂安聯共施水租(川〇)石、錢甫崙(川〥)石，亦共施水租以成美事。至嘉慶二十二年，劉朝珍繼施水田於後，座落二十張犁、南勢水田壹甲六分六厘式絲，施出一半之額。由是集腋成裘，子母多權，祀典日盛。春秋二祭，血食豐隆。每歲中元，開費不少。如此榮寵，實賴皇恩叠錫者矣。迨至同治元年三月，彰化會匪戴萬生亂。粵之從軍死義者，復拾遺骸，祔葬墓所。

同治四年，林、劉施主爰集聯庄紳士，選舉管理。坤等將契券交管理人權放，其管理者，三年一任為限，限滿仍將契券交出施主，點交新管理人領收清楚。此乃四庄輪，終而復始。為管理者，自當秉公妥理，日後嘗祀浩大，以增粵人之光矣！

茲我粵東　褒忠亭內，歷承有水田埔菌屋宇地基契券并簿記等件。

先年所議，以作□處輪流經理；此嘗不難以廣大。然嘗大，而契券亦復不少；故眾再議章程立簿三本，以襃忠嘗之業大小、契券古今承買，須要抄錄契白于簿內三本一樣，一本長存在施主林先坤公子孫守固；一本長存在施主劉朝珍公子孫守固；尚有一本以眾交值年經理人。交契之時，可將嘗內契券，每張契約對簿点交并數目公記租粟俱付經理人收存管理。後有承業，必將契白抄上簿內，三年滿期，必須照規轉交下處輪理收存。

此係通粵東之襃忠嘗，有關全粵之大典，各要忠公義氣以經理，不得私自貪圖以肥己也。若滿期之日，在于四月初一到亭中通傳上下經理人并施主等交接，永循規矩，不失和平之氣也。是為序。

同治乙丑四年端月吉日抄錄　林六吉長存一本
　　　　　　　　　　　　　　劉世遠長存一本

影像時代的田野思考
―歷史研究的反向詮釋[*]

摘要

　　本文是從影像、符號與田野的角度出發，以田野倫理的思維，把田野工作者所要面對的問題，提出一個綜合性的思考方向與討論。因為一個人不管學識、能力再好，如果缺少人與人間的尊重和體諒，很難獲得別人的坦誠相待。

　　由於數位影像的視覺傳播和衛星定位系統的普及與發展，加上網路資源搜尋系統的整合功能日愈擴充，傳統的田野工作方法與思維，也勢必隨著時代的變化而調整；未來的歷史研究方法更會迴異當前。

　　歷史研究者的工作不僅僅是單純的引用「文本」來「加工解釋」建構論述而已，應該更進一步對這些文本進行嚴格、反覆的「辯證思考」；這也是臺灣史研究在「質」的提升上不應該推卸的責任。

　　因為歷史是經由敘事而得以理解，雖然歷史事件從發生到敘事的過程，往往會因為歷經長時段的發展而失真，但是社會的發展絕不會突然從這一個時空擺盪到另一個時空。我們確信一個研究者如果透過歷史脈絡，從文本與敘事的虛、實層面深入探討，仍然可以讓歷史的書寫更接近事件的原貌。

關鍵詞：影像、偽造、抄襲、田野倫理、歷史敘事。

---

[*]　　本文原刊：拙著《進出客鄉：鄉土史田野與研究》，臺北市：南天書局，2008，頁233-257。

一、前言

　　隨著數位化影像時代的來臨，臺灣史田野工作與影視傳播的結合與互動，已經是可以預見的趨勢和選擇。本書第二章說過：「歷史雖然是在研究人類的往事，但是歷史研究者應該要能隨時走在時代的前端，才能讓我們更清楚的看出人類的過往。」這句話用在這裡似乎更為貼切。因為自從錄音機、V-8 攝影機、錄放影機和筆記型電腦問世以來，各學科的田野工作方法，早已在不知不覺中悄悄的產生了微妙的改變。近幾年來更隨著科技的演進，錄音筆、數位相機，乃至多功能的掌上型手機陸續問世，加上全球衛星影像圖和 GPS 衛星定位系統的建置，使得田野工作的記錄方式，已經從靜態的文字記錄、數字表格、圖像描繪或平面攝影的呈現，進入了實像錄影、原音呈現、立體圖繪，進而邁進了即時、直接而且具有實感的多媒體動態影像記錄與田野現場直接而準確的地理座標定位。

　　根據周樑楷的研究，自從 1988 年美國史家懷特（Hayden White）首次提出 historiophoty（影視史學）這個新名詞以來，近二十年間「已有不少專業史家參與歷史影片的製作，應用媒體從事歷史教學，或結合影片和歷史，發展出一種新的歷史研究取向。」而且周樑楷也從 1990 年起，身體力行在中興大學歷史系開授「影視史學」課程，並且進一步將電影、電視以外，「任何以靜態或動態的圖像，傳達人們對於過去事實的認知」都納入「影像視覺的歷史文本」，以及「對這些文本的思維和論述所做的探討分析」。[1] 這種新的研究取向雖然還有待嚴格驗証，但是一個新概念的提出與試驗，必有他背後長期的立論基礎。那麼本文便希望經由周樑楷所提出的概念，針對日趨風行的「紀錄片（或譯為：非劇情片 documentary film）」這類歷史文本的製作過程，以筆者過去十多年來參與紀錄片製作的經驗，提供另一種「涉入者」與「旁觀者」的實務心得，以及由此所衍生的田野工作思維。

---

[1]　周樑楷，〈影視史學：理論基礎及課程主旨的反思〉，《臺大歷史學報》（23 期），國立臺灣大學歷史學系，1999/6，頁 445-470；「影視史學」這個中譯詞，便是由周氏所提出。

二、影像、符號與田野

　　筆者從 1991 年起受邀擔任懷寧傳播公司的節目顧問，與影視媒體的製作有過一段長期而深入的接觸，對影像設備的快速發展有十分深刻的體驗與反思。當時我因懷寧公司導演彭啟原的誠摯邀請，擔任委製節目的歷史諮詢，與負責策劃採訪的陳板，陸續為公共電視籌備委員會、文化建設委員會、廣電基金和新聞局……等委製機構，陸續參與拍攝了四、五十集的客家鄉土紀錄片，[2] 幾乎踏遍也看遍了散布在臺灣各地的客家聚落。由於我們所邀請協助的學者專家，都是當時在相關領域或專精地方研究的一時之選，所以節目播出以後得到很大的迴響。[3] 我自己也因為這種虛名的鼓勵以及為「客家」歷史留下記錄的一股熱忱，所以義無反顧的投入其間，前後長達十餘年之久。

　　剛開始的幾年間，我一直認為自己的研究與觀點可以藉著電視影像傳播給社會大眾而深感興奮。也的確如此！因為當我發現一些平日很難利用文字表述的歷史事件或史跡、遺址，竟然可以很清楚的藉著動態影像來表現時，對一個長期倚賴文字敘述的歷史研究者來說，那種感覺是相當震撼的！另一方面，在這個長期的互動過程中，我自己的文字表達方式，由於受到影視傳播動態描述的影響，也在不知不覺中愈來愈具有影像式的流暢感。但是隨著時光流逝，我卻漸漸發現自己的邏輯思考能力卻也愈來愈覺凌亂，就彷彿是埤頭裡源源湧出的水，我卻一直無法好好的將它導引入圳，總覺得那一道控制水汴（閘門）的螺旋桿，就像在一時之間失去了功用。這個感覺連著好幾年，我始終說也說不出來；我自己的研究工作也在這幾年間，陷入了最低潮的階段。

　　後來隨著我與影視工作接觸愈久，對影視製作的了解愈深，才逐漸探索出箇中原因。因為影視工作是另一種截然不同的專業領域，當他有

---

[2]　這些委製節目分別是，公共電視：「客家風土誌」13 集、文化建設委員會：「客家庄」13 集、廣電基金：「小客庄的故事─傳統行業篇」13 集、新聞局：「臺灣客家」影片……等。

[3]　當年受邀協助的學者、專家有：吳學明、李允斐、李喬、施添福、范明煥、張振岳、陳運棟、黃厚源、溫振華、鍾肇政、鍾鐵民；以及中國學者林嘉書、房學嘉、劉善群等（按姓名筆畫序）。

意與鄉土史結合的時候，在整個拍攝過程的「前製作」階段，歷史研究者固然是以專家的身分參與而備受尊重；但是一旦節目攝製完成，開始進入「後製作」階段時，專家的身分立刻就互換了。這時候，在後製作階段中有關的剪接、配音、配樂、旁白、字幕及音效、特效……等影視工作的專業領域裡，歷史研究者已經很難再有插手的餘地。所以等到後製作階段完成，整個節目的製作也就大致宣告完成了。這時候，歷史研究者就算對節目內容不滿意或是有所質疑，但因受限於專業領域的隔閡、製作人本身的學科差異以及影像工作者的藝術觀點等，不同範疇的專業考量，其實已經很難再做大幅度的改變了。

另一方面，就「文本」的觀點而言，唯有紀錄片的「導演」才是這個「文本」的主要作者（或主編）；所以「文本」的作者「認為什麼是曾經發生，應該發生，或將發生；或者是他希望讀者以為他怎樣想，或者他自己以為他是在想什麼」，[4]這是作者本身藝術專業的自由與權利，必須由作者（或主編）做最後的決定，並非任何受邀協助的學者專家。所以一旦這件「文本」製作完成的時候，學者專家的任何意見，都只不過是作者替他的作品所下的「註腳」或「參考資料」而已。至於歷史研究者要怎麼使用他的「文本」或者要怎麼「加工解釋」？這已經不是紀錄片作者的問題而是歷史研究者的問題。

近年來，影像攝製已經進入了與電腦結合的數位時代，當年動輒新臺幣百萬元的設備，如今不到十萬元便可解決；甚至一具掌上型的多功能手機，便比當年的 V8 攝影機具有更大更好的功能。這個發展使得紀錄片製作過程的「前製」、「攝製」與「後製」三個階段的專業分工，已經很容易跨越；於是促使個人影像工作室紛紛設立而且漸成風潮。然而，在這個新時代的趨勢下，我以一個「過來人」的經歷，卻又不免產生若干疑問，因為如果新一代的歷史研究者，有意採用這些設備做為田野工具時，到底要拍攝什麼？要怎麼拍攝？所拍攝的影像記錄要怎麼呈

4　Edward H.Carr 著、王任光譯，《歷史論集 What is History？》，臺北，幼獅文化事業公司，1968，頁 10。

現？原來的「母片」要如何保存？進一步需要考慮的是，完成的紀錄片到底想要傳達什麼成果？以便讓這些珍貴的田野記錄，能夠成為自己或後人「可用的資料」，而非資料庫裡的一批垃圾？反過來說，歷史研究者需要面對的這些問題，對一個影像工作者來說，只是專業領域內的基本常識而已；影像工作者根據自己的專業視角為當代社會所留下的記錄，如果從「文本」的角度來加以檢視，又與歷史研究者積極訪求利用的「古文書」有何區別？

　　數位影像的視覺傳播和衛星定位系統的普及與發展，加上網路資源搜尋系統的整合功能日愈擴充，同時也標示著傳統的田野工作方法，因為時勢所趨必須隨之改變；未來的田野工作思維，也勢必隨著時代的變化而調整；未來的歷史研究方法更會迥異當前。

　　然而，我們也不用過於悲觀，因為不管科技如何發展，時代如何演進；但是，人類的思考模式總是循著前人的腳步繼續前進，雖然可以超越，卻不可能跳躍！人類的任何記錄不管是採用那一種方式來呈現，都只不過是「符號」表達訊息的另一種形式。人類從聲音發展到語言、圖繪，以及文字、影像的過程，正好顯示了人類從單一媒體進入到多媒體時代的過程。我們如果從這個角度來回顧史前人類的岩洞圖繪，原始民族的「圖騰」，世界各民族的語言、器物、繪畫、文字或現代的數位影像，都可以視為人類以符號來表達思想的工具而已。然而「符號」本身的意義，永遠必須透過創作者的解說才能讓他人了解，而且光是了解還不夠，進一步必須讓多數人或特定的對象能夠感動、接受或產生共鳴。這話說來容易，真要達到這一點，卻相當困難。由於任何「符號」所能表達的訊息，從口傳歷史演進到圖繪歷史、文字歷史，以至影像歷史的過程，往往會因為傳述者或創作者本身的邏輯思考與語意表達能力不同，造成程度不等的展現；又會因為閱聽者本身的接受能力有別，會產生或多或少的誤差，甚至產生天壤之別的感受。這是置身數位影像時代的田野工作者，未來必須面對的最大挑戰。

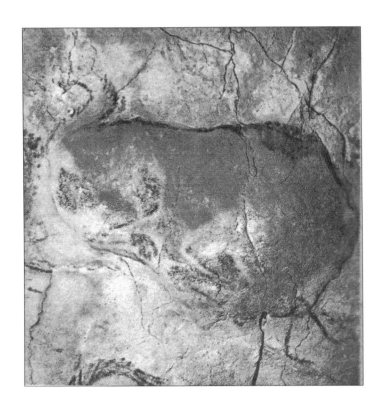

圖1：二萬多年前，歐洲阿爾塔米拉（Altamira）的岩穴圖繪「躺著的野牛」[5]

說明：我們透過這些圖繪進入過去的情景中；但是，對獵人而言，他認為這些
　　　圖繪是他們進入未來的窺視孔，使他搖視前方。

　　不管時代怎麼進步，科技如何發展，身為一個歷史研究者必須謙虛
的了解，現代人類未必就比古代人類聰明多少；古人的想像力也未必會
比現代人遜色。現代網際網路所創造的虛擬世界，也不是到了現代才開
始出現，諸如：埃及與希臘的神話傳說，印度佛經裡的「三千大千世界」，
基督教的聖經故事，伊斯蘭教的真祖信仰，中東地區的「一千零一夜」，
中國的女媧補天神話，……早已隨著古代的傳播「網路」，在世界各地
流傳而且影響深遠，這又何嘗不是古代版的網路虛擬世界？[6]然而，人

5　布朗諾斯基著，徐興、呂應鐘譯，《人類文明的演進》，臺北，世界文物出版社，1975，頁
　　51。
6　這段內容深受瑪格麗特.魏特罕（Margaret Wertheim）著，薛絢譯，《空間地圖》，臺北市，
　　臺灣商務，1999，頁1-24的啟發。

類所創造的虛擬世界絕不會憑空產生，仍然需要透過真實世界的「實像」，才能賦予無窮的想像空間來加工而成。我們所記錄的各種影像，雖然是即時而直接的現場「實像」記錄，但是如果沒有透過語言或文字的補助說明，一旦時空轉移，便會形同一堆「垃圾」，再也無法加以正確解讀；未來的研究者勉強解讀的結果，其實與創造一個虛擬世界又有什麼不同？

　　一路走來，我深深以為一個影像時代的田野工作者，在利用影像做記錄時，千萬不要過於迷信影像記錄的神奇效果。因為人類社會的發展再怎麼日新月異，科技再怎麼進步，都只不過是踩在古人的肩膀上一步一步的前行，絕不可能從這一個時空，突然擺盪到另一個時空。古代先賢常說：「萬變不離其宗」；在這一個瞬息萬變的時代，任何方法都只不過是工具的選擇與運用而已，只有最適合自己的方法，才是最好的方法！

　　站在一個新時代的十字路口，專業研究者不應該繼續墨守行規，把「歷史文本」框在自設的專業符號中故步自封，而要敞開胸懷透過田野工作來發掘臺灣豐富多元的歷史面貌；從事業餘研究的文史工作者和影像工作者，也應該充分運用自己的專業視角來製作「文本」，並且透過另類觀點的「符號」來傳達本身專業的訊息。歷史研究者（無論是專業或業餘）更應該經由前人所留下的「符號」以及這些「符號」所要傳達的訊息，來了解過去、進入未來！

三、偽造與抄襲

　　數位影像容易透過修飾或剪接技術加工處理，甚至以假亂真；這是任何一位電腦使用者，都可以輕易了解的問題；可是影像工作者與文字工作者，卻因基礎訓練不同，對於加工處理的技術層面，會有很大的認知差距。然而，現代網際網路資源系統的方便與利用，卻處處誘使新一代的研究者在下載、引用網路資料時，往往忽略了「複製」、「下載」與「抄襲」之間的分際，以致不知不覺成為一個學術著作的抄襲者與剽竊

者。所以這一節所提到的「偽造」與「抄襲」，只限定在歷史與影像工作者田野思考層面的相關討論，其他涉及發明與專利、商業品牌與產品，或與學術無關的「偽造」與「抄襲」，並不在本文的討論範圍。

中國清初學者顧炎武對前代的明朝學風，有相當尖銳的批評：

> 「有明一代之人，其所著書，無非竊盜而已。」[7]

顧炎武的批評是否過於偏頗？並非這一節所要討論的範圍；但是他以「竊盜」二字來形容著作抄襲的強烈字眼，卻令人耳目一新，給著作抄襲者的行為下了最適當的註腳。另一位比顧炎武稍晚的清初學者全祖望，對同時期的毛奇齡所做的批評，則淋漓盡致將學術「偽造」的類別，做了最完整的說明：

> 「其所著書，有造為典故，以欺人者；有造為師承，以示人有本者；有前人之誤已經辯正，尚襲其誤而不知者；有信口臆說者；有不考古而妄言者；有前人之言本有出，而妄斥為無稽者；有改古書以就己者。」[8]

如果以現代觀點來分析這段話：

（1）「造為典故，以欺人」，就是偽造史料的行為；

（2）「造為師承，以示人有本」，就相當於今日的偽造學歷證明；

（3）「前人之誤已經辯正，尚襲其誤而不知」，就如同引述前人尚未成熟的見解，亂發議論；

（4）「信口臆說」，就是胡說八道、不知所云；

（5）「不考古而妄言」，則是未經嚴格考證便隨意加以引申解釋；

（6）「前人之言本有出，而妄斥為無稽」，就是故意忽略（或尚未讀通）前人的研究脈絡而妄加批評；

（7）「改古書以就己」，則無異於竄改歷史文獻替自己的論述下註腳了。

---

[7]　顧炎武，《日知錄八》，引自梁啟超，《清代學術概論》，臺北，臺灣中華書局，1970（五版），頁9。

[8]　梁啟超，《清代學術概論》，臺北，臺灣中華書局，1970（五版），頁13。

　　這些行為除了偽造學歷證明會觸犯刑法偽造文書罪，其他部分大都屬於研究者個人的專業認知、研究態度以及道德瑕疵；但是，歷史研究者對這方面的基本辨識，卻是研究過程中必須嚴肅面對的問題。然而，不同領域的工作者對「文本」的形式，都有不同的專業認知與學科訓練，所以製作「文本」時（尤其是紀錄片的後製作階段），無法避免的修飾、剪裁、加工和處理程序，便會產生不同的技術考量；這絕對不是影像工作者才必要的程序而已，即使是專業歷史工作者也不例外；所以對「技術考量」或「偽造」之間的認定，也會產生不同的思考模式與專業標準。

　　以紀錄片製作為例，創作者除了導演（主要作者或主編）以外，往往需要藉助一組幕前或幕後的製作群（次要作者或編輯）來製作文本，不太可能只靠一人之力來完成「文本」的製作。因為紀錄片的整個製作階段，首先要考慮經費的限制與成本問題，任何導演都必須在經費限制內完成文本製作，不可能不計成本來製作這件文本；而且在整個製作過程中，必須著重故事與情節的佈局與流暢，無法加入太多的敘事。另一方面，由於鏡頭下所呈現的都是當代的景象與人物，如果需要處理「過去」時，只能透過歷史文物的片段影像與當代人物的訪談或當下所見的實景，來間接表現。更困難的是，影片長度與播映時間有嚴格的限制，不可能把傳說與現實生活的複雜性加以呈現，也無法任由創作者去揮灑自如，更無法像文字敘述一樣，可以把手邊的相關資料，自由自在的加工組合。[9]這些看在歷史研究者眼中，難免會視為論證不足的粗造記錄，不但與「事實」落差太大也處處顯示虛構、造假的痕跡。

　　倚靠文字敘述的歷史研究者，問題卻恰恰相反；因為研究者只要能夠掌握足夠的文獻，就不會發生紀錄片創作者所要面對的那些問題。然而，歷史研究者所掌握的文獻，是否就能代表「事實」呢？文獻作者所反映的「事實」，難道就毫無「隱瞞」、「虛構」或「偽造」的成分？試舉一個廣為流傳的近代史傳說為例：中國民間相傳，清末名臣曾國藩領導湘軍與太平天國作戰時，一度戰況不利屢吃敗仗；曾國藩向清廷奏報

9　本段的部分觀點，參考周樑楷，〈影視史學：理論基礎及課程主旨的反思〉，《臺大歷史學報》（23 期），國立臺灣大學歷史學系，1999/6，頁 45-456。

戰局時，在奏稿中以「屢戰屢敗」四字來形容當時的處境；他的幕僚認為不妥，建議他把「屢戰屢敗」改為「屢敗屢戰」，讓曾國藩大為激賞，立即欣然接受。據說這件奏摺經此一改，屢吃敗仗的曾國藩反而得到朝廷的嘉勉與獎敘。

　　暫且撇開這個傳說的真實性不談，就中文的語意來分析，將帥督軍卻「屢戰屢敗」，根本就是無能的表現；但是「屢敗屢戰」卻顯示了再接再厲、無畏失敗的奮戰精神。如果純就「戰爭史」來討論，這何嘗不是以掩飾手段來「虛報戰情」的「偽造」行為？但是，回歸到歷史的現實層面來探討時，處在一個天威難測的帝王專制時代，將帥「虛報戰情」，卻成為自求保命與維護權位的必要手段。那麼，歷史研究者又要如何面對這種行為？[10]

　　因此，歷史研究者應該隨時依據自己的專長，來仔細辨識這些假造、竄改和虛報的成分，進而了解當時何以必須這樣做的原因。畢竟考證、辨偽的能力是歷史研究者必須具備的基本學問；這門學問歷經長期發展，已經具備了一套嚴格縝密的規則與方法。一個訓練有素的研究者必須要有足夠的能力，來看穿那些「偽造」並且加以理解。因為「偽造」本身，就有相當複雜的心理層面與技術層面上的深層理由，不一定都是出於惡意或違法圖利的考量。歷史研究者如果辨偽能力不足又缺少敏銳的洞察力，就無法分辨其中的真假虛實；如果缺少設身處地的歷史想像力與同情心，就無法理解當時為什麼需要假造史料、竄改文獻、虛報事實的時代因素；也無法利用擱筆（或擱鍵）休息的空檔，去欣賞那些假造、竄改和虛報過程中，令人拍案叫絕的精心設計，以及符號表達和藝術層次的思考！

　　如果排除違法行為與道德瑕疵的「偽造」以後，其他屬於專業認知、研究態度以及外在壓力下的「偽造」，至少都是可以接納、容忍的行為。然而，「抄襲」卻是清初學者顧炎武在三百年前，便提出嚴厲指責的「竊

10　有關這方面的討論，可參見拙著〈從奉天承運到小的知罪：以《淡新檔案》為例談清代公文書背後的問題〉。

盜」行為，與小偷潛入別人家裡偷竊錢財或強盜公然搶奪財物、霸佔財
產的行徑毫無差別。《維基百科》對「抄襲」一詞的解釋如後：

> 抄襲，亦稱作學術剽竊、剽竊學術研究成果、違反學術誠信，是
> 對於原著未經或基本未經修改的抄錄，這是一種侵犯著作權的行
> 為。但是一些時候是否構成抄襲比較難以界定，例如模仿一個故
> 事的情節是否屬於抄襲就有很大的爭議，一些人認為故事情節屬
> 於思想範圍，而『抄襲思想』並不是犯罪的行為，因為法律只保
> 護思想的表現方式而不是思想本身。[11]

　　學術抄襲的形式，最惡劣的方式是原封不動複製他人作品，或是只
在部分文意略作修飾而已；有些則將他人原創性的研究成果，經過改頭
換面後竊為己有。在我國現行法律上，原封不動複製他人作品的行為雖
然很容易判定；但是把他人的觀點或概念經過改頭換面竊為己有的行為
卻判定不易。目前的「著作權法」對這部分的規範還不夠周延，有待進
一步的討論與修訂。其實國內、外學術界對這種抄襲歪風，都很難完全
遏阻。國科會在 2000 年公佈了二十三件違反學術倫理的案件，涉案的
教授都被國科會處以停權處分。2002 年某大學校長的女兒，涉嫌抄襲
母親的論文，更是引發極大的爭議。根據媒體報導，該校長在 1990 年
任職某大學商學院院長期間不顧迴避倫理，自行擔任女兒的碩士論文指
導教授，並指導女兒完成碩士論文，取得碩士學位。儘管某大學自組學
審會調查後，認為本案「不構成抄襲」；但是教育部學審會完成委外調
查結果，卻判定母女兩人的論文高達九十多頁內容相同，而且相同份量
已經超過全篇論文的二分之一以上，明顯具有「抄襲」行為。該校長因
此成為我國第一位大學校長被教育部判定涉及「縱容抄襲」的案例。教
育部也因為這個案例而增訂學術論文抄襲處理的迴避原則。[12]

　　雖然研究者都很清楚，引用別人的著作必須註明出處與來源，但是

---

[11] 引自《維基百科》，〈社會科學〉，「抄襲」：
https://zh.wikipedia.org/wiki/%E6%8A%84%E8%A2%AD。（2017.04.20)
[12] 黃以敬／臺北報導，〈教部判定指導女兒論文○大校長○○○縱容抄襲〉，自由電子新聞網，
2002/8/10；http：//www.libertytimes.com.tw/2002/new/aug/10/today-c7.htm。（2004.02.01)

引用比例多少才算抄襲？至今還是見仁見智。由於網際網路檢索功能日愈擴充，研究者撰寫的論文與報告，利用網路下載的情形也愈來愈多；許多只有網址沒有著作出處的網路資料以及文不對題的內容引用也日愈增多。這應該是學術界必須積極正視的問題。雖然網路下載、利用與抄襲之間的定義，一時很難加以釐清，而且複製下載或利用他人公開發表的作品，已是網路時代難以避免的現象，但是要將出處或網址清楚註明，這是最基本的態度。不管是不是學術著作，都應該按照章節註明出處與來源，並且逐一列入參考書目，決不能以任何理由把抄襲合理化！抄襲者必須想到，別人整理、解讀、分析資料，日積月累寫成一篇文章或一本專書，所花費的時間和心血。千萬別以任何藉口，來掩飾這種無恥的竊盜行為；也別以為欣賞別人的著作，就可以光明正大或一字不漏的竊盜別人的作品！

　　由於這十幾年來，我的一些作品與論述已經被抄襲霸用到令人無法置信的地步，所以對此感受更深。那些人襲用我的引書、文獻也就罷了，連我自藏的文獻孤本、田野訪查與考證所得，甚至連我轉譯自日文文獻的內容和個人延伸研究的成果，也都整段照抄不誤；不但毫無出處說明，連參考書目都不肯列上一筆。尤其令我訝異的是連學術界的專業研究者也不例外，而且這方面的實例與媒體報導，早已層出不窮的出現，充分顯示臺灣當前的學術風氣，距離「已開發」階段，還有一段十分遙遠的距離。新一代的研究者對於引用與抄襲的分際，更應該隨時警覺、嚴肅面對。

四、人本、自由與平等

　　「田野倫理」一詞，是臺灣本土研究中十分生冷的話題；尤其在當下的臺灣談這個問題，似乎變得有點不合時宜了。這原本應該是個相當嚴肅的課題，卻明顯的受到不該有的忽視，這恐怕已是教育、人文、社會、經濟和政治上整體結構的問題；業已超出本節所要探討的範圍。

臺灣在 1990 年以後的本土化熱潮，竟使學術研究方法之一的「田野調查」成為超炫的本土象徵；加上陳其南主政的行政院文建會傾力推動各種大型藝文活動的刺激；文史工作室就在一時之間紛紛湧現；「文史工作者」儼然成為推動臺灣文化復興的尖兵。然而，許多臺灣史研究者卻也紛紛驚覺，臺灣的田野環境就在這短短的十幾年間，再度遭受了無法挽回的破壞。誠如吳學明所說：「部分文史工作室的朋友，對地方文史資料的搜集極為用心，也有一定的成果，對地方歷史瞭若指掌，其熱情令人感佩，但由於缺乏基本訓練，對臺灣史的基礎認識又嫌不足，因此往往缺乏巨視的眼光，產生只見樹木不見森林的現象，甚或將臺灣史上的普通現象，誤以為是重大的發現。有的以其田野工作所得的一兩件古文書，視為瑰寶緊抱不放，甚至無視他人的研究或發現，將自己發現的史料作擴大解釋，這都是對研究趨勢不甚明白的後果。」[13]

其實，更為嚴重的是許多竊賊混居在「文史工作者」中，假藉田野調查的名義，伺機盜賣骨董、古物；就如同本書「序言」所說：「老廟和老伙房的雕飾品、古文物以及老家具，正在迅速流失；連廟裡的香爐和神像都紛紛失竊；甚至那些座落在田頭、田尾，街頭、街尾以及老樹下、埤頭邊的石版『伯公』（土地公廟），也常常在一夜之間，連廟基都被一起挖走；民間私藏的古文書、老照片和老字畫等，更是被搜括炒作得價格飛漲，奇貨可居。向來被研究者視為田野之寶的地方耆老，由於重複而過度的訪問，有些早已不堪其擾而拒絕受訪；有些卻受訪成癖，不但成了公式化的受訪者，還經常把道聽塗說的資料擅自加油添醋，以權威者的姿態傳述未經查證的訊息。加上過度飽和的媒體工作者，無知的推波助瀾與報導，以致成為影視媒體的免費義工而不自知。」[14]愈使臺灣的田野環境陷入不堪聞問的地步。

---

[13]　吳學明，〈鄉土史田野工作的理論與實務〉，收入郭聰貴主編，《為鄉土教學的建構做準備》，國立臺南師範學院實習輔導處，2001，頁 191-205。

[14]　參見黃卓權，〈談田野訪問與口述歷史〉，《新竹文獻》第 5 期，（竹北，新竹縣文化局，2001.03），頁 34-45。

圖 2：苗栗縣獅潭鄉三洽水開基伯公祠

說明：這座造型樸素典雅的百年石版伯公祠，於 1992 年前後，石雕神牌和香
　　　爐就在一夕之間被竊，連廟身也嚴重受損。

　　這十幾年來，臺灣本土熱潮中的失序現象，正好說明了「田野倫理」
亟須加以正視的主要理由。我在這裡特別借用人類學者的一段話來加以
引伸：

> 學術研究並非一張通行無阻的執照。研究者與其研究對象間權力
> 關係的改變，一方面迫使（要求）研究者重新思考與其研究對象
> 的關係；另一方面則迫使（要求）研究者思考學科本身的未
> 來。……但基本上須站在尊重對方的基礎上進行雙向溝通。[15]

　　其實這也是從事鄉土史研究時，應該具有的基本認識與亟待冷靜思
考的問題。因為不管是任何領域的研究者，一但開始從事田野工作時，
便經常要以「外來者」的身分，進入一個陌生的地方。不管這個地方是
否有熟識的人住在那裡，但是只要研究者一旦進入其間，就會開始或多

15　陳玉美，〈研究者與其研究對象的關係─以考古學為例〉，「摘要」，《田野考古》，1（1），
　　（1990），頁 9-23。

或少的干擾了當地人的生活以及他們習以為常的生活環境。如果研究者對當地的歷史、習俗、信仰缺乏基本的認識，很容易就會在無意間觸犯了當地的民間習俗與禁忌，造成研究者與當地人或當地社會的緊張與壓力。

　　尤其在這個本土風潮未減的時刻，許多人都急著想要有所斬獲，經常會不自覺的針對自己的研究需要，去探究他人不堪聞問的隱私與不堪回首的細節，再度挑起他人埋藏在心底的過往與傷痛！試舉「二二八事件」為例，當年的受難者沉冤未白，受難者家屬早已隨著時間的流逝把哀慟沉埋心底，但是田野工作者卻為了研究需要，必須處心積慮把受難者家屬埋藏多年的哀傷與痛楚，殘忍的挖掘出來。甚至為了突顯加害者的「暴行」，又進一步讓他們暴露在媒體之前，平心檢視這些曾經發生的事件，無論那些受難者家屬是出於被動或主動，但是做為一個田野工作者，究竟要以怎樣的情懷來面對他們？未來如果面對相似的案例時，應該如何處理？這才是從事田野工作需要反覆思考的問題，也是最基本的歷史認知。

　　雖然歷史研究的目的重在求真，問題是研究者在追求「事實」的時候，如果忽略了人與人之間最基本的同理心，即使讓我們追求到真理，卻因此失去了做為一個「人」最基本的人性基礎；那麼這樣的真理，又能為人類的未來帶來什麼樣的借鏡與啟示呢？我這麼說，並不是為那些失去人性的獨裁者或統治者尋找脫罪的藉口，而是站在田野工作者的本分，提出一個讓雙方的親屬與後代都可以平靜生活的嚴肅思考。如果一個歷史研究者連這樣的基本分際都無從了解，還繼續隨著政客們的腳步一窩蜂的去尋找「事實」；這樣的研究取徑，難道不是另一種變相的「為政治服務」？歷史研究者的本分，永遠應該大無畏的站在政治的現實中，隨時隨地勇於面對歷史的事實；但是，更應該了解政治的真理，永遠也無法與歷史的真理畫上等號！

　　就影像工作而言，記錄者與被記錄者之間，也同樣存在一種既緊張又微妙的雙向關係，掌握鏡頭的人如果忽略了「站在尊重對方的基礎上進行雙向溝通」，也很容易帶給對方「壓迫式的干擾」。舉個記憶猶深的

往例，我曾協助一位從事影像工作的年輕朋友，好不容易才替他徵得某位教授的同意，在家裡接受影像訪談。訪談進行中，這位年輕朋友過於考究影像的視覺效果，希望把客廳的桌椅擺置略作調整；沒想到這一調整，竟然把整個客廳裡的家具來個天翻地覆的大更動，還把教授夫人逼到廚房裡出也出不來。好不容易折騰了一個多鐘頭，總算錄製完成，把家具回復「原狀」。只見教授夫婦鬆了一口氣，愉快的牽了愛犬準備出門散步。令人意外的是，這位年輕朋友還渾然不覺，繼續指揮攝影師樓上、樓下補拍空景，任我多次出面制止都毫不理會，搞得我在門外直向教授夫婦陪不是。最後我實在忍無可忍，翻臉制止，他才勉強收工。事後我雖然把這位年輕朋友大罵一頓，但是聽說教授夫婦由於這次的教訓，從此再也不肯接受任何影像訪談。

　　我無意指責這位年輕朋友的表現，但因這次的經驗，是我從事田野工作二十幾年來最不愉快的一次，至今還令我耿耿於懷。這個活生生的田野案例，也的確值得田野工作者與影像工作者深深警惕。因為所謂「人際倫理」，不外乎尊重和體諒而已。一個人不管學識再高、能力再好，如果缺少人與人之間互相尊重和設身處地體諒對方的情懷，很難獲得別人的坦誠相待，從事田野工作尤其如此！

　　前面談到的各種問題其實卑之無啥高論。但是臺灣社會卻似乎對此毫無所覺，在兩極對抗中因為缺少良性的互動，也逐漸喪失了檢討批判的能力；政治凌駕於知識，專業屈服於政客。由此所致，社會上逐漸形成凡事理所當然、不求甚解的風氣；彷彿人人都是專家，卻又缺少了專家追根究柢的精神。正因為專家到處都是而且無所不知，所以各行各業真正的專家便不願意站出來；由於假專家充斥的結果，整個社會便逐漸喪失了專家生存的環境。讓我經常產生一種懷舊的感覺：臺灣從前的乞丐大都很有文化，往往會在有意無意中顯現一種「專業」的優雅。但是臺灣走向本土化以後，我們的社會卻似乎在政客們的操弄之下，把乞丐當成了文化，這才是臺灣當前真正的問題。

　　寫到這裡，美國名作家瑪格麗特‧魏特罕（Margaret Wertheim）所

著《空間地圖》一書的卷頭語，不知不覺浮現眼前：

> OPEN 是一種人本的寬厚；
> OPEN 是一種自由的開闊；
> OPEN 是一種平等的容納。[16]

這句話用在這裡，更是無比的貼切！

五、假如沒有山？又沒有水？

這個小節採用假設性的疑問句為題，似乎有點背離歷史討論與書寫的基本原則；這就如同去探討「假如秦始皇沒有統一六國」？「假如臺灣沒有割讓日本」？同樣不具歷史的真實性。但是從「影視史學」的出現，以及類似「回到過去」與「回到未來」之類的科幻影片，乃至「尋秦記」這類歷史想像劇深受閱聽大眾的歡迎，又隱然刺激歷史研究者另一層面的思考；因為如果研究者能透過「假設」來進入歷史情境，從「秦始皇沒統一六國」的假設，來分析當時「六國」的問題；從「臺灣沒有割讓日本」的假設，來了解臺灣可能面臨的處境，也未嘗不是促進歷史思維和邏輯思考的訓練方法。畢竟，任何假設都不會改變歷史的事實，可是任何研究都必須從「假設」開始；研究者應該思考的問題，在於這個假設能否得到結論而已。

中國禪宗大師青原惟信，留下一個廣為傳頌的公案：

> 老僧三十年前未參禪時，見山是山，見水是水；
> 及至後來，親見知識，有個入處，見山不是山，見水不是水；
> 而今得個休歇處，依前見山只是山，見水只是水。[17]

這幾句乍看之下有如「繞口令」的文字，其實如果經過仔細的咀嚼回味以後，便可以讓我們逐漸領會另一層涵義深遠的人生哲理。青原惟

---

[16] 瑪格麗特．魏特罕（Margaret Wertheim）著，薛絢譯，《空間地圖》，臺北市，臺灣商務，1999。

[17] 語出《五燈會元》，卷47：宋．青原惟信禪師；收入《龍藏》（清，乾隆大藏經），經號：1602，145~146 冊。

信禪師從起初的「見山是山，見水是水」；進入到到「見山不是山，見水不是水」；再回到「見山只是山，見水只是水」的階段變化，其實是在說明他自己的「悟道」過程而已。他這三個層次的心境變化，分別代表了三個不同的境界。我們從這個悟道過程的心境轉折，來回頭思考一個人做學問的歷程，還不就是如此！

　　一個歷史研究者在初學階段，往往會見獵心喜，廣泛蒐集與研究主題或研究地區有關的各種資料，但是對資料的真偽無從分辨，對資料的內容與重要性也無從理解，因此這時候所看到的任何資料，都只不過是「資料」而已；這就如同青原惟信禪師尚未參禪的時候，「見山是山，見水是水」的階段。後來經過不斷的閱讀與師長的講解，漸漸的學有精進，對於資料的內容有了進一步的理解，於是手邊的資料就不再是單純的資料了，你開始發現裡頭正在述說一段早已掩埋的故事；資料中隱藏了一段不為人知的轉折，以及一椿重要的歷史事件。於是手邊的這些資料，便開始有了生命也有了意義；這時你已經開始進入到「見山不是山，見水不是水」的階段。等到你把故事寫出來，把這個歷史事件重新呈現在世人眼前，然後開始面對自己的作品稍作歇息的時候，驀然回首才發現原來那些曾經苦心鑽研的資料，仍然只不過是一堆資料而已，只是這些資料已經具有不同的意涵，已經不再是原來的那些資料了；到了這個階段，你已經達到「依前見山只是山，見水只是水」的境界了。

　　我在這裡想談的問題是，青原惟信禪師的時代如果既沒有山又沒有水，他怎麼辦呢？他所留下的公案，是否就此一筆勾銷了呢？我們相信像青原惟信禪師這樣明智的人，絕不可能因此就沒別的方法來「悟道」吧！因為假藉山水來「悟道」，只不過是青原惟信禪師千萬種可以採行的方法之一罷了。反過來說，如果青原惟信禪師突然從一個有山有水的世界，遭遇了不再有山，又不再有水的變化，相信他照樣能夠藉著其他可以進入視覺的東西，來了悟人生幻滅無常的道理。

　　因為山、水只不過是「悟道」的一個媒介而已，既然只是媒介，那麼靠茶杯、石頭或蘋果，……以及大自然的變化，甚至是一頓當頭棒喝，

又何嘗不可悟道呢？但是如果你是居住在萬里平沙的沙漠深處，卻偏偏要找一個有山有水的環境來悟道，那麼你就只好苦行千里，慢慢去尋找山水了。等你真的找到了心目中的山水，卻遠離了自己最熟悉的環境，你想悟的道恐怕還在那個大沙漠裡向你遙遙招手呢？

　　同樣的，如果一個歷史研究者沒有資料可供研究時，怎麼辦呢？很多年輕朋友經常問到這個問題，我總是先反問他：「是你找不到資料呢？還是確定沒有資料？」因為找不到資料是自己的事情，也許是努力不夠、方法不對、功夫下得不深，找不到資料是必然的結果；然而如果是「確定沒有資料」的話，就必須先去了解這個「確定」的過程，「到底是無法找到資料呢？還是確定沒有資料？」假如真的沒有資料，那麼我的回答是：「你還想研究什麼？」趕快換個題目吧！因為資料雖然有時而盡，研究的題材卻永遠都俯拾即是。如果在一處沒有山水的地方，偏想藉山水來悟道，豈不是緣木求魚？

六、歷史文本與歷史敘事

　　歷史研究者從事田野工作的最終目的，當然是為了研究上的需要；而歷史研究的最終目的，則應該是為了寫出具有時代意義與價值的「歷史」。事實上大多數人也都是透過書寫的作品，來獲得歷史知識；然而，絕大多數的歷史家為了做研究，往往已經耗去大半輩子的心力，所以就少有人能有餘力去做長時段的書寫嘗試與耐心。任何研究者必須先把堆積如山的各種「文本」（text）加以消化理解，才能掌握某些事件形成的原因與過程，甚至一些細微末節，看似無關緊要的「瑣事」，經常都是歷史事件形成的重要關鍵。但是，書寫長時段的歷史則必須「上知天文，下知地理」，把無數的「事件」擺置在不同的時段中，透過書寫的過程才能掌握全面性的脈絡。

　　多年來我做過不少「書寫」的嘗試，總覺得每寫完一篇，臉上的皺紋便要增加不少；可是令我深感納悶的是，臺灣的歷史學界在不合理的制度影響下，對這方面的關注，似乎遠不如花費半個月或一、二個月所趕寫出來的一篇研究論文。恕我不客氣的說，歷史研究除了敘事

（narrative）的訓練之外，應該透過書寫史學（historiography）的磨練，才能培養出宏觀而細緻的「史觀」與「史識」並且逐漸融會貫通，掌握某些理論與方法之外的心得。我以為歷史工作者如果光知做研究而長於敘事，頂多也只是一個「學匠」而已。

　　歷史作品與文學作品最大的分野，在於文學寫作可以任憑創作者個人的才華、情感與想像力盡情發揮；但是歷史寫作必須根據過去留下的相關史料以及前人（包括自己）的研究成果來「編纂」而成，即使是才華洋溢、妙筆生花的歷史家，也不可能順著自己的情感和想像自由發揮，這是歷史工作者必須具備的自覺與認識。因為歷史工作者可以得到的任何史料，都只是人類以符號來表達思想的工具而已。這些符號的意義，必須透過嚴格的考證、解讀與分析並且加以證實、解說才能讓讀者接受或產生共鳴。因此，歷史寫作必須植根於研究的基礎，這些基礎又必須透過各種複雜繁瑣的程序，來構思各種書寫的可能；而且這些複雜繁瑣的程序，又往往因為口述者與轉述者的認知差距，會產生程度不等的表述。這是身為歷史研究者必須具有的認知與思考。

　　文獻不足雖然是歷史研究者最大的無奈，然而，如果透過同時段的相關文獻，仔細分析、歸納，仍然可以釐清一些事實。如果研究者貿然採用未經考證的傳說文本作為敘事依據，不但不能釐清歷史事件的原貌，反而會使重建出來的歷史事件變得更加模糊。任何事件的口述者、傳述者與轉述者，未必是有意識的提供錯誤的訊息，因為歷史事件經過長時段的發展以後，許多經過輾轉加工的敘述，都會成為轉述者「現時段」的記憶。歷史研究者的工作，就是透過那些不斷轉述的「口碑」，把這些歷經長時段演變的原始記憶，從文獻記錄中，根據歷史脈絡試圖還原一些事實。

　　一份既經公開的文本，必有文獻敘事以外的史事根據，不可能會憑空產生；而且產生的原因，或許又隱藏了更多錯綜複雜的歷史背景，在口述、傳述與轉述的過程中已經被輾轉加工，而且有意或無意的加以模糊。但是任何一件文本的口述者、傳述者或轉述者，絕無任何義務對他所製造的文本負責；問題是做為一個歷史研究者，在處理歷史文本與歷史敘事時，顯然不能就此對當前的研究成果感到滿足。

　　我再次重複英國歷史家卡耳（Edward H.Carr）在 1961 年的提醒:「任何一項文獻給我們說的不外乎文獻作者所想的——他認為什麼是曾經發生，應該發生，或將發生；或者是他希望讀者以為他怎樣想，或者他自己以為他是在想什麼。這一切都沒有價值，除非歷史家給他加工解釋」。[18]的確，我們面對那些雜亂無序的文獻時，如果對於文獻的產生背景，對文獻作者的思考方式和用字遣詞缺乏基本的理解；而且透過耐心的整理、分析、考證來解讀這些文獻背後的意義，便很容易被那些文獻作者的智慧陷阱所誤導。

　　歷史研究者的工作不僅僅是單純的引用「文本」來「加工解釋」建構論述而已，應該更進一步對這些文本進行嚴格、反覆的「辯證思考」；這也是臺灣史研究在「質」的提升上不應該推卸的責任。因為歷史是經由敘事而得以理解，雖然歷史事件從發生到敘事的過程，往往會因為歷經長時段的發展而失真，但是社會的發展絕不會突然從這一個時空擺盪到另一個時空。我們確信一個研究者如果透過歷史脈絡，從文本與敘事的虛、實層面深入探討，仍然可以讓歷史的書寫更接近事件的原貌。

　　筆者利用業餘研讀歷史二、三十年，如今年近六十，除了白髮日增、視力大減、齒牙動搖，才讓我不得不稍知「天命」而已；至今「耳」未順、「惑」未解，連「立」足於天地之間，[19]要如何面對餘生都尚未了悟，又何況是做學問這種「仰之彌高、鑽之彌堅」的大事？所以新一代的歷史研究者，應該要更具自主研究的精神，拋開意識型態的束縛；更需培養開闊的胸襟，放寬研究的視野來理解過去。不必羨慕別人的研究成果，而要留意別人「悟道」的過程；不要過於相信自己的「視覺」，而要留意「視覺」所反應的景象；不必在意「文本」的真偽虛實，而要試圖理解那些文本製作的意義與內涵。千萬不要死抱著前人的理論與方法，以致陷入前人的泥沼中不可自拔。唯有如此，歷史研究才會具有多元思考的意義，田野工作才會充滿樂趣！

---

[18]　Edward H.Carr 著、王任光譯，《歷史論集 What is History？》，臺北，幼獅文化事業公司，1968，頁 10。

[19]　孔子說:「吾十有五而志於學，三十而立，四十而不惑，五十而知天命，六十而耳順；七十而從心所欲，不欲矩。」

參考文獻

《五燈會元》，卷 47：宋・青原惟信禪師；收入《龍藏》（清.乾隆大藏經），經號：1602，145~146 冊。

《維基百科》，〈社會科學〉，「抄襲」。

Edward H. Carr 著，王任光譯，《歷史論集 What is History？》，臺北，幼獅文化事業公司，1968，頁 10。

布朗諾斯基著，徐興、呂應鐘譯，《人類文明的演進》，臺北，世界文物出版社，1975，頁 51。

吳學明，〈鄉土史田野工作的理論與實務〉，收入郭聰貴主編，《為鄉土教學的建構做準備》，國立臺南師範學院實習輔導處，2001。

周樑楷，〈影視史學：理論基礎及課程主旨的反思〉，《臺大歷史學報》（23 期），國立臺灣大學歷史學系，1999/6。

梁啟超，《清代學術概論》，臺北，臺灣中華書局，1970（五版）。

陳玉美，〈研究者與其研究對象的關係──以考古學為例〉，《田野考古》，1（1），1990。

黃卓權，〈談田野訪問與口述歷史〉，《新竹文獻》第五期，竹北，新竹縣文化局，2001 年 3 月，頁 34-45。

瑪格麗特・魏特罕（Margaret Wertheim）著，薛絢譯，《空間地圖》，臺北市，臺灣商務，1999。

奉天承運的背後
一清代皇權遊戲的規則與運作[*]

摘要

　　本文以檔案文書的角度，從象徵清帝國最高權力的公務文書—「聖旨」講起，透過行政體制、職官制度與權力結構的問題，來理解隱藏在檔案背後，中央與地方政令系統的公務運作及其對臺灣的影響。同時配合中央研究院歷史語言研究所提供的數位影像，擇要介紹說明並探討這些中央公務文書的運用問題。

　　臺灣在清帝國統治的 212 年間，只有不到 10 年的「建省時期」，長期位處權力核心的外圍，由基層地方官紳直接、間接治理，大多數時間只由中級欽差性質的文職「道臺」和武職「總兵官」坐鎮監督；所以與臺灣比較直接有關的內圈官員，只到閩浙總督、福建巡撫與福建水、陸提督等省級地方要員而已。但因臺灣發生多次大規模的反清事件，加上大小動亂與外患頻傳，因此連位處同心圓核心的皇帝都不得不時加關注，唯恐造成不可收拾的缺口。

　　因此研究臺灣清代史，如果不能看清這一點，不但很難了解權力運作的遊戲規則；也無法理解地方上處處困擾著我們的那些人、事、地、時、物等相關問題；更無法看清地方菁英與家族的興衰浮沉，以及社會結構的變化與影響。

關鍵詞：皇權遊戲、權力結構、詔令奏章、封疆大吏、掛印總兵。

---

[*]　本文為修訂本，原題：〈從「奉天承運」講起：清代皇權的遊戲規則與宮廷文書〉，收入拙著《進出客鄉：鄉土史田野與研究》，臺北市：南天書局，2008，頁 115-152。中研院史語所藏明清史料檔係經授權使用，讀者如需引用，請洽該所。

一、　戲裡、戲外的聖旨

1.1 從戲裡到戲外

相信大多數人對「聖旨」的印象都來自電視或電影；宣旨過程一般大概是先有快馬來報，高喊：「聖旨到——」，接旨人就快步向前下跪高呼「萬歲！萬歲！萬萬歲！」於是宣旨官捧出一道鬆軟的金黃色布質「聖旨」大聲恭讀：「奉天承運皇帝詔曰……」，讀完後宣旨官高舉聖旨，再由接旨人高呼：「謝萬歲！」然後叩頭謝恩，躬身上前接下聖旨，行禮如儀一番。這應該是臺海兩岸的電視、電影經常看到的宮廷劇場景。至於人、事、地、時、物方面，宣旨官不是宮中太監，就是身穿「鶴補」的一品文官，接旨人則是不分官民或男女；下旨事項上至戰前授命、任官封爵，下至嘉勉平民百姓、刑場救人，簡直無所不包；宣旨的地點與時機，更是不分畫、夜，而且不管是戰場、刑場，還是道路旁，都要立即跪接；聖旨樣式則一律是以金黃色的織品製成。

苗栗縣通霄鎮城南里李氏公廳，從 2002 年起一連舉辦多年的「客家祭儀展演」活動，其中「御准旌表五世同堂」的頒聖旨過程，也大致如此搬演；在文史團體協助下，還發展出文官坐轎，武官騎馬入場的儀式。頒旨文官按例都由政府現任官員擔任，最奇怪的則是文官服飾，頭戴清朝官帽、身穿一品「鶴補」大紅長袍，也不知到底是那個國家，那個朝代的官服？宣旨時，只見聖旨張開，大如全開報紙；至於內容就暫且不去細究了。這個活動年年行禮如儀、不以為怪，而且每次活動都有政府機構與大學院校掛名指導與協辦。透過電視及媒體公開報導。[1] 我比較在意的是學術教育團體，既然有意介入民間活動，那麼參與指導的學者們就有責任與義務加以釐清。

講到正題以前，暫時擱下那些影、視、活動場景的正確性不談，我

---

[1]　這個活動訊息，在網路上不難搜尋，也曾製作紀錄片發行；參見「御准旌表五世同堂頒聖旨」古禮祭祖紀錄片（VCD），通霄鎮民代表李安能製作，道卡斯文史工作室企劃，臺北，生圓國際公司監製，2004。

們不妨先想一想，如果按照宮廷劇那樣搬演的話，連一些芝麻綠豆大的事都要這麼「奉天承運」行禮如儀一番；請問那個躲在京城裡，遙控一個超級大帝國的專制君主怎麼還「玩」得下去？再從宣旨官來說，太監不得出宮生事，違者處斬，這是清朝的宮廷禁令；因此太監出宮宣旨是絕不可能的事。[2] 至於指派一品文官去宣旨，那就更加荒唐了；因為連掌管二至三省軍務的「總督」都不過是正、從一品；掌管一省行政的「巡撫」也不過是正二品或從一品而已。以清代臺灣來說，直到光緒 10 年（1884）清、法戰事吃緊，劉銘傳奉旨賞給「巡撫銜」來臺督辦軍務以前，全臺最高常駐文官，也只不過是個加「按察使銜」（正、從三品）的道臺（正四品）；怎麼可能連這種區區宣旨的小事，都要動用到朝廷裡的一品大員！

表 1：清代文武官的頂戴、補服對照表

品　級	頂　戴	蟒　袍	文官補服	武官補服
一　品	亮紅頂	九蟒四爪	仙鶴	麒麟
二　品	涅紅頂	〃	錦雞	獅
三　品	亮藍頂	〃	孔雀	豹
四　品	涅藍頂	八蟒四爪	鴛鴦	虎
五　品	亮白頂	〃	白鷳	熊羆
六　品	涅白頂	〃	鷺鷥	彪
七　品	素金頂	五蟒四爪	鸂鶒	犀牛
八　品	陰紋金頂	〃	鵪鶉	〃
九　品	陽紋金頂	〃	藍雀	海馬
備註：				
1. 帽頂的頂珠質料、顏色依品級而不同，清初為各種寶石和純金；乾隆以後，頂珠都用透明或不透明的玻璃，稱作亮頂、涅頂；金頂，則改用黃銅。				
2. 蟒袍是清代節慶禮服，上至皇子下至九品、未入流者都可用，以服色和蟒的多寡等區分尊卑。皇帝所穿則稱為龍袍。補服又稱補掛，是禮服的外掛，為官員的日常服。				

來源：《欽定大清會典》卷 47，臺北，文海，1991，頁 1545。

　　因為臺灣有明確文字記錄的歷史不到 400 年，其中清帝國的統治就長達 212 年之久。荷蘭東印度公司與西班牙分別佔領臺灣南北部，也是

---

[2]　最有名的例子，就是同治 8 年（1869）間，宮中太監安德海私奉慈禧太后之命，到江浙採辦龍衣，沿途作威作福，被山東巡撫丁寶楨上書彈劾；13 歲的同治皇帝與慈安太后，背著生母慈禧太后下旨把安德海就地處斬，連對他寵信有加的慈禧太后都保不了他的命。

為了爭奪明、清帝國的經濟和貿易利益；鄭氏王國的的興亡，也與清帝國的興起息息相關；即使是葡萄牙、日本與英、法各國在東亞地區的爭雄，也和明、清帝國與南洋各國的經、貿利益牽扯不休。所以要真正了解臺灣的近代發展，便不能不充分掌握清帝國的政務運作與皇權的起伏變化。

1.2　皇權遊戲的名堂：以劉銘傳為例

清代皇帝的「聖旨」，是象徵清帝國最高權力的公務文書，比較正式的名稱叫做「詔令文書」，所謂「聖旨」只是俗稱而已。[3] 因為這是帝王專制時代，一切政令系統的基礎；如果不能釐清這個權力遊戲的根本問題，在研究清代史或清代政府檔案時，很難充分掌握中央與地方的權力結構與運作。

原版的清代「聖旨」，臺灣民間收藏並不多見，但是臺北故宮博物院典藏的「故宮檔案」、中央研究院史語所珍藏的「內閣大庫檔」和其他已經出版的文獻彙編，都留存許多這類文書的原件與抄本；部分精品圖像還提供網上搜尋、瀏覽服務。此外，即使是國立臺灣大學圖書館保存的《淡新檔案》這種基層地方史料中，也可發現許多隨文轉錄的「上諭」及「奏摺硃批」；這些皇帝的指示、批示和交代，其實都是各種不同形式的「聖旨」，只是以各種樣貌隱藏在公文書內，如果不夠細心，很容易錯過罷了。

目前臺灣各地寺廟與許多家族內部的記載，只要稍加注意也可以發現很多與聖旨有關的痕跡。像臺灣各地義民廟所懸掛的乾隆皇帝「褒忠」御筆；霧峰林家的「宮保第」、新竹鄭家的「進士第」、竹北六家林屋的「大夫第」及其內部擺置的「誥贈奉直大夫」、「誥贈二代宜人」……之類的執事牌等相關文物；又如臺北深坑黃宗河追贈「武翼都尉」、[4] 新

3　中國古代通常將皇帝發布的命令即指示，稱為詔令。馮明珠，〈奉天承運：清代歷史文書珍品展選介〉，國立故宮博物院網站。

4　許雪姬，〈武翼都尉黃宗河傳─由德興黃氏族譜及故宮檔案談起〉，《臺灣史研究暨史料發掘研討會論文集》，高雄，臺灣史蹟研究中心，1986，頁481-491。

埔陳朝綱封「朝議大夫」、[5] 苗栗黃南球封「奉政大夫」，[6] 以及許多方
志或族譜記載也不乏封、贈「文林郎」、「登仕郎」……等類頭銜的地方
人物，以及類似「例封、累封、誥贈、貤贈」等與清代封、贈制度有關
的字眼。研究者如果進一步探討，就會發現這些堂號特殊的宅第與封、
贈的頭銜，其實都跟「聖旨」息息相關。[7] 這類枯燥繁瑣的名堂究竟代
表著什麼意義？這些問題又與我們的研究有什麼關係？更重要的是做
為一個臺灣史研究者，應該站在什麼角度來看待這些統治皇權的象徵？

表 2：清代文、武官（妻）勳階對照表

品　級	文　官	文官妻	武　官	武官妻
正一品	光祿大夫	一品夫人	建威將軍	一品夫人
從一品	榮祿大夫	一品夫人	振威將軍	一品夫人
正二品	資政大夫	二品夫人	武顯將軍	二品夫人
從二品	通奉大夫	二品夫人	武功將軍	二品夫人
正三品	通議大夫	三品淑人	武義都尉	三品淑人
從三品	中議大夫	三品淑人	武翼都尉	三品淑人
正四品	中憲大夫	四品恭人	昭武都尉	四品恭人
從四品	朝議大夫	四品恭人	宣武都尉	四品恭人
正五品	奉政大夫	五品宜人	武德騎尉	五品宜人
從五品	奉直大夫	五品宜人	武德佐騎尉	五品宜人
正六品	承德郎	六品安人	武略騎尉	六品安人
從六品	儒林郎	六品安人	武略佐騎尉	六品安人
正七品	文林郎	七品孺人	武信騎尉	七品孺人
從七品	徵士郎	七品孺人	武信佐騎尉	七品孺人
正八品	修職郎	八品孺人	奮武校尉	無
從八品	修職佐郎	八品孺人	奮武佐校尉	無
正九品	登仕郎	九品孺人	修武校尉	無
從九品	登仕佐郎	九品孺人	修武佐校尉	無
備註：1. 初制文職人員，無論正、從一品皆封光祿大夫；後將從一品改為榮祿大夫。 　　　2. 凡是吏員出身者，文職從六品為宣德郎、正七品為宣議郎。				

來源：《清史稿》，志八十五，選舉五，封廕推選。

5　何明星，《清代新埔陳朝綱家族之研究》，新竹，新竹縣文化局，2007，頁 11「圖版」。
6　黃卓權，《跨時代的臺灣貨殖家：黃南球先生年譜 1840-1919》，臺北，中央圖書館臺灣分館，2004，圖版頁 jlii：B20。
7　卓克華，《從古蹟發現歷史：卷一，家族與人物》，臺北，蘭臺出版社，2004，頁 23-26。

　　因為這些看起來枯燥繁瑣的問題，往往是研究者能否真正了解史料的關鍵，閱讀清代政府檔案時，更應該留意這些看似無關的細節，才能了解清朝皇帝怎麼在「玩」這場權力遊戲？在這個絕對的皇權遊戲規則下，中央與地方制度到底怎麼運作？當時的臺灣為什麼會是這個樣子？舉例來說，很多研究者使用清代臺灣《淡新檔案》時，文件的第一行到底寫些什麼？大概很少研究者會加以留意，因為這一行大都是發文者的官銜、職務及衙署名稱，所以直覺上認為無關緊要就把它略過了。其實我們如果多加留心，便會發現劉銘傳剛來臺灣時，檔案裡的頭銜是「頭品頂戴賞加巡撫銜督辦臺灣軍務」；但是幾年以後，他的頭銜變成「太子少保頭品頂戴兵部侍郎福建臺灣巡撫部院兼管海關、學政一等男」，已經加了一大串的字。[8] 我們千萬別以為這些頭銜無關緊要；因為劉銘傳的權限就在這幾年間，因為不斷增加的頭銜已經大不相同。

　　我們閱讀清代文獻或《淡新檔案》時，也可以發現下層官員在公文裡頭對劉銘傳的尊稱很多，如：「帥」、「爵帥」、「撫憲」、「爵憲」、「爵撫憲」、「宮保撫憲」；這到底代表什麼意義？我們如果進一步去了解，「帥」是督辦軍務的統帥，「撫」是巡撫，「憲」就是長官，也就是巡撫大人的尊稱。「爵」是因為劉銘傳在同治 7 年（1868）授有一等男爵，也就是公、侯、伯、子、男的「男」，是清朝皇帝賞給的爵位，所以才稱他「爵帥」或「爵撫憲」。至於「宮保」則是宮廷師傅的尊稱，因為劉銘傳加封「太子少保」後，等於授予皇太子師傅的榮譽。檔案裡頭有許多諸如此類的稱呼與各種奇怪的頭銜，那些看似無關緊要的名稱，對歷史研究者的仔細和耐心，其實是一個最好的考驗！

8　劉銘傳於清同治 2 年（1863）賞給頭品頂戴，同治 7 年（1868）授一等男爵。光緒 10 年（1884）
　　閏五月賞巡撫銜來臺督辦軍務，是年 9 月授福建巡撫在臺督辦軍務。14 年（1888）正月改
　　授福建臺灣巡撫，加兵部侍郎銜兼管海關，4 月兼管學政；15 年（1889）6 月加太子少保銜；
　　16 年（1890）正月加兵部尚書銜，幫辦海軍事務。

表 3：清代檔案或文獻內常見的文武官職、別稱對照表

文職	別　稱	武職	別　稱
總督	部堂、大帥、制軍、制臺、督憲	提督	軍門、提臺、提鎮
巡撫	部院、帥、中丞、撫臺、撫憲	總兵	總戎、鎮臺、總鎮
布政使	藩司、藩臺、糧臺、方伯	副將	協戎、協臺、協鎮
按察使	臬司、臬臺	參將	參戎、參鎮
道員	道臺、觀察	遊擊	遊戎、遊府
知府	太守、太府	都司	都戎、都閫府
同知	分府、司馬	守備	守戎、守府
知州	州牧、刺史	千總	千戎、總爺
知縣	縣令、邑宰、大令、大尹	把總	戎伯、總爺
縣丞	分縣、二尹	外委千總	總爺、官爺
典史	右堂、少尹、捕廳	外委把總	總爺、官爺
巡檢	分司、巡政	額外外委	官爺

來源：張力，〈近代公文書解讀 ─ 以近史所館藏外交、經濟檔案為例（初稿）〉；
　　　另依據筆者平日閱讀筆記加以補充。

　　此外，劉銘傳於光緒 10 年（1884）9 月，奉旨補授福建巡撫在臺督辦軍務，實際上是以福建巡撫專主臺灣政務，「福建巡撫事」是由閩浙總督兼領，所以他在臺灣所持用的印信是只有漢文的「督辦臺灣防務福建巡撫行營關防」；[9] 且因臺灣尚未建省，也未按例加給「兵部侍郎」的兼銜。直到光緒 14 年（1888）改授臺灣巡撫後，才正式刊發滿、漢文並列的「福建臺灣巡撫關防」；[10]（圖 1）不但按例加「兵部侍郎」銜，又在這年先後奉旨「兼管海關、學政」。所謂「兼管」，是以上級官兼理不相隸屬的下級衙門；由於臺灣海關屬「總理衙門」[11] 管轄，學政掌管一省的教育則屬「禮部」所轄。於是劉銘傳除了本職、爵位以外，還有宮廷的加銜與兵部的兼銜，又有隸屬於總理衙門與禮部的兼職；他在光

9　《淡新檔案》：14206-5、14220-5，國立臺灣大學圖書館藏。

10　依據劉銘傳〈咨吏部履歷〉，是於光緒 14 年（1888）1 月 19 日，「接受新頒巡撫關防，當即奏報啟用」；《劉壯肅公奏議》（第一冊），臺灣文獻叢刊 27 種，頁 78-82。

11　總理衙門全稱為「總理各國事務衙門」，設於咸豐 11 年（1861）；於光緒 27 年（1901）改為外務部。這是清廷為了因應國際外交情勢的變化在北京設置的臨時性外交機構；分為五個單位：俄國股、英國股、法國股、美國股和海防股，以及海關總稅務司署和同文館、電報署及銀庫等附屬機構。臺灣在咸豐 10 年（1860）起陸續開放安平（臺南）、淡水、雞籠（基隆）、打狗（高雄）四個國際通商港口，於同治 2 年（1863 年）開設淡水、打狗海關，又陸續附設臺灣府及雞籠海關。海關總稅務司官員與各地海關稅務司大都聘用洋人擔任，歷任臺灣海關稅務司不乏英國劍橋、牛津和美國哈佛等著名大學畢業的優秀人才。

緒 16 年（1890）正月賞加「兵部尚書」銜，並幫辦海軍事務。[12] 這時
劉銘傳所擁有的實權與地位，其實已經如同「臺灣總督」。如果分不清
楚這些職、銜的虛實與權力，就很難真正進入清代皇權遊戲規則內部的
問題。

圖 1：劉銘傳在巡撫任內所持用的關防

來源：《淡新檔案》：14206-5、14220-5，國立臺灣大學圖書館電子資料檔。
說明：左圖為「督辦臺灣防務福建巡撫行營關防」；右圖為「福建臺灣巡撫關
　　　防」滿、漢文印面。右圖所用關防依據劉銘傳〈咨吏部履歷〉，是於光
　　　緒 14 年（1888）1 月 19 日，「接受新頒巡撫關防，當即奏報啟用」。

---

[12]　清廷於光緒 11 年（1885）設海軍衙門，由光緒帝的生父醇親王奕譞總理海軍事務，奕劻、
　　　李鴻章會辦，漢軍都統善慶、兵部侍郎曾紀澤幫辦。光緒 15 年任李鴻章、張之洞為會辦，
　　　並成立北洋水師受其節制。「幫辦」相當於排名第三的首長。

二、官銜與權力的迷宮：從總督、巡撫談起

　　專制皇權下的任何官銜與權力，都是以皇帝為中心，有如輻射狀的同心圓，由內往外層層分授；從表面上看起來，這種設計就如「圖2」所示，只要每一層的圓周外圍，不會向外擴張，又不致發生任何缺口，那麼一切都顯得既合理、又完整。問題是，權力的基礎，並非平面的，而是立體的；換句話說，這個同心圓一旦立體化以後，皇帝雖然如同金字塔尖頂上那塊石頭，由一層又一層大小不等的石塊向上堆疊起來，只要基礎穩固，便能高高在上，君臨天下；但是每一層的石塊，上、下推擠的力道是相當的，每個石塊的硬度與耐壓性卻互不均等，所以一旦某一層的石塊無法承受壓力，突然繃裂或粉碎，穩立上層的石塊便很可能立即崩落。這是解讀宮廷文書以前，先要具有的認識。

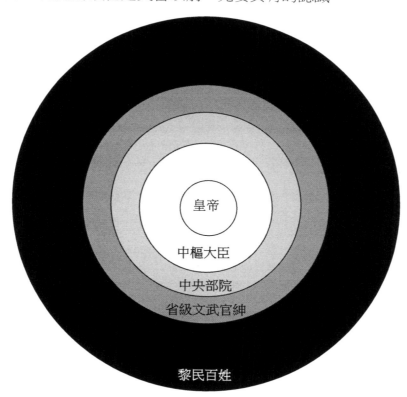

圖2：專制皇權的輻射狀權力結構

　　臺灣在清帝國統治的 212 年間，只有不到 10 年的「建省時期」，長期位處同心圓的外圍，由基層地方官紳直接、間接治理，大多數時間只由中級欽差性質的文職「道臺」和武職「總兵」坐鎮監督；所以與臺灣比較直接有關的內圈官員，只到閩浙總督、福建巡撫與福建水、陸提督等省級地方要員而已。但因臺灣發生多次大規模的反清事件，加上大小動亂與外患頻傳，因此連位處同心圓核心的皇帝都不得不時加關注，唯恐造成不可收拾的缺口。

　　清代的總督、巡撫雖然是掌管數省或一省軍務與行政的地方要員，號稱「封疆大員（吏）」；但是研究者必須注意的是總督、巡撫並不是地方「正印」官，而是沿襲明代「代天巡狩」的欽差性質，所以所持用的印信是「關防」並不是「正印」；[13] 雖然在清代乾隆朝以後，已經制度化成為常設的省級地方最高首長，但在組織系統上其本缺則是記名在中央政府的都察院，屬於都察院的外放大臣，代表中央監臨地方。因此清代的總督、巡撫衙門一直沒有佐貳官與幕僚單位的正式編制。

　　都察院本來是明代的監察機構，清代沿襲明代體制，以左都御史、左副都御史執掌院務，督察御史則負責出巡地方。但是後來歷經康熙、雍正、乾隆各朝的改革，便逐漸形成定制，把右都御史做為總督的坐銜，右副都御史（或右僉督御史）做為巡撫的坐銜；[14] 已經把布政、按察二司及道、府、州、縣的地方監察權，都交付給總督、巡撫掌管。所以清代的總督、巡撫在體制上必須要另外兼銜或加銜，才能擁有實質的權限

13　依據《清史稿》，志七十九，與服三；從乾隆 14 年（1749）起統一各官印信，總督、巡撫用「銀關防」，欽差大臣（三品以上）、欽差官員（四品以下）、道臺、各府同知通判及鎮守總兵官以下（含）的武職官，都用「銅關防」；布政使、提督總兵官、鎮守掛印總兵官用「銀印」，按察使及各府、州、縣官則用「銅印」，並依照職務品級，關防與印寬尺寸及字體都有詳細規範；另據《淡新檔案》可以發現臺灣各廳同知，也都使用關防。由此可見凡是由中央派駐地方或欽差性質的官、武職官及臨時性的任務編制機關都持用「關防」；正式編制的文職衙門都用方形印，俗稱「正印」；武職官持用正印的只有提督總兵官（提督）與鎮守掛印總兵官（掛印總兵）。因為鎮守總兵官（總兵）持用銅關防，所以「掛印」後，其職權等於比照提督。參見本書〈《淡新檔案》的認識與運用—清代衙門文書的遊戲規則〉，「圖 31、32」及其相關敘述。

14　按「坐銜」為本職必兼之銜，而且必為實銜；「兼銜」則有虛、實之分。清乾隆 13 年（1748），廢右僉都御史後，遂以右副督御史作為巡撫的坐銜。

處理地方政務、管理地方，同時具有行政監督以及軍事指揮調動的權力[15]。

但是「銜」有虛、實之分，一般來說總督、巡撫按例兼「兵部尚書」或「兵部侍郎」為實銜，具有名實相副的權限；但是加「太子太保」、「太子少保」卻是虛銜，只是一種榮譽並沒有實質上的功能。而且總督必須「兼領巡撫事」，巡撫則須兼領「提督銜」或「提督軍務」，才能確實擁有調遣地方文、武官員的權力。[16] 另一方面，還要根據他所兼辦的職務，才能充分了解他實際擁有的權責範圍；例如劉銘傳在臺灣巡撫任內「兼管海關、學政」又「幫辦海軍事務」，這些都是具有實權的職務。

常有研究者誤以為清代的「布政使」與「按察使」是巡撫的佐貳官或幕僚長；其實這是沿襲明朝的制度，前者為一省的最高行政首長；後者為一省的最高司法首長，兩者並稱「兩司」，省級地位相當崇高。「承宣布政使司」的首長為布政使，掌管一省的民政與財政，簡稱「藩司」；「提刑按察使司」則由按察使掌管一省的司法與監察（刑名察劾），簡稱「臬司」。在康熙初年設置行省後，指派總督、巡撫常駐地方督察政務，才逐漸取代兩司成為名義上的地方最高長官；乾隆 13 年（1748）議准把布政使和按察使列為總督、巡撫的屬官以後，兩司才正式失去地方首長的地位。但是他們仍然各有獨立的衙署與權責，連總督、巡撫都不能任意侵犯。

直到清帝國滅亡，布政使仍是一省的最高「正印」官，與巡撫一樣官居正二品、持用銀質印信；衙署內正式編制的佐貳官或幕僚單位至少有六、七個以上。省內的道、府、州、縣各級首長仍然是由布政使負責考核，再會詳總督、巡撫上達吏部。對於全省的戶口、財賦事務，可以直接上達戶部；關於提調考試、薦舉賢能等事，也可以直接上達禮部，不必經過巡撫咨部辦理。其他一切政務裁量都不必事先請示，只需要「會

---

[15] 以上參考許雪姬，《北京的辮子：清代臺灣的官僚體系》，臺北，自立晚報，1993，頁 5-13；張藝曦，〈清代相關制度參考文件總整理〉，下載網站：
http//saturn.ihp.sinica.edu.tw/~dahcr/91-6c5-2-7.doc。

[16] 參考張藝曦，〈清代相關制度參考文件總整理〉。

督、撫議行」即可；所以布政使雖然在體制上成為巡撫的屬官，卻絕非佐貳官；[17]其實際擁有的職能與權責，甚至比巡撫更多也更直接。

　　光緒 13 年（1887）8 月，清廷增設福建臺灣布政使司駐臺北，但因臺灣與福建尚未正式分省，所以先持用臨時性的關防，到光緒 14 年 1 月間，才改頒正式的銀印。（圖 3）按察使則由臺灣道臺兼署，駐臺南。但是布政使的法定權限，大部分被劉銘傳移轉到戰時特殊任務編組的「臺灣善後總局」名下，並以建省初期「百廢待舉」的名義，奏准設置了一大堆臨時性的機構，如茶釐總局、腦務總局、鹽務總局、釐金總局、鐵路商務總局、……等，使得位居正二品的布政使成了名副其實的橡皮圖章。直到光緒 16 年（1890），權利被架空多年的臺灣布政使邵友濂接替劉銘傳「署理」巡撫後，才把這些「非正式編制」機構逐步裁廢。但是臺北城內的布政使衙門，不但是清代臺灣最大的行政官廳建築群，而且日本治臺初期的總督府就設在這裡。[18]由此檢視第二任臺灣巡撫邵友濂繼任後的種種措施；恐怕需要從各種制度層面來重新思考。論者常以邵友濂停辦新政、鐵路……等措施，認為他的才識與魄力不如劉銘傳，這是忽略了清代職官制度「加銜與兼銜」的奧妙以及清末日愈吃緊的財政問題，也完全疏忽了劉銘傳以臨時編制凌駕正式編制的職能衝突與矛盾。

　　道員又稱道臺，也是由中級欽差官員改設的地方官。一般分兩種，一種駐守地方管理錢糧的稱為守道，一種分巡地方管理刑名的稱為巡道，另外還設有兵備道、海關道……等因事設置的道臺。清乾隆年間才正式編為地方官，所以道臺的轄區、職能與權限，也視加銜與兼銜而不同。

17　據《清史稿》，〈職官志〉：「布政使掌宣化承流，帥府、州、縣官，廉其錄職能否，上下其考，報督、撫上達吏部。三年賓興，提調考試事，升賢能，上達禮部。十年會戶版，均稅役，登民數、田數，上達戶部。凡諸政務，會督、撫議行。」

18　張海靜主編，河出圖社策劃，《古地圖臺北散步：一八九五清代臺北城》，臺北，果實，2004，頁 28-43。

圖 3：臺灣布政使司關防及臺灣布政使滿、漢文印面

來源：《淡新檔案》：13316-1，國立臺灣大學圖書館電子資料檔。
說明：左圖為光緒 13 年（1887）12 月 3 日署理臺灣布政使邵友濂「札新竹縣」
　　　所用的臨時關防；右圖為光緒 14 年（1888）1 月 24 日「札新竹縣」所
　　　用的正式印信。

　　臺灣尚未建省前，臺灣道臺是實際上的最高地方行政官，稱為「分
巡臺、廈兵備道」，是兼「兵備」銜分巡臺灣、廈門兩地的巡道；雍正
5 年（1727）才改為臺灣道。因為最高武官臺灣總兵的地位高於道臺，
為了平衡文、武職權，所以讓道臺兼「兵備」銜，可以節制都司以下的
武官；加給「按察使」銜才可執行省級刑事審判，勉強能與掛印總兵[19]平
起平坐。但是這些兼銜與加銜，時加時廢並不一律；一旦撤銜之後，便
回復巡道的權責。[20]臺灣建省後按察使由臺灣道臺兼署，所以稱為「臬

---

[19]　清初臺灣鎮總兵官，為鎮守總兵官，按例持用銅關防；但雍正 13 年起為強化臺灣總兵的威
　　望，改為鎮守掛印總兵官後，便與提督總兵官都按例持用銀質正印，而且比照總督持有「王
　　命其牌」10 副，比其上司巡撫、提督還多兩副，故其鎮守地方，便宜行事的生殺之權，似
　　比提督總兵官還高。

[20]　以上參考許雪姬，《北京的辮子：清代臺灣的官僚體系》，頁 13-21；張藝曦，〈清代相關
　　制度參考文件總整理〉。

道憲」，但是其權限與地位比布政使更加不彰。

根據以上說明可知，清代地方文官系統，在表面上是省統道，道統府，府統州、縣共四級；但是臺灣道臺為巡道，只管刑名，不管錢穀，沒有財政權；各府及州、縣的財政，實際上是由布政使司直轄；所以「道」並不是完整的地方機構。州又分直隸州與散州，直隸州與府平行，散州與縣平行；臺灣只在建省後，設有臺東直隸州。所以縣成為最基層的地方機構。至於少數民族雜處地區、特殊任務地區、或未達設縣規模地區，則設廳治理。廳的首長大都由當地知府的佐貳官（同知或通判）出任，屬於府級機構的「分府」衙門（類似分支單位），專責治安、捕盜、理番（夷）、海防……等特定任務，並非獨立的地方機構。

三、清朝皇帝的聖旨—朕即國家

前面談到，皇帝的「聖旨」就是帝國中央的詔令文書，可以掌握全國臣民的榮枯與生死；但是「眼看他起高樓，眼看他宴賓客，眼看他樓塌了」，那些帝王時代的象徵早已時過境遷，但是要了解清代公文書卻不得不舊事重提，因為在「朕即國家」的皇權遊戲裡，它始終都是帝國一切權力的來源。臺灣先民在這個遊戲裡「玩」了212年之久，一切官僚劣習、傳統習俗與價值觀念，在代代相傳之下直到今日都還深受影響。[21]

清代皇帝主動頒布的指示，稱為「諭」；如果是經大臣請示以後，再由皇帝針對請示事項所作的指示，則稱為「旨」。因此可以說，只要是皇帝下達的任何命令或指示，都可以稱為「聖旨」，也是清代公文制

21　以下各節的相關討論，分別參考以下著作：莊吉發，《清代檔案述要（一）（二）》，臺北：文哲史，1979、1980；《清代奏摺制度》，臺北：故宮博物院，1979 等書。余繩文，〈明清兩代公文制度探要〉（上、下），《人事行政》第73、74期，臺北，中國人事行政學會，1983.12，頁 74-94、1984.2，頁 94-102。裴燕生等，《歷史文書》，北京，中國人民大學，2003，頁 121-150。馮明珠，〈奉天承運：清代歷史文書珍品展選介〉，國立故宮博物院網站。其中間有依據筆者的檔案學知識與研究觀點，加以補充創見部分，係以歷史研究的需要所做的延伸討論，並非有意另創新論，特此說明。

度中最典型的「下行文書」。由於在宮廷內負責擬辦、承辦的機構相當複雜而且功能各不相同，所以聖旨的名目也很多；如詔書、制書、誥命、敕命、金榜、硃諭、敕諭、上諭、冊書、檄文或硃批……等種種名稱。

　　大體而言，「詔書」相當於清帝國的國家公告，形式規格比較單純而統一；「制書」則是國家遇有大慶、大典或封賞、赦免時，布令臣、民所下達的文書命令，形式規格比較複雜；用於大慶、大典的文書，稱為「制辭」；用於封贈有功官員或賜給爵位名號的特殊文書，稱為「誥命」與「敕命」；用於科舉考試的中式榜單，稱為「金榜」。「冊書」則是皇帝對母親上尊號，或對妻妾、兄弟、子女及各屬邦國王等，封授各種名號之用。「檄文」則用於宣戰或征伐。平時所用的行政文書則稱為「上諭」，又分明發與寄信兩種。但因清初的詔令系統大都沿襲明代，制度尚未完備，可以明顯發現「邊做邊改」的痕跡；加上歷任皇帝本身的喜怒無常，權力基礎與皇家內部的問題，遠比一般平民百姓還要複雜，所以本文只能根據清帝國的實際政務運作，把比較重要且與本文有關的幾種略作分類說明。

3.1　公告類

　　詔書：是把國家大政，也就是全國性的重大事件布告天下臣民所用的宣示文書；相當於清帝國的國家公告。例如皇帝登基、大婚、親政、賓天（死亡）、入承大統（繼位）、維新、立憲或重大災變等，都要詔告天下臣民知曉。「詔書」除了以「奉天承運，皇帝詔曰」開頭，以「布告天下，咸使聞知」或「布告中外，咸使聞知」作結尾外，中段都是敘述詔告的事件內容。正常情況都由內閣擬稿經大學士定稿後，呈送皇帝批閱，再以滿、漢兩種文體以墨筆楷書寫在大幅黃紙上；[22]精裝裱後以極其隆重而繁複的禮儀送往天安門城樓上宣讀。宣詔完成再由禮部接詔，立即謄寫或刻板印刷，由驛道分送各地，地方官再逐級接詔、宣詔，層層下達，在形式上完成國家大政「布告天下，咸使聞知」的目的。[23] 這種文書極不可能輕易流入民間，卻是多數影視媒體與研究者，對「聖旨」印象的基本來源。

---

[22] 清帝國以滿族入主中國，故以滿文為國語，並依照漢族「左尊右卑」之例，以左為尊。清代詔令文書，直到宣統帝退位以前，都按此例執行。

[23]　馮明珠，〈奉天承運：清代歷史文書珍品展選介〉，國立故宮博物院網站。

圖 4：清康熙帝遺詔（漢文部分）

來源：中研院史語所藏明清史料檔，登錄號：037033。

說明：康熙 61 年 11 月 13 日遺詔傳位「雍親王皇四子胤禛……著繼朕登基，
　　　即皇帝位。」

*本文引自該所各圖，左下角或右上角所蓋的方形小印及流水編號為該所典藏
章與登錄編號。

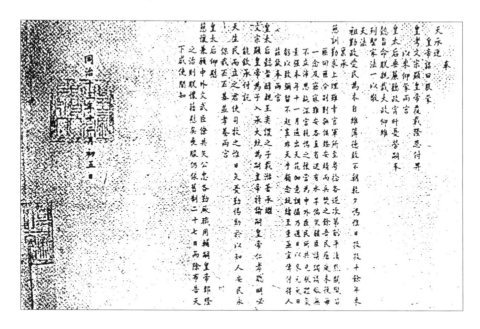

圖5：清同治13年（1874）遺詔（漢文部分）

來源：蔣廷黻，《中國近代史大綱》，帛書出版社，採自《中國文物圖說》。
說明：這是在慈禧太后操弄下，早已病入膏肓，不省人事的同治帝以「欽奉兩宮皇太后懿旨」所頒布的「遺詔」。年僅4歲（虛歲）的醇親王奕環之子戴湉就此成為下場可憐的光緒帝。

　　金榜：是用黃色紙書寫的榜單，又稱「黃榜」；也是制書的一種，分為大金榜與小金榜。大金榜是清代最高科舉考試「殿試」及格的放榜公告，由皇帝欽定名次以後，再由主事官用黃紙書寫榜單逐一唱名，交由禮部官員把榜單張貼在東安門外公告三天，繳送內閣貯存；武科殿試則由兵部張貼於西安門外；起首句也是「奉天承運，皇帝制曰」，結尾語通常是「故茲誥示」。小金榜則是呈給皇帝批閱的錄取名冊。所以就文書形式而論，小金榜才是文書的正本，大金榜反而是公告用途的副件。（圖6、7）

　　道光3年（1823）淡水廳籍的鄭用錫在北京接受道光皇帝主持的殿試，考上三甲第109名「同進士出身」，成為第一位以「臺籍」身分獲得進士資格的讀書人，號稱「開臺進士」，又稱「開臺黃甲」；也就是

因為列名在這種金榜上而名揚全臺。[24]讀書人為了「金榜題名」，只好終身鑽研「八股」詞章、苦讀那些與社會民生無益的書籍。清代章回小說《儒林外史》描寫的范進，苦讀到五十四歲「一舉成瘋」；[25] 新竹縣芎林鄉的鄧兆熊，更是熬到七十八歲才考中秀才；[26] 全是為了這個「金榜」夢的流毒。

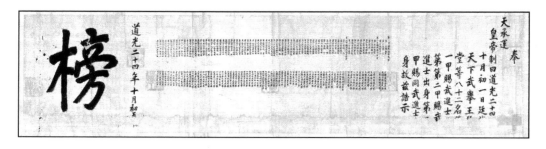

圖 6：本件為道光 24 年（1844）武科殿試大金榜（原尺寸：高 104，廣 630 公分）。
來源：中研院史語所藏明清史料檔，登錄號：037045。

圖 7：本件為道光 27 年（1847）文科殿試小金榜（原尺寸：高 34，廣 406 公分）
來源：中研院史語所藏明清史料檔，登錄號：037046。
說明：領導晚清政局 20 年對臺灣影響深遠的李鴻章，就是本榜二甲第 36 名
　　　進士；光緒元年派任欽差大臣來臺處理出裡外交事務的沈葆楨，則是本
　　　榜二甲第 39 名進士。

---

[24]　鄭用錫事蹟，參見陳培桂，《淡水廳志》（卷九·先正），同治 10 年（1871）。鄭藩派，
　　　《開臺進士—鄭用錫》，金門：金門縣政府文化局，2007。

[25]　吳敬梓，《儒林外史》「范進中舉」。

[26]　新竹文獻委員會，《新竹文獻會通訊》，該會第 011 號，1954.2.28，頁 8。

3.2 封典類

冊書：又稱冊命，是清朝皇帝對母親、妻妾、子女及伯叔、兄弟等封授各種不同等級的名位；或對皇太后、皇后加上尊號、諡號、廟號；以及封授外藩蒙古及西藏各政教首領所用的特別文書。由於與臺灣史研究並無直接、間接關係，所以此處不予詳述。

誥命、敕命：清代的「誥命」，用於封、贈各等爵位與五品以上的勳階；「敕命」，用於封、贈六品以下的勳階。「封」是活著的時候授給，「贈」是死後追贈；一般稱為「生封死贈」。誥命和敕命都由翰林院大學士撰擬，材質都用上好蠶絲織成的綾錦織品，五品以上的誥命有三色、五色和七色；（圖 8）六品以下的敕命都用單色的純白綾或黃綾。（圖 9）顏色越多代表封贈的爵位與勳階越高。[27]在帝王專制時代封、贈不只個人獲得生前身後的榮譽，整個家族的地位也因此提高，後代還可以享有程度不等的庇蔭。而且封、贈愈高，後代的庇蔭也愈多，甚至可以追贈上代的父母、祖父母；例如竹北六家林屋的「誥贈奉直大夫」、「誥贈二代宜人」，就是這一類。[28]

無論「誥命」或「敕命」，都使用滿、漢兩種文字正楷書寫；滿文由左至右，漢文由右至左；在中間填寫年號、日期，並在正中央各自加蓋滿、漢文合併的「制誥之寶」或「敕命之寶」印璽。由於誥命與敕命是專制帝王恩賜臣民，籠絡地方家族的特別文書，所以形式相當豪華，能夠得到這類文書，也往往成為整個家族與地方上極大的榮譽，地方及家族領導者也會藉此激勵子弟誓死效忠。但是這類文書的背後卻也隱藏著最高的警惕，一旦違逆不忠的下場，便將是極度悲慘的「滅族」災難！

---

[27]　參見中國徐州聖旨博物館網站，2005。
[28]　參見本書：〈廢紙堆裡的先民世界—試論民間文書的解讀與運用〉「圖 4」。

圖 8：清代的誥命

來源：中國徐州聖旨博物館網站下載，2005。
說明：本圖為乾隆 40 年（1775）誥命。

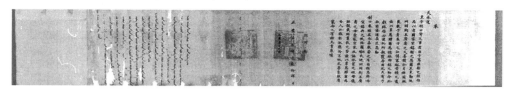

圖 9：清代的敕命

來源：中國徐州聖旨博物館網站下載，2005。
說明：本圖為咸豐 7 年（1857）敕命。

3.3 行政類

　　敕諭：是清初用在區域性的重大事件公開下達的命令，以及諭告各屬邦國王或任命外地高級官員所頒發的命令與指示。在清朝中葉以後，由於制度日漸完備，使用也逐漸減少，到了清代後期更少出現。這種文書顯然是沿習明代的敕書，但是使用範圍並未統一；上皇太后尊號或皇帝諡號，指示禮部籌備典禮事宜；乾隆帝給英國大使馬嘎爾尼轉送英國國王的「訓勉」；[29] 甚至指派來臺鎮壓林爽文事件有功的大將軍福康安為閩浙總督，都可使用。根據臺灣的中央研究院歷史及語言研究所及中國第一歷史檔案館所保存的敕諭，這種文書都以皇帝的口氣直接下達，漢、滿文並用。起首句都以「皇帝敕諭」開頭，接著寫上奉諭者的職銜（姓名）及指示事項，結尾語都用「特諭」或「故敕」，最後為年號日期，並加蓋「敕命之寶」印璽。[30]

---

[29]　裴燕生等，《歷史文書》，北京，中國人民大學，2003，頁 128。

[30]　余繩文，〈明清兩代公文制度探要〉（上），《人事行政》第 734 期，臺北，中國人事行政學會，1983.12，頁 83-84。

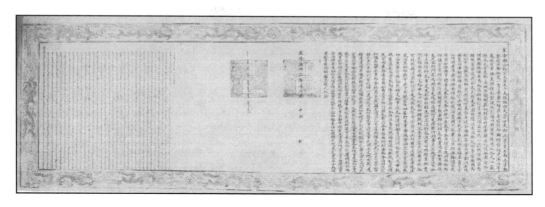

圖 10：滿、漢文並用的敕諭（原尺寸：高 62，廣 190 公分）

來源：中研院史語所藏明清史料檔，登錄號：038260。

說明：這是清乾隆 51 年（1787），臺灣林爽文起事，福康安受命為大將軍渡海來臺督辦軍務，於林爽文被捕（1789）後，指派福康安為閩浙總督的敕諭。

　　清代皇帝使用最多、最廣的行政文書應該是「上諭」。上，是指皇帝；諭，則有口諭和字諭之分。這類聖旨，一般稱為「諭旨」，大都由皇帝下達給內廷大臣製作文書轉頒，跟詔書、制書直接以皇帝的名義頒發大不相同。往往皇帝在大臣們的奏章所作的批示（硃批），或親筆所寫的指示，也會以「上諭」的形式來轉頒；由於皇帝不受任何約束，所以這些批示或指示都很隨性。根據頒發的方式不同，又分為「明發上諭」與「寄信上諭」兩種。[31]

　　明發上諭：是內閣奉皇帝指示後，公開下達的諭旨。凡是有關皇帝的巡幸、上陵、經筵以及對各地賑災、撫恤、緩征或減免錢糧賦稅；或是中級文武官員的升、降、調、補，以及必須曉諭臣民的區域性事務等，都使用這類諭旨；由於都以「內閣奉上諭」的名義頒發，所以官衙間俗稱「內閣明發」。[32] 文書形式為摺式，摺面居中寫有「上諭」二字。如果是皇帝直接交代的事項，內文大都為：「某年號某年、月、日，內閣

---

[31]　要進一步了解「明發上諭」與「寄信上諭」的文書形式，可參見《臺案彙錄庚集》（1~5 冊），臺灣文獻叢刊第 200 種，臺銀經濟研究室，1964。

[32]　張力，〈近代公文書解讀—以近史所館藏外交、經濟檔案為例（初稿）〉，中央研究院近代史研究所檔案館中型會議室講義，2005/8/9。

奉上諭。朕為某事，……（敘述正文）。欽此。」正文所交辦的事項都用皇帝的口氣直接稱「朕」，表示皇帝親自交辦；如果是由內閣呈奏後所奉的皇帝硃批諭旨，則用：「某部為某事。……（中段敘述全案辦理呈奏的過程）。某年號某年、月、日，奉旨：……（寫明硃批事項）。欽此。」內閣定稿後，必須即時傳知各有關部院派員至內閣抄錄。這類交付內閣轉抄發出的諭旨，稱為明發上諭。

圖 11：明發上諭「錄副」抄件（原尺寸：本面--高 25.5，廣 12 公分）

來源：中研院史語所藏明清史料檔，登錄號：020167。
說明：本件為乾隆元年（1736）2 月 24 日內閣明發上諭的軍機處抄件。

　　寄信上諭：如果皇帝有機密或緊急指示時，往往不經內閣轉發，直接交代軍機處以「密諭」或「速諭」方式，直接發往各省所用的文書，所以又稱為「密寄」或「字寄」；如果是封交兵部捷報處依據里程遠近，限日兼程寄發，地方官往往俗稱「廷寄」。這類諭旨按照慣例：凡是皇帝告誡官員、指授兵略、查核政事或責問刑罰等比較機密的事情，都用這類文書；通常都由軍機大臣奉旨後，以大學士的名義寄信傳達諭旨的內容給承辦官員。[33] 文書形式亦為摺式，無摺面，內文大都為：「軍機大臣字寄（或傳諭）某職銜某（姓）。某年號某年、月、日奉上諭：……（交辦事項），欽此。遵旨寄信前來。」交辦事項，一律都用皇帝的口

33　張力，〈近代公文書解讀─以近史所館藏外交、經濟檔案為例（初稿）〉。

氣直接稱「朕」下達指示。（圖 12）如果是特別機密事項，封套上還
會加註「軍機大臣密寄」字樣，提醒受信官員力求慎重。

　　清乾隆 51 年臺灣林爽文、莊大田舉事反清，戰事蔓延全臺西部各
廳、縣，使朝廷為之震動，也格外引起乾隆帝的重視。查閱《臺案彙錄
庚集》可以發現乾隆帝在 52-53 年間，所發出的「明發上諭」與「寄信
上諭」，有時竟高達三、五日交辦一封的地步，要想朝廷不為之震動也
難。檢視這些上諭內容，少則數百字，多則數千字，不但顯示他全盤掌
握事件發展的旺盛企圖，也可感受他在那段期間，幾近奮亢的精神狀
態。[34]

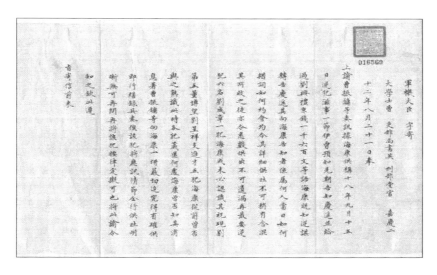

圖 12：寄信上諭抄件（原尺寸：高 23.5，廣 10 公分）

來源：中研院史語所藏明清史料檔，登錄號：016569。
說明：本件為嘉慶二十二年（1817）八月二十一日寄信上諭抄件。

　　這些「上諭」文書的的特色，其結尾用語，都以「欽此」兩字或「特
此諭令知之；欽此。遵旨諭令前來」做結語。根據筆者的研究，這「欽
此」兩字乃是上諭文書的轉述用語，如同清代文武衙門文書經常出現的

---

[34]　參見《臺案彙錄庚集》（1-5 冊），臺灣文獻叢刊第 200 種，臺銀經濟研究室，1964。

「據……等因；奉此。遵行毋違」（依據前述各種緣由，奉此指示遵照辦理）約略相同。所以「欽此」兩字乃是臣僚轉述皇帝的諭旨後所加的結語，意思就是「皇上如此指示」或「皇上如此吩咐」。[35]

　　如果稍加留意，就可發現，清末同治、光緒年間，小皇帝尚未親政，政務都由慈禧或裕隆皇太后，以傀儡皇帝名義所頒發的「懿旨」，也會以「欽此」做結語；即使是末代皇帝宣統 3 年 12 月的退位宣言，其結語處的「欽此」兩字，也是如此。臺海兩岸學者，都把這份退位宣言，稱為「宣統帝退位詔書」。就筆者看來，這份宣言，頂多就是一份「明發上諭」而已；與「詔書」的嚴整形式，仍有一段距離。平心而論，讓一個亡國之君親頒「詔書」，「布告天下，咸使聞知」，也未免太過強人所難吧？（圖 13）

圖 13：宣統皇帝退位宣言（原尺寸：欠詳）

來源：中國國家博物館網頁下載（2017.06.25）。

　　硃諭：是皇帝針對朝廷事務或跨區域的重大事件公開下達的口諭和字諭。往往由當值大學士依據皇帝的口述當場筆錄後，面呈皇帝認可，再以硃砂筆謄寫在黃摺上頒發；但由皇帝親筆書寫頒發的也有不少。所以文書形式不像詔書、敕書那樣嚴整，大都以皇帝的口氣不加文飾直接下達。由於是以紅色的硃砂筆書寫，所以稱為「硃諭」。[36]

---

[35]　查檢中國晚近編纂的《漢語大詞典》，對「欽此」的解釋：「封建時代詔書結尾的套語」。筆者認為這個解釋有待斟酌。

[36]　中央研究院歷史與語言研究所藏「明清史料」數位網，「內閣大庫檔」精品下載。

　　起首句都為「諭某（單位或地區）」，接著寫上諭示緣由、交代事項與內容，結尾語大都用「特諭」。不加蓋印璽，無統一規格與形式，也難以分辨是否為皇帝的親筆。例如康熙 60 年（1721）臺灣爆發朱一貴反清事件期間，康熙帝曾為此事以硃諭「諭臺灣眾民」：「不得執迷不悟，妄自取死」（圖 14）。[37]

　　這種文書的使用情形，以清初康、雍、乾三朝較多，中葉以後大都改由軍機大臣奉旨，以墨筆書寫發布稱為「墨諭」。但無論是「硃諭」或「墨諭」，都屬皇帝的手令或口頭交代，所以正式頒發時，都會透過「上諭」文書的的形式送達相關臣僚與地方督撫。

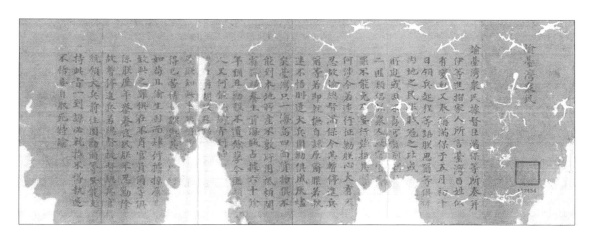

圖 14：朱一貴反清事件「諭臺灣眾民」硃諭（原尺寸：高 32，廣 81 公分）

來源：中研院史語所藏明清史料檔，登錄號：117454。
說明：這是清康熙 60 年（1721）6 月 3 日的硃諭。

　　硃批：清代皇帝在中央文、武大臣或地方省級以上高級官員呈奏的公、私報告中所做的批示，都以硃砂筆在空白處批改或批閱，這些批示無論是嘉勉、指示或訓斥，都代表皇帝最直接的意見，所以也具有聖旨的同等效力。這類奏摺內的「硃批」，大都隨摺發回，如果事關重大也往往會以「上諭」文書的形式轉頒。在本文第 5 節「大臣對皇帝的公、私報告」，再詳作說明。

---

[37]　中央研究院歷史與語言研究所藏「明清史料」數位網，「內閣大庫檔」。

四、從表、箋到國書—皇帝的上行文與平行文

　　清代承襲傳統中國的觀念，自認為「天朝上國」，把域外各國、周邊屬國以及邊疆民族等，一律視為化外之邦，所以國力強盛時，如高麗、琉球、安南、暹羅、緬甸各屬國的國王或西藏的達賴喇嘛、蒙古各部首領，都必須按期派遣使臣向清帝上書稱臣、納貢，這類不對等的外交文書稱為「表」或「箋」；這是一種典型的「上行文書」，不能與國與國關係的「外交文書」相等。至於帝國內的王、公、大臣向皇帝、皇太后賀歲、賀壽、賀長至（冬至），以及參加殿試及第的各榜進士向皇帝謝恩的文書，也稱為「表」；向皇后賀歲、賀壽、賀長至所用的文書，則稱為「箋」。

　　那麼身為一國至尊的專制皇帝有沒有「上行文書」呢？答案是：有。因為天子既然自認為「受命於天」，所以對天、地、日、月、神祇，以及歷代皇祖考，當然必須定時祭祀，才能藉此強化正統的地位，顯示「悃誠虔報」、「敬天法祖」，足為萬民表率的帝王風範。所以在祭祀時照例要上書祭告，這種文書稱為「祝文」或「祭文」。此外，如乾隆在世時傳位嘉慶，尊為太上皇；皇帝死後，在世的皇后成為皇太后；那麼嘉慶帝或歷代皇帝為了對父母盡孝道，除了日常的晨昏定省之外，也必須以「子皇帝」的兒臣禮儀向太上皇或皇太后上「表」賀歲、賀壽、賀長至。這類「祝文」、「祭文」及「表文」，應該是清朝皇帝僅有的「上行文書」。（圖 15、16）

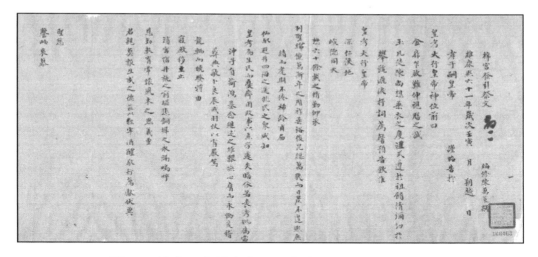

圖 15：清雍正帝於先帝康熙出殯時所用的祭文存稿

來源：中研院史語所藏明清史料檔，登錄號：166463。

說明：本件是由翰林院編修陳萬策撰擬的祭文稿，以皇帝名義代撰稱「孝子嗣
　　　皇帝○○」。

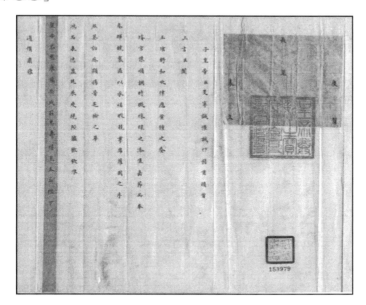

圖 16：清道光帝向皇太后慶賀長至表文（部分）

來源：中研院史語所藏明清史料檔，登錄號：153979。

說明：本件道光 21 年（1841）冬至，道光帝自稱「子皇帝臣旻寧」，向生母恭
　　　謹「頓首上言」慶賀的表文。

　　清朝向來以天朝自居，國力強盛時根本沒有對等的國與國關係，所以當時的外交文書都是用上對下的「敕諭」來封賞外藩；或等著接受外藩以下呈上的「表」與「箋」歌功頌德。那些外藩國王所上的表、箋，不但要稱「臣」、上「奏」，甚至還極度卑屈自稱「小目」（小頭目）。（圖17）直到道光 20 年（1840）鴉片戰爭戰敗，以及咸豐 8 年與 10 年（1858、1860）英法聯軍兩次佔領北京以後，清廷為了因應外交情勢，才不得不改變對外態度，被迫設置「總理各國事務衙門」，開始「半推半就」接受近代國家的外交禮節，於是對等關係的「國書」才開始出現。[38] 這是國家元首代表本國府致書他國元首的一種外交文書，在國際交涉時，由特派專使致送：用政於公使赴任或卸任時，則由公使前往晉見駐在國元首時呈遞。

圖 17：安南國王阮光平上給乾隆帝 80 大壽的「賀表」（部分）

來源：中研院史語所藏明清史料檔，登錄號：037041。原件：高 45.7，橫 137 公分

38　參見國立故宮博物院網站，「清代文書珍品展：『諭敕、表、箋、國書』」，存有一些清末致送英、法……等國的「國書」。

　　清廷在同治 5 年（1866）開始派出一個非正式的使節團前往歐洲觀光，所到之處都獲得體面的歡迎。同治 7 年（1868）才正式派出一個外交使節團前往美國、英國、德國、俄羅斯、比利時、義大利及羅馬教廷進行正式訪問；這個使節團的團長，卻是聘請美國卸任公使蒲安臣擔任。[39] 這應該是清朝皇帝使用「平行文書」的開始。往後一連串的使節互訪與國書往來，不但影響了清朝晚期的政局，也間接影響了臺灣近代的發展。臺灣開港、海關設置、劉銘傳的新政與建省，都與此息息相關。

五、大臣對皇帝的公、私報告

　　中國歷史從秦朝以後，大臣對皇帝從來無法具有平等的兩造關係。明朝更是高度中央集權的朝代，君主的權威發展到極點。清朝入關後更進一步的發揮，使極權專制達到巔峰。清代中央或地方大臣呈給皇帝的報告，比較重要的有「題本」、「奏本」和「奏摺」三種，雖然種類不多，但形式規格都有嚴格的規定。一般來說，題本與奏本是沿襲明代舊制，奏摺則是清代康熙中葉以後才逐漸發展出來的公文制度。

　　題本和奏本，是清代中央文、武大臣或地方省級以上高級官員的正式上行文書，並稱「本章」。原則上公事用題本，私事或事關機密則用奏本，規定相當嚴格。但是由於帝王專制時代不但公事、私事難分，到底那些才算「事關機密」也很難加以分辨，不但大臣們經常弄錯，皇帝有時也搞不清楚。後來的研究者更是難以了解。[40]

　　題本：是中央與地方高級官員向皇帝奏報政務時使用的主要文書，必須用宋體字書寫，加蓋印信；文末還要附上「貼黃」，摘錄全文大要。凡是彈劾、錢糧、兵馬、命盜、刑名等公事都用這種文書。各省官員的題本一律必須先經通政使司查驗，然後發送內閣；北京各衙門的題本都直接送交內閣；重要公事則發送軍機處。至光緒 27 年（1901）改行新

---

[39]　徐中約著，計秋楓、朱慶葆譯，《中國近代史》（上），香港，中文大學，2001，頁 303-317。

[40]　楊啟樵，《雍正帝及其密摺制度研究》，臺北新店，源流文化事業，1983，頁 180-181。

政，除了賀本以外，一切奏事改用奏摺。[41]

　　奏本：是中央與地方高級官員向皇帝奏報本身的私事以及謝恩、到任、升遷或轉任等事所使用的主要文書。文書形式和收發處理規定都與題本相同；但是一律不用加蓋印信。奏本雖然不像題本那樣繁複，但是經手人太多，缺少保密的功能，所以大約在康熙 32 年（1693）以後，開始委任親信官員以「密封奏摺」報告所見所聞，直接送給皇帝親自拆閱批示後發還奏報官員，而且字體、文體與字數都比較自由，保密性強，到了雍正朝大為推廣採用，使奏本的功能漸漸喪失，到了乾隆 13 年（1748），正式下令把謝恩、到任、升轉等事改用題本呈報，一般政務一律改用奏摺，於是奏本制度從此走進歷史。[42]

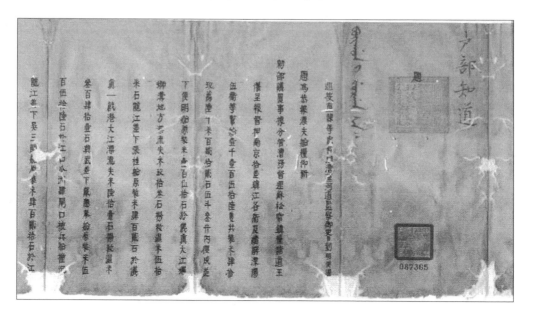

圖 18：題本樣式（部分）

來源：中研院史語所藏明清史料檔，登錄號：087365。原件：高 23.5，廣 12
　　公分。
說明：本件為順治 2 年（1645）9 月 15 日巡漕御史劉明侯題報漂失船糧。

41　楊啟樵，《雍正帝及其密摺制度研究》，頁 155-156。
42　楊啟樵，《雍正帝及其密摺制度研究》，頁 155-156；余繩文，〈明清兩代公文制度探要〉（上），頁 83-84。

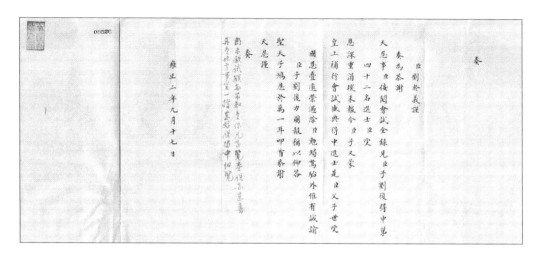

圖 19：奏本樣式含硃批（全份）

來源：國立故宮博物院典藏，登錄號：011657。原件：縱 20、橫 50 公分。

說明：本件為雍正 9 年（1651）9 月 17 日山西學政劉於義因其子劉復中進士
　　　的謝恩奏本。

　　奏摺：最初是康熙帝派往外地任職的親信官員，向皇帝請安或報告
地方見聞所使用的機密文書，所以又稱為「密摺」。在雍正繼位後大量
運用推廣，做為掌控天下臣民、了解地方事務的工具，那些特准有權以
密摺直接報告的官員高達兩百餘人，這些「股肱之臣」凡是所見所聞，
事無大小都可以照實奏報，不但擴大了皇帝的權力，同時使各級官員不
敢欺騙隱瞞。

　　乾隆 13 年（1748）起，諭令把奏摺正式訂為臣工奏報公、私事宜
使用的上行文書，這等於是中央級行政文書的重要程式簡化與改革。嘉
慶朝以後，隨著奏摺制度的演變，開始逐漸規定文書的規格與形式。由
於皇帝批示奏摺都用紅硃筆，一般稱為「硃批奏摺」。雍正初年下令這
些批好的奏摺要先送給軍機處抄錄副本，才發還呈奏人遵行辦理，辦妥
後必須按期繳回宮中；由內閣轉傳在京城的有關衙門抄回承辦，稱為「錄
副」，並將錄副的抄本與未奉硃批的奏摺，保存在軍機處存檔備查。大
多數的硃批往往只是「知道了」、「依議」或「該部知道」、「該部議奏」
等簡單語句，如果硃批內加上「另有旨」字樣，則會另外以「明發上諭」

或「寄信上諭」等方式下旨交辦；目前臺灣各地義民廟所懸掛的「褒忠」御筆匾額，應該就是以這類形式所頒給。[43]

　　奏摺的內容包羅萬象，只能大略分為請安、謝恩、繳批和陳事四大類，其中影響最大的是報告政務所用的陳事摺。陳事摺的內容大約可以分為天候、糧價、養廉、水利⋯等數十類，上至軍國大事，下至身邊瑣事，無所不包；有些甚至是檢舉上司或同僚違法失職的報告。康熙、雍正、乾隆三朝是清朝的盛世，奏報各地雨雪、田禾、收成、糧價及災情的奏摺比例也很高。這些奏摺也有許多與臺灣事務有關的詳細報告，是研究清代臺灣史極有價值的史料。

　　康、雍、乾三帝在位期間，就是靠著這一套奏摺制度，才能躲在宮中卻能洞悉全國各地的大小事務。但是嘉慶朝以後，奏摺的體例規定愈來愈多，逐漸失去康、雍兩朝以奏摺「掌控天下」的意圖，逐漸走回與早期「奏本」相似的嚴格而繁複的公式化要求，凡是體例錯誤都要「交部察議」。[44] 例如劉銘傳在光緒 12 年（1886）12 月，因為奏保人員請獎，「未將各員籍貫、履歷另立清單」，結果「罰俸三月」；光緒 13 年（1887）4 月，又因為奏摺內文抬寫錯誤「銷去記錄二次，免其罰俸」。[45] 由此可見帝王專制時代文武大臣動輒得咎的無奈；以及人治政治不免人在政在、人亡政息的必然趨勢。研究者透過這類宮廷文書，也可藉此了解中國古代官場為求明哲保身，不得不掩飾造假，導致說謊成習的本質。

---

[43] 參見《臺案彙錄庚集》，臺灣文獻叢刊 200 種，卷一，〈四三、戶部「為內閣抄出欽奉漢字上諭一道」移會〉，頁 82；〈五六、兵部「為內閣抄出將軍福康安等奏」移會〉頁 108-111；卷二，〈七四、兵部「為內閣抄出將軍公福康安等奏」移會〉，頁 167-168。

[44] 楊啟樵，《雍正帝及其密摺制度研究》，頁 155-181。

[45] 劉銘傳，〈咨吏部履歷〉，《劉壯肅公奏議》（第一冊），臺灣文獻叢刊 27 種，頁 78-82。

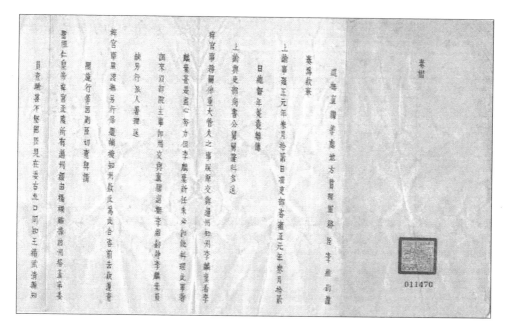

圖 20：奏摺樣本部分（尺寸：本面--高 24，廣 11 公分）

來源：中研院史語所藏明清史料檔，登錄號：011470。

說明：本件為雍正元年　（1723）三月十三日直隸巡撫李維鈞奏請委員署理通　　州印務。

　　奏摺附片：又稱為夾片，是夾在奏本或奏摺內的補充說明，或不必以正式文書奏報的附加報告。但是這種附片的使用，規定一份奏摺只能附加三份，如果確有需要必須多附一份時，要在摺內說明原因。臺灣銀行經濟研究室出版的「臺灣文獻叢刊」保存很多奏片的內容與形式，如岑毓英〈興修大甲溪河堤片〉、〈到臺籌辦開山撫番等事片〉，[46] 劉銘傳〈擬撤糧臺設善後局仍留沈應奎經理片〉、〈接收臺地兩海關片〉，[47] …等，都是這類奏摺附片。有些附片因為事關重大，所以寫得比奏摺本文更長；這與現代年輕人在 E-MAIL 後面加上 P.S.作補充，情形有點類似。就研究的角度而言，因為附片的內容經常會提到地方事務與民間人物，有些會附上各種清單，包括引見名單、人犯名單、履歷單及供詞等，所以對地方史研究的價值，或許比奏摺本文更為重要。

---

[46]　《臺灣關係文獻集零》（下），臺灣文獻叢刊 309 種，頁 103-136。

[47]　劉銘傳，《劉壯肅公奏議》（第三冊），臺灣文獻叢刊 27 種，頁 349-351。

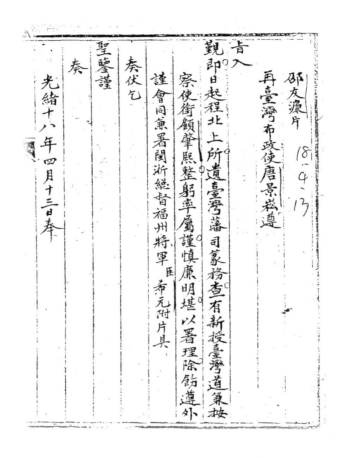

圖 21：奏摺附片錄副（抄本）

來源：清光緒月摺檔影印本。（許雪姬教授 提供）
說明：本件為臺灣巡撫邵友濂推薦顧肇熙署理臺灣布政使印務的奏片，於光緒
　　　18 年（1892）4 月 13 日奉准。

六、檢討「奉天承運」的背後

　　綜合前人對清代詔令、奏章的研究成果，可以發現；康熙、
雍正、乾隆三朝，因為國力鼎盛，所以皇帝的獨裁也達到巔峰；
但是嘉慶、道光、咸豐三朝，由於國事日下，內亂、外患交替，
以致皇權便隨之減弱；到了同治、光緒兩朝因為都是由幼童繼位

的小皇帝，在位期間政務都由慈安和慈禧兩太后垂簾聽政，形同傀儡，所以就出現了「太后懿旨」的新詞。但是我們必須了解，「太后懿旨」雖然確實存在，詔令文書裡頭，卻必須透過傀儡皇帝的「聖旨」來轉述，以「茲欽奉兩宮皇太后懿旨」或「朕欽奉○○皇太后懿旨」的形式，藉皇帝的名義來下達指示；其他日常行政文書，無論「明發」或「寄信」，也不例外；即使如慈禧太后那樣專擅，也不能完全無視於愛新覺羅家族的「祖宗家法」。[48] 同治帝只親政（1873）一年就病死了（1874）；光緒帝則在親政（1889）後第七年（1895），由於對日甲午戰爭（1894）戰敗，派李鴻章為全權代表，與日本簽訂馬關條約把臺灣割讓日本。其實光緒帝親政後，權力也相當有限；尤其在「戊戌政變」（1898）以後，處境簡直比囚犯還不如。

　　寫到這裡，我們或可看出「奉天承運」的聖旨背後，一語道破，往往只是帝王家族的繼承人藉此彰顯「權力正當性」的法源遊戲而已；然而繼任皇帝的權力基礎與皇家內部的問題，遠比一般家族還要複雜，其中充滿著爾虞我詐、非生即死的鬥爭，實在難以為外人所了解。一旦權力基礎穩固，「權力正當性」無人質疑，或不敢質疑，那麼同心圓內部的權力核心，便可以繼續在「奉天承運」的基礎下運作如常。處於權力核心外圍的各級官員，便能夠繼續「奉旨遵行」，「誓死効忠」；黎民百姓便能照常「日出而做、日沒而息」。

　　本文談到的問題，就臺灣史研究而論，表面上似無多少直接

關聯，但是帝王專制時代，處理地方事務的權力來源與法令系統，雖然會因同心圓內、外距離的遠近而有強、弱之分，卻絕對不會因為距離太遠，便失去統治的效能；以皇帝為代表的權力核心，也不會因為皇帝本身的問題而停止運作。即使是某一處的圓周外圍，發生重大的缺口，權力的運作也不致於終止，只不過是換一個統治班底繼續接管權力的核心。至於「改朝換代」過程的長期戰亂、逃難或死亡，永遠是「奉天承運」的一紙詔書，以及「宮廷文書」內冠冕堂皇的文字記錄而已！因此研究清代臺灣史或清代中國史，如果不能看清這一點，不但很難了解權力運作的遊戲規則；也無法理解地方上處處困擾著我們的那些人、事、地、時、物等相關問題；更無法看清地方菁英與家族的興衰浮沉，以及社會結構的變化與影響。

參考文獻

《清史稿》，志七十九，輿服三；志八十五，選舉五，封廕推選；志九十四，職官六，新官制。

《欽定大清會典》卷 47，臺北，文海，1991。

《臺案彙錄庚集》（1-5 冊），臺灣文獻叢刊 200 種，臺銀經濟研究室。

《臺灣關係文獻集零》，臺灣文獻叢刊 309 種，臺銀經濟研究室。

中央研究院歷史與語言研究所「明清史料」「內閣大庫檔」。

尹章義，《張士箱家族移民發展史－清初閩南士族移民臺灣之一個案研究（1702-1983）》，臺北，張士箱家族拓展史研究委員會，1983。

王世慶，〈十九世紀中葉臺灣北部農村金融之研究－以興直堡銀主小租戶廣記為例〉，收入作者《清代臺灣社會經濟》，臺北，聯經，1994。

甘德星，國立中正大學「滿州研究室」網頁。
　　http://ccumanchustudies.blogspot.tw/2013/10/blog-post_17.html。
　　2017.04.10

何明星，《清代新埔陳朝綱家族之研究》，新竹，新竹縣文化局，2007。

余繩文，〈明清兩代公文制度探要〉（上、下），《人事行政》第 73、74 期，臺北，中國人事行政學會，1983.12，頁 74-94、1984.2，頁 94-102。

吳敬梓，《儒林外史》。

卓克華，《從古蹟發現歷史：卷一，家族與人物》，臺北，蘭臺出版社，2004。

徐中約著，計秋楓、朱慶葆譯，《中國近代史》，香港，中文大學，2001。

國立故宮博物院「清代歷史文書珍品展」網站：
　　http://www.npm.gov.tw/exh96/treasure/02_ch.html；
　　http://www.npm.gov.tw/exh96/treasure9608/index.html。

張力，〈近代公文書解讀－以近史所館藏外交、經濟檔案為例（初稿）〉，中央研究院近代史研究所檔案館中型會議室講義，2005/8/9。

張海靜主編，河出圖社策劃，《古地圖臺北散步：一八九五清代臺北城》，
　　臺北，果實，2004。

張藝曦，〈清代相關制度參考文件總整理〉，下載網站：
　　http//saturn.ihp.sinica.edu.tw/~dahcr/91-6c5-2-7.doc。

莊吉發，《清代奏摺制度》，臺北：故宮博物院，1979。

莊吉發，《清代檔案述要（一）》，臺北：文哲史，1979。

莊吉發，《清代檔案論要（二）》，臺北：文哲史，1980。

許雪姬，〈武翼都尉黃宗河傳──由德興黃氏族譜及故宮檔案談起〉，《臺
　　灣史研究暨史料發掘研討會論文集》，高雄，臺灣史蹟研究中心，
　　1986，頁 481-491。

許雪姬，《北京的辮子：清代臺灣的官僚體系》，臺北，自立晚報，1993，
　　頁 5-13。

許雪姬，《清代臺灣的綠營》，臺北，自立晚報，1993。

馮明珠，〈奉天承運：清代歷史文書珍品展選介〉，國立故宮博物院網
　　站。

黃卓權，《進出客鄉：鄉土史田野與研究》，臺北市：南天書局，2008。

黃卓權，《跨時代的臺灣貨殖家：黃南球先生年譜 1840-1919》，臺北，
　　中央圖書館臺灣分館，2004。

新竹文獻委員會，《新竹文獻會通訊》第 011 號。

楊啟樵，《雍正帝及其密摺制度研究》，臺北新店，源流文化事業，1983。

裴燕生等，《歷史文書》，北京，中國人民大學，2003。

劉銘傳，《劉壯肅公奏議》，臺灣文獻叢刊第 27 種，臺銀經濟研究室。

《淡新檔案》的認識與運用
—清代衙門文書的遊戲規則 *

摘要

　　本文以《淡新檔案》為例,探討清代地方衙門公務文書的解讀與運用。由於《淡新檔案》對於研究清代臺灣行政、司法、經濟、社會、族群、語言及農業、水利等,都是極為珍貴的中文史料;而且檔案所涵蓋的地區是以臺灣北部客家優勢區為主,對當前深受注目的「客家研究」也是不可多得的重要資源。本文以檔案內的各種文書類型,配合臺灣大學圖書館提供的數位影像,擇要介紹說明並探討這些地方基層官署公務文書的運用問題。

　　由於任何事件都不會是單一的事件,而且事件的當事人、參與者、目擊者與處理者,都可能把這些事件的過程與感想,留下或多或少的文字記錄。這些衙門文書的觀點與角度,與民間觀點未必相同,甚至南轅北轍,也未必完全吻合清代階級森嚴的社會。

　　所以應用《淡新檔案》時,不能輕率以今人的觀點去看古人,更不可以單向的觀點來認識臺灣,而要試圖把研究思維,推往古代的時空,設想先民怎麼在當時的環境下生活?怎樣根據那些不同的統治者所制定的「遊戲規則」,來因應各種不同的權力遊戲。

關鍵詞:檔案、幕僚、書吏、胥役、下行文書、上行文書、平行文書。

---

* 　本文原刊:2008,《新竹文獻》第 34 期,新竹:新竹縣文化局,頁 86-119。本文所引《淡新檔案》圖檔,係經國立臺灣大學圖書館授權使用,讀者如需引用請洽該館。

一、前言

　　新竹縣早在文化中心成立時，便由國立臺灣大學致贈全套清代《淡新檔案》微捲（microfilm）及閱讀機一台，可是一直限於館舍空間及人力不足，至今未能提供外界使用。新竹縣史館落成啟用後，希望這套與大新竹地區（桃、竹、苗）的歷史研究，密切有關的檔案微捲，能夠儘速開放並且懇切期待縣長及文化局局長能夠優先編列預算，將這套檔案全面列印為紙本，逐案裝釘成冊，並且設置專區，公開陳列。不但可以做為縣史館未來的「特色」館藏，又能提供研究者閱覽、利用與轉印的方便；對今後的縣史研究，必可發揮莫大的影響，對當前的執政成效，也勢必留下一筆永不磨滅的成果！

　　臺灣《淡新檔案》已經成為國際學術界著名的清代縣級檔案，也是研究臺灣在清帝國統治時期地方政府的行政、司法運作，以及大甲溪以北地區的歷史沿革、土地開墾、族群關係與社會、經濟發展……相當重要的資源。目前已有許多國內、外學者使用《淡新檔案》做研究，也建立了豐富的研究基礎，[1] 本縣研究者應該在這個基礎上，好好加強利用這批珍貴的史料，為新竹縣史研究奠定廣泛而深入的基礎。

　　但是《淡新檔案》的案件內容，隱藏了許多「事件」以外有關行政體制、職官制度與權力結構的問題，如果不能把這些問題好好加以釐清了解，很難真正掌握檔案背後的意義與內涵。筆者二十餘年前，曾因戴炎輝教授的協助與指導，得以接觸《淡新檔案》的原件，也是當年有機會直接利用原件影本研究地方開墾史的少數人之一。

　　鑑於長期以來，筆者對清代地方行政系統與公文制度的運作，下過不少苦功，所以本文擬以《淡新檔案》為例，把隱藏在清代衙門通用的公文書背後，經常被忽略的問題，利用當前臺灣大學圖書館所開放的數位化圖檔，根據各種實例也汲取其他學者的研究成果，提供一些解讀、

---

[1]　有關國、內外法制史方面的研究概況，可參考王泰升、堯嘉寧、陳韻如，〈「淡新檔案」在法律史研究上的運用〉，《臺灣史料研究》，第 22 號，2004/2，頁 30-71。

運用的心得與討論。希望有意利用《淡新檔案》的研究者，藉此認識這批珍貴檔案的內涵。

二、《淡新檔案》的過去與現在

2.1 檔案的形式與價值

　　依照現代檔案管理學的定義，所謂檔案（Archive），是指政府機關、人民團體、公司行號及個人，因為處理公眾事務而產生的文字記錄或實物，經過種種科學管理程序加以整理、分類、立案、編目等手續，使它成為有組織有系統，既便於保管又方便查檢運用的資料。[2] 因此《淡新檔案》就是一種典型的政府檔案或官方檔案，它的產生主體，就是政府機關的公務往來文書，也可以簡稱公文書或官文書。這是臺灣在清帝國統治時期，地方政府處理業務的過程中，定期或不定期彙整保存的各種公務往來文書；也是政府機關為了維持業務的持續性以及為了提供未來施政的參考，刻意保存備查的各種非現行的過時文書、文稿與圖冊。這就如同現代政府軍、公、教機關處理公務時，所產生的往來公文、報表書冊、法令規章，以及各種民間機構或人民陳情、委辦、承辦和代辦的各種案件；這些公務文書每當事件結束或超過實效後，便要定期或不定期加以整理、分類、立案、編目，然後存放檔案室集中保管，它就變成檔案了。

　　清代地方政府處理檔案的方式也大概如此。例如《淡新檔案》中關於東勢角撫墾局管內，有關苗栗內山「廣泰成墾號」設立過程的檔案，共有 105 件；[3] 這一件、一件的往來文書或文稿，在歸檔時會在案卷前加上一張類似封面的「案由」紙，然後根據本機關的「發文」，或機關外的「來文」，簡單標記這個案卷的起因、起始年月、廳縣首長和承辦單位；[4] 後來的往來文書和附件，再依照日期順序排列、黏貼，歸檔備查；同類的案卷最後再分門別類加以保存，每當廳、縣首長（淡水廳同

2　國立編譯館，《圖書館學與資訊科學大辭典》，臺北，漢美出版社，1995，頁 2340。
3　參見「圖 1」左圖，《淡新檔案》：17339-1~105。
4　這些單位以「房」為主，一般以吏、戶、禮、兵、刑、工區分，再視各房的業務量，分出不同單位的房，承辦收發的單位稱為「承發房」。

知或新竹知縣）移交時，必須與其他案卷逐項造冊列入移交。[5] 所謂政府檔案就是這類存檔文書，不管是帝王時代的「聖旨」，還是那些大臣們的「奏章」，或者是任何地方衙門處理公務時，所留下的各種文書或附件，也都屬於這類公文書罷了。

　　清帝國統治期間，臺灣任何機關衙門都有檔案的建置，但是歷經兩百餘年間，只有這一批《淡新檔案》能夠比較完整倖存，共 1 萬 9 千多件文書；加上日治時期，又留下一批極為大宗的《臺灣總督府檔案》，裝訂成 1 萬 3 千多冊，大約有數十萬件文書。[6] 所以這兩批檔案，等於是銜接了清代乾隆晚期到日本政府撤離臺灣期間約 200 年左右的統治史料，也是研究這個時期臺灣社會與地方發展極為珍貴的第一手記錄。

圖 1：《淡新檔案》：17339-00 及 11608-00「案由」

來源：國立臺灣大學圖書館電子資料檔。

5　參見「圖 1」右圖，《淡新檔案》：11608 第一編、第一類、第六款「移交」，計 10 案。
6　檜山幸夫等，《臺灣總督府檔案之認識與入門》，南投，國史館臺灣文獻館，2002。

2.2　檔案背景、分類與現況

　　所謂《淡新檔案》是指臺灣清代淡水廳、臺北府與新竹縣（大甲溪以北）的地方政府檔案；年代從清乾隆 41 年（1776）至光緒 21 年（1895）為止，然而大部分案件都集中於道光、咸豐、同治、光緒四朝，而以光緒年間最多。日本接收臺灣後，這批檔案最初移交新竹地方法院，再轉送臺灣總督府複審法院（後來改為高等法院），又由高等法院移交臺北帝國大學文政學部作為學術研究之用；當時稱為「臺灣文書」。戰後臺灣大學法學院教授戴炎輝與院內同仁陳棋炎等人前後費時五年多（1947-1953），才把這批殘破散亂的檔案逐件整理、修補，並加以分類編號，重新命名為《淡新檔案》。[7] 此後戴炎輝等人又把《淡新檔案》陸續整理公開，並持續利用，發表了不少篇臺灣法治史與地方鄉治問題的研究論著，才使檔案的內容與價值逐漸為世人所知。

　　前文提到的「淡水廳」，設於雍正元年（1723），首長為「臺灣府淡水捕盜同知」；最初只是協助彰化縣稽查大甲溪以北的捕盜及民、番糾紛；所以淡水廳官署設在彰化縣城內，並不是獨立的行政機構，而是臺灣府的分府（佐貳官）衙門。到了雍正 9 年（1731）改設「臺灣淡水撫民同知」以後，把大甲溪以北的刑名、錢穀劃給淡水同知處理，並加設竹塹巡檢署管理臺灣北部地區；從此淡水廳才具有縣級機關的司法、財政權。但是直到乾隆 21 年（1756）淡水廳官署才正式移駐竹塹（今新竹市）。目前所保存的《淡新檔案》，也絕大部分從乾隆晚期移駐竹塹以後才開始建立。光緒元年（1875）臺灣增設臺北府，將淡水廳劃分為基隆廳及淡水、新竹兩縣。淡水廳裁撤後，因臺北府城尚未完成，所以知府暫駐竹塹並兼管新竹縣印務；至光緒 5 年（1879）府城完工才遷往臺北。這是《淡新檔案》內雜有部分臺北府案卷的原因。

　　依據戴炎輝的分類，第一編為行政編（574 案）總務、民政、財政、建設、交通、軍事、撫墾等七類；第二編為民事（224 案）人事、田房、錢債、商事等四類；第三編為刑事（365 案）總務、人身自由、財產侵

---

[7]　高志彬，〈淡新檔案目錄稿〉（一），《臺北文物》直字第 79 期，1987，頁 259-364。

奪、公共秩序、風化等五類；合計 1,163 案，共有文書、圖冊 19,125 件。
這批檔案是清代乾隆 41 年至光緒 21 年間，新竹縣衙門所保存的臺灣縣
級行政記錄。[8]

　　戴炎輝在 1978 年 7 月，接受美國西雅圖華盛頓大學邀請前往該校
作專題研究，行前將《淡新檔案》全部拍攝成微捲攜往該校提供研究參
考。後來陸續有研究機構向該校購買複製微捲，如：國內的臺灣大學法
學院、中研院史語所、民族所、社科所（已改名社會科學研究中心）、
臺史所及日本東京大學法學部……等學術機構都有購藏使用，新竹縣文
化局也獲得臺灣大學分贈一套。從此以後，《淡新檔案》逐漸影響了國
內、外的臺灣研究方向以及美國與日本學界的傳統中國法研究。[9]

　　民國 75 年（1986）戴炎輝把完成整理編號的《淡新檔案》全部原
件，正式移交臺大圖書館特藏組珍藏，經過實際清點後的總案數為 1,143
案，共 19,281 件。為使這批檔案能有更好的維護，臺灣大學再度委請
專家把檔案逐件重新裱褙，以恆溫保存；並於 1995 年起組成研究編輯
團隊陸續打字、標注排印出版，目前已出版了二十冊（2007 年 10 月）。
最近幾年臺灣大學繼續投注經費，積極進行全面的數位化與完整資料庫
的多方面整合建置，希望透過網站提供學界查詢。[10] 令人遺憾的是臺大
圖書館至今尚未全面開放校外檢索、利用；但前往該校檢索原檔影像與
利用文書內容已經大為方便。更期待該校的決策者，能夠進一步與國史
館臺灣文獻館協商合作，把《淡新檔案》與《臺灣總督府檔案》這兩種
屬於全臺灣，甚至是全世界的文化資產早日整合，開放國、內外研究者
自由檢索、下載與利用的方便。

　　由於《淡新檔案》的內容包羅很廣，不但涵蓋了清代臺灣社會各階
層、各層面的人、事、地、時、物與宗族、地域和族群關係等內容，也

8　高志彬，〈淡新檔案目錄稿〉（一），頁 259。

9　王泰升、堯嘉寧、陳韻如，〈「淡新檔案」在法律史研究上的運用〉，《臺灣史料研究》，
　　第 22 號，頁 30-71。

10　國立臺灣大學圖書館，（http：//libftp.lib.ntu.edu.tw/project/database1/index.htm）「臺灣文獻
　　數位典藏數位化計畫」：「淡新檔案」。

保留了許多當地的地名、方言與稱謂等特殊用詞、用語。所以這批檔案對於研究清代臺灣行政、司法、經濟、社會、族群、語言及農業、水利……等，都是極為珍貴的資源，無論是研究臺灣社會經濟史、法制史、地方行政史等方面都具有很高的學術價值。尤其這批檔案所涵蓋的地區，包括臺灣北部大部分的客家優勢區，對當前深受注目的客家研究，更是不可多得的第一手史料，有意了解北部客家族群發展、「閩、粵關係」與當地原住民的互動關係，這批檔案都是各領域的研究者值得好好利用的近代官方文獻。如果讀者想要進一步了解《淡新檔案》內容，可以參考戴炎輝、高志彬或王泰升等人的介紹，也可以親自上臺灣大學圖書館網站瀏覽電子檔的簡介。[11]筆者就不在這裡詳細介紹了。

三、衙門文書的特色

由於聖旨及奏章之類的「宮廷文書」，處處代表專制帝王的威儀與皇朝的體面，無論製作與書寫都極為慎重，規格形式都有嚴格的規範，而且書寫者都為宮廷大學士、中央與地方高級官員或重要幕僚，所以文書的字體大都相當工整；除了少數滿族官員及武職官的奏章比較參差不齊外，大多數的宮廷文書都具備一定的書寫水準，其書法也相當可觀。

相對而言，中央與地方衙門之間的往來文書，因為大都由衙門各房書吏或由官員自費聘請的幕僚擬辦、代筆，這些人員的程度水準不一，加上文書類別過於複雜難懂，所以檔案內的文種名稱與程式，並未完全符合清廷律典所制定的文書規範。[12] 加上各地書吏大都師徒相傳，地方官員與幕僚也未必熟悉公文制度，於是互相沿用成習；到了清代中期以後，有些體制外的地方衙門通用文書程式，反而逐漸取代了法定程式。

這類地方衙門的往來文書，往往因為官員異動頻繁，限制太多，更

---

[11]　國立臺灣大學圖書館網站（http://www.lib.ntu.edu.tw/spe/twain/twain.html）「臺灣研究資源」：「淡新檔案全文及影像系統」。

[12]　這些文書規範都詳列於《大清會典》，簡稱《清會典》。這是中國清代各朝所編修的有關清朝典章制度的史料彙編，類似一部行政準則與參考的百科全書。初修於康熙 23 年（1684），並於雍正、乾隆、嘉慶和光緒朝四次重修。

因案件繁雜，數量龐大，無論人力、財力都相對不足，為了應付限期，所以都以實際功能為主。從《淡新檔案》中還可以明顯發現，除了上行文書與少數平行文書比較講究公文規格與形式，字體也力求工整之外，大多數的下行與平行文書大都顯得比較草率，有些連書法或文體都十分低劣；反而有部分捕快或差役的上呈文書，不但文體具備一定的水準，書法也相當工整，這些文書的製作過程與這些人的背景來歷，倒是值得臺灣史研究者加以留意與探討。為了與宮廷文書和現代政府文書有所區分，所以本文把它稱為「衙門文書」。

因為衙門文書大都出於幕僚及書吏之手，這些人在身分上便與一般經由科舉或明經入仕的官員截然不同。清代地方官署的幕僚又稱幕友或幕賓，俗稱「師爺」，都由地方官員自行聘用；他們雖然不是衙門內的正式人員，但因官員大都視為左右手，不但倚重備至也相當禮遇，如同地下首長；有些還是秀才、舉人出身的知識份子，為官員處理重要的事務，地位類似現代的私人秘書或機要秘書，享有較高的政治、社會地位。《淡新檔案》內的重要上行文書、帳冊或民刑事判決等，大都是由他們擬稿或代筆；其他吏胥人員所經辦的各類文稿，也大都要先經過他們過目或指示。[13] 臺灣史上的著名人物，如：藍鼎元、陳夢林、壽同春[14]、陳衍等，都因為受聘來臺擔任幕僚而留名；清末名臣如李鴻章、左宗棠、丁日昌等，也都是幕僚出身的中國近代重要人物。

至於衙門內的吏胥人員，大略可以分為兩種，在各房辦理文書事務的稱為書吏，擔任捕快、監卒或差役等工作的稱為胥役；雖然是有員額編制的行政人員，但政治、社會地位相當卑下，傳統社會把這類工作視為「賤役」，知識份子除非為生活所逼，大多恥於擔任；但由於他們經辦各類文書、差使，事涉人事、刑獄、錢谷（財務）、捕盜、傳達……

---

[13] 參考裴燕生等，《歷史文書》，北京，中國人民大學，2003，頁105-113。

[14] 壽同春（1706？-1787）清代浙江人，為淡水廳同知程峻的幕友。乾隆51年（1786，時年72歲，林爽文起事反清，攻破彰化、竹塹，同知程峻自殺，壽同春因為在臺灣作幕年久，熟悉民情、地勢，所以出面「親赴各莊招集義民」會同官兵收復竹塹城。後來在彰化被林爽文部隊所擒，慘遭肢解而死。道光6年（1812)，清廷水師提督許松年奏准在殉難處建祠紀念。即今苗栗縣通霄鎮虎頭山下的壽公祠。

等行政事務，熟悉皇朝律法，所以在當時的地方社會，卻可以掌握不可忽視的「權力」。[15] 這些吏胥主要是由官府直接選拔或考以吏能後錄用，是各級地方衙門人數最多的人員。《淡新檔案》內，大量的文書也都是由這些人擬稿或抄寫，尤其是例行性的案件或下行文書，也幾乎都由他們在「等因奉此」、「據此准行」，依照往例辦理。

　　《淡新檔案》是以臺灣清代地方衙門的公務文書為主；這種公文往來，從總督、巡撫到九品芝麻官，甚至是九品以外未入流的「流外官」，以及衙門內的吏胥和地方仕紳、鄉職人員及原住民「土目」等也都會接觸或使用這種文書。從文書層級與衙門屬性來劃分，大致上可以分為「下行文」、「上行文」與「平行文」三種。這三種文書的上、下關係所顯示的階級體系，也同樣是以清代皇權為中心的統治權延伸。那些不同層級的衙門與官吏，就如同京城裡的皇帝分身，各自分享層級不同的身分與權力，間接統治管理帝國「版圖」[16] 之內的臣民百姓；代理皇帝管理龐大的皇家產業、財務與戶口，並且由下而上負責擺平版圖內部與外部的各種紛爭。

　　除了上述三種文體之外，還有許多司法訴訟判決文書以及公文往來所產生的報表書冊、法令規章、公務性私函、手繪地圖等文書「附件」，雖然在發文與裁決的過程，具有「下行」或「上行」的不對等關係，但因這類文書的內容與形式已經跨越官銜與職務的層級關係，基本上無論官、民都一體適用。筆者以為歷史研究者利用這類文書時，也不宜單純的根據文書本身的上、下層級關係來理解；因此本文特以「其他文書、圖冊與附件」，另列專項加以說明。

---

[15]　參考祝總斌，〈試論我國古代吏胥的特殊作用及官、吏制衡機制〉，《國學研究》第五輯，中國北京大學。下載：http：//www.gjsh.tpc.edu.tw/history/0016.htm（2007.12.20）。

[16]　依據《正中形音義綜合大字典》：「版，謂戶籍；圖，謂地圖」；中國古代所謂「納入版圖」，是指把新增的丁口（戶口）與田賦（土地）加以列冊管理，成為帝國（皇家）的財產。所以頂多只是政府行政權能夠有效控制的地區，依據實際需要與控制程度設官治理而已，與國界觀念仍有很大的距離。如蛤仔難 36 社番於康熙末年輸餉歸化後，先後撥給諸羅、彰化縣及淡水廳管轄，直到嘉慶 15 年（1810）才正式「收入版圖」，兩年後才設置噶瑪蘭廳。

四、衙門文書的類型

由於《淡新檔案》為清代淡水廳或新竹縣保存的各級衙門往來文書，因此運用檔案時，必須先注意檔案內所有的文書往來，都是以淡水廳或新竹縣衙門為「本單位」的對內或對外關係；因此檔案內的各種文書往來便形成以下幾種類型：

文別	發文者↔受文者	備　註
下行文	1.本單位→下級屬員、役差、紳民 2.上級或上司→本單位 3.本單位的司法判決文書	地方衙門的司法判決文書只有：審判者→受審者之間的呈→判→訴→審→決　關係
上行文	1.本單位→上級或上司 2.下級屬員、役差、紳民→本單位	
平行文	1.本單位↔平行或不相隸屬單位 2.本單位首長的公務往來私函	

又因「本單位」為發文單位，所以《淡新檔案》內的存檔文書絕大多數都是文稿（未批示）或定稿（已批示）。發給受文者或受文單位的文書，只有少數批回的文書，如：副詳、副申、簡文、稟批，或依照規定必須回繳的票、和批迴、回照等憑證文書，及來自各級單位的來文、或「本單位」的屬員、屬吏、地方紳民的呈、稟，以及司法、移交文書，才會以正式文書的樣貌，在檔案中完整呈現。

本文有關以下各種文書類型所作的說明，主要依據筆者多年研究所得並參考其他先進的研究成果，[17] 綜合整理寫成，如非必要不再另行加註，特此說明。

4.1 下行文：上級對下級的公務文書

下行文，是由絕對的上對下關係而形成，也就是上級官對下級官，上級官署對下級官署或各級官署對人民所使用的公務文書。清代階級社

17　主要參考余繩文、莊吉發、裴燕生、張力、吳密察、戴炎輝……等幾位先進的研究（見參考書目），特此說明。

會所反映的上、下關係，從下行文的文書內容也可以明顯發現，發文者
所使用的文句也一如「聖旨」，絕大多數帶有命令、嘉勉或飭責的語氣。
這類公文的特色是從文種名稱到發文日期，以及內文的重要交代、附件
名稱等，都會用硃筆點標、圈畫或在文末加註「遵」、「獎」、「速速」、「切
切」之類的用語。下行文的種類繁多，如劄、劄付、牌、票、告示、札、
諭、批、簽、回批……等。

　　劄文、劄付：一般都簡稱「劄」，是屬於清代高級文、武衙門所使
用的特殊性下行文書。這種文書的形式有兩種；用於發布命令、交代事
項的都用摺式文書，與一般公文形式相同；用於委任職務或賞給榮譽的
憑證，則採用版框印刷的制式文書。《淡新檔案》中這類文書不多，而
且大都為摺式文書，由於發文機構的層級較高，所以使用範圍不廣。筆
者在檔案中尚未發現作為憑證文書的「劄付」，但是臺灣民間仍然留下
一些原件可供了解。

　　依據文書的形式，摺式文書的「劄付」，大都屬於上級官署對下級
官署的特殊交辦事項，具有相當明確而特定任務的性質；作為憑證文書
的「劄付」，則與戶部賑災、捐職所用的執照、兵部發給軍功頂戴的功
牌，以及禮部所發給的監照……等，性質大略相同。

　　但是依據目前對華文檔案的研究成果，對於劄文、劄付的發給對象
與規範，仍然有待進一步的了解與研究。

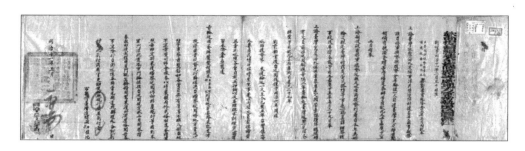

圖 2：摺式文書的劄付

來源：《淡新檔案》：16102-1；臺灣大學圖書館電子資料檔。
說明：這是福建陸路提督輪值巡閱臺灣防務，劄付淡水廳同知準備接待事宜
　　　的文書。

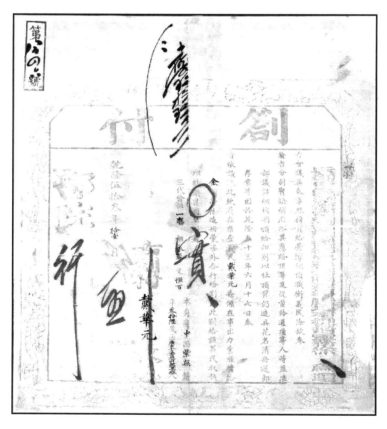

圖 3：憑證文書的「義民」劄付　尺寸：高 68 公分、寬 58 公分。

來源：戴華元後裔，戴建藏、戴明盧先生提供原件攝製。
說明：這是乾隆 53 年 11 月，福建巡撫徐嗣曾發給戴華元的義民憑證。

　　如「圖 3」這件義民箚付，就是採用版框印刷的制式文書，為乾隆
53 年（1788）11 月間，「林爽文事件」平定後，由福建巡撫徐嗣曾具名，
發給參戰有功的「廣東嘉應州鎮平縣」籍義民戴華元的義民證書。內文
除說明奉旨過程外，也可得知，已有部分賞給「翎頂職銜」的有功義民，
已經在戰亂後分別授予「實缺補用」官職；至於其他應賞未賞，或已經
賞給「頂帶」（頂戴）的義民，則須依據兵部的擬議，頒給憑證（印箚），
並且逐一造具名冊，送往兵部存檔備查。

　　透過這件箚付可知，清代義民身分的取得，必須經過一定的登錄程
序並經冊報兵部以後，才能取得憑證，並非如同後人所稱：只要「慨然
有平賊之志」，便可號召庄民「同謀義舉，團練鄉民作為義勇」那樣簡
單。[18] 因為帝王專制時代，是義？是盜？是民？是匪？只在一線之間，
稍一不慎，就會惹來殺身之禍。因此「箚付」的給發，都具有相當明確
的任務與特定對象。

　　牌文：清代的牌文是正式的下行文書，而且是一種具有強制性的文
種，行文等級有明確的規定；無論中央或地方文武各級衙門，也經常按
照品級、地位比照應用。大致上對直屬下級衙門官員，或對不相隸屬但
是品級地位差距較大的文武官員都可使用。一般而言，「牌」比「箚」
的層級難以類比；在《淡新檔案》內的牌文大都為「牌示」文書，顧名
思義就是「懸牌告示」；有點類似衙門內部的公告，大都用於新進吏胥、
差役的僱用通告。

18　參見林百川、林學源等，《樹杞林志》，〈列傳〉：「陳資雲」，手抄本影印，無頁碼；
　　另據臺灣文獻叢刊第 63 種，臺銀經濟研究室，1962，頁 89。

圖4：摺式文書的「牌示」定稿

來源：《淡新檔案》：11214-7；臺灣大學圖書館電子資料檔。

　　票：清沿明制，作為派遣官役執行任務的憑證稱為票，如兵票、憲票、差票等；票的形式大都以版刻刷印，上框內刻有「憲票」或「將軍府」等發出衙門的名稱。一般而言，「票」比「牌」的層級略低，文書處理程序也比較簡便，不像牌文那樣正式，所以大都用在臨時性的差遣或辦理簡單的事務性工作。《淡新檔案》中，版框形式的票文不多，大多為摺式文書的定稿。

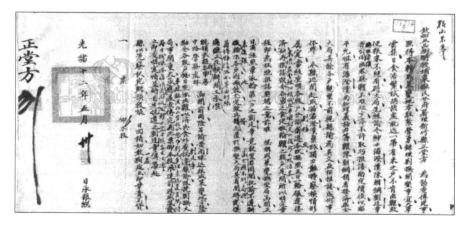

圖5：公文書形式的「票文」定稿

來源：《淡新檔案》：16214-9；臺灣大學圖書館電子資料檔。

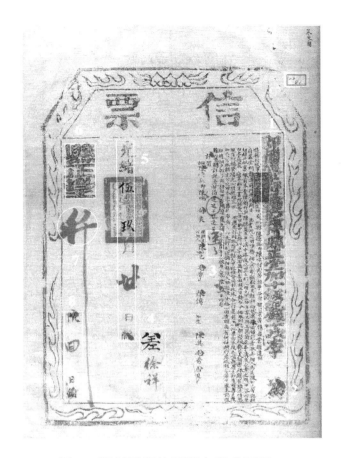

圖 6：版刻刷印的憑證文書「信票」

來源：《淡新檔案》：22506-41；吳密察，〈「淡新檔案」的文書學介紹〉，收入《臺灣史十一講》，臺北，國立歷史博物館，2006，頁 110。

告示：清代各省、道、府、州、縣衙門對所屬官吏或平民有所告諭時，所發布的公告，稱為「告示」，必須張貼在衙門的前壁或其他公眾場所。許多重要的政令必須達到眾所皆知的目的，往往會特別規定要「滿漿實貼」（整張用漿糊貼實）在避免風吹雨淋的處所。如劉銘傳在全臺屬行清賦政策的告示，由於張貼範圍很廣，數量極大，所以便採刻版印刷方式發行，還特別在告示坐下角註明要「滿漿實貼，勿致風雨漂淋」的字眼。這類公告在地方官指派差役前往各地張貼的文書內，也會特別加以交代。

圖 7：民間收藏的「告示」

來源：桃園縣龍潭鄉銅鑼圈蕭柏舟先生（已故）提供。

說明：劉銘傳公佈大小租「減四留六」法，發貼今日龍潭銅鑼圈、打牛崎的刻
　　　版印刷告示。

在《淡新檔案》中常見的札諭文書：

札文：原本是上級官署與下級官署之間，公務性質的商議性書函；
卻因使用日漸廣泛，逐漸演變成為地方衙門之間約定成俗的下行文書。
清初的札文並非法定的正式公文，所以在事後必須另外發出正式的公文
為憑。

但因札文的使用比較簡便，不須編定字號，也不必使用公文套語，
於是相沿成習。在清代中期以後，反而逐漸成為地方衙門經常使用的下
行文書。

從《淡新檔案》及民間收藏的這類文書可以發現，一般文職衙門上
至巡撫下至巡檢；武職衙門上至總兵下至外委，都可以對下屬或紳民使
用。

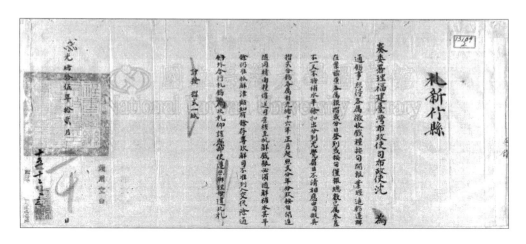

圖 8：札文正本

來源：《淡新檔案》：13109-2；臺灣大學圖書館電子資料檔。

　　諭文：也與札文相似，原本並非清代法定的正式公文程式。一般而言，札文都對機關衙門發文，諭文則針對特定的團體或個人發文。在《淡新檔案》內的諭文，也大都是針對正式非正式編制的屬員有所指示、交辦或飭責；以及針對地方鄉職人員、事業團體或特定職業人員（如總理、墾戶、隘首、匠首、代書、舖戶……等）核發證照、戳記或有所指示、交辦、飭責等，所用的文書。這類文書的使用，比札文更為廣泛。

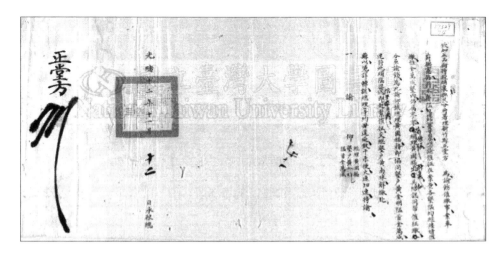

圖 9：諭文的定稿

來源：《淡新檔案》：17329-74；臺灣大學圖書館電子資料檔。

　　簽、單：明代以前上級對下級的指示、准許或駁回，用批或批示來答覆；下屬對上級陳述意見，則用簽。但是在清代，「簽」似已成為交辦任務的下行文書；在《淡新檔案》中，經常用「簽」來下令差役執行傳訊紳民的任務。「單」也是清代地方衙門交辦任務的下行文書；在《淡新檔案》中，用「單」指派差役執行解送財物、銀兩、人犯及執行羈押任務的情形極為平常。

　　關於簽、單的使用，仍有待進一步的研究，但從《淡新檔案》中，可以明顯發現，「單」的任務，都屬跨單位重要事務；「簽」的任務都屬轄內的相關指派；因此「單」的任務，似乎比「簽」略微重要。

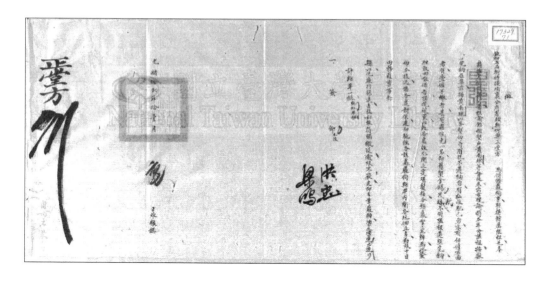

圖 10：簽的定稿

來源：《淡新檔案》：17329-71；臺灣大學圖書館電子資料檔。

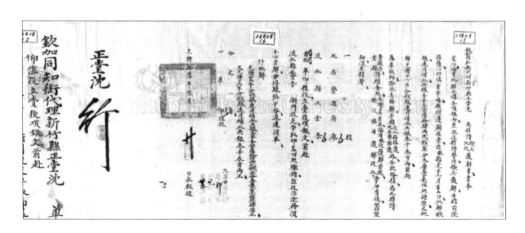

圖 11：「單」與「移文」合用的定稿

來源：《淡新檔案》：13808-15.16；臺灣大學圖書館電子資料檔。

　　批解、批迴：地方衙門派遣差役解送財物、銀兩，除了發給收受衙門的正式公文外，還必須以「單」行文指派差役執行任務。奉派執行的差役，必須另外發給版框印刷的「批解」文書一份，作為解送憑證。從《淡新檔案》中可以明顯看出，差役把財務、銀兩，安全解交收受衙門點收無誤後，須由點收衙門在批解單上方寫上「批迴」兩字，並加蓋機關印信，發還解送人員帶回銷差。如果是解送布政使司藩庫的銀兩，都會另外填寫「收單」一紙為憑。從「圖 12」可知，批解過程為求安全起見，必須行文給武職衙門派兵沿途護送。

　　這類「批解」文書雖然是發給差役的憑證文書；可是解送的對象，則視收受衙門的位階，而有「下解」、「上解」與「平解」的分別。這種解送過程因為與財務有關，所以手續相當嚴謹。

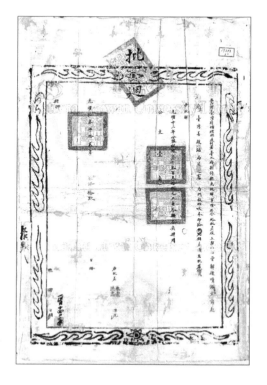

圖 12：批解文書與鈐印批迴樣式（左）、收單（右）

來源：《淡新檔案》：16214-10、13808-19；臺灣大學圖書館電子資料檔。

　　批示、回批：上級對下級的請示，無論是准許、駁回或另有指示，都用批示來答覆。下級衙門發給上級衙門的上行文書，如詳文、申文與稟文，往往會附上副本形式的的「副詳」、「副申」、「簡文」或「紅稟」等，專供上級批示之用；這種副本，有點類似現代的「回條」或「意見表」；嚴格來說，應該屬於上級的「回批」，也是另一種「批示」性的下行文書。此外，地方衙門針對鄉職人員或地方紳民的稟文所做的批示，往往會以「稟批」或「憲批」回覆或指示；這些都屬於上級對下級的「回批」。[19]

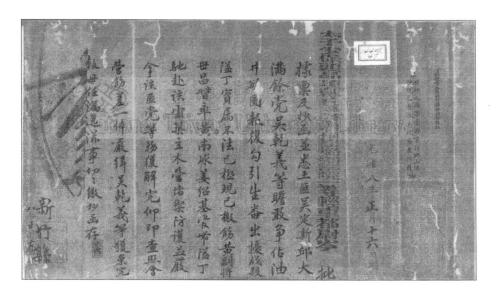

圖 13：福建巡撫岑毓英在新竹知縣徐錫祉的紅稟所作的「回批」

來源：《淡新檔案》：14408-47；臺灣大學圖書館電子資料檔。

4.2 上行文：下級對上級的公務文書

上行文：是由下對上的關係而形成，也就是下級官對上級官，下級衙門對上級衙門或紳民對官員、官署所用的公務文書。這類上行文書的文句都相當恭謹，名目及文種也相當複雜，如詳文、申文、驗文、呈文、牒文以及一般衙門通用的稟文、呈稟、呈狀等。

詳文：是清代明文規定的上行文書，用途十分廣泛，特別是清初稟文尚未廣泛流行時，凡是地方官向上級請示、報告重要政務，如錢糧報銷、案件審理、官員請調、升遷實授、彈劾揭發等都可使用詳文。如果上級有所飭查，也必須以詳文回復。所以詳文是十分鄭重、正規的文種，內容結構比較複雜；不但不能越級上報，而且一旦以「詳文」上呈，上級受文衙門必須有所批示或回復；因此如非重要事項不能輕率使用。

　　為了減輕上級回文的負擔，清政府嚴格規定下級衙門在呈送詳文時，必須另外附上一紙詳文的附件，稱為「副詳」或「簡文」，供上級批示回覆之用。因此詳文送出時，都有「正詳」與「副詳」之分。這種副詳的作用，有點類似現代文書中所附加的「回條」或「意見表」，反而接近下行文書的「批示」或「回批」。請讀者參見前項的說明，筆者不再重複敘述。

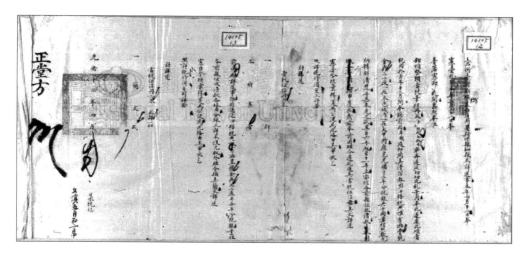

圖 14：詳文定稿

來源：《淡新檔案》：14105-12.13；臺灣大學圖書館電子資料檔。

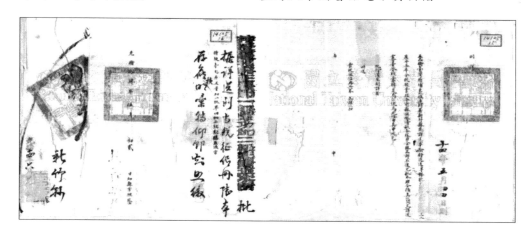

圖 15：副詳（或簡文）內的回批

來源：《淡新檔案》：14105-15.16；臺灣大學圖書館電子資料檔。

　　申文：也是清代明文規定的上行文書，但是實際運用的情況比詳文更為複雜；在清初是上行文詳文與驗文的合稱，清朝中葉以後才各自演變為不同的文種。清代的申文多用于向上級報告、說明一般情況，或者報送有關物品，解送人犯等；有申報、申復、申明、申送、申解諸名目，一般都不需上級批示發還或回覆。因此下級衙門為了表示對上級的尊重，對於並非即時性的案件，往往會以申文代替詳文呈報的情形，上級衙門為了減輕限期答覆的壓力，也對此明知故縱，不加責難，於是到了清末，地方衙門的上行文書申文、詳文的形式往往含混不清，地方官與衙門書吏也因循前例，繼續沿用，不予釐清。《淡新檔案》中，申文或詳文難以分辨的情形極多，所看到的申文也往往有「正申」與「副申」、「簡文」之分；因此筆者不再舉例說明。

　　驗文：根據近人研究，這是從申文分化出來的文種，並非清代明文規定的上行文書。文書形式屬於報告性質，使用範圍與用途也與申文相同，目的在陳述過程、驗明存查，所以也不需上級批示發還或回覆；只在摺面的文種名稱寫作驗文以示區別，便於文書承辦處理而已，到了清末便極少使用。[20] 但在《淡新檔案》中可以發現，新竹縣衙門直到光緒年間，還有不少的驗文出現。

　　呈文、稟文：並非清代法定的上行文書，但實際使用卻相當廣泛。內容繁簡不限，而且可以越級使用，不必逐級轉呈，較詳文、申文為速，但重要公事需要上級批示時，仍須依照正式規範，以詳文或申文呈送，不得以稟文代替。這類文書形式相當複雜，下級官對上級官的呈、稟，有些屬上行文，有些卻是公務性的私函，必須依照文意判斷，不能一概而論。而且屬員對上司、差役對上官、鄉職人員與地方紳民對官員，所用的呈、稟，無論規格、形式和用詞、用語都有很大的不同。這是運用《淡新檔案》必須深入了解的竅門。

20　裴燕生等，《歷史文書》，第十章〈官府往來文書〉，頁 210-214。

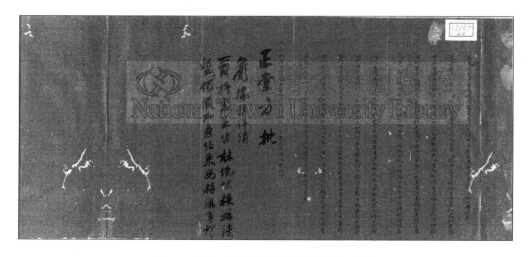

圖 16：地方紳職人員給知縣的稟文

來源：《淡新檔案》：17107-20，國立臺灣大學圖書館電子資料檔。
說明：本件為新竹總墾戶黃南球給新竹知縣方祖蔭的稟文與知縣的批示。

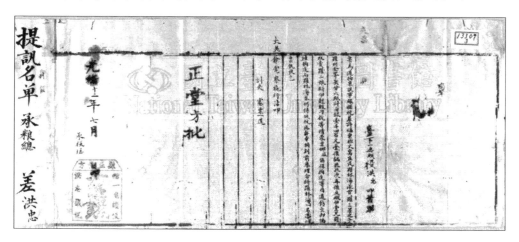

圖 17：新竹縣衙差役的制式稟文

來源：《淡新檔案》：13309-3，國立臺灣大學圖書館電子資料檔。

4.3 平行文：同級官、衙之間的公務文書

　　平行文，是由平行對等的關係而形成，即平行或不相隸屬的官署衙門之間公務往來所使用的文書。這類文書的特徵是文句平和，不像下行

文那樣充斥命令訓飭的語氣，也沒有上行文那種謙卑懇求的口氣；但因雙方以禮相待，所以在稱謂及適度的客套都必須恰到好處，所以文種相當複雜，如：咨、咨呈、關文、平關、移文、移會、平移、照會、知會、牒等。

咨、咨呈：咨文在清初適用於中央和地方高級官署公務往來的平行文書，嘉慶朝以後使用範圍逐漸擴大，只要是不相隸屬而且品級地位相當的衙門之間都可使用；如總督、巡撫、提督、總兵之間，一般行文都用咨文往來。咨呈則用於行文給地位略高但沒有直轄關係關係的衙門，文種名稱加上「呈」字，只表示對受文者的尊重而已；如各省的布、按二司行文六部及各督撫、將軍行文軍機處，都用咨呈。《淡新檔案》中，咨或咨呈的使用情形也相當普遍。

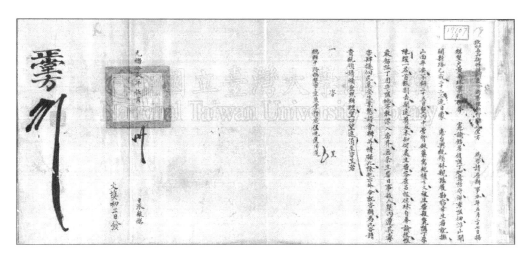

圖 18：新竹知縣行文中路營務處總辦的「咨呈」定稿

來源：《淡新檔案》：17107-19；臺灣大學圖書館電子資料檔。

移文、移會：這是清代平級官署或層級相當的文、武各官署之間，互相往來的正式文書。文書形式與前述的摺式「咨文」大致相同，只有文種名稱不同而已，但其使用官署的層級明顯較低。《淡新檔案》中，移文的使用相當普遍，但都屬於中、下級官署之間的往來文書。

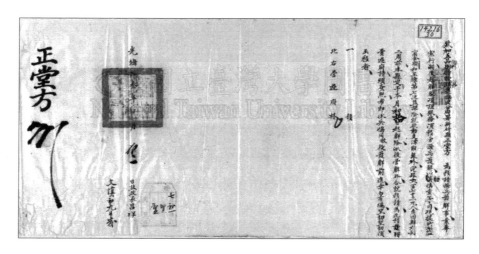

圖 19：新竹知縣行文北路右營游擊的移文定稿

來源：《淡新檔案》：14216-50；臺灣大學圖書館電子資料檔。

　　關文、牒文：依照清代文書體例，關文只在地方有關的文、武衙門之間使用，但其規格似比移文略低。例如：知府對淡水廳同知、知縣對縣丞（佐貳官），都用關文。至於牒文，大都用在地方府、州、縣衙門的佐貳官對其本府、本州、本縣的行文。從《淡新檔案》可知，關文、牒文在形式上雖然具有平行文書的特性，但其屬性卻有嚴格區分；使用關文的衙門與使用牒文的衙門，顯然並非平行對等；即使是官員之間的位階，也稍有差別。本書所參考的各種研究論述，對此所持觀點也不完全一致；筆者認為這類文書的使用，有待進一步了解。

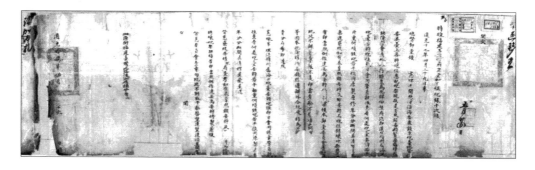

圖 20：臺灣知府給淡水同知（佐貳官）的關文

來源：《淡新檔案》：16101-1；臺灣大學圖書館電子資料檔。

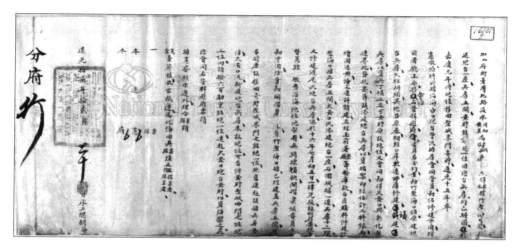

圖 21：「牒文」與「稟文」合用的定稿

來源：《淡新檔案》：16101-5；臺灣大學圖書館電子資料檔。

說明：淡水廳同知行文臺灣兵備道的稟文及回覆臺灣知府的牒文合用定稿。

　　照會、知會：類似現代文書之「通知」。照會是不相隸屬之官員或官署間行文的名稱。知會則是中央各衙署間，地方常設機關對非常設機關間，使用的一種平行文書。如：武職掛印總兵欲親往各地巡閱軍防，行文各地府、州、廳、縣地方官修繕道路橋樑以免阻礙行程，雖然層級差異極大，但都用「照會」，不用下行文的「箚付」或「札文」。但從地方官收文後的處理，都在準備沿途接待事宜，可見是一種相沿成習，有點「徇私越權」的文書。

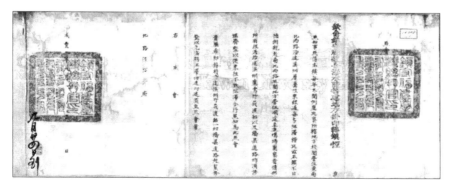

圖 22：掛印總兵行文淡水廳同知的「照會」

來源：《淡新檔案》：14503-10；臺灣大學圖書館電子資料檔。

4.4 其他文書、圖冊與附件

司法訴訟判決文書以及公文往來所產生的報表書冊、法令規章、公務性私函、手繪地圖等文書「附件」，雖然在發文與裁決過程，具有「下行」或「上行」的不對等關係，但因這類文書的內容與形式已經跨越官銜與職務的層級關係，基本上無論官、民都一體適用。這類與地方「小民」直接有關的司法文書，其實處處都在提醒研究者必須深刻了解，專制集權社會最底層的老百姓，面對衙門官吏時是毫無地位的，而且是層層節制的，面對官吏詢問必須自稱「小民」或「小的」；這些升斗小民，除了在司法相關文書中，可以間接留下一些文字記錄外，他們往往都是代表著社會上「無聲」的多數。

4.4.1 司法相關文書

《淡新檔案》內保存了許多提訊單、拘票、訴狀、供狀、口供、甘結、保結狀等司法相關文書，這些文書雖然具有「下行」、「上行」的不對等關係，但是從「法」與「律」的對象來說，基本上無論高官或平民都一體適用。任何官、紳所擁有的那些爵位、勳階、官銜、功名或軍功、頂戴等，尚未褫奪以前，雖然可以在審判中享有特權優待，一旦那些封賞被削革或摘除，便立即回復「小民」身分，照樣要自稱「小的」，下跪受審。所以《淡新檔案》中的執法對象雖然都以地方紳民為主，筆者尚未發現官員受審的案件，但我考慮再三，認為應該另外歸為一類稱為「司法相關文書」，較能體現這類文書的特色。[21]

拘票、提訊單、傳訊單：指派捕快拘捕人犯的文書稱為拘票；指派差役強制提違法、違規或有涉案嫌疑人犯的文書稱為提訊單；指派差役傳達相關人證到案詢問或對失職屬員及紳民有所申斥的文書稱為傳訊單。這類文書並非公文正本，而是下行文書中「簽」、「單」、「票」的附件；所以必須與正本相對閱讀，才能瞭解事件的原因。

---

[21]　有關「司法文書」的處理過程，可以參看艾馬克（*Mark A.Allee*）著、王興安譯，《十九世紀的北部臺灣：晚清中國的法律與地方社會》，臺北：播種者文化公司，2003。

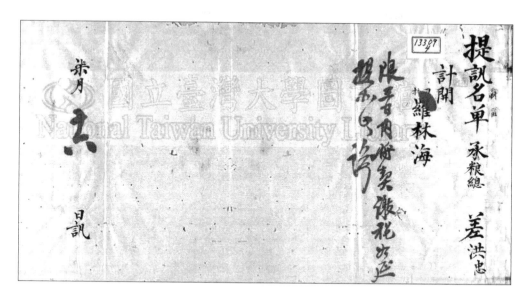

圖 23：提訊名單定本

來源：《淡新檔案》：13309-4；臺灣大學圖書館電子資料檔。

　　告狀、訴狀：清代人民向官府告訴他人違法行為時使用的文書，或司法訴訟時原告所具狀紙稱為告狀；被告人自行申訴的文書或狀紙稱為訴狀。所以告狀是主動具狀申告的狀紙，訴狀是被動申訴辯駁的狀紙。這類狀紙必須使用官府統一印製的的格式與書寫要求，而且狀文字數限於 320 字以內，「雙行疊寫，蓋不收閱」等嚴格規範。這種制式狀紙必須向各衙門或特定商店購買，並由給有「代書戳記」的專業代書代為書寫狀詞，否則不予受理。無論告狀或訴狀所用的狀紙，格式都相同。一般而言，地方官府受理告狀後，都會依據案情輕重，派遣差役前往傳訊、提訊被告到案受審；如果案情重大，事關人命的大案，則直接派差拘提到案。

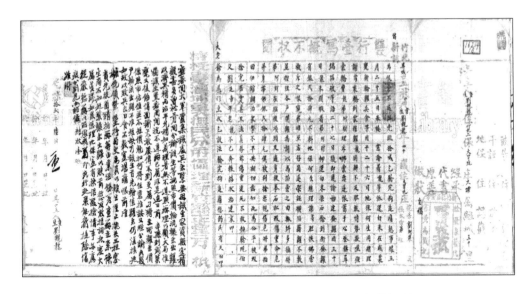

圖 24：新竹縣民的「訴狀」及新竹知縣的「批結」

來源：《淡新檔案》：16214-10；臺灣大學圖書館電子資料檔。

　　甘結狀、保結狀：清代民人、或官吏有官司訴訟時，為了表示本人行為清白、所陳述的事件真實無偽，所簽立的書面文字，通稱為甘結或甘結狀。用途極為廣泛。例如在司法上，每當審理案件時，各犯人、證人等在審訊及結案過程中，常由本人出具書面保證，以表示自己的陳述並無虛假欺飾等情弊，稱為具結保證；所立下的文書就稱為甘結狀。至於請託具有身分、地位或財力的第三者，出面具結保證他人清白或出面承擔涉案人保證責任的文書，則稱為保結狀。所以甘結狀是自我保證的文書，類似現代的切結書；保結狀則是代人保證的文書，類似現代的保證書。

圖 25：甘結狀

來源：《淡新檔案》：16214-10；臺灣大學圖書館電子資料檔。

　　供狀、口供：官司與刑案的判決，　無論是「民事訴訟」或「刑事審判」，其判決過程往往會有當事人自己的說詞；讀書人可以自己書寫，不識字的人則請託他人代筆，送呈地方官作為呈堂供證，稱為「供狀」。審判中當事人的敘述或供詞，稱為「口供」。這些都是專制時代，地方「小民」在無奈中間接留下的文字記錄；雖然未必「真實」，卻是政府檔案中所留下的「社會文書」；都少反映了民間生活真實的面相。

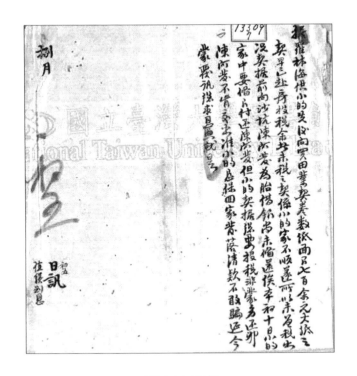

圖 26：口供

來源：《淡新檔案》：16214-10；臺灣大學圖書館電子資料檔。

　　驗屍報告與驗屍圖：司法相關文書，種類繁多，像驗屍報告與驗屍圖就是其中一項；通常勘驗男屍，都由「仵作」負責；勘驗女屍，則由「隱婆」（助產婦）協助仵作勘驗。根據刻版印刷的「刑部題定驗屍圖」，逐項填寫屍體各部位的勘驗情形，然後把勘驗結果送呈上官作為結案的依據。仵作或隱婆的任務，類似今日的「法醫」，但是在清代衙門的地位很低，屬於「賤役」與衙門雇用的差役相類；與今日的法醫，實為天壤之別。

　　清代的驗屍職官，在京城內城都由刑部司官相驗；京城附近則由五城兵馬司、京縣知縣相驗。外地各省（含臺灣）則由州、縣正印官相驗。若正印官公出或路途遙遠，可委請鄰縣正印官或分縣縣丞就近代驗。依據《淡新檔案》「民、刑事案件」所留存的文書記錄，大略如下：

　　鄉庄老死、病死者：屍主家屬如無疑義，責由家屬與族長自行勘驗

後，擇期埋葬。如有疑義，告官處斷。

　　民事案件：係指自然死亡，無他殺之虞的「路倒屍」、「水流屍」、「無名屍」……等，則由發現者通報地保（保長、鄉長、鄉庄總理或庄正），稟請地方知縣（或其代理人）率同仵作蒞臨勘驗；然後提問發現者與地保等相關人員，製作口供記錄；責令地保派員妥為安葬，並於墓碑註記年月，以待家屬查詢。

　　刑事案件，由當地地保（保長、鄉長、鄉庄總理或庄正）負責通報，稟請地方知縣（或其代理人）率同仵作蒞臨勘驗；錄製口供後，責令地保妥為安葬。然後發布通緝，拘捕凶犯。

4.4.2 其他圖冊與附件

　　冊、四柱清冊、公務私函、抄契與手繪地圖……等

　　冊：必須反向折頁，加上封面及封底後，穿綫裝釘成冊；即使冊報內容只有一頁，也必須嚴格執行。冊的種類形式繁多，大略可分名冊、清冊兩類。

　　四柱清冊：是清代各級衙門辦理財務報銷與新、舊任地方官交接時必須造報的財務清冊。前任或上期移轉過來的金額稱為「舊管」，本期間內的收入稱為「新收」，本期間內的支出稱為「開除」或「開支」，最後把「舊管」總額加上「新收」總額，再減去本期內的開支，所得到的正、負差額稱為「實存」或「實在」。如果「實在」項內有不敷或剩餘，都用文字逐一說明。這種以舊管、新收、開除、實在四項，作為結算報銷的方式，稱為「四柱清冊」。

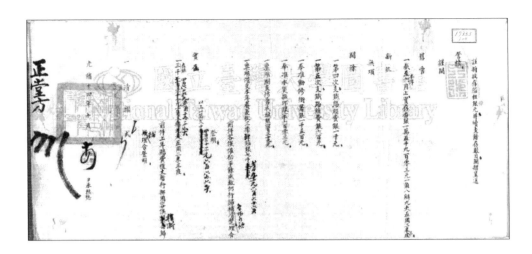

圖 27：清代新竹縣造報的「四柱清冊」批定稿

來源：《淡新檔案》編號 17333-100
說明：本清冊為光緒 14 年上半年度「收存隘租銀元並續支餘存數目」清冊；
　　　為便於說明，本圖特別挑選「四柱清冊」中，比較簡單的冊式。

　　公務私函：正式公文有上、下層級之分，但以私交寫信談公事，卻
是兄弟朋友關係，遠比公務文書來得親切、平等而直接。但從《淡新檔
案》可以發現，這類私函往來，由於交情不夠深厚，所以往往只限於上
級官對下級官或平級官員之間，互相使用而已。即使上級官以私函稱兄
道弟，但是下級官大都因為交情不深，不敢冒昧採用私函回覆，往往都
間接使用半公務性的稟文來代替私函；但是這種稟文與上行文書所用的
稟文，雖然形式相同，但是內容卻有很大的區別，所以這類稟文仍然屬
於私函性質，如果不能仔細分辨，很容易誤作上行文書。

　　契約抄件：檔案內地方紳民的陳情文書與民事案件，有些會附上各
種契約書的抄件。由於這些抄件一般在送件時，都必須附呈原件供書吏
查對驗明，所以與原件具有同等的效力，經常可以彌補民間文書的不
足；而且這些做為「呈堂」證明的附件，往往具有關鍵性的資料價值。

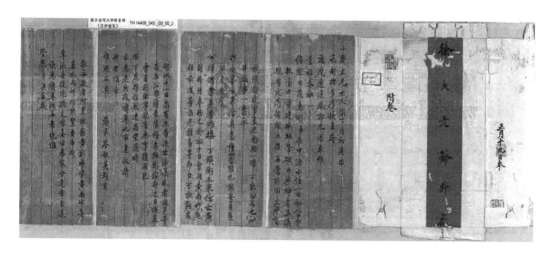

圖 28：福建巡撫岑毓英寫給新竹知縣徐錫祉的公務性私函及函封

來源：《淡新檔案》編號 14408-45。

　　手繪地圖：清代繪有十多幅臺灣橫幅「番界」地圖，[22]各府、廳、縣所編修的方志也附有許多地方分圖。這些地圖大都以視覺經驗的山水畫法為主，大致上都採上東、下西、左北、右南的橫軸形式繪成；但是偶爾有有一些例外。《淡新檔案》內也保存了許多因為公務或辦案需要，作為文書附件所呈報的手繪地圖，這些地圖無論是官吏或人民所繪，也大都以山水式視覺畫法為主，雖然精粗差異很大，但是更能體現地方特色，是檔案內反映地方發展狀況最直接的當代鄉土地圖。但因山水式畫法所繪製的地圖，無法像現代地圖有統一的「圖例」與「符號」來標示各種自然、人文景觀，所以必須在地圖上另以文字補充說明，如果文字太多就用紅色或其他顏色的小紙條，浮貼在圖面相關位置上，這些附加或附貼的文字說明稱為「圖說」。因為圖說文字是繪圖者對當地關鍵問題的說明，所以是了解自然、人文的變化，宗族關係及族群互動最好的研究資料。

22　有關「番界圖」的研究，可參考蘇峯楠，〈清治臺灣番界圖的製圖脈絡：「紫線番界圖」的構成與承啟為中心〉，《臺灣史研究》22：3，臺北：中研院臺灣史研究所，2015，頁 1-50。

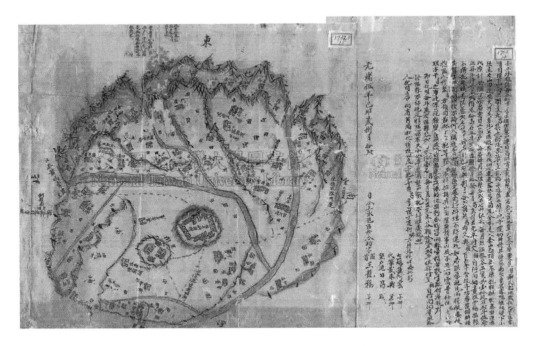

圖 29： 新竹鹹菜甕庄隘防關係圖

來源：《淡新檔案》編號 17321-14.15。

說明：清光緒 5 年（1879）鹹菜甕庄墾戶連日昌、隘首王龍福承抱隘務合約及隘防關係圖。鹹菜甕為今日新竹縣關西鎮老地名。

五、 《淡新檔案》的運用與解讀

　　臺灣四百年來歷經許多政權的統治，除了短命的鄭氏王國建國 23 年之外，只有戰後中華民國政府「遷臺」五十幾年來的實質獨立現狀；大多數歷史時期的行政與公務運作，都必須受到「中央機構」的意志所左右，也與整體政務息息相關。所以閱讀《淡新檔案》時，除了必須留意清代行政制度的運作之外，更要放在整個大架構上，來理解每個政權在施政上的連續性與關連性。一方面對清代的行政制度必須先有基本的了解，另一方面還必須注意政權更替前、後的交接、繼承與演變，然後細心加以分析解讀，才能真正了解這些制度本身的問題，以及文書形成的背景與影響。

5.1 了解文書的製作過程

5.1.1 對清代行政制度先有基本的了解

關於這一點前面各節已經講了很多，這裡就不再重複多談；筆者就以上一節談到的財務報銷制度為例加以說明。因為清代任何官署的財務收、支管理，都採用「四柱清冊」的形式造冊報銷，平時都由承辦帳務的胥吏以「流水簿」逐項記載收支筆數；一般都把「收入」記在上半欄，「支出」記在下半欄，把發生的日期記在收、支記錄之前，以利查檢。除了流水簿以外，又另外設立一份總帳簿，作為流水簿的分類帳；然後再按照流水簿的記錄，把全部收、支記錄，按照不同類別過帳到總帳簿內；再依據各科目的總數若干，來確定收、支總額。到了期終結算時，便把各科目的收、支總額合計，依據「舊管」、「新收」、「開除」、「實在」四項，作為結算報銷的根據，稱為「四柱清冊」。

這種報銷方式，因為完全是以實際收入、支出為根據，不是以權責發生的項目作為報銷的基準；所以凡是預收、預付、應收未收和應付未付的款項，以及一切非現金收付的事項，都沒有記錄在清冊內。所以從「四柱清冊」中只能了解實際的收、支概況，無法根據冊報數字來了解其中的虛實；以致收、支項目中所發生的依據，除了比較重要的項目之外，都缺少一定的準則，因此容易造成主事官吏可以上下其手、任意為之。[23]這是清代財政的最大問題，也是人治社會最大的缺失。如果研究者不了解制度上的問題，光看檔案只能了解問題表象而已。如果仔細分析《淡新檔案》有關「臺灣善後總局」以及裁隘以後「隘租」、「釐金」項下的開銷，就足以另外開闢一片研究的新領域。

5.1.2 認識地方文、武職官與鄉治系統

大至中央與地方的文、武職官系統，小至一廳或一縣的地方鄉治管理，是認識政府檔案的關鍵。清代治臺 212 年間，也歷經多次的嘗試與

---

[23] 參考汪孝龍纂修，〈《臺灣省通志稿》，卷三，政事志：財政篇〉，《臺灣省通志稿》，臺北，臺灣省政府，1962/6，頁 187-188。

教訓，才因應現實環境逐步改革，確立了臺灣的行政地位。因此臺灣的行政體系與職官設置，也長期呈現邊看邊做的試驗階段；這從《淡新檔案》的往來文書內，所加蓋的各種職官與衙門印信，便可清楚發現這些微妙的變化。

　　清代常設性或永久性的機關所用的方形印信，稱為「印」；臨時性或特殊性的機關用長方形印信，稱為「關防」。正式的印信，漢滿文並用；臨時性的印信大都只用漢文。清廷從乾隆 14 年（1749）起統一各官印信，總督、巡撫用「銀關防」，欽差大臣（三品以上）、欽差官員（三品以下）、道臺、各府同知通判及鎮守總兵官以下的武職官，都用「銅關防」；布政使、提督總兵官、鎮守掛印總兵官用「銀印」，按察使及各府、州、縣官則用「銅印」，並依照職務品級，關防與印寬尺寸都有詳細的規範；[24] 另據《淡新檔案》可以發現臺灣各廳同知，也都使用關防。由此可見凡是由中央派駐地方或欽差性質的官員、武職官及臨時性的任務編制機關都持用「關防」；正式編制的文職衙門都用方形印，俗稱「正印」；清代綠營編制中，地方武職官持用正印的只有提督總兵官（提督）與鎮守掛印總兵官（掛印總兵）。因為鎮守總兵官（總兵）持用銅關防，所以「掛印」後，其職權等於比照提督，而且比照總督持有「王命其牌」10 副，比其上司巡撫、提督還多兩副，故其鎮守地方，便宜行事的生殺之權，似比提督總兵官還高。

---

[24]　依據《清史稿》，志七十九，輿服三。

圖 30：福建陸路提督及臺灣掛印總兵持用的「正印」印面

來源：《淡新檔案》：16102-1（左）、14503-10（右），國立臺灣大學圖書館電
　　　子資料檔。

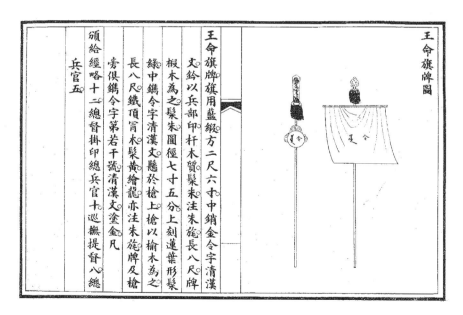

圖 31：王命旗牌圖《清會典圖》，卷 107，頁 1056（北京中華書局本，1991）

來源：　http://ccumanchustudies.blogspot.tw/2013/10/blog-post_17.html。2017.04.10
　　　甘德星，國立中正大學「滿州研究室」網頁。

　　再以劉銘傳為例，他在清法戰爭吃緊時，是以武職的卸任提督（提督總兵官），授以文職的「巡撫銜督辦臺灣防務」，屬於一種戰時狀態的任務性欽差，後來才弄假成真，成為實授的福建巡撫，進而促成臺灣的建省，而且成為首任臺灣巡撫。那麼他與前、後任的巡撫，職權有什麼變化？對施政造成什麼影響？轄下的道、府、州、廳、縣各級地方政府，如何因應這些改變？民間鄉職人員與墾戶、墾民又受到什麼影響？諸如這些問題的重要關鍵，都必須細加留意，才能看出問題的癥結。至於要認識臺灣的鄉治問題，筆者以為戴炎輝的《清代臺灣之鄉治》一書，是值得好好細讀的經典之作，也是臺灣鄉土史研究的入門之鑰。[25]

5.2 從文書的類形看問題

5.2.1 留意「稿本」與「定本」的差異

　　衙門吏胥依據案情或來文事項，擬好一份發文草稿後，逐級送請上司一改再改，最後送給首長批示，這些批好的文書稱為「定稿」或「定本」，必須依照發文對象，再騰抄若干份，加蓋機關印信後，才成為正式公文發送給受文機關。但是上司修改的筆跡仍然保留在稿本內，那麼原來的稿本與定本之間有什麼差別？下屬為什麼這樣簽擬？上司為什麼要這樣修改？其中的玄機奧妙，也就成為研究的重要關鍵。根據「稿本」與「定本」的差異，往往可以發現許多言外之意，以及問題的癥結。

　　正式公文這類官樣文章，如「案據某事等因，奉此遵行在案」、「某人明知故違，非依法嚴辦，難以杜咻咻之口，……」，往往寫得正經八百，然後另外附上一封私函或稟文，隨著正式公文發出。裡面的名堂可就多了，內容可能是「此人犯行累累，非嚴加懲辦不可，擬予如何如何處理，懇請示遵」；上級可能就會回覆一份正式公文：「詳稱各節，固屬妥善，惟因如何如何，務須妥慎處理，致干究累」；講了一堆廢話以後，又附上一封信，「著照來函（稟敘）處理，務使不致橫生枝節可也」。

25　戴炎輝，《清代臺灣之鄉治》，臺北，聯經，1979 初版。

　　一般來說，檔案內所看到的文書，往往寫得四平八穩，冠冕堂皇，但是附在後面的私函或稟文，卻在一來一往之間，甚至把全案的處理原則都確定了。這種公務性質的私函往來，經常比正式公文還要真實有趣，如果能仔細解讀，對整個事件的了解會有更大的幫助與收穫，可惜很多研究者使用《淡新檔案》時，對這種「非正式」絃外之音，往往未能深入「品味」探討，實在相當可惜。

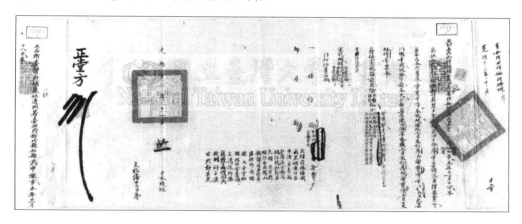

圖 32：數稿合用之例

來源：《淡新檔案》：17330-5；臺灣大學圖書館電子資料檔。

　　定本是已經改好準備正式發出去的公文，又有正本與副本的分別。清代公文正、副本的內容大致相同，看檔案時必須根據行政系統與職官位階，把正本的決策系統找出來，才能充分掌握問題的癥結，不能找到一兩件相關文書就開始做研究。比如說平行的「移文」，往往會發文給好幾個相關衙門，我們必須根據發文對象，從中判斷真正的決策者是誰？然後根據直轄系統，了解整個事件的決策過程，才能大致的掌握全案的問題。因為有些公文要抄寫好幾份，知會其他相關衙門，這類知會性質的文書，大都與案情的裁決並無直接關係。所以能把決策系統找出來，就可以節省很多時間，掌握問題的重心。因為唯有掌握案件的直接命令體系，才是看檔案最重要的關鍵。

5.2.2 從每案的裁決過程，了解事件

清代地方衙門的檔案，大都依據某一事件或某一相關案件來歸檔，所以看檔案要以案為主，不以「件」為主。因為全案都有發文與來文，其中還包括許多附件、私函與圖冊。《淡新檔案》既然是淡水廳、臺北府與新竹縣的地方政府檔案，所以我們從這些衙門所發出去的公文，大都只能在檔案中看到公文的定稿。這些發文的定稿與其他權責單位的來文，在戴炎輝等人整理後，大致上都依據事件發生的先後，依次排列，分門別類，逐一編號歸檔；他的分類雖然未必合理，但基本上保留了「一事一案」的歸檔原則，這個艱鉅的「重建」工程，的確為我們的研究帶來很大的方便。

然而，我們目前所見的《淡新檔案》，是戴炎輝把已經散亂的檔案，重新加以整理、分類、建檔的結果，已經不完全是原來的歸檔方式。所以我們研究任何事件，就必須從第一份到最後一份，把「正本」系統找出來，一字一字細讀。甚至連第一行都不可略過，才可透過每案的裁決過程，來了解整個事件的前因後果。

5.3 從檔案的結構了解案情

5.3.1 從稿本的批示與圖說看全案

在《淡新檔案》檔案裡頭，有稿、有文、有圖、有說，而且圖文並茂；我們應該要多加利用、互相參照。尤其以淡水廳及新竹縣為「本單位」的對外發文，因為都是以「定稿」保存，可以清楚見到整件文書，從擬稿、簽辦到批示的製作過程。尤其是承辦人員在擬稿的時候，往往都是最真實的敘述，是未經修定的原始意見；我們應該去注意修改前後的微妙差別，因為修改前的「原始意見」，還沒有加上冠冕堂皇的文辭，往往會在文稿中透漏一些關鍵問題，是比「定稿」後的公文正本，更有研究價值的「第一手」史料。如果只看排印本，那些修改、批示的過程就看不到了。公文上浮貼的小紙片，是衙門書吏對來文的辦理意見或地

方官的指示（圖34）；地圖上加註或浮貼的圖說文字，稱為「貼說」，是繪圖者對當地關鍵性問題的說明（圖35），這些「貼說」文字，大都以紅色或其他顏色的紙片浮貼，往往是了解自然、人文變化，行政區域或土地界址、家族、宗族關係及族群互動，最好的研究資料；如果細讀這些圖說以後，再與現代地圖加以比較還原後，就可清楚的了解當時的地方狀況。

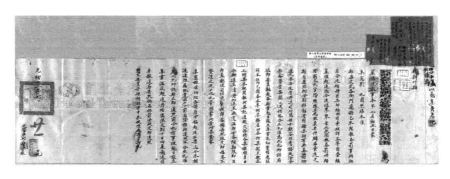

圖33：札文及其簽辦意見

來源：《淡新檔案》：16214-10；臺灣大學圖書館電子資料檔。
說明：右上角浮貼的紅紙片，是衙門書吏對這件札文的辦理意見及新竹知縣的指示。

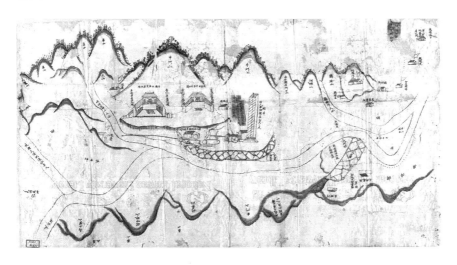

圖34：光緒15年苗栗出礦坑油井，衙署概況圖

來源：《淡新檔案》編號11714-10之1~4。臺灣大學圖書館電子資料檔。

5.3.2 相關人、事、地、時、物的多方檢索

閱讀《淡新檔案》的正式公文，經常會發現前面所講的處理方案，到後來往往發展成完全不同的結果。這是因為全案的決策過程一直都在不斷的作修正，假如沒有看完全案，就無法真正了解案情的變化。因為許多事件往往涉及各種錯綜複雜的直接、間接因素，在其他各編、各類、各款和相關案件中，都會重複出現。這包括各層面的相關人、事、地、時、物，以及相關的案情發展；都必須仔細檢索、互相對照分析，從每件的問題，探查全案的問題。某些事件，有時會在案情發展中，又旁生其他轉折或產生官司互控，而這些互訟過程，可能會存入民事編或刑事編裡頭，必須根據各種關鍵字詞來檢索，才不致遺漏其他重要的問題。

所以有些人看《淡新檔案》時，往往只從某一「案卷」中，大略挑出其中幾件來閱讀，就很容易因為一時疏忽，對案情的演變與為什麼會如此演變的原因，無法全面掌握。尤其有些案卷內會夾雜出現一些私人信件，這就是前文講到的「公務性私函」，這些私函的重要性不下於正式公文，往往在一來一往間，經常成為結案的重要關鍵，千萬不能忽略。只有憑著耐心與細心，從每件文書的問題，來探查全案的問題，才會有好的收穫。

舉例來說，從「圖 29」的私函加以分析，這封信是由福建巡撫岑毓英寫給新竹知縣徐錫祉的公務性私函；全信內容不但是由巡撫親自署名，而且完全不以上級地位交辦公事，只以私人情誼商談問題，內容分明是在交辦公務，但是用字用語都備極尊重，有如老友敘舊一般，比起官樣文章的下行文書，顯得既親切又有人味。這對一個七品知縣而言，收到這封正二品上官稱兄道弟的來信，不感動也難。進一步分析此信，岑毓英稱呼徐錫祉為「大兄」，自稱「愚弟」，依照清代的官場習俗判斷，這位徐知縣很可能比岑巡撫年長幾歲，而且在巡撫「道出花封」，也就是路過新竹縣境時，徐知縣的接待與迎送，應該讓岑毓英感到十分窩心。再從信尾的「再啟」事項，也可以發現新竹縣內的兩大墾戶黃南球與姜紹基在作陪期間，隱然給巡撫大人留下極為深刻的印象。否則岑毓

英不可能會交代徐知縣委派專人遞送事關緊要的「密札」，而且還指名要由姜紹基家指派專人送到民間墾戶黃南球手中。雖然這件「密札」交代的內容已經無法詳知，但從前後文書的敘述、全案的發展與決策過程，仍可還原全案的問題。另一方面，也可根據案情發展，透過其他私函，來觀察岑毓英重整地方社會結構的施政企圖。

六、結論

對歷史研究者來說，不管是帝王專制時代，像「聖旨」這類象徵皇朝最高權力的公務文書，還是《淡新檔案》裡頭，尋常百姓屈打成招以後，高喊「小的知罪」的認罪判決，其實都是先民所遺留的文字史料；所以包括臺灣傳統社會的地方寺廟、家族和各階層的社會人士以及一般地方「小民」，在日常生活中所留下的各種「民間文書」；都只不過是各種不同類型的「古文書」而已。因為任何人無論過去的官職、身分與地位如何，只要「返鄉為民」，立刻都會面臨司法、鄉約、習俗、慣例與家族內部的種種拘絆；因此這類「民間文書」就與政府處理公務的過程中所遺留的公文書，難免會有很大的不同；最顯著的特徵就是，它不像公務性文書那樣具有制式化的規定。

一般來說，民間文書除了對子孫的訓勉告誡有點接近「下行文」；對神靈的祝、祭和禱文，對長輩的書信以及對政府衙門的公務性文書，屬於「上行文」之外，大都沒有公文書裡頭充滿階級性的文別區分；即使是「鄉約」、「通知」或「公告」性質的文書，也都是以雙方或多方對等關係的「平行文」形式來呈現。由於這類文書的相關研究已經很多，此處不再討論。

由於任何事件都不會是單一的事件，而且事件的當事人、參與者、目擊者與處理者，都可能把這些事件的過程與感想，留下或多或少的文字記錄。這些文書的觀點與角度未必相同，甚至南轅北轍，所以必須互相參照才能看清或還原「真實」的一面。臺灣現存的政府檔案，除了《淡新檔案》與前文提到的《臺灣總督府檔案》、《清代故宮檔案》，以外，

還有《清代外交檔案》、《總理衙門教務、教案檔案》、《清代臺灣海關檔案》……等；又有有各縣市文化機構和民間團體整理出版的各種民間文書。這些都是可以互相參照研究的珍貴資源，唯有透過各種相關史料的比對研究，才能了解整個事件的脈絡與結果，寫出接近原貌的歷史。

　　因為清帝國統治時代是一個階級森嚴的社會，如同公文書所規定的各種程式，不但層級分明、層層節制，而且像一面鋪天蓋地的大網，網住帝國統治下的所有臣民百姓。古人所謂「朱門酒肉臭，野有餓死骨」，正是專制集權時代最鮮明的社會寫照。然而臺灣是個移民社會，四周環海，自古以來人民充滿冒險患難的海洋精神，加上歷經不同國家與政權的統治，因此各種公、私文書、文物與歷代傳統建築，所呈現的社會狀況，未必完全吻合清代階級森嚴的社會。我們使用清代公、私文書的時候，不能輕率以今人的觀點去看古人、更不可單方面以中國觀點來認識臺灣，而要試圖把研究的思維，推往古代的時空，設想他們怎麼在當時的環境下生活？怎樣根據那些不同的統治者所制定的「遊戲規則」，來「玩」各種不同的權力遊戲？這也是筆者一再重複提到的，我們對當時的權力遊戲規則，必須先要具備基本的了解，否則很難進一步理解，臺灣在清代統治時期的政治、社會狀況，也很難進入民間文書所書寫的先民世界。

參考文獻

《正中形音義綜合大字典》。

《淡新檔案》，國立臺灣大學電子資料檔。

《清史稿》，志七十九，輿服三；志八十五，選舉五，封廕推選。

王泰升、堯嘉寧、陳韻如，〈「淡新檔案」在法律史研究上的運用〉，臺灣史料研究，第 22 號，2004.2。

甘德星，國立中正大學「滿州研究室」網頁，2017.04.10：《清會典圖》，卷 107，頁 1056（北京中華書局本，1991）。http//ccumanchustudies.blogspot.tw/2013/10/blog-post_17.html。

艾馬克（*Mark A.Allee*）著、王興安譯，《十九世紀的北部臺灣：晚清中國的法律與地方社會》，臺北：播種者文化公司，2003。

余繩文，〈明清兩代公文制度探要〉（上、下），《人事行政》第 73、74 期，臺北，中國人事行政學會，1983.12，1984.2。

吳密察，〈「淡新檔案」的文書學介紹〉，收入《臺灣史十一講》，臺北，國立歷史博物館，2006，頁 110。

汪孝龍纂修，〈《臺灣省通志稿》，卷三，政事志：財政篇〉，《臺灣省通志稿》，臺北，臺灣省政府，1962/6，頁 187-188。

祝總斌，〈試論我國古代吏胥的特殊作用及官、吏制衡機制〉，《國學研究》第五輯，中國北京大學。下載網站：http//www.gjsh.tpc.edu.tw/history/0016.htm（2007.12.20）。

高志彬，〈淡新檔案目錄稿〉（一），《臺北文物》直字第 79 期，1987。

乾隆 53 年 11 月，福建巡撫徐嗣曾給戴華元義民「箚付」。戴華元後裔，戴建藏、戴明盧先生提供。

國立臺灣大學圖書館，「臺灣文獻數位典藏數位化計畫」：「淡新檔案」；下載網站：http：//libftp.lib.ntu.edu.tw/project/database1/index.htm（2007.12）。

國立臺灣大學圖書館，「臺灣研究資源」：「淡新檔案全文及影像系統」；
　　　下載網站：http：//www.lib.ntu.edu.tw/spe/twain/twain.html
　　　（2007.12）。

國立編譯館，《圖書館學與資訊科學大辭典》，臺北，漢美，1995。

張力，〈近代公文書解讀－以近史所館藏外交、經濟檔案為例（初稿）〉，
　　　中央研究院近代史研究所檔案館中型會議室講義，2005/8/9。

滋賀秀三，〈淡新檔案の初步知識—訴訟案件に現われる文書の類型〉，
　　　《島田正郎博士頌壽紀念論集：東洋法史研究》，東京，汲古書院，
　　　1987，頁253-286。

黃卓權，〈家族史的研究資料與應用〉，《新竹文獻》21期，新竹/竹北，
　　　新竹文化局，2005.8。

黃卓權，《進出客鄉：鄉土史田野與研究》，臺北市：南天書局，2008。

裴燕生等，《歷史文書》，北京，中國人民大學，2003。

戴炎輝，《清代臺灣之鄉治》，臺北，聯經，1979初版。

檜山幸夫等，《臺灣總督府檔案之認識與入門》，南投市，臺灣文獻館，
　　　2002。

蘇峯楠，〈清治臺灣番界圖的製圖脈絡：「紫線番界圖」的構成與承啟為
　　　中心〉，《臺灣史研究》22：3，臺北：中研院臺灣史研究所，2015，
　　　頁1-50。

廢紙堆裡的先民世界
一試論民間文書的解讀與運用[*]

楔子

「典當契」典下多少無奈？
「杜賣契」賣去多少血汗？
「退佃字」退出多少哀傷？
「找洗字」洗掉多少尊嚴？

「開墾字」道盡先民艱苦，
「鬮分書」處處都是糾紛；
「賣女為婢字」字字血淚，
「賣子契」滿含父母淚痕！

「諭示」一張表出多少威權，
「告示」一紙管你民間死活！
「奉旨遵行」誰敢違旨抗命？
「等因奉此」你能奈我如何！

[*] 本文原題〈廢紙堆裡的先民世界 ： 民間文書的解讀與運用〉，收入吳學明、黃卓權編著，《古文書的解讀與研究》上篇，新竹：新竹縣文化局，頁 30-58，2012。此次收入論集時，已略做增刪修定並配置文書圖檔。

一、前言

臺灣的地方發展、社會流動與目前留存的古蹟、文物，大都與當地的家族發展和地方菁英，具有相當密切的關係。如果能透過這些地方家族歷劫倖存的私藏古文書，仔細調查、分析，細加解讀、研究，不但是重建縣史、地方史或社區史的重要基礎，也是我們了解臺灣社會與文化變遷的重要依據；更可作為開墾史、家族史、法律史、族群關係史等各領域極為珍貴的第一手史料。

近百年來，臺灣多數研究者所稱的「古文書」，是指先民在日常生活中所留下的各種民間通用文書。這類文書歷經前輩學者陸續蒐集、研究，已經累積相當豐富的成果。在解讀、研究、出版方面，也奠下了可觀的成績。[1] 王世慶先生生前蒐集、整理的《臺灣公、私藏古文書》約略分為諭示、案冊、布告、房地契字、租稅契照、財產分配分管契、典胎及借貸契、人事契字、訴訟書狀、商事簿契、水利契照、番契字、文教文書及其他……等十餘類。[2] 這就如同把散落各地的民間私藏文書，加以重新整理、分類、建檔；提供後人研究參考的依據。

王世慶整理的《臺灣公、私藏古文書》，雖然揭示了「公藏」與「私藏」的概念；但其分類原則，如果以嚴格的「文書」角度而論，其中的「諭示類」，如諭稟、告示、案冊、封贈……等，雖然都屬於「公文書」的內涵；卻在民間「私藏」文書中隨處可見；而且其中還有不少的札飭、諭稟、告示，還可以在《淡新檔案》[3]、《臺灣總督府檔案》[4] 中，找到原始的發文定稿、抄稿與同一案件的相關文書。

此外，在民間「私藏」文書中，也保存了許多歷代政府機構所核發

1　這方面的成果，可參見吳學明，〈《古文書的的解讀與研究》導讀〉，收入吳學明、黃卓權編著，《古文書的的解讀與研究》，上篇，新竹縣政府文化局，2012，頁15-29。
2　王世慶，〈臺灣地區古文書之調查研究〉，《臺灣風物》，31：2，臺北，臺灣風物雜誌，1981.6，頁76-79。
3　現藏國立臺灣大學圖書館，參見黃卓權，《進出客鄉：鄉土史田野與研究》，臺北：南天書局，2008，頁153-198。
4　現藏國史館臺灣文獻館參見檜山幸夫等，《臺灣總督府檔案之認識與利用入門》，南投，國史館臺灣文獻館，2002。

的各種執照、憑證或收據……等，雖然明顯具有公文書的效力，但是卻與一般民間團體或企業機構，所發給的各種證明書類，並無太大的區別。例如清代國子監所核發的「監照」與日治時期的「庄長派令」，其性質與現代政府、公私立學校或民間機構所發給的「畢業證書」、「結業證書」、「學位證書」或「聘書」……等並無太大的區別。因此，要如何正確認識這些文書的類別，是歷史研究者接觸「古文書」時，必須深入了解的入門功夫。

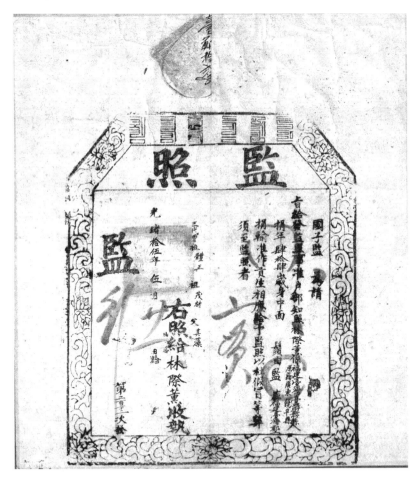

圖1：光緒15年國子監核發林際薰捐納貢生的監照

來源：吳學明主編，《六家林氏古文書集》，新竹：新竹縣政府文化局，2015，頁291。

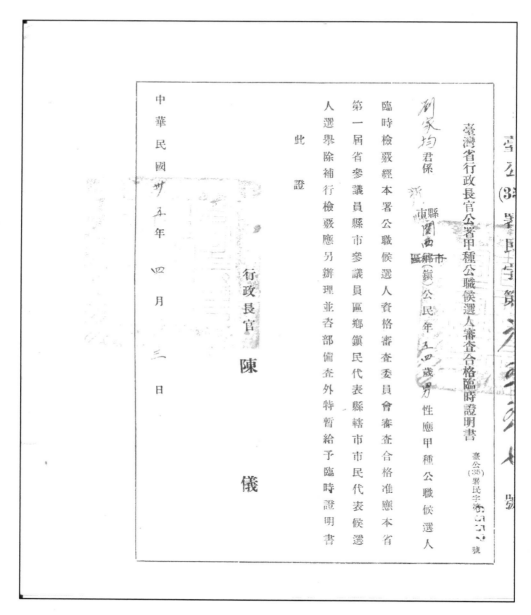

圖2：中華民國35年4月「臺灣省行政長官公署甲種公職候選人審查合格臨時證明書」

來源：新竹縣關西鎮劉邦龍先生提供。

　　然而，在為數可觀的公、私藏「古文書」已經大量整理公開或出版，甚至在網路搜尋如此便利的今天，新一代的研究者實在不必再將太多心

力，浪費在「歷史現場」的史料蒐集，反而應該加強各種網路資源的整合與運用。把這些前人努力的成果，依據地區或家族重新給予歸類、整理；把唾手可得的各種文獻出版品與周邊史料等，進行系統化的搜尋、檢索、整理與利用；並且以國際視野，來深化解讀與分析；進而加強理解與運用文字史料的能力。筆者相信，這是一位歷史研究者，最為重要的基礎功夫。

二、了解古文書的內涵

臺灣對於「古文書」一詞的使用，源自日本學者的命名；因此臺、日研究者對這個用詞，大致上都有共通的領會。但在中國晚近學者的著作中，顯然已將前代留存的政府文書和民間文書，概括統稱為「歷史文書」；其處理範疇已把中華民國在 1949 年以前的公務文書，都涵蓋在內。[5]

撇開政治因素不談，「古」之一字與「歷史」一詞，本來就含混不清；這種根據歷史「時段」來區分文書類型的方式，本身就已矛盾叢生。根據「檔案」的定義，任何文書都只有適用目的與執行效力的不同；但是，唯有執行效力完成的過時文書才會加以存檔備查。如果勉強依據政治因素、文書製作的古今差異、時代用語、外觀形式與典藏價值，來區分文書的製作目的與功能；未免徒示紛擾，也無法吻合檔案管理的概念。

隨著數位化時代的來臨，文書檔案的分類保存，正以新型態、新技術重新歸類整合，不但提供查尋檢索的方便，也突破了傳統的分類限制；但是要如何正確認識這些文書的類型，以便得心應手的駕馭這些文書，了解每件文書的意義；了解「文書作者」所要表達的內涵；永遠都在考驗研究者的本事。筆者認為：在不同時期或不同時段，研究者對文書檔案的分類原則，都應該依據實際面對的問題，設定不同的標準。尤其是歷史研究者，對各種文書產生的主體與目的，必須先要具備明確的

5　參見《歷史文書用語辭典》（明清民國部分），四川人民出版社，1988；裴燕生等，《歷史文書》，北京，中國人民大學，2003。

概念，才能正確的加以掌握與運用。

　　依據現代檔案管理學的定義：

> 所謂檔案（Archive），是指政府機關、人民團體、公司行號或個
> 人，因為處理公眾事務而產生的文字記錄或實物，經過種種科學
> 管理程序加以整理、分類、立案、編目等手續，使它成為有組織
> 有系統，既便於保管又方便查檢運用的資料。[6]

　　進一步說，這些便於保管又方便查檢運用的資料，其主要目的都是
為了維持業務的持續性以及提供未來施政與營運的參考，所以才刻意保
存、備查的各種非現行的過時文書、文稿、圖冊與相關的附屬實物。所
以從研究觀點視之，「檔案」的主體，簡單而言就是「便於保管又方便
檢索、查詢與運用的資料」而已。

　　因此，從檔案產生的主體加以分析，至少可以分為「政府文書（公
文書）」、「民間文書（私文書）」與「其他附屬實物」三種。這類「文
書」或「實物」，一旦回歸到「檔案」的基本概念時，「古文書」或「歷
史文書」一詞的模糊概念，才得以進一步加以釐清。研究者採集這些文
書、實物加以利用時，才能正確判斷它的價值以及應該擺置的位置，而
不致於被這些文書、文物的名稱所曚蔽。由於檔案內的「其他附屬實
物」，種類過於龐雜，不在本文的討論範圍。

　　以上這些文書，從日治時期開始受到政府機構以及國、內外研究者
的重視。在臺灣更有不少的前輩學者，在極為艱難的處境中，持續不斷
的收集、整理、研究，留下可觀的成績，也建立了古文書類型的分類基
礎。隨著學術機構及民間研究者不斷地努力，以及隨著科技的演進；這
些民間碩果僅存的古文書，才得以藉著照相、影印或印刷的方式流通出
版，提供近代研究的基礎。晚近由於數位科技的進步，大量的先民文書，
在相關機構中，以數位化的方式，提供新一代研究者更為方便、檢索、
利用的管道；然而在方便之餘，卻也產生種種新的問題。其中最迫切需
要面對的首推「分類整理」。

---

[6]　國立編譯館，《圖書館學與資訊科學大辭典》，臺北，漢美出版社，1995，頁 2340。

2.1　政府文書

政府文書，又稱為官府文書。它的產生主體，就是各級政府辦理公務時所產生的往來文書，簡稱公文書或官文書；如果經過分類、建檔程序處理者，就稱為政府檔案。這是各國中央或地方各級政府，處理業務的過程中，定期或不定期彙整保存的各種公務往來文書、報表書冊、法令規章，以及各種民間團體或人民陳情、委辦、承辦和代辦的各種案件；也是政府機關為了維持業務的持續性以及提供未來施政的參考，刻意保存備查的各種非現行的過時文書、文稿、圖冊與相關的附屬實物。例如：臺北外雙溪國立故宮博物院典藏的清代「宮中檔」、「軍機處檔」、「月摺檔」、「史館檔」……等；[7] 南港中央研究院歷史與語言研究所保存的「內閣大庫檔案」、[8] 近代史研究所典藏的「總理衙門檔案」；[9] 國立臺灣大學圖書館保存的《淡新檔案》；南投國史館臺灣文獻館保存的日治時期《臺灣總督府檔案》；以及荷、西統治時期的「東印度公司檔案」如《巴達維亞城日記》、《熱蘭遮城日記》……等；[10] 乃至當代各級政府非現行的過時歸檔文書，都可以歸類為這類政府檔案。只是它們的來源與背景，在文書層級上有所不同而已。即使是華人社會視為深具典藏價值的「聖旨」，如以「政府文書」的觀點而論，也只不過是專制帝王時代，另具特殊意義的公務文書罷了。

但是，政府檔案，由於行文系統太過複雜，也不像現代公文直接把「正本」、「副本」與「附件」分別註明清楚，我們使用時如果不能把「正本」的決策系統找出來，就很難掌握全案的重點所在。尤其是清代公文，不但官僚系統複雜難懂，公文制度又非常嚴苛，公文程式更是繁瑣細

7　參見莊吉發，《故宮臺灣史料概述》，臺北，故宮博物院，1995。

8　參見中央研究院歷史與語言研究所「明清史料」電子資料檔，「內閣大庫檔」說明。

9　參見莊樹華，〈中研院近史所檔案館藏有關戰後臺灣史料介紹－從總理衙門檔案看清季臺灣對外關係〉，《近代中國史研究通訊》，第 22 期，臺北：中央研究院近代史研究所，1996 年 9 月。有關明、清檔案的收藏出版概況，可參見吳密察、李文良等，《臺灣史料集成提要【增訂本】》，臺北市，行政院文建會，2005，頁 75-99。

10　參見江樹生譯註，《熱蘭遮城日記》第 1-4 冊，「譯者序」及「荷文本原序」，臺南，臺南市政府，2001、2002、2003。

密，簡直令人無從著手。日本時代的公文雖然沒有這種問題，而且有話直說，段落分明，寫得清清楚楚；可是明治、大正年間，官吏寫公文流行使用行書或草書並以毛筆書寫，所用的文體又是古體「候文」，有些寫得龍飛鳳舞，有些就像蜈蚣爬行，簡直令人看得眼花撩亂。黃紹恆形容得最為貼切：「這些字寫起來真的很像吃麵時，不小心掉落一條在紙上的樣子。……寫的人可寫得洋洋灑灑，但是看的人可能是惡夢連連。」甚至「有時讀到有乾脆放棄不幹的氣憤」[11] 真是一點都不誇張。

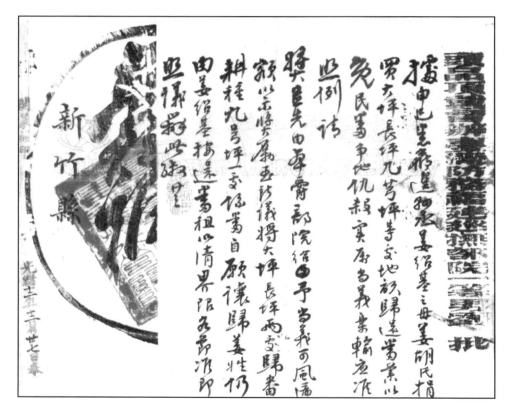

圖 3：光緒 12 年福建巡撫劉銘傳給新竹縣申文的批示

來源：《淡新檔案》17330-09，國立臺灣大學圖書館藏。

---

[11]　黃紹恆，〈臺灣總督府檔案的周邊與其運用〉，收入《臺灣總督府檔案之認識與利用入門》，南投：國史館臺灣文獻館，2002，頁 156。

　　所以利用官方文書最大的問題，除了對公文制度與程式缺乏了解之外，一般人常犯的毛病，就是往往到手的只是其中幾件，甚至只有一、二件而已；比如說某個官員的任命案，雖然所有的印信、關防、印章以及署名都完整備至，可是當事人卻可能因為某種事故並未按期上任；也許已經撤銷派令，原來的任命已經通令作廢了；也有可能當事人在上任前已經死亡了。我們如果沒有蒐集到這個案件的後續公文，便不曉得這個任命案其實一直就沒有實行；如果貿然引述，甚至用來訂正前人的研究，那就貽笑大方了。

　　另一方面，因為清代的帝王專制體制，經常造成官吏動輒得咎，萬一用字遣詞不當，往往惹來殺身之禍；如果文字得體，讓皇帝龍心大悅，也許又能因此平步青雲、節節高升。所以官吏擬辦文稿時，無不字斟句酌，反覆推敲，以免惹禍上身。結果從中央到地方，上行下效，日久以後，這些劣習反而成為官場的時尚。這類文字在清代的官方文書隨處可見，尤其有些向皇帝或上司拍馬屁的文字，現在看起來簡直令人感到噁心。因此使用這些材料時，必須小心解讀，才能真正了解它背後的意義。

2.2 民間文書

　　先民在日常生活中所留下的各種民間通用文書，除了夾雜一些與政府機構往來所發給的公文書之外，絕大多數屬於「私文書」的範疇。筆者對這些民間文書做過一個簡單的定義：是指人民依據政府的法令規章以及民間傳統習俗、慣例，所自行訂立或互相議訂的各種契約文書、字據，以及日常生活中，例行性或特殊性，定期性或不定期性製作的各種收支記錄、生活記事和民俗、信仰資料。這類文書種類繁多，而且形式相當複雜，如契約書、鬮分書、收據、借據、收支帳冊、書信、證照、股票，乃至婚喪喜慶記事、八字命格、訃文、行狀、廟會調單與提捐記錄、畫像、碑記、地圖、照片……等等。但是，隨著時代環境的演變，這類文書的外在與內在形式，也會因應時代環境而改變。這些改變，從

不同時期，不同時段的文書形式，都可以明顯觀察出來。[12]

　　前述民間文書有些會以「檔案」的形式整批出現，例如：日治時期蒐集整理的〈新港社文書〉與〈岸裡社文書〉；尹章義在 1980 年發掘利用的興直堡〈張廣福文件〉與〈永泰租業契總〉；[13] 王世慶在 1982 年間發掘利用的興直堡〈廣記總抄簿〉[14] 以及吳學明在 1983 年間發掘利用的〈北埔姜家史料〉。[15]

　　如以嚴格的角度而論，這些家族所留存的「私藏」文書，也可視為一種「家族檔案」。因為無論家族的大小、興衰，以及家族行業的類別，這些家族留存的文書檔案，有些相當龐雜；例如我們所熟知的臺灣五大家族（基隆顏家、板橋林家、霧峰林家、鹿港辜家和高雄陳家）；乃或新竹鄭家、林家，北埔姜家，以及苗栗黃家（黃南球家族）……等等。由於這些家族當年所經營的事業規模，已經類似今日的大、中型企業，他們與官府的往來也相當頻繁；所以家族內部的文書類別，也十分可觀。

　　這些家族文書，早期都經過管理人員，根據家族的實際需要加以分類處理，以便檢索查詢。但是隨著時代的演變，這些文書已經失去實用的價值，使得這類文書，逐漸被移轉到倉庫的一角，以致早期的分類系統，也逐漸隨著歲月的痕跡而逐漸散亂、毀損。

　　就檔案的觀點而論，這些經過分類整理的民間文書，基本上都屬於特定族群、宗教或人民團體，以及家族事業的檔案。但是臺灣傳統社會的民間檔案，能夠大宗保存的很少；所以目前所發現的清、日時期民間文書大都相當散亂，在單位數量上能夠稱為「檔案」的並不太多。

12　黃卓權，《進出客鄉：鄉土史田野與研究》，頁 85-86。

13　尹章義，《張士箱家族移民發展史─清初閩南士族移民臺灣之一個案研究（1702-1983）》，臺北，張士箱家族拓展史研纂委員會，1983，頁 1。

14　王世慶，〈十九世紀中葉臺灣北部農村金融之研究─以興直堡銀主小租戶廣記為例〉，收入作者《清代臺灣社會經濟》，臺北，聯經，1994，頁 1「註1」、頁 2、頁 63「附記」。

15　吳學明，〈北埔姜家史料的發掘與金廣福史實的重建〉，《臺灣風物》35：3，臺北，臺灣風物雜誌，1985.9，頁 121-147。

　　對照其他中產家族或平常家族，其所留存的家族文書雖然數量不多，但是文書的豐富性與多樣性，如果與前述的菁英家族相比，仍然具有相當的重要性。對區域研究與地方研究而言，其相輔相成的研究價值，並不稍遜於那些地方上的菁英家族。

　　目前臺灣各地寺廟與許多家族內部的記載，只要稍加注意也可以發現很多與清代「聖旨」有關的痕跡。例如：臺灣各地義民廟所懸掛的乾隆皇帝「褒忠」御筆；霧峰林家的「宮保第」、新竹鄭家的「進士第」、竹北六家林屋的「大夫第」及其內部擺置的「誥贈奉直大夫」、「誥贈二代宜人」……之類的執事牌等相關文物；又如臺北深坑黃宗河追贈「武翼都尉」、[16] 新埔陳朝綱封「朝議大夫」、[17] 苗栗黃南球封「奉政大夫」，[18] 以及許多方志或族譜記載也不乏封、贈「文林郎」、「登仕郎」……等類頭銜的地方人物，以及類似「例封、累封、誥贈、貤贈」等與清代封、贈制度有關的字眼。[19] 研究者如果進一步探討，就會發現這些堂號特殊的宅第與封、贈的頭銜，其實都跟「聖旨」息息相關。這類枯燥繁瑣的名目究竟代表著什麼意義？這些問題又與我們的研究有什麼關係？更重要的是做為一個現代歷史研究者，應該站在什麼角度來看待這些專制皇權的象徵？

16　許雪姬，〈武翼都尉黃宗河傳──由德興黃氏族譜及故宮檔案談起〉，《臺灣史研究暨史料發掘研討會論文集》，高雄，臺灣史蹟研究中心，1986，頁 481-491。

17　何明星，《清代新埔陳朝綱家族之研究》，新竹，新竹縣文化局，2007，頁 11「圖版」。

18　黃卓權，《跨時代的臺灣貨殖家：黃南球先生年譜 1840-1919》，臺北，中央圖書館臺灣分館，2004，圖版頁 jlii：B20。

19　卓克華，《從古蹟發現歷史：卷一，家族與人物》，臺北，蘭臺出版社，2004，頁 23-26。

圖4：新竹竹北六家林屋「大夫第」所保存的執事牌

來源：田金昌　攝（2006.9）
說明：大夫第的這類執事牌，約有十餘面，目前因宅第整修，保存狀態欠詳。

圖5：新竹新埔五分埔陳氏公廳懸掛的「朝議大夫」匾

來源：何明星，《清代新埔陳朝綱家族之研究》，頁11。
說明：陳朝綱（1827-1902）誥授朝議大夫、選用州同、加知府銜、賞戴花翎。

三、怎樣與古文書的作者對話？

研究者在考證、解讀與研究、運用古文書時，必須先要思考以下幾個問題：

（1）這份文書何時出現？在那裡出現？為什麼出現？

（2）可以從這件文書發現什麼？懷疑什麼？

（3）可以從這份文書了解什麼特殊的意義與意涵？

（4）這件文書的作者是誰？

（5）文書的作者在想什麼？為什麼這樣想？

（6）要怎樣與文書的作者對話？

（7）如何透過文書的內容，來理解當事者真正的意圖。

研究者唯有經過這樣層層分析、合理懷疑，不以現代觀點任意曲解文書內容，才能讀出字裡行間的弦外之音，也就是「文書背後的問題」。[20]

3.1 清代公務文書的決策過程

中央與地方衙門之間的往來文書，因為大都由衙門各房的書吏或由官員自費聘請的幕僚擬辦、代筆。這些人員的程度水準不一，加上文書類別過於複雜難懂，所以檔案內的文種名稱與程式，並未完全符合清廷律典所制定的文書規範。[21] 加上各地書吏大都師徒相傳，甚至合夥包辦房務；況且地方官員與幕僚也未必熟悉公文制度，於是互相沿用成習。到了清代中期以後，有些體制外的地方衙門通用程式，反而逐漸取代了法定程式。

這類衙門往來文書，往往因為官員異動頻繁，限制太多，更因案件繁雜，數量龐大，無論人力、財力都相對不足；為了應付限期，所以都以實際功能為主。從《淡新檔案》中還可以明顯發現，除了上行文書與

20　參見許冠三，《史學與史學方法》，臺北，萬年青書店，1971，頁 203-224。

21　這些文書規範都詳列於《大清會典》，簡稱《清會典》。這是中國清代各朝所編修的有關清朝典章制度的史料彙編，類似一部行政準則與參考的百科全書。初修於康熙 23 年(1684)，並於雍正、乾隆、嘉慶和光緒朝四次重修。

少數平行文書比較講究公文規格與形式，字體也力求工整外，大多數的下行與平行文書都顯得比較草率，有些連書法或文體都十分低劣；反而有部分捕快或差役的上呈文書，不但文體具備一定水準，書法也相當工整，這些文書的製作與這些人的背景來歷，反而值得研究者加以留意與研究。

　　由於衙門文書大都出於幕僚及書吏之手，這些人在身分上便與一般經由科舉或明經入仕的官員不同。幕僚又稱幕友或幕賓，俗稱「師爺」，都由官員自行聘用；他們雖非衙門內的編制人員，但因官員都視為左右手，不但倚重備至也相當禮遇。有些還是秀才、舉人出身的知識份子，為官員處理重要事務，地位類似現代的私人秘書或機要秘書，享有較高的政治、社會地位。《淡新檔案》內的重要上行文書、帳冊或民、刑事判決等，大都是由他們擬稿或代筆；其他吏胥人員所經辦的各類文稿，也大都要先經過他們過目或指示。[22] 臺灣史上的著名人物藍鼎元、陳夢林、陳衍等，都因受聘來臺擔任幕僚而留名；清末名臣如李鴻章、左宗棠、丁日昌等，也都是幕僚出身的中國近代重要人物。

　　至於衙門內的吏胥人員，大略可以分為兩種，在各房辦理文書事務的稱為書吏；擔任捕快、監卒或差役等工作的稱為胥役。這些人雖是具有員額編制的辦事人員，但政治、社會地位相當卑微，傳統社會把這類工作視為「賤役」，知識份子除非為生活所逼，大多恥於擔任。但因他們經辦各類文書、差使；事涉人事、刑獄、錢谷、捕盜、傳達……等日常事務，熟悉皇朝律法；所以在當時的地方社會，卻可以掌握不可忽視的「權力」。[23] 這些吏胥主要是由官府直接選拔或考以吏能後錄用，是各級地方衙門人數最多的人員。《淡新檔案》內，大量的文書也都是由這些人擬稿或抄寫，尤其是例行性的案件或下行文書，也幾乎都由他們在「等因奉此」、「據此准行」，依照往例辦理。

　　從文書層級與衙門屬性劃分，清代的公務文書大致上可以分為「下

---

[22]　參考裴燕生等，《歷史文書》，北京，中國人民大學，2003，頁 105-113。

[23]　參考祝總斌，〈試論我國古代吏胥的特殊作用及官、吏制衡機制〉，《國學研究》第五輯，中國北京大學。下載：http://www.gjsh.tpc.edu.tw/history/0016.htm（2007.12.20）。

行文」、「上行文」與「平行文」三種。這三種文書的上、下關係所顯示的階級體系，也同樣是以清代皇權為中心的統治權延伸。此外，還有許多司法訴訟判決文書以及公文往來所產生的報表書冊、法令規章、公務性私函、稟文、手繪地圖等文書「附件」；雖然在發文與裁決的過程，具有「下行」或「上行」的不對等關係。但因這類文書的內容與形式已經跨越官銜與職務的層級關係，基本上無論官、民都一體適用。筆者以為歷史研究者利用這類文書時，也不宜單純根據文書本身的上、下層級關係來理解。

這裡所談到的問題，就區域史研究而論，表面上似無多少直接關聯，但是在帝王專制時代，處理地方事務的權力來源與法令系統，雖然會因同心圓內、外距離的遠近而有強、弱之分；卻絕對不會因為距離太遠，便失去統治的效能。因此研究清代臺灣史或清代地方史，如果不能看清這一點，不但很難了解權力運作的遊戲規則；也無法理解地方上，處處困擾我們的那些人、事、地、時、物等相關問題；更無法看清地方菁英與家族的興衰浮沉，以及社會結構的變化與影響。[24]

3.2 先民契約文書的製作過程

任何一件古文書，都未必經由一人之手獨自完成，經常是由多數人共同擔任。政府的公務文書大都經由承辦官吏或幕僚、吏胥之手，擬稿後逐級送呈直屬上級批示，才完成定稿與發文程序。所以從擬稿、送呈到決策定案的過程，便包函這些參與人的意見在內。雖然這些人都是這件文書的共同作者；但是永遠只有決策者或定稿人，才是任何一件文書最主要的作者。

以同樣的情形來看民間的契約文書，也是如此。在教育尚未普及的年代，一般平民百姓大多數都沒有進學堂讀書識字的機會；所以大多數民間文書的製作過程，往往是由一位或多位當事人經過協商以後，把協商結果透過口述的方式，轉達給讀書識字的「代筆人」記錄而成。為了

---

[24]　黃卓權，《進出客鄉：鄉土史田野與研究》，頁160-164。

增加記錄的可信度，整個協商過程與代筆人的文字記錄，都必須在一位以上的見證人或至親長輩作證之下公開完成。這些「代筆人」的身分，又往往與衙門任職的幕僚或書吏相同或相似，所製作的文書必須符合律令的規範，才能具備契約的公信力；所以就不免或多或少受到政府制度、規章與律令的影響。

　　一般而論，民間文書除了對子孫、晚輩的訓勉告誡，以及神明的告示文書，有點接近「下行文」；對神靈、祖宗的祝、祭和禱文以及對政府衙門的公務性文書，屬於「上行文」之外；大都沒有公文書充滿階級性的文別區分。即使是「鄉約」、「通知」或「公告」性質的文書，也都是以雙方或多方對等關係的「平行文」形式來呈現。

　　然而，任何一件文書的製作，不管是透過什麼程序來完成，永遠只有決定者、當事人或委託人才是這間文書的主要作者，而非代筆人；因為他們雖然透過代筆人來書寫，但是唯有他們的意志表達才是文書形成的主體。從另一個角度而言，文書承辦人或代筆人雖然只是秉筆直書，通常並無決定權；然而在代筆書寫、記錄和整理的過程中，卻必須以自己的認知來思考，所以在無形中便具有極大的文字詮釋權。至於其他在場的公親代表，表面上只能在場協調做個和事佬；見證人則只能在場旁證，替這件文書的效力簽名畫押而已；但是這些人在見證、協調、旁觀的過程，卻可隨時發揮「仲裁者」的功能，協助擺平各造的衝突，來完成文書的製作。就此而論，代筆人、公親代表與見證人等，又同時成為這件文書的共同作者。

　　所以閱讀或解讀任何文書，除了必須了解決策者、當事人或委託人的「目的」之外，還必須透過現場所有具名畫押或用印的關係人，在文書內的「仲裁功能」與「隱藏意見」，才能充分理解整件文書的利害關係。所以研究者在使用「古文書」時，必須要小心、慎重的根據時代脈絡來考訂它的原始意義，才能避免誤用或錯誤的解讀。[25]

25　黃卓權，《進出客鄉：鄉土史田野與研究》，頁113-114。

四、民間文書的解讀與運用

　　由於民間文書的類形十分複雜，而且包羅萬象，筆者無法在此逐一解說，本文僅以研究者使用最多的契約文書為例。讀者如想進一步了解古文書的類別，請參見本文「附錄 2」：〈民間私藏古文書分類表〉。

　　任何契約文書，無非兩造或多造當事人之間，利害關係的文字約束。所以任何一件契約文書至少需要包含以下幾個要件：

　　（1）契約當事人

　　（2）契約標的

　　（3）標的物的來源與地點（含東、西、南、北四至界址）

　　（4）標的物的價值或利益

　　（5）其他附帶條件

　　（6）代筆人及公親證人

　　（7）簽約年月日

　　以上這些契約要件，缺一不可。但因古今制度有別，處理型態不同，所以先民契約的簽訂與今日的契約形式有著相當巨大的差異。這是閱讀古文書時，必須深入瞭解的關鍵。（參見「附錄 1」）

4.1 契約文書的主從關係

　　閱讀清代契約文書，可以清楚發現，簽約當事人雙方或多方在簽約時，各方關係人的地位未必完全對等；而且契約標的、來源與地點、四至界址、價格及附帶條件等，未必符合現代契約的要件與內涵，所以便會形成許多模糊空間。於是文書的簽訂，便需要許多公親、見證人在場證明。又因古人識字者不多，所以必須請人代筆書寫；這些公親、見證人及代筆人，無形中也會影響契約簽訂時，公平與否的重要關鍵。我們如果不能瞭解當事人、代筆人以及在場公親、見證人之間的種種關係，便很難深入瞭解文書的內涵。

　　我們也可發現，民間契約的簽訂，凡是具有「合夥」、「合同」、「合

股」、「合議」、「合立」或「合約」關係的文書；以及有關「分產」、「分管」、「鬮分」等房地分割之類的文書時，所有契約關係人大都會共同具名簽押、用印，而且雙方或各方當事人的地位，無分職業、年齡、輩分基本上都是對等的關係。

但是，如果涉及土地買賣、借貸、典當財物或找洗時，卻可發現當事人的地位並不對等；買主或銀主雖然也是契約當事人之一，但是只以「出資者」的身分在契約中提及他的姓名，卻不需在契約內具名簽押或用印；而且契內的所有條件、約束與規範，都由賣方、借方與典方自行簽認。然而，給墾、招墾、招佃（佃戶）之類的契約書，立契人卻一律都由提供土地者簽押立契，承受人則必須接受立契人種種的條件約束與規範。

從這些微妙關係中，我們可以明顯看出契約當事人之間的地位，隱約帶有某種隱藏的尊、卑關係。雖然這種尊、卑關係，並不像公文書具有下行、上行之類的上、下關係，也不是人與人之間身分地位的尊、卑關係，而是建立在「求」與「取」之間所形成的特殊關係。如本文「圖6」：〈道光 18 年 1 月金廣福墾戶首姜秀鑾、周邦正立借銀字〉；從這件文書可以發現金廣福墾戶首姜秀鑾、周邦正二人雖然是「金廣福」墾界內的領導者，但是當他們需要資金周轉時，他們的身分卻立刻成為「求」的一方，在簽訂「借銀字」時，便以立契人的身分來簽定這份契約。如果仔細分析這些契約文書的身分轉換，更能夠理解先民生活的不同面向。

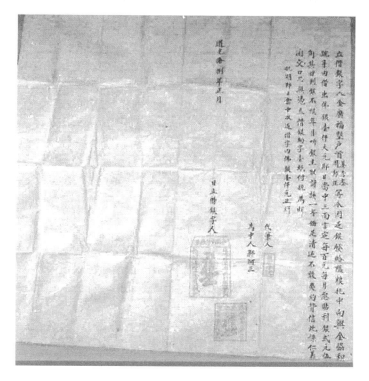

圖 6：道光 18 年 1 月金廣福墾戶首姜秀鑾、周邦正立借銀字

來源：吳學明、黃卓權編著，《古文書的的解讀與研究》，上篇，新竹縣政府文
　　　化局，2012。

　　再以合夥事業或家族內部的產業鬮分為例。在過去，合夥關係人或
家族內部各房要分財產時，為了避免分配不公，所以要請長輩及公親證
人蒞臨見證；有些由母親（或祖母）所主持的家產鬮分，還要請舅父或
舅家長輩蒞臨以求慎重，這在平埔族及客家地區所發現的鬮分書內尤其
明顯。

　　進行鬮分前，必須根據現有的財產先做分配，依照當時的價值，分
成大致相等的幾份，逐一編號寫在籤條上，由合夥關係人或各房派下代
表在神明或祖先香位前，公開抓鬮以示公平，再請代筆人把抓鬮的結
果，以白紙黑字寫成一式幾份的字約，到現場踏勘、點交明白，並且註
明「以後不得計長較短」等形式上的約束，然後分別由當事人簽名或畫
押。這種分產字約稱為鬮書，分鬮書或鬮分書；也稱為分管字、分業字

或歸管字。

　　可是，這類鬮書的背後，不僅在鬮分之前糾紛不斷；即使在鬮分以後，往往會因為土地價值的漲跌、個人私心的考慮以及日後的買賣、交換等問題；合夥人與家族內部的紛爭還是不斷上演。這些問題經常會反應在鬮分書或契約書的內容裡頭，我們如果仔細分析比較，便可以看出他們如何合股、訂約、增資、分紅、分產的情形；也可以從中分析各股東與家族各房的財力與實力。

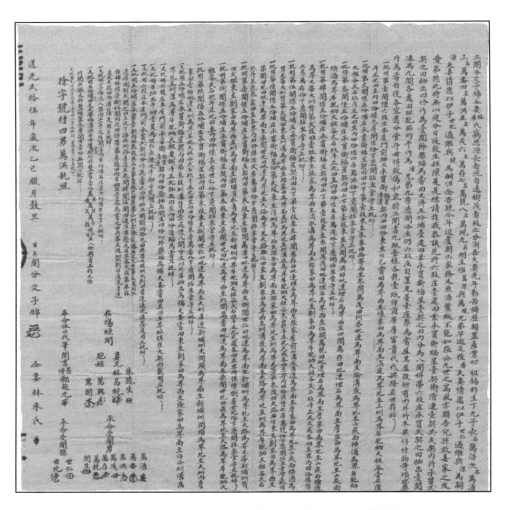

圖 7：道光 25 年 12 月新埔五分埔陳家留存的鬮分書

來源：國立中央大學歷史研究所提供

　　任何契約文書因為是由雙方或多方所建立的關係，所以一份文書往往在契約末尾都可以看見「兩紙一樣」或「○（數）紙一樣」的註記。但是我們實際閱讀古文書時，卻會發現「兩紙」或「數紙」的內容都未必相同，這些不同之處，大都會呈現在契約末尾所附加的「批明」或「再批明」之中。這在家族內部分割財產所訂立的「鬮分書」更為明顯。往往各房或各子、姪的鬮分所得，只註記在各自持有的那件鬮書內；因此，如果未能取得各房或各子、姪的鬮分書，我們就無法完整瞭解這個家族，在進行鬮分之前的所有產業內容。

　　由於過去的土地買賣大多以時價計算，然而土地價值，會隨著開墾過程與水利開發和不同的歷史時段而改變。因此政府及民間，都默認土地的賣方在若干年後，得向買方要求某種程度的補償，這種補償要求，稱為「找洗」。這種找洗的現象，往往不只一次，甚至可以延伸數代之久；所以第二次以後的找洗，就稱為「再找洗」、「補洗」或「增找洗」、「增補找洗」……等種種名稱。甚至在土地轉賣以後，還繼續向新買主繼續要求找洗，讓買方不勝其擾。於是在簽訂買賣契約時，往往要在契約中明定：「不得找洗」的約束；但是在人治社會，這種約束多數流於具文。所以我們從這些「找洗」、「再找洗」……等字約中，便會發現這些找洗人，必須在找洗字約中，簽下切結保證「絕不再找」之類的文字。所以這類找洗字約，實際上類似今日的切結書；日治時期則稱為「覺書」。

4.2 契約文書與地政制度

　　由於過去的土地買賣，官府並未建立嚴格的土地登記制度，所以土地持有都憑藉契約為定。在土地買賣過程，每經歷一次買賣，就需要將原有的買賣契，加上新的買賣契合並交給買方持有。這種土地層轉關係就使契約書產生了「上手契」與「下手契」的主件、附件關係。「下手契」成為主件；「上手契」反而成為附件。經過多層轉賣以後，上手附件往往多達兩件以上；又因為土地時價的改變，上、下手契之間的土地

價值並不相同；如果我們所取得的只是其中的一件，那麼我們的研究，便很難掌握研究的完整性。如能利用上、下手契與鬮分書互相參照，再配合家族族譜、地方志書及前人的研究成果，往往會有不同的收穫。

　　研究者必須了解，在農業經濟時代，地政與租稅制度是一個國家稅政的基礎，對國家的經濟發展有極大的影響。臺灣因為政權變動頻繁，每個政權都有不同的做法，所以很難維持前後一貫的地政制度。但是每當政權變動時，不管制度如何改變，新政權對民間的地權現況，只要不致影響地方政府的施政管理，原則上都會加以概括性的承認。也因此，臺灣的地政制度雖因政權變動而一再改變，但是地權的變化、移轉還是有一定的脈絡可循，留下的資料也相當豐富。[26] 因此，本文提到的各類契約書，如「鬮分書」、「招墾字」、「丈單」、「契尾」……等，都可以看作廣義的地政資料，也是了解地方上土地擁有與移轉的重要參考。

　　再從〈乾隆 29 年 11 月給塹保業戶林先坤承買賴邦趙水田契尾〉（圖8）文字中，也可得知，清代乾隆 15 年（1750）初，進行地政改革的過程與實貌。透過目前保存的「契尾」與「紅契」（契頭），不但可以推算出民間地價與庫平的比率，以及地價稅的稅率；也可發現，這一次的地政改革，不但奠定了清代的地政基礎，也一直沿用到清末亡國都未嘗再做修訂。

　　這件「契尾」是版框印刷的制式文書，由戶部奉旨頒行各省巡撫、布政使司，統一印製後，由布政使司依據各府、州、廳、縣將全年所需份數呈報後，預先編訂號次，加蓋布政使司印信統一發給各廳、縣，自行收稅填發給土地業主收執。

　　文末另以毛筆填寫的楷書體字樣，就是各廳、縣按照土地業主所呈繳的地契，按照土地價值折算庫平銀兩及應納稅金後所填發。由戶部的敘述可知，這份「契尾」為兩聯式憑證，「戶房」書吏在騎縫處填上標的要件及號次後，再從中對開撕下；上聯交付土地業主收執，下聯則做為存根保存，每 10 份再連同稅金造冊後，逐級送繳布政使司備查。由

26　黃卓權，《進出客鄉：鄉土史田野與研究》，頁 227-228。

此可知，「契尾」兼具土地完稅證明與土地所有權憑證兩種功能。

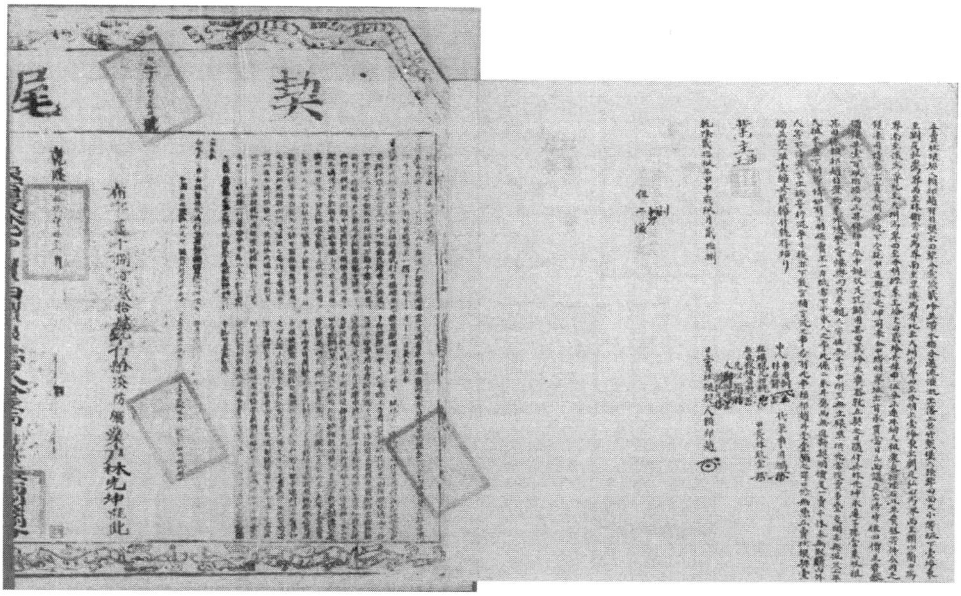

圖 8：乾隆 29 年 11 月給塹保業戶林先坤承買賴邦趙水田契尾

來源：吳學明主編，《六家林氏古文書集》，新竹：新竹縣政府文化局，2015，
頁 50-51。

臺灣的地籍事務，直到清末劉銘傳辦理清賦事業（1886）後，才略
具雛形；但直到日治時期明治 37 年（1904）的土地調查事業結束，才
開始漸趨完備。日治時期辦理土地調查時，留下許多調查事業報告書，
以及目前各縣、市地政事務所保存的地籍登記資料與地籍圖冊；也都是
研究地方史的重要依據。

國史館臺灣文獻館保存的《臺灣總督府檔案》，留有很完整的土地
申告書原件，以及辦理土地申告時，民間所繳送的契約書、鬮分書……
等抄本，約計 1 萬多件；其中有部份已採專題編譯方式出版，提供利用
的方便。[27]這些都是有待新一代研究者繼續發掘的寶藏。

27　例如：劉澤民、陳文添、顏義芳編譯，《臺灣總督府檔案平埔族關係文獻選輯》，南投：
臺灣省文獻會，2001；劉澤民等編著，《臺灣總督府檔案平埔族關係文獻選輯續篇（上、
下）》，南投：國史館臺灣文獻館，2004。

因此，使用地政資料時，必須留意清、日統治時期與戰後中華民國時期地政制度的差異。以清代為例，我們必須了解清政府直到劉銘傳在臺灣辦理「清賦事業」以後，才開始具有比較現代化的地籍管理制度。在這之前的「一田多主」現象，並不光是管轄機關及課稅方式的問題；其中的「主佃關係」，也就是土地所有權關係，才是臺灣史研究的重要關鍵。

至於日治時期的地政制度，因為採用契約登記制，對當事人自行簽訂的相關字據，如契約書、鬮分書……等，只要手續完備，便可產生登記的效力。但是戰後中華民國政府在臺灣的施政，雖然概括承續日治時期的體制，但其地政制度卻採權利登記制，亦即「不動產以登記為要件」，故產權必須依法登記後，才給予承認，民間自定的契約字據如果未經登記，地政法規是不予承認的。[28]所以使用地政資料時，對於時間點的切入必須拿捏清楚，才不會誤用這些文書。

4.3 契約文書的加批條款

古人常在契約書或鬮分書正文後面加上「批」、「批明」等附加條款，甚至一批、再批、又批，多至十餘批的比比皆是。（參見「圖7」）其實這類條款，與現代法律的專門用語「但書」，是一樣的用途。在現代法律條文中，如果正文意義不盡周全時，就會訂但書來補充；因為在這些條文的句端，都冠以「但」字，所以統稱為「但書」。契約書也是法律文書的一種，所以這些加批的條款，與今日的補充、備註或 PS 的意思是相同的。

這類契約書內所附加的「批明」、「又批」、「再批明」、「加批」，往往是代筆人依據當事人的共同意見書寫，再經當事人各造提出質疑、討論或衝突後，所做成的結論。換言之，這是代筆人依據當事人及在場公親、見證人等，折衝、討論後所附加的補充申明，這些申明便類似現代法律用語的「但書」。這類「批明」條款，雖然文字多寡不一，卻往往

28　陳志贛，《臺灣土地登記之研討》，臺北：嘉新水泥公司文化基金會，1969，頁 12-36。

成為這件契約文書關鍵性的「結論」。但是，有些「批明」條款，並非立契時所簽定，而是數年後，甚至十餘年或數十年後所加批；這種事後加批的內容，往往才是這件契約的主體。（參見「附錄 1.1，圖 11」）這是解讀古文書不可忽略的重點。

　　買賣契約或與金錢交易有關的文件，往往會在「加批」條款的第一條註明「即日批明 ： 實收過○○契內原訂價額佛銀○○○大員正，實收足訖」字樣。（參見「圖 9」）這是由於先民支付價款時，如果現金不足，依照民間慣習，可以等值穀物或實物抵充，經雙方當事人與公親見證人等當面折算點交無誤後，特別加註的條款，如同現代契約所稱的「銀貨兩訖」，也就是：現金與實物，買賣雙方點收無誤。

　　因此，這些「加批」條款，並不僅僅是契約書或鬮分書正文的附加條款而已，反而是因為正文意義不夠周全時，針對契約正文所做的關鍵性補充，而且往往成為整份契約書製作過程中，幾經折衝討論後，所做成的共同結論。

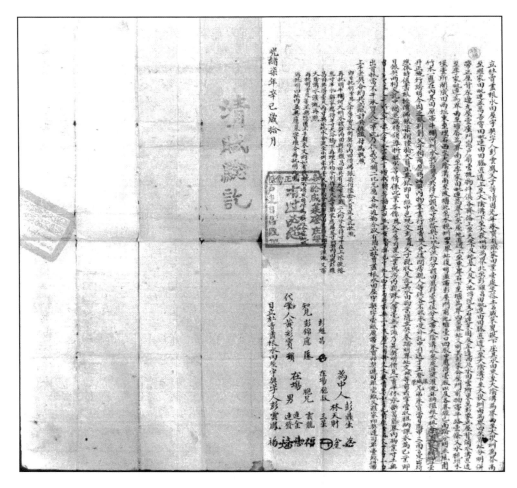

圖 9：光緒 7 年 10 月彭雲鳳父子立杜賣盡根水田屋宇契字

來源：新竹縣政府文化局提供關西崁下王廷昌家族古文書。

4.4 數字計量常用的「蘇州碼」

　　先民留下的契約文書與收支帳簿中，乃至政府核發的「契尾」中；經常使用一種特殊的符號來記數，這種記數符號簡稱「蘇州碼」。這是中國過去常用的民間計數方式，臺灣民間使用也相當平常，至今 90 歲以上的老者，仍有不少人還在繼續使用。

表 1：蘇州碼與正、俗異體字、阿拉伯數字對照表

正體字	俗、異體字	蘇州碼	阿拉伯數字	備註
零	0、○	○	0	蘇州碼本無○字
壹	壹、乙、壱	〡	1	壹，大都寫作壱
貳	二、弍、貳	〢	2	貳、大都寫作弍
參	三、叁、参	〣	3	參、大都寫作参或叁
肆	四 䦉	〤	4	
伍	五	〥	5	
陸	六、陆	亠	6	陸，大都寫作六或陆
柒	七	亠	7	
捌	八	亖	8	
玖	九、王夂	夂	9	
拾	十		10	
佰	百		100	
仟	千		1000	
萬	万		10000	萬，大都寫作万

來源：吳學明、黃卓權編著，《古文書的解讀與研究》，上篇，新竹縣政府文化
　　　局，2012，頁 50-52。

　　由於蘇州碼的一、二、三，寫成〡、〢、〣，由左至右橫寫時不容
易辨認。這時就要併用漢字的數字一、二、三來相間書寫，才能清楚區
別。但是，習慣上，第一個數字，通常都用蘇州碼書寫。比如「一二一
三」，就要寫成「〡二〡三」，不應該寫成「〡〢〡〣」；否則用筆書
寫時，就很容易混淆。

　　先民過去的計量方式，通常都將「拾（十）」、「佰（百）」、「仟
（千）」、「萬（万）」寫在蘇州碼數字下方，成為上、下兩列橫寫的
形式；下列的最後一個字，則為計量單位。茲舉一份清代核發的「契尾」
編號為例，說明如後：

布字　　　｜三〒乂
　　　　　仟百十号

這是指：布字一千三百七十四號的證明，代表布政使司的「契尾」編號為「布字 1374 號」。

再如往昔的地租繳納，是按早、晚兩季由佃戶將每季應納稻穀挑往田主指定地點，由田主派人當場對佃量清點交入帳。其帳冊的記法如後：

實收到黃○○早季租谷　　川二占
　　　　　　　　　　　　十石

這是指：實收到黃○○早季租谷三十二石五斗，表示收到黃○○所繳納的早季地租穀 32.5 石。

臺灣先民的記帳方式，也大都使用這種蘇州碼。帳簿分為上、下兩欄，按收支先後以流水帳方式記入帳冊，上欄為支出，下欄為收入。現存新竹枋寮義民廟帳冊《勅封粵東義民祀典簿》，其記帳方式便以這種形式呈現。試舉清光緒 15 年己丑（1889）義民廟的年終結算為例：[29]

總計出　　銀　　｜乂〒川乂川
　　　　　　　　千百十元

　　　　　谷　　川一乂乂
　　　　（穀）百十石

總計收　　銀　　｜占占｜〒川〒。
　　　　　　　　千百十元

　　　　　谷　　川一乂乂
　　　　（穀）百十石

結己丑年終籌扣除外，長有銀　　亠〒〒乂〒
　　　　　　　　　　　　　　　十元

---

29 《勅封粵東義民祀典簿》，為「林六吉」存簿；莊英章教授提供影本。原件為林光華先生收藏，莊英章教授先年向林家借印供學術研究之用。

　　解讀這份年終結算帳目，用阿拉伯數字書寫，就是：本年的總收入合計 155.838 元，減去總支出 1482.920 元，扣除折扣 0.026 元後，總計全年結存 68.898 元。此外，因為全年租谷（穀）總收入 314 石 4 斗，總支出 314 石 4 斗，全年結算後收支相抵；所以不必另外結算。（參見「圖 10」）

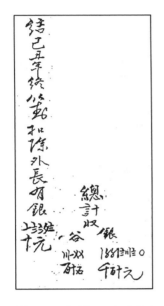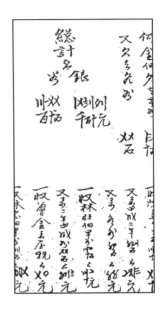

圖 10：光緒 15 年己丑（1889）義民廟年終結算帳冊實例

　　現將臺灣古文書常見的計量單位，由大至小簡列如後：

銀兩計量：　兩、錢、分、厘、毫、絲、忽

銀元計量：　元、角、辨、尖、周、末

穀類計量：　石、斗、升、合、勺

面積計量：　甲、分、厘、毫、絲、忽

長度計量：　丈、尺、寸、分、厘

　　如果依照蘇州碼上一行的記數，再配合下一行的計量單位，才能正確計算出這一年的年終結算。但是，無法除盡的餘額或小額計量，大都交給會計人員彈性處理；稱為籌扣或除扣。現代稱為折扣。唯有了解先民的書字書寫與計量單位的使用，對古文書的解讀與運用才能充分掌握；了解這些竅門，才能看懂先民的帳簿。

五、結語

　　總之，任何文書史料都必須下一番功夫整理、解讀，了解它的意義以後，才會成為可用的研究資料；也唯有經過細心整理、解讀以後認為可信的資料，才是做研究時可用的資料。然而資料是死的，歷史本身也不會說話；如果我們要讓那些已死的資料重新活起來；要讓歷史重新說話時；立刻就會產生立場、角度和處境……等等的問題。為了避免陷入前人有意無意間設下的陷阱中，所以研究者在解讀這些文書史料時，必須具有極大的耐心與細心。

　　文書史料的整理，不外乎分類、建檔而已。把書籍、資料或各種文書加以分類、建檔，是為了方便儲存、利用與檢索。任何分類方法，不外乎從大類、中類再分到小類；每個小類，再依據案件內容，細分若干大、小不等的項次；就如同寫論文或報告，必須劃分篇、章、節、項一樣。在這個電腦化、數位化、網路化的時代，分類、建檔的方便性與多樣性，已非筆者這一輩人所能掌握，然而傳統的分類、建檔知識，仍然是資訊時代的基本原則。新一代的研究者，要如何從現代與傳統之間，取得資料分類、建檔的最佳形式，就只能由研究者自行決定了。本文「附錄 2」〈臺灣民間私藏古文書分類表〉[30] 為筆者先年合作古文書標校、解讀及數位典藏計畫期間，為使學生充分了解文書內涵，因應實際需要而逐步建立，雖然存有不少有待修訂、討論的空間，但是作為古文書解讀研究的入門參考，應該可以提供不少的幫助。

　　研究資料的問題雖然很多，但是有問題的資料也不少。一旦發現手邊的資料存有問題，而且這件資料又是極為關鍵的資料時，除了不斷追蹤、查證之外，別無他法；唯有發揮歷史研究的基本功夫，以綿密而細膩的考證來解讀。這也是作為一個歷史研究者無法推卸的責任與做學問的基礎。

---

[30] 　參見本文「附錄 2」。收入吳學明、黃卓權編著，2012，《古文書的解讀與研究》上篇，新竹：新竹縣文化局，頁 55-58。

　　對研究者來說，任何事件都不會是單一的事件，而且事件的當事人、參與者、目擊者與處理者，都可能把這些事件的過程與感想，留下或多或少的文字記錄。這些文書的觀點與角度，雖然未必相同，甚至南轅北轍；所以必須互相參照才能看清或還原「真實」的一面。唯有透過各種相關文書史料的比對研究，才能充分了解整個事件的脈絡與結果，寫出接近原貌的歷史。

　　因為清帝國統治時代是一個階級森嚴的社會，如同公文書所規定的各種程式，不但層級分明、層層節制，而且像一面鋪天蓋地的大網，網住帝國統治下的所有臣民百姓。然而臺灣是個移民社會，四周環海，自古以來人民充滿冒險患難的海洋精神，加上歷經不同國家與政權的統治，因此各種公、私藏文書、文物與歷代傳統建築，所呈現的社會狀況，未必完全吻合清代階級森嚴的社會。

　　所以，我們使用不同時期所製作的公、私藏文書時，便不能輕率地以今人的觀點去看古人、更不可單方面以統治者的觀點來認識臺灣，而要試圖把研究的思維，推往古代的時空，設想先民怎樣在當時的環境下生活？怎樣根據那些不同的統治者所制定的「遊戲規則」，來應對各種不同的權力遊戲？這也是筆者一再重複提到的，我們對當時的權力結構與社會脈絡，必須先要具備基本的了解；否則便很難深入理解，臺灣在歷代政權統治下的政治、社會狀況，也很難進入民間文書所書寫的先民世界。

參考文獻

《勅封粵東義民祀典簿》，「林六吉」存簿。

《歷史文書用語辭典》（明清民國部分），四川人民出版社，1988；
中央研究院歷史與語言研究所「明清史料」電子資料檔，「內閣大庫檔」。

尹章義，《張士箱家族移民發展史－清初閩南士族移民臺灣之一個案研
　　究（1702-1983）》，臺北，張士箱家族拓展史研纂委員會，1983。

王世慶，〈十九世紀中葉臺灣北部農村金融之研究－以興直堡銀主小租
　　戶廣記為例〉，收入作者《清代臺灣社會經濟》，臺北，聯經，1994。

王世慶，〈臺灣地區古文書之調查研究〉，《臺灣風物》，31：2，臺
　　北，臺灣風物雜誌，1981.6，頁76-79。

江樹生譯註，《熱蘭遮城日記》第1-4冊，「譯者序」及「荷文本原序」，
　　臺南，臺南市政府，2001、2002、2003。

何明星，《清代新埔陳朝綱家族之研究》，新竹，新竹縣文化局，2007。

吳密察、李文良等，《臺灣史料集成提要【增訂本】》，臺北市，行政
　　院文建會，2005。

吳學明，〈北埔姜家史料的發掘與金廣福史實的重建〉，《臺灣風物》
　　35：3，臺北，臺灣風物雜誌，1985.9，頁121-147。

吳學明、黃卓權編著，《古文書的的解讀與研究》，上篇，新竹縣政府
　　文化局，2012。

卓克華，《從古蹟發現歷史：卷一，家族與人物》，臺北，蘭臺出版社，
　　2004。

祝總斌，〈試論我國古代吏胥的特殊作用及官、吏制衡機制〉，《國學
　　研究》第五輯，中國北京大學。下載：
　　http://www.gjsh.tpc.edu.tw/history/0016.htm（2007.12.20.）。

國立編譯館，《圖書館學與資訊科學大辭典》，臺北，漢美出版社，1995。

莊吉發，《故宮臺灣史料概述》，臺北，故宮博物院，1995。

莊樹華，〈中研院近史所檔案館藏有關戰後臺灣史料介紹－從總理衙門
　　檔案看清季臺灣對外關係〉，《近代中國史研究通訊》，第 22 期，
　　臺北：中央研究院近代史研究所，1996 年 9 月。

許冠三，《史學與史學方法》，臺北，萬年青書店，1971。

許雪姬，〈武翼都尉黃宗河傳──由德興黃氏族譜及故宮檔案談起〉，
　　《臺灣史研究暨史料發掘研討會論文集》，高雄，臺灣史蹟研究中
　　心，1986。

陳志熹，《臺灣土地登記之研討》，臺北：嘉新水泥公司文化基金會，
　　1969。

黃卓權，《進出客鄉：鄉土史田野與研究》，臺北：南天書局，2008。

黃卓權，《跨時代的臺灣貨殖家：黃南球先生年譜 1840-1919》，臺北，
　　中央圖書館臺灣分館，2004。

黃紹恆，〈臺灣總督府檔案的周邊與其運用〉，收入《臺灣總督府檔案
　　之認識與利用入門》，南投：國史館臺灣文獻館，2002。

裴燕生等，《歷史文書》，北京，中國人民大學，2003。

劉澤民、陳文添、顏義芳編譯，《臺灣總督府檔案平埔族關係文獻選輯》，
　　南投：臺灣省文獻會，2001；

劉澤民等編著，《臺灣總督府檔案平埔族關係文獻選輯續篇（上、下）》，
　　南投：國史館臺灣文獻館，2004。

檜山幸夫等，《臺灣總督府檔案之認識與利用入門》，南投，國史館臺
　　灣文獻館，2002。

【附錄1】

1.1　杜賣契解析

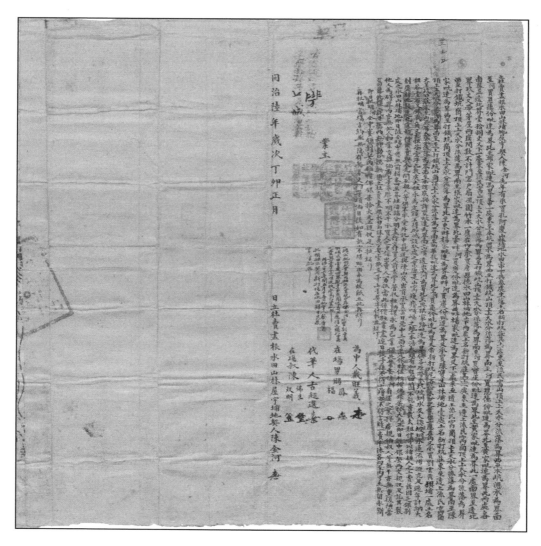

圖11：同治6年1月陳金河立杜賣盡根水田山林埔地屋宇契

來源：國立中央大學客家學院提供

契名：

同治 6 年 1 月陳金河立杜賣盡根水田山林埔地屋宇契

立契人與立契目的：

立杜賣盡根水田山林埔地屋宇契人陳金河。

契約標的：

1.土地坐落、來源及界址

（其一，共 **3** 處）

先年有承買孔阿慶山林埔地水田上、中、下叁處，坐落土名「新打坑莊」；

◎其上一處，東至「流民窩」山頂上，上天水分流落為界；西至本坑瀝水為界；南至河（陳金河自稱）買恩德（即『其二』所稱的詹恩德）份毗連為界；北至邱家毗連為界。

◎又中一處，東至本坑瀝水為界，西至「打鐵坑」山頂上，上天分水流落為界；南至河買恩德份毗連為界；北至黃家毗連為界。

※此兩處，各南界直透北界，壹拾捌丈。

◎又下一處，東至流民窩山頂上，上天水分流落為界；西至打鐵坑山頂上，上天分水流落為界；南至河買寶生（即『其三』所稱的陳寶生）份毗連為界；北至黃家毗連為界。

※此一處南界直透北界玖丈，又帶茅屋兩座，間數不計，門窗戶扇，風圍竹木，一應在內。

（其二，共 **2** 處）

又承買詹恩德水田山林埔地上、下兩處，土名「新打坑莊」；

◎其上一處，東至透上「流民窩」崗頂上，上天水分流落為界；西至「打鐵坑」崗頂上，上天水分流落為界；南至張家毗連為界；北至東畔河買慶（即孔阿慶）份毗連為界；西畔楊家毗連為界。

◎又下一處，東至透上「流民窩」崗頂上，上天水分流落為界；南至陳家毗連為界；西至「打鐵坑」崗頂上，上天水分流落為界；北至東畔楊家毗連為界，西畔河買慶份為界。

（其三，共 2 處）

◎又承買陳寶生山林土地壹處，土名「新打坑莊」；

東至透上「流民窩」崗頂上，上天水分流落為界；西至透上「打鐵坑」崗頂上，上天水分流落為界；南至衛華龍毗連為界；北至河買慶份毗連為界；又帶「新打坑」尾各份未分之業，俱一應在內。

◎又承買劉雲鼎壩埔一處，土名「大旱坑口莊」；東至山嵌眉，天水分流落為界；西至本溪底，與許家毗連為界；南至山嘴，透出大河為界；北至與張家路毗連為界。

契約條件：

1.土地概況與約束

俱各原帶本坑坡圳水及大溪坡圳水通流灌溉充足，遞年計納大租谷壹石，又銀貳角，又大租谷壹斗；此數處大租永為定額；不得加減。該數處之業，原是山窩瘦瘠崎嶇之地，工本浩大，雖有加墾田園，不能重載大租，儘可以補耕人之工費。

2.立契原因、買主與賣價

茲因乏銀別創，愿將此數處之業，概行出賣與人。先問至親人等俱不承受，外託中引就，送與陳山茂出手承買，當日憑中三面言定，依時值極價佛銀柒拾大元正，即日經中銀契兩交，親收足訖。其數處之水田山林埔地，即日隨全場中，悉照前指各四至界址，沿踏分明，盡行交付買人前去掌管，收租課納，永為己業。

契約保證及附件：

　　保此業委係<u>河</u>自置之業，與房親伯叔人等無干，亦無重複典當他人為碍；界內亦無他人物業交雜，倘有上手來歷不明，不干承買人之事，係出賣人一力抵當。此係價極業盡，迨日後子孫不得言增，亦不得言贖，一賣千休；各四至寸土無留，永斷葛藤。此係二比甘願，兩無抑勒。

　　口恐無憑，立杜賣盡根水田山林埔地屋宇契壹紙，並帶上手契字付執為炤。

契約但書：

　　即日批明：<u>河</u>全中實領到契內極價佛銀柒拾大正，親收足訖，批炤。

　　再批明：當場言約，並無隱存契券、文約等項，倘日後如有執出，不堪照用，永為故紙。立批再炤。

番大租所有權人：

　　業主戳（三顆）

事後新增的但書：

　　經公批明：此業契內抽出「大旱坑口庄」<u>陳金河</u>承買<u>劉雲鼎</u>坝埔成田壹處，四界配于第叁鬮，係<u>壽生</u>應得之額。此<u>雲鼎</u>之業契等字，全交<u>生</u>（壽生）收執，永為己業。批炤。

　　明治三十六年閏五月十五日　批筆人<u>蔡香籌</u>印

　　批明：抽出「新打坑庄」水田，歸于<u>昆泉</u>掌管。批炤。

中人、代筆人及共同見證人簽證：

為中人戴旺義押

在場　男　賜鳳押

賜福押

代筆人古超遠押

在場叔陳佛生押

陳双明押

立契時間及立契人簽證：

同治陸年歲次丁卯正月□日立杜賣盡根水田山林屋宇埔地契人陳金河 押

備註：

1.此契黏附「契尾」一紙，加蓋關防二枚，印文無法辨識；按年代推知，應為滿、漢文並用的「北路淡水捕盜同知關防」。

2.契內加蓋「清賦驗訖」及「此契填給第︱二二︱三‐‐万（即 12,713）號紅單對訖　光緒拾肆年七月城局蓋戳」等條戳二枚。

3.業主戳三枚：「竹塹社衛傳恩□記」、「竹社衛雙傳記」、「竹社番給南重埔廖阿財記」

4.右上方另有條戳一枚「四十一年十二月五日檢閱　土地檢查官吏□□」，此戳應為日治時期明治 41 年所加蓋。

1.2　合約鬮分書解析

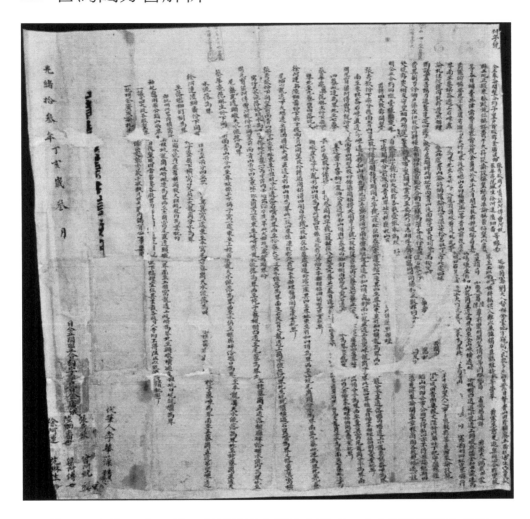

圖 12：光緒 13 年 3 月，墾戶首四大股夥金廣成，仝立奉諭開墾合約字

來源：關西蔡光榮先生提供；本契字跡不明部分，依據臺灣總督府土地申告書
　　　抄件逐字校訂。

契名：光緒 13 年 3 月，墾戶首四大股夥金廣成，仝立奉諭開墾合約字

立契人與立契目的：

　　仝立奉諭開墾合約字墾戶首：四大股夥金廣成，即張秀欽、蔡華亮、周元寶、范琳生、梁阿傳、徐阿連、曾阿統、陸細番（酋）等。

契約標的：

1.立契緣由

　　緣蒙　巡撫爵憲劉大人督辦全臺地方，窺伺人民眾多，生齒日繁，目擊青山田野曠廢，土番戕害生靈，爰欲辟土地、正經界，發政施仁，撫綏番（酋）民；因于大料崁諭設撫墾總（總）局，示諭撫番招墾，以廣國家王土；以安兆姓耕耘。

　　但一人難以兼攝，獨立莫能維持，欽等崇奉　爵憲至意，爰邀集同心，合夥四大股等，各自傾囊共津需費，篆成墾戶首公號金廣成。於本年三月間，各股夥親造總（總）局具稟呈請局　憲委員陸、陳尊前，稟明開墾情形等因。

2.土地來源、坐落、界址及規範

　　經總局　憲施恩通詳　爵憲大人鴻裁，即蒙爵憲俯憐垂恩，不棄庸劣，准將所稟大竹坑界後崇壢山，名曰福興庄一帶青山前後、左右山場，東至彩和山龍崗直透為界；西至金山崠橫透柯仔寮楓樹凸，透過小龍，透上頭墩，與潘金和田土毗連為界；南至象棋崙透上石崠，直透彩和山頂為界；北至石崎仔大龍頂頭墩，橫過泥（坭）銃櫃粗坑口石崀嘴，透上大竹坑龍崗分水為界；此四至界內青山　爵憲隨委局　憲勘明四址定界，頒行諭札，任從號內股夥遵照辦理，各前去承墾此處青山，諭飭炳據。諭設官隘柒拾名壯丁，把守此處四址界內山場，周密無疑；其隘糧（粮）向官給發足額，不干承墾人之事。

合夥方式與履約保證：

欽眾股夥等，爰即奉諭設施，酌議盡善，協力進紮，建造四座公館，各做房屋。頓將此四址界內青山，後面按定四大股均分；前面按定四大股均分，各界各墾，各自招佃前去開墾；不拘年限，已成田者即要報丈陞科，以歸壯丁把守隘糧（粮）經費，其□（發刂）刀份佃戶係在伊股份界內耕種者，即向伊股首給出合約字樣為準，各股份不得混佔越界，以致滋事爭端等情。至奉神應祀需費所踏山所即公事公用，不得私心亦不得推諉，總期四大股夥出入相友、守望相助、踴躍進紮、共勤成事、墾闢成業為至要。此乃心志相孚、聲氣相應、同心同德、和氣致祥，均各允意，各無逼勒反悔。恐口無憑，爰將奉諭開墾章程，商酌各款規條逐一註明，仝立合約四紙壹樣，編定元、亨、利、貞次序字號，付四大股夥各執壹紙，永為存照。

鬮分條款與墾界範圍：

1.主要條款

茲將四大股夥開墾各股份下，憑鬮所分前後面青山界址及抽應祀山所，并各款（欵）規條照次序開列，各股以便遵照辦理。

張秀欽份下所分後面青山開墾股份，係憑鬮拈得頭鬮元字號一股，址在四寮（蔡）一處，自造公館一座。其四至界址：東至彩和山橫龍為界；西至吊望崠龍分水直透落墿，由墿透上小龍象棋崙崠為界；南至象棋崙石崠直透人字崠，透上彩和山頂為界；北至五寮崀伯公角水潭，由伯公龍直透彩和山頂，又由伯公對（对）面小龍，直透上吊望崠龍崗分水為界。此一股四界，係欽自備（偹）工本辦理，招佃開墾成業，批照。

周元寶、梁阿傳、曾阿統份下所分後面青山開墾股份，係憑鬮拈得貳（式）鬮亨字號一股，址在五寮起，由六寮至七寮止一處，自造公館一座。其四至界址：東至彩和山頂分水為界；西至冀箕窩尾龍崗分水為界；南至四寮毗連為界；北至七寮上角崠，直透番（畨）子□抽心龍伯公，直透彩和山頂，由七寮崠，由下枷釘樹，由窩尾上大石，透上龍崗分水為界。此一股係元股夥內人共備（偹）工本辦理，招佃開墾成業，

批照。

　　蔡華亮與范琳生份下所分後面青山開墾股份，憑鬮拈得參（叁）鬮利字號一股，址在八寮起至九寮止一處，自造公館一座。其四至界址：東至彩和山頂為界；西至石灰窯（窨）尾大龍崗分水為界；南至七寮毗連為界；北至九寮崀，由落坑又對面圓墩，直透分水龍彩和山頂為界。此一股四界係亮股夥內共備（僃）工本辦理，招佃開墾成業，批照。

　　徐阿連與陸細番（畨）份下所分後面青山開墾股份，係憑鬮拈得四鬮貞字號一股，址在拾寮一處，自造公館一座。其四至界址：東至彩和山頂為界；西至大粗坑尾崗頂分水為界；南至九寮毗連為界；北至九寮尾抽心龍透下大壢透至對面圓墩大壢直透上彩和山頂為界，此一股四界係連股夥內人共備（僃）工本辦理招佃開墾成業，批照。

2.附帶條款

　　張秀欽份下開墾前面青山所分四至界址，東至小粗坑分水，透落石嘴為界；西至拾寮大龍，透出水流落為界；南至石灰背大龍，透上崗水流落為界；北至泥（坭）銃櫃，橫過石崀嘴為界；又搭糞箕窩橫窩仔天水流落洽坑水為界；又搭殼（□）子寮一窩水流內，透出洽水為界；此大粗坑一處，係為頭界份。

　　周元寶、梁阿傳、曾阿統份下開墾前面青山所分四至界址，係土固窩一處，東至岐崎齊龍天水流落為界；西至殼（□）子寮楓樹凸，透至尾寮為界；南至桍寮（蓁）崗直透落蔗（□）廊坪洽壢水流內為界；北至尾寮（蓁）直透頭墩天水流落為界。

　　蔡華亮、范琳生份下開墾前面青山所分四至界址，係上水俓子窩一處，東至上桍寮透龍天水流落為界；西至水俓至蔗（□）廊坪洽壢口為界；南至本龍崗天水流落為界；北至桍寮崗直透天水流落為界。

　　徐阿連、陸細番（畨）份下開墾前面青山所分四至界址，係糞箕窩一處，東至本窩尾，至七寮崗天水流落為界；西至象棋嵠透過金山崬，透殼（□）子寮崬為界；南至五寮崗直透吊望崬，透至落枷釘樹為界；北至殼（□）子寮屈下橫窩口，又屈上大龍崗分水為界。

契約但書：

即批明：此界內橫窩子係面踏水流內一處，幫（帮）補頭股大粗坑股內為業，批的。

神祀應用所，公踏山所界址，東至粗坑龍崗岐崎毗連為界；西至土固窩尾直透頭墩為界；南至土固窩龍透上岐崎為界；北至頭墩橫過，直透粗坑口泥（坭）銃櫃為界。

一議：凡四大股各股墾界內青山，日後墾成田者，若要各股界內作陂（坡）開圳、通流灌溉、上流下接，理宜任其主裁，各股內人等均不得阻止，以致滋事等情，批照。

一批明：金廣成諭札並（并）公戳，係公交張秀欽手收執，凡四大股內，倘有公事要用，欽當取出應用，不得私匿，亦不得私用，批的。

代筆人、立契時間及立契人簽證：

代筆人　李華藻 押

光緒拾參年丁亥歲參（叁）月　日　仝立開墾合約字　墾戶首金廣成 戳

周元寶 押　　蔡華亮 押

張秀欽 印　　曾阿統 押

陸細番 押　　梁阿傳 押

徐阿連 印　　范琳生 押

備註：

1.契內蓋有篆體漢文「辦理大嵙崁撫墾總局之關防」一枚，印文不清關防一枚。

2.合約簽證處蓋有「墾首金廣成」戳章一枚。

3.合約右上角加註「利字號」字樣，表明拈鬮字號。

4.合約上方加蓋條戳二枚：「四十二年四月二五日檢閱　土地檢查官吏印」、「四十二年五月七日檢閱　土地檢查官吏印」，應為日治時期明治42年（1909）辦理土地申告期間，所加蓋的驗訖戳章。

【附錄 2】

民間私藏古文書分類表

類　別		綱　目	關　鍵　字
公文書	下行文書	公告指令	札、札諭、札飭、諭示、告示、公告、令、牌、批示、許可、准、駁、通知
		差役調派	票、單、簽
	上行文書	呈稟報告	詳文、申文、呈文、喊呈、催呈、稟文、催稟、呈稟、呈狀、報告
		請願申告	申告、訴狀、喊訴、申訴、陳情、陳請、願書
	平行文書	公務照會	咨、咨呈、移文、移會、照會、知會
		公務交接	移交、交代、點收、批回
	司法文書	訴訟判決	訴狀、供狀、提訊、口供、覆訊、提驗、覆驗、判決、堂諭、抄封、查封、甘結、結狀、和息、保結、保領、具領、繳結
		黏單（證據）	失單、贓單、名單、繳銀清單
		調解協議	調解、協議、和解、約束
契約書	契簿函封	契總抄簿	抄簿、總簿、底冊、總冊 ◎內容依據文書性質逐件分別歸類
		函封	◎註明某家族契約函封
	公共事務	鄉庄規約	鄉約、鄉規、庄約、庄規、
		民防保安	隘務、隘寮、隘首、隘丁、隘勇、隘租、抱隘、民防、保安、防衛、義民、義勇
		工程建設	水圳、埤塘、水戶、石礐、駁（礐）坎、堤、壩、包工、承攬、督辦、督工
	土地開墾	開墾合約	合約、墾闢、開墾、募股、股夥、津資、津本、墾首、墾戶首、股首、股份、合股、插股、退股、小股
		墾佃關係	墾單、給墾、招（召）墾、招（召）佃、社番、土目、墾戶、佃戶、業主、番業主

類　別	綱　目	關　鍵　字
	房地移轉	產業分割	分管、歸管、鬮分、鬮書、分割、贍養、養膳、潤寡、贈與、共業、合建、起造、換地、分單
		房地買賣	杜賣、絕賣、盡根、絕根
		切結保證	找洗、補洗、補回、增補洗、找絕洗、增找洗、覺書
	借貸關係	房地租賃	招耕、贌耕、永耕、佃批、佃人、退耕、退佃、起耕、退贌
		典借抵押	借銀、典借、出當、胎借、胎典、抵押、贖回
	人身契字	收養過繼	立嗣、過房、過繼、過嗣、出抱、出嗣、收養、養子、養女、誼子、歸宗、來歷
		人身買賣	賣子(男、兒)、鬻子、賣女、女婢、賣渡、轉賣、贖身
		婚姻關係	主婚、合婚、結婚、證婚、招(召)婚、招(召)贅、贅婚、過嫁、離婚、賣妻
憑證文書	個人文件	任免獎懲	誥敕、封贈、箚付、功牌、聘、派、任、免、離、退、勳、獎、懲、戒
		學歷文憑	戶部執照、監照、報單、卒業、畢業、結業、修業、肄業、成績單
		身分證明	身分證、護照、服務證、出生死亡證明
	權利憑證	房地契照	契尾（含契頭）、丈單、權狀
		租稅單據	完單、錢糧執照、規費、收據、收谷單
		有價證**券**	**債券**、股票、支票、銀票、錢票
		福利票**券**	彩票、彩**券**、禮**券**、獎**券**、兌換**券**
		其他憑證	郵符、郵票、車票、門票、入場**券**、門牌、車牌
商業文書	營利事業	規章股份	合夥、股夥、合股字、插股字、退股字、股份、股東、財本、資本、章程、規則、會社、公司

類　別	綱　目	關　鍵　字
	經營管理	帳簿、總簿、日清簿、草清簿、業務、財務、表單、員工、生產、表報、名冊
	商務往來	總單、代兌清單、交船單、貨單、貨批、貨函、往來帳
非營利事業	組織會務	郊、行郊、郊務、組合、協會、學會、公會、商會、工會、俱樂部、章程、規則、董事、理事、監事、委員、組合員、會員
	社務文件	會議、計畫、活動、表報、名冊
家族傳承文書	系譜	生庚（時）簿、族（系）譜 ◎註明某家族
	祭祀公業	公嘗、公業、嘗簿、通知書、持份書
	家族紀錄	命書（八字命盤）、請帖、訃聞（行狀、哀啟）、戶籍謄本
手稿書信	書帖習卷	◎註明某家族或某人
	信件、信封	◎註明收（寄）件人
	日記	◎註明作者
	雜項手稿	◎註明某家族或某人
宗教文書	佛教、道教及民間信仰	教務沿革	寺廟誌、寺廟台帳、寺廟調查書、寺廟登記證、教派證書、同戒錄、會員證、僧籍登入證、佈教師證、度牒
		科儀祭祀	爐主、疏文、祝文、地券、文物疏、醮務課程表、醮務告示、調單、禮儀簿
		帳冊	祀典簿、功德簿、會份簿、緣金簿、提捐簿、獻金簿、抽分會冊
		符籙咒文	符籙、咒文
		經典善書	善書、寶卷、鸞書、勸善文、真經
		其他資料	會議記錄、手冊……
	教會教派	基督教（天主教）	洗禮簿、小會紀錄

類　別		綱　目	關　鍵　字
		回教 （穆斯林）	
		其他教派	
地圖		手繪地圖	縣圖、廳圖、府圖、臺灣全圖，軍備圖、番界圖、郵傳圖；田園、墓地、水路、線路圖
		地籍圖	地籍謄本（附圖）、地籍圖
		實測地圖	堡圖、地形圖、各種主題地圖（聚落、物產、都市計畫、區域圖）
		空（航）照圖	◎又稱相片基本圖
		建築圖	草圖、平面圖、剖面圖、立體圖
圖像照片	畫像	個人畫像	○○○畫像
		合畫像	○○○、○○○……等畫像
		神像	○○○○神像
		宗教民俗圖畫	地獄圖、天堂圖、三官圖、番社采風圖、漢人風俗圖
	照片	個人照	○○○照片
		合照	○地○家族照、○地○團體照
		建物、風景	◎註明建物標的，景點
		活動照	各種活動照片

- 黃卓權／編製　吳學明／校訂
- 本表惠蒙王志宇、林玉茹、洪麗完、戴寶村（依姓名筆劃序）各位女士、先生提供寶貴建議。
- 本表所列類別、綱目，如有屬性模糊，綱目重疊（重複）部分，以「關鍵字」交互顯示或以「參見卡」、「見出卡」標註。
- 本表僅供民間私藏古文書解讀、研究之參考，未盡之處，留待日後繼續依據實際狀況，逐步參酌修訂、添列，歡迎方家不吝指正。

國家圖書館出版品預行編目資料

黃卓權臺灣史研究名家論集（二編）/黃卓權　著者. -- 初版. –
臺北市：蘭臺, 2018.06
面；　公分. -- (臺灣史研究名家論集；2)
ISBN　978-986-5633-70-7（全套：精裝）

1.臺灣研究　2.臺灣史　3.文集
733.09　　　　　　　　　　　　　　　107002074

臺灣史研究名家論集 2

黃卓權臺灣史研究名家論集（二編）

著　　　者：黃卓權
主　　　編：卓克華
編　　　輯：高雅婷、沈彥伶、塗語嫻
封面設計：塗宇樵
出 版 者：蘭臺出版社
發　　　行：蘭臺出版社
地　　　址：台北市中正區重慶南路 1 段 121 號 8 樓之 14
電　　　話：(02)2331-1675 或(02)2331-1691
傳　　　真：(02)2382-6225
E—MAIL：books5w@gmail.com 或 books5w@yahoo.com.tw
網路書店：http://bookstv.com.tw/、http://store.pchome.com.tw/yesbooks/、
　　　　　　博客來網路書店、博客思網路書店、三民書局
總 經 銷：聯合發行股份有限公司
電　　　話：(02) 2917-8022　　　　傳 真：(02) 2915-7212
劃撥戶名：蘭臺出版社　帳號：18995335
香港代理：香港聯合零售有限公司
地　　　址：香港新界大蒲汀麗路 36 號中華商務印刷大樓
　　　　　　C&C Building, 36,Ting, Lai, Road, Tai,Po, New,Territories
電　　　話：(852) 2150-2100　　　傳真：(852) 2356-0735
經　　　銷：廈門外圖集團有限公司
地　　　址：廈門市湖里區悅華路 8 號 4 樓
電　　　話：86-592-2230177　　　　傳 真：86-592-5365089
出版日期：2018 年 6 月初版
定　　　價：新臺幣 30000 元整（套書，不零售）
ISBN：978-986-5633-70-7

《臺灣史研究名家論集》

（共十四冊）卓克華總編，汪毅夫等人著作

王志宇、汪毅夫、卓克華、周宗賢、林仁川、林國平、韋煙灶、
徐亞湘、陳支平、陳哲三、陳進傳、鄭喜夫、鄧孔昭、戴文鋒

ISBN：978-986-5633-47-9

套叢書是兩岸研究台灣史的必備文獻，解決兩岸問題也可以從中找到契機！

　　這套叢書是十四位兩岸台灣史的權威歷史名家的著述精華，精采可期，將是臺史研究的一座豐功碑及里程碑，可以藏諸名山，垂範後世，開啓門徑，臺灣史的來新方向即孕育在這套叢書中。展視書稿，披卷流連，略綴數語以說明叢刊的成經過，及對臺灣史的一些想法，期待與焦慮。

9 789865 633479 28000

臺灣史料研究叢書(套書)定價：28000元

《臺灣史研究名家論集》 共十四冊

陳支平——總序

　　臺灣史研究的興盛，主要是從二十世紀八十年代開始的。臺灣史研究的興起與興盛，一開始便與政治有著密切的聯繫。從大陸方面講，「文化大革命」的結束與「改革開放」政策的實行，使得大陸各界，當然包括政界和學界，把較多的注意力放置在臺灣問題之上。而從臺灣方面講，隨著「本土意識」的增強，以及之後的「臺獨」運動的推進，學界也把較多的精力轉移到對於臺灣歷史文化及其現狀的研究之上。經過二三十年的摸索與磨練，臺灣歷史文化的學術研究，逐漸蔚為大觀，成果喜人。以大陸的習慣性語言來定位，臺灣史研究，可以稱之為「臺灣史研究學科」了。未完待續……

汪毅夫——簡介

1950年3月生，臺灣省臺南市人。曾任福建社會科學院研究員，現任中華全國臺灣同胞聯誼會會長，福建師範大學社會歷史學院兼職教授、博士生導師，享受國務院特殊津貼專家。撰有學術著作《中國文化與閩臺社會》、《閩臺區域社會研究》、《閩臺緣與閩南風》、《閩臺地方史研究》、《閩臺地方史論稿》、《閩臺婦女史研究》等15種，200餘萬字。曾獲福建省社會科學優秀成果獎7項。

汪毅夫名家論集—目次

100 台北市中正區重慶南路1段121號8樓之14
TEL：（8862）2331 1675 FAX：（8862）2382 6225

E-mail：books5w@gmail.c
網址：http://bookstv.com.